冶金安全生产技术

杨 富 主编

煤炭工业出版社

·北 京·

图书在版编目（CIP）数据

冶金安全生产技术/杨富主编．――北京：煤炭工业出版社，2010.9

ISBN 978-7-5020-3715-4

Ⅰ.①冶… Ⅱ.①杨… Ⅲ.①冶金工业-工业企业-安全生产 Ⅳ.①F407.362

中国版本图书馆 CIP 数据核字（2010）第 151179 号

煤炭工业出版社　出版
（北京市朝阳区芍药居 35 号　100029）
网址：www.cciph.com.cn
煤炭工业出版社印刷厂　印刷
新华书店北京发行所　发行

*

开本 787mm×1092mm $^1/_{16}$　印张 $22^1/_2$
字数 531 千字　印数 1—2,500
2010 年 9 月第 1 版　2010 年 9 月第 1 次印刷
社内编号 6525　定价 58.00 元

版权所有　违者必究
本书如有缺页、倒页、脱页等质量问题，本社负责调换

编委会

主　　任　孙华山
副 主 任　杨　富
委　　员　王　岭　　罗音宇　　马　锐　　刘水洋　　王文军
　　　　　　宫敬升　　彭存根　　曹志强　　周一平　　卓卫娜
　　　　　　尚文启　　边卫华　　初本广　　徐国平　　陈克欣
　　　　　　王高峰　　王　剑　　吴启兵　　杨　帆　　沈　毅
　　　　　　佘宏彦　　杨　光　　李国富　　姚伟川　　王　志
　　　　　　王先华　　王红汉

主　　编　杨　富
副 主 编　徐国平
编写人员　陈克欣　　王高峰　　吴启兵　　黄伟琳　　佘宏彦
　　　　　　贾向刚　　孙凤江　　于会明　　马大方　　孟庆春
　　　　　　王　瑞　　吴　昊　　陈绪耀　　李红卫　　王红斌
　　　　　　卢春雪　　刘凌燕　　邬开发　　陈美龄
编　　审　王红汉

序

钢铁工业是我国国民经济的重要基础产业。经过多年的发展,我国已形成了包括采矿、冶炼、压延及相应配套专业和辅助生产系统的完整的冶金工业体系。特别是改革开放以来,冶金工业的建设和发展取得了举世瞩目的成就,为我国国民经济建设作出了重要贡献。自1996年起我国粗钢产量已连续14年居世界第一,近几年发展尤为迅猛。粗钢产量2008年突破5亿吨,2009年突破5.6亿吨。同时,钢的品种和质量也得到了丰富和提高。钢铁企业通过技术改造,技术装备水平取得了重大进展,使冶金生产实现了大型化、高速化,控制手段实现了精确化和数字化,极大地提高了设备运行的可靠性和安全性。

冶金生产工艺复杂,危险有害因素多,生产过程大量使用高温炉窑、压力容器和管道、起重机械及运输车辆等设备设施,产出大量铁水、钢水、钢坯等高温物质,同时伴有煤气等有毒有害、易燃易爆气体,极易发生爆炸、燃烧、灼烫、中毒、高处坠落、触电和机械伤害等事故。特别是高温液体喷溅、钢水(铁水)包倾覆、炉体爆炸、煤气中毒、起重伤害等事故,容易引发群死群伤。

党和国家历来高度重视冶金工业发展,始终坚持安全发展的指导原则,积极推进产业结构战略调整,有效推动了冶金行业安全生产工作。近年来,冶金安全生产形势总体平稳,事故起数呈下降趋势,全行业百万吨钢死亡率保持在2.1左右,大型企业百万吨钢死亡率已降至0.5以下,接近世界先进水平。但从现状看,行业发展仍不平衡,中小型企业的工艺和设备、本质安全化水平、安全生产管理现状、从业人员安全素质等参差不齐,无序生产情况不同程度地存在,各类事故时有发生,给人民生命和财产造成重大损失。如2007年4月18日,辽宁铁岭市清河特殊钢有限责任公司钢水包脱落,钢水外溢,造成32人死亡;2008年12月24日,河北遵化市港陆钢铁有限公司煤气泄漏造成17人死亡;2010年1月4日,河北武安市普阳钢铁公司煤气泄漏造成21人死亡。冶金安全生产形势仍然严峻。

为改善冶金企业的安全生产状况,国家制定颁布了一系列安全生产政策和措施。2009年国家安全生产监督管理总局发布了《冶金企业安全生产监督管理规定》（国家安全监管总局令第26号），强化了对冶金行业的安全生产监督管理，为防止和减少生产安全事故和职业危害，保障从业人员的生命安全与健康提供了法律保障。同时，要搞好冶金安全生产工作，还需要采取综合安全措施，尤其是全面提高从业人员的安全技术素质要作为一项长期的基础性工作。为此，我们委托中钢集团武汉安全环保研究院组织武汉钢铁集团公司、首钢集团公司、太原钢铁集团公司、攀枝花钢铁集团公司、湘潭钢铁集团公司、中钢集团吉林炭素有限公司、中钢集团洛阳耐火材料有限公司、鞍钢劳动保护研究所等单位的有关冶金安全专家编写了《冶金安全生产技术》，供冶金安全生产相关人员学习和使用。

《冶金安全生产技术》简要介绍了钢铁冶炼生产的工序流程和主要设备，对生产过程中的危险有害因素进行了全面的分析，提出了切实可行的防范措施，对可能发生的重大事故提出了紧急处置方法。本书既注重内容的适用性，也吸收了我国钢铁行业近年来安全技术的新成果，以及安全生产标准化等现代安全管理方法，以期能对促进我国冶金企业安全生产技术进步和安全生产状况的不断改善有所裨益。

国家安全生产监督管理总局副局长

2010年3月

目 录

第一章 概述 … 1
- 第一节 冶金工业概况 … 1
- 第二节 冶金安全生产的特点与形势 … 4
- 第三节 安全生产对策措施 … 6

第二章 安全生产管理 … 11
- 第一节 安全生产管理概述 … 11
- 第二节 安全生产责任制 … 13
- 第三节 安全生产组织保障 … 15
- 第四节 安全教育培训 … 15
- 第五节 安全检查与隐患整改 … 19
- 第六节 危险源分级管理 … 22
- 第七节 建设项目安全设施"三同时"与安全评价 … 23
- 第八节 安全生产投入与安全技术措施计划 … 25
- 第九节 生产安全事故应急管理 … 28
- 第十节 生产安全事故管理 … 32
- 第十一节 职业病统计报告和处理制度 … 35
- 第十二节 工伤保险 … 36
- 第十三节 安全考评奖惩制度 … 37
- 第十四节 特种设备安全管理 … 38
- 第十五节 劳动防护用品管理 … 38
- 第十六节 工程承包及劳务用工安全管理 … 39
- 第十七节 职业健康安全管理体系 … 41
- 第十八节 冶金企业安全生产标准化 … 43

第三章 烧结球团安全技术 … 46
- 第一节 工艺概述 … 46
- 第二节 烧结球团安全生产的特点及危险有害因素分析 … 49
- 第三节 烧结球团安全生产技术 … 54
- 第四节 烧结球团主要设备安全技术 … 61

第四章 焦化安全技术 … 68
- 第一节 工艺概述 … 68
- 第二节 焦化厂安全生产的特点及主要危险有害因素分析 … 71
- 第三节 炼焦安全技术 … 73
- 第四节 焦炉煤气净化安全技术 … 84

第五节　焦油加工安全技术 ……………………………………………… 90
　　第六节　焦化防火与防爆 ………………………………………………… 98
第五章　炼铁安全技术 …………………………………………………………… 103
　　第一节　工艺概述 ………………………………………………………… 103
　　第二节　高炉炼铁主要危险因素分析 …………………………………… 106
　　第三节　原料系统安全技术 ……………………………………………… 113
　　第四节　煤粉喷吹安全技术 ……………………………………………… 116
　　第五节　高炉富氧鼓风安全技术 ………………………………………… 121
　　第六节　热风炉及荒煤气系统安全技术 ………………………………… 124
　　第七节　高炉生产安全操作 ……………………………………………… 126
　　第八节　炼铁厂重大事故处理 …………………………………………… 135
　　第九节　高炉维修安全 …………………………………………………… 142
第六章　炼钢安全技术 …………………………………………………………… 146
　　第一节　工艺概述 ………………………………………………………… 146
　　第二节　炼钢安全生产的特点及主要危险有害因素分析 ……………… 150
　　第三节　原材料准备和耐火材料安全技术 ……………………………… 153
　　第四节　转炉炼钢安全技术 ……………………………………………… 156
　　第五节　电炉炼钢安全技术 ……………………………………………… 163
　　第六节　精炼安全技术 …………………………………………………… 168
　　第七节　连铸安全技术 …………………………………………………… 174
　　第八节　起重与运输安全技术 …………………………………………… 178
　　第九节　转炉煤气回收安全技术 ………………………………………… 183
第七章　轧钢安全技术 …………………………………………………………… 190
　　第一节　工艺概述 ………………………………………………………… 190
　　第二节　轧钢安全生产的特点及主要危险有害因素分析 ……………… 193
　　第三节　原料准备安全技术 ……………………………………………… 198
　　第四节　加热炉与加热安全技术 ………………………………………… 202
　　第五节　热轧安全技术 …………………………………………………… 212
　　第六节　冷轧安全技术 …………………………………………………… 217
　　第七节　轧钢设备检修安全 ……………………………………………… 226
第八章　耐火材料生产安全技术 ………………………………………………… 231
　　第一节　工艺概述 ………………………………………………………… 231
　　第二节　耐火材料安全生产的特点及主要危险有害因素分析 ………… 234
　　第三节　耐火材料生产安全技术 ………………………………………… 237
第九章　炭素材料生产安全技术 ………………………………………………… 245
　　第一节　工艺概述 ………………………………………………………… 245
　　第二节　炭素材料安全生产的特点及危险有害因素分析 ……………… 247
　　第三节　炭素材料生产安全技术 ………………………………………… 251
第十章　煤气安全技术 …………………………………………………………… 258

第一节　煤气基础知识…………………………………………………………258
第二节　煤气安全技术要求……………………………………………………260
第三节　煤气设施安全技术……………………………………………………271
第四节　煤气检测………………………………………………………………275
第五节　煤气事故的预防与抢救………………………………………………276

第十一章　冶金企业常用气体生产与使用安全技术……………………………281
第一节　氧气的生产与使用安全技术…………………………………………281
第二节　氮气和氩气的生产与使用安全技术…………………………………298
第三节　氢气的生产与使用安全技术…………………………………………302
第四节　气瓶安全技术…………………………………………………………307
第五节　工业气体检修维修及其他安全要求…………………………………309

第十二章　冶金行业职业卫生………………………………………………………315
第一节　职业病防治的基本概念………………………………………………315
第二节　冶金行业职业性有害因素……………………………………………317
第三节　职业健康检查…………………………………………………………325
第四节　冶金行业常见职业病…………………………………………………329
第五节　职业病危害防护措施…………………………………………………337

参考文献……………………………………………………………………………349

第一章 概 述

第一节 冶金工业概况

一、钢铁工业在国民经济中的地位

冶金工业包括钢铁工业和有色金属工业。钢铁工业是国家的基础工业之一，工业、农业、国防、交通运输，乃至人们的许多日常生活用品都离不开钢铁材料。钢铁产量往往是衡量一个国家工业化水平和生产能力的重要标志，钢铁质量和品种对国民经济其他工业部门产品的质量有极大的影响。

钢铁不仅具有良好的机械性能，而且资源丰富，冶炼和加工方法也较其他金属容易。因而钢铁生产具有规模大、效率高、产品成本低等一系列技术和经济上的优点，使钢铁成为现代工业生产中最主要的金属材料。从世界金属产量来看，钢铁产量占全部金属产量的90%以上。

目前世界钢铁产量随着经济的发展仍在不断增长，而且近年来钢铁材料与各种有色金属及合金、有机合成材料、无机非金属材料等组成复合材料，使其用途进一步扩大。因此，迄今为止还没有哪一种材料能够取代钢铁现有的地位。

二、我国钢铁工业的发展

我国铁矿石、有色金属、煤炭和水力资源丰富，具备发展钢铁工业的基本条件。我国是世界上钢铁冶金起源最早的国家之一，早在春秋战国时代（公元前8世纪至前5世纪）就出现了生铁冶炼，制造出了很锋利的宝剑和其他用具，在历史上有着极辉煌的成就。但在漫长的封建社会历史中，工业生产和科学技术发展缓慢，近代又受帝国主义侵略掠夺，钢铁工业技术和装备水平极为落后。自1890年张之洞在武汉建立汉阳钢铁厂开始，到1949年的半个多世纪中，共产钢7.6Mt，最高年产量（1943年）为92.3×10^4t。1949年钢产量仅15.8×10^4t，生铁25×10^4t，居世界第26位。

新中国成立后，我国钢铁工业得到了很大的发展，重建和新建了鞍钢、首钢、本钢、武钢、太钢、马钢、宝钢、攀钢等钢铁基地。与1949年比，1960年钢铁产量增加了40多倍，超过10Mt，某些生产技术指标达到或接近当时的世界水平。1978年钢产量突破30Mt，跃居世界第5位。1996年钢铁产量突破1×10^8t，首次居世界第一。2003年突破2×10^8t，2008年达到5.009×10^8t，2009年在经济困难的情况下，粗钢产量达到5.6×10^8t。2000—2009年我国粗钢产量如图1-1所示。我国不仅钢铁产品总量世界第一，而且绝大多数品种的产量也是世界第一，已能满足国民经济需要的95%左右，钢材品种齐全，板管材品种比例逐年增加，质量提高，大宗产品具备了参与国际竞争的能力。与日本、韩国、俄罗斯等国相比,我国能够生产低成本、高质量的产品,出口向高附加值的板材、管材品种发展,已占出口钢材总量的60%左右。

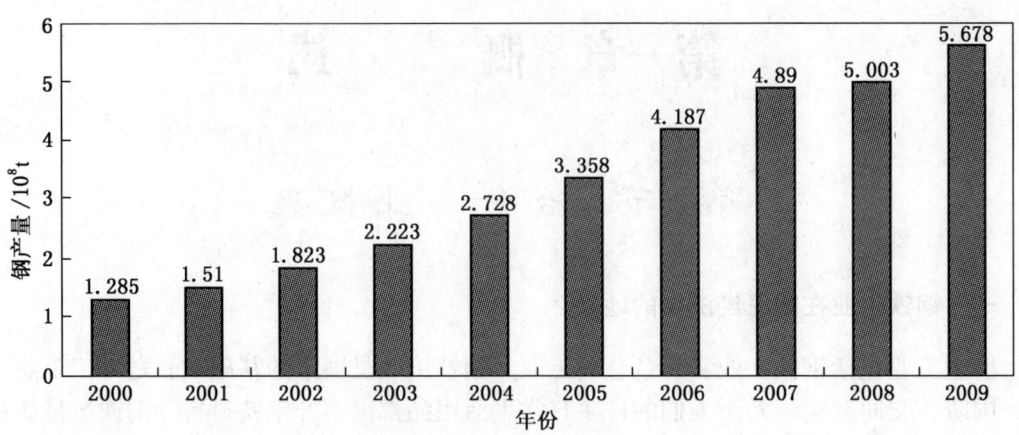

图 1-1　2000—2009 年我国粗钢产量

三、钢铁生产工艺流程

现代钢铁生产过程是将铁矿石在高炉内冶炼成生铁,用铁水炼成钢,再将钢水铸成钢锭或连铸坯,经轧制等塑性变形方法加工成各种用途的钢材。具有上述全过程生产设备的企业,称为钢铁联合企业。现代钢铁联合企业的主要生产工艺流程分为两类:长流程和短流程。目前长流程应用最广,其工艺特点是铁矿石原料经过烧结、球团处理后,采用高炉生产铁水,铁水经预处理后,由转炉炼钢、炉外精炼至合格成分钢水,由连铸浇铸成不同形状的铸坯,轧制成各类成品。短流程工艺就是将回收再利用的废钢(或直接还原铁),经破碎、分选加工后,经预热直接加入电炉中,电炉利用电能作热源来进行冶炼,再经过二次炉外精炼,获得合格钢水,后续工序同长流程工序。跟长流程相比,短流程具有工艺流程简捷、生产环节少、生产周期短、节能环保、投资少、劳动生产率高等优点。目前全球粗钢产量的1/3是由电炉生产的,我国粗钢产量的12%左右由电炉生产。钢铁生产工艺流程如图1-2所示。

此外,在钢铁联合企业中还设有焦化厂、耐火材料厂、备品备件制造加工厂以及设备维修等辅助厂,燃气、氧气、热力、供水、供电等动力厂,行政与业务管理部门、研究机构、检验中心、后勤福利等部门。

钢铁联合企业中各生产厂的组成及作用如下:

(1)焦化厂的主要任务是生产焦炭,副产焦炉煤气、精苯、焦油等化工产品,生产过程分为洗煤、配煤、炼焦和产品处理等工序。

(2)烧结球团厂主要是生产供冶炼用的烧结、球团矿。烧结厂一般由原料准备、混合料、烧结及成品等车间组成。球团一般包括原料准备、混合料、造球、干燥和焙烧、冷却、成品和返矿处理等工序。

(3)炼铁厂是钢铁联合企业的关键工序,其主要任务是生产铁水、生铁,还副产高炉

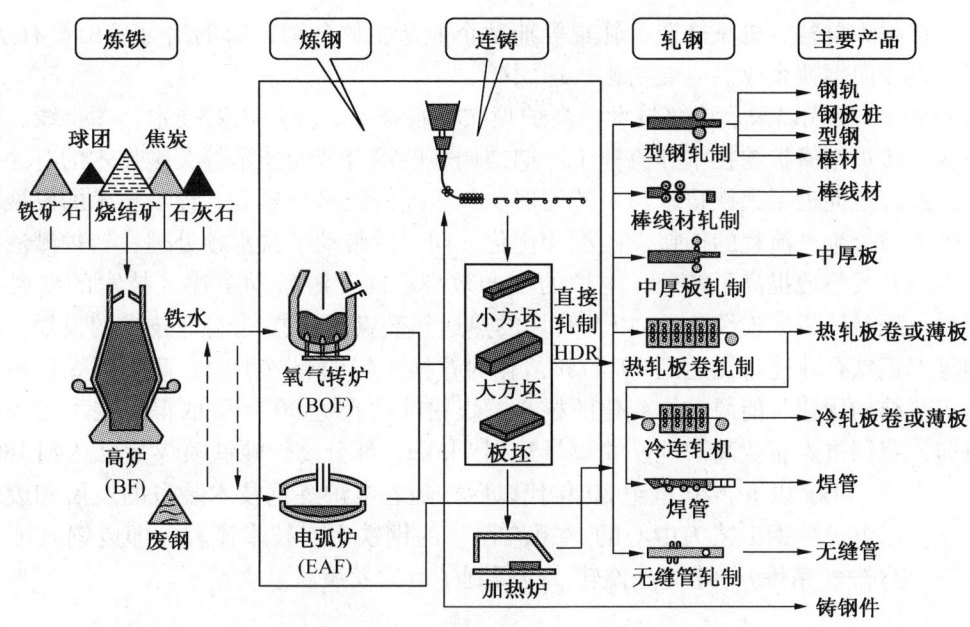

图1-2 钢铁生产工艺流程

煤气。炼铁厂一般由高炉本体、上料系统、送风系统、煤气净化系统、渣铁处理系统、喷吹燃料系统组成。

(4) 炼钢厂主要生产钢和合金钢。使用的冶炼炉有平炉、转炉、电炉三种,现平炉在我国已基本淘汰。转炉主要由原料供应、冶炼、连铸或铸锭及脱锭与整模、烟气净化回收和泥尘处理等工序组成。电炉以冶炼合金钢为主,由配料、冶炼、铸锭、脱整模、钢锭处理等工序组成。

(5) 轧钢厂的主要任务是将炼钢厂冶炼好的钢轧制成管材、线材、板材、型材等。按生产工艺可分为冷轧、热轧两种。热轧厂一般由加热、轧钢、冷却、成品等工序组成,有的还有热处理、酸洗、镀面(镀锌、铅、锡等)和彩涂等。冷轧一般由酸洗、轧钢、热处理、精整和镀面(电镀、热镀)等工序组成。

(6) 耐火材料厂主要生产耐火砖和耐火泥,设有硅砖、黏土砖、镁砖、高铝砖、焦油白云石砖、特种耐火材料等制砖车间以及镁砂、白云石砂、冶金石灰、耐火混凝土等车间。

(7) 其他辅助厂如机械修造厂负责修理本企业的生产设备和消耗件,电修厂负责电器修理,冶金炉厂负责冶金炉窑的修理,轧辊厂负责供应轧辊、钢锭模,碎铁厂负责废钢的加工供应,运输部负责机车运输、汽车运输等,修建部负责大中修等。

(8) 钢铁企业的动力部门如燃气厂负责高炉煤气、焦炉煤气的净化、供应与燃油供应,煤气站负责煤气的加压与输送,氧气厂负责氧气、氮气、氩气、压缩空气等的供应,热力厂负责高炉鼓风、供热及自备电厂的运行,供水厂与供电厂负责整个联合企业的供电与供水。

随着科学技术的发展,生产工艺、设备、材料以及产品品种、质量等都会发生相应的变化,冶金企业的组成与任务也会因时、因地发生变化。近年来,许多钢铁联合企业为精干主体,将耐火材料、机械修造、轧辊等辅助企业从主体分离;有的冶金矿山设有烧结、球团厂,直接向钢铁企业供应烧结矿、球团矿。

20世纪90年代以来,连铸技术,高炉喷吹煤粉技术,高炉长寿技术,棒、线、板材连轧技术,转炉溅渣护炉技术和流程工序结构调整的综合节能技术等关键技术的有序发展和突破,极大地促进了钢铁技术与工艺发展。其中连铸技术是核心,该项技术的发展和应用,促进了整个生产流程的衔接、匹配和优化,向上游带动了铁水预处理、转炉溅渣护炉技术的应用,成倍地提高了转炉、电炉的生产效率;向下游带动了连轧技术的发展(特别是棒材、线材轧机的连续化),以及铸坯的热送热装甚至直接轧制等技术的发展。2008年我国重点钢铁企业连铸比达到99.17%。作为置换焦炭的有效手段,高炉喷煤已成为炼铁系统工艺结构优化、能源结构变化的核心,煤粉喷吹在近30年里取得了突飞猛进的发展。目前,我国重点企业高炉吨铁喷煤量达到145kg,部分高炉吨铁喷煤量已达到180kg,吨铁焦比降至374kg以下。20世纪80年代以后,随着电炉炼钢技术装备的发展和废钢资源的积累,以电炉炼钢工艺为中心的"短流程"的钢铁生产技术流程,即废钢(或直接还原铁)—电炉—(精炼)—连铸—连轧,也得到了巨大发展。

第二节 冶金安全生产的特点与形势

一、冶金行业安全生产的特点

冶金行业安全生产的特点与其生产工艺密切相关。钢铁生产过程包括烧结、炼铁、炼钢、轧钢、焦化、制氧等多个环节,具有企业规模大、工艺流程长、配套专业多、设备大型化、操作复杂、连续作业等特点。

冶金生产既具有生产工艺条件所决定的高动能、高势能、高热能所带来的重大危险因素,又有化工生产常见的有毒有害物质,还有一般机械行业常见的机械伤害事故。其特点是危险源点多、危害大,高温作业和煤气作业多、作业环境差。

冶金企业主要危险有害因素如下6方面。

(1) 冶金生产高温冶炼过程中产出的铁水、钢水危险性极大。一旦由于罐体倾翻、泼溅、炉体烧穿导致铁水、钢水遇水,就会爆炸,导致人员大量伤亡,并造成重大经济损失。铁水喷溅还易造成灼烫事故。

(2) 各种工业气体使用量大,危险性较大。冶金工业大量使用煤气作燃料,煤气的来源多,包括焦炉、高炉、转炉煤气等,使用场所更多,如炼铁、炼钢、轧钢以及其他辅助生产都要用到煤气做燃料;煤气输送管网和设备复杂,对主体生产系统影响大,一旦失控立即影响到主体生产系统;煤气还极易导致中毒、爆炸事故,造成人员大量伤亡。氧气是冶金工业重要的氧化剂,用量大,也极易发生爆炸事故。氮气作为保护气体,使用范围越来越大,易发生窒息事故。

(3) 冶金企业大量使用起重机械、压力容器和压力管道等特种设备,危险性大。起重机械负荷大,吊运高温物体,作业环境恶劣,可能发生起重事故,一旦发生铁水罐、钢水罐倾翻事故,后果十分严重。压力容器和压力管道内的介质通常为高温、高压、有毒有害物质,运行线路长,监测、维护困难。

（4）冶金生产设备大型化、机械化、自动化程度较高，高温作业、煤气作业岗位多。作业时经常涉及高空，高温，高速运动机械，易燃、易爆、有毒气体泄漏、腐蚀等危险状况，作业空间狭窄，立体交叉作业，容易发生中毒窒息、火灾爆炸、灼伤、高处坠落、触电、起重伤害和机械伤害等事故。

（5）冶金企业粉尘、噪声、高温、有毒有害等职业危害严重，治理困难。在一些老企业，职业病患病人数超过了工亡人数，尤其是焦化厂和炼铁厂，作业条件十分恶劣。随着自动化水平的不断提高，单调作业引起疲劳等问题的影响越来越大。

（6）主体生产对辅助系统的依赖程度高，一旦出现紧急状况，处置不当极易引发重特大事故。

二、冶金安全生产形势

近年来，冶金行业安全生产形势总体平稳，事故起数呈下降趋势，但较大以上事故有所抬头。全行业百万吨钢死亡率保持在 2.1 左右，多数大型国有企业百万吨钢死亡率已降至 0.5 以下，接近世界先进水平，但全行业发展很不平衡。国有大型企业总体安全生产情况良好，中小型企业和民营企业安全管理不规范、工艺和设备落后、本质安全生产条件差、职工素质低、盲目无序生产的情况仍然突出，伤亡事故难以控制。据统计，2004 年全国冶金行业发生事故 395 起，死亡 308 人，分别占工矿商贸事故起数及死亡人数的 2.69% 和 1.87%；2005 年发生事故 297 起，死亡 273 人，分别占工矿商贸事故起数及死亡人数的 2.26% 和 1.72%；2006 年发生事故 270 起，死亡 244 人，分别占工矿商贸事故起数及死亡人数的 2.23% 和 1.69%；2007 年发生事故 261 起，死亡 300 人，分别占工矿商贸事故起数及死亡人数的 2.2% 和 2.16%。

冶金企业生产工艺复杂、危险因素多，造成伤亡事故的原因多种多样。对全国 38 家大型钢铁企业在 2001—2007 年期间的伤亡事故进行统计分析表明，机械伤害、起重伤害与物体打击事故发生频率较高，死亡人数占各类事故的前三名，如图 1-3 所示。

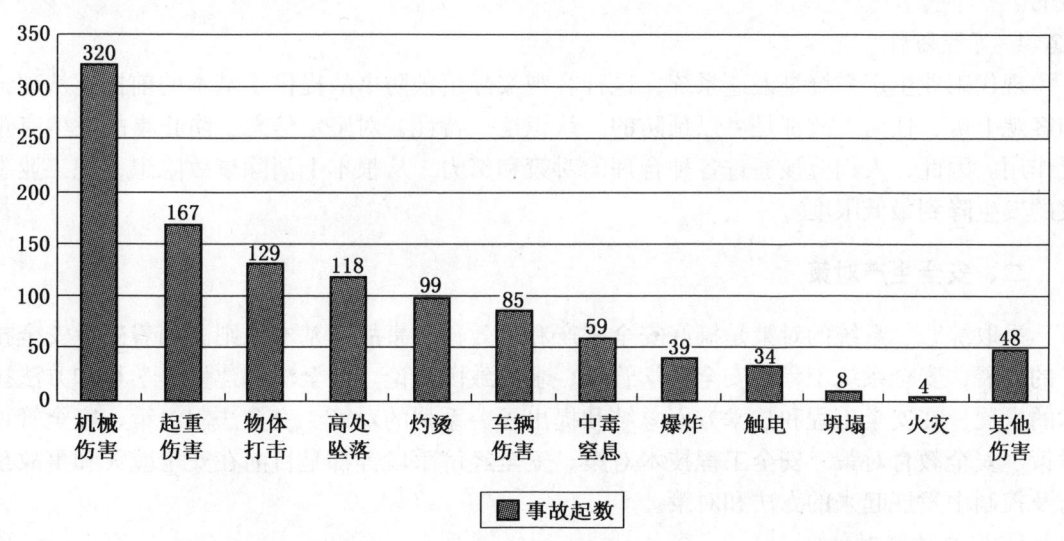

图 1-3 2001—2007 年全国 38 家大型钢铁企业安全生产事故类别分析

2006年全国冶金行业共发生一次死亡3~9人较大事故9起,死亡37人,同比增加2起,增加12人,分别上升28.6%、48%;2007年冶金行业共发生一次死亡3~9人较大事故12起,死亡46人,同比增加3起,增加9人,分别上升33.3%、24.3%,发生一起一次死亡32人特别重大事故。较大及以上事故发生,主要为中毒窒息、高空坠落、爆炸、灼烫等事故类型。

第三节 安全生产对策措施

一、对安全生产的基本认识

根据安全系统工程的基本原理,对事故的特性有如下4个方面的认识。

1. 因果性

事故的因果性是指引起事故的原因是多方面的,事故是由相互联系的多种因素共同作用的结果。在伤亡事故调查分析的过程中,应弄清事故发生的因果关系,找到事故发生的主要原因,才能对症下药。

2. 随机性

事故的随机性是指事故发生的时间、地点、事故后果的严重程度是偶然的。这表明事故的预防具有一定的难度。但是,事故这种随机性在一定范畴内也遵循统计规律。从事故的统计资料中可以找到事故发生的规律性,这对制定事故预防措施有重大意义。

3. 潜伏性

表面上,事故是一种突发事件,但是事故发生之前有一段潜伏期。在事故发生前,人、机、环境系统所处的这种状态是不稳定的,也就是说系统存在着事故隐患,具有危险性,一旦出现触发因素,就会导致事故的发生。在工业生产活动中,企业较长时间内未发生事故,如果麻痹大意就是忽视了事故的潜伏性,这是工业生产中的思想隐患,是应予克服的。

4. 可预防性

现代工业生产系统是人造系统,这种客观实际给预防事故提供了基本的前提。从理论和客观上讲,任何事故都是可以预防的。认识这一特性,对坚定信念、防止事故发生有重要作用。因此,人们应该通过各种合理的对策和努力,从根本上消除事故隐患,把工业事故的发生降到最低限度。

二、安全生产对策

采取综合、系统的对策是搞好安全生产和有效预防事故的基本原则。随着工业安全技术的发展,安全系统工程、安全科学管理、事故致因理论、安全法制建设等学科和方法技术的发展,在安全工程和技术方面总结和提出了一系列的对策。安全法制对策、安全管理对策、安全教育对策、安全工程技术对策、安全经济手段等等是目前在安全减灾和事故预防及控制中发展起来的方法和对策。

1. 安全法制对策

安全法制对策就是利用法制手段,对生产的建设、实施、组织以及目标、过程、结果等进行安全监督管理，使之符合安全生产的要求。

我国已初步建立起社会主义市场经济体制的安全生产法律、法规体系，通过健全法制和加强监督的手段来保证安全生产。截至目前，我国已颁布了《安全生产法》、《矿山安全法》、《劳动法》、《危险化学品安全管理条例》等安全生产方面的法律、法规，建立健全了新建、改建、扩建生产性工程建设项目的"三同时"制度，安全减灾一把手负责制，安全减灾责任制度等安全管理制度。

安全减灾的法制对策是通过如下几方面的工作来实现的：

（1）安全生产责任制度。就是明确企业一把手是安全生产的第一责任人；管生产必须管安全；全面综合管理，不同职能机构有特定的安全生产职责。一个企业要落实安全生产责任制度，需要对各级领导和职能部门制定出具体的安全生产责任，并通过实际工作得到落实。

（2）国家安全生产监察制度。就是指国家授权行政部门设立的监察机构，以国家名义并运用国家权力，对企业、事业和有关机关履行安全生产职责、执行安全生产政策和劳动卫生法规，依法进行的监督，是以国家名义依法进行的具有高度权威性、公正性的监督执法活动。

（3）建立健全安全法规制度。安全生产管理要围绕着安全生产的特点和需要，在技术标准、工作程序、安全生产法规，行业管理规范等方面进行全面的建设，实现安全管理的目标。

（4）社会监督。要充分发挥全社会各方面的作用，在全社会形成关爱生产、关注安全的舆论氛围，包括各个层次、各种方式的监督，既有行政手段又有法律手段，以及社会舆论、新闻媒体等方面的监督。

2. 工程技术对策

工程技术对策是指通过工程技术措施，实现生产的本质安全化，或改善劳动条件提高生产的安全性。如对于火灾的防范，可以采用防火工程、消防技术等技术对策；对于尘毒危害，可以采用通风工程、防毒技术、个体防护等技术对策；对于电气事故，可以采取能量限制、绝缘、释放等技术方法。

在具体的技术对策中，可采用如下技术原则：

（1）消除危险原则。即在本质上消除事故隐患，从根本上消除事故发生的基础，是最理想的措施。如以新的技术和工艺取代旧的危险性大的工艺和技术，以无毒材料代替有毒材料；改进机器设备，消除人体操作对象和作业环境的危险因素，排除噪声、尘毒对人体的影响等，从本质上实现安全生产。

（2）降低危险原则。在系统危险不能根除的情况下，尽量地降低系统的危险性，使系统一旦发生事故，所造成的后果严重程度最小。如以低毒材料取代高毒材料，手持电动工具采用双层绝缘措施等。

（3）冗余原则。就是通过多重保险、后援系统等措施，提高系统的安全系数，增加安全余量。如降低机械设备的额定功率，增大钢丝绳的安全系数，在高压容器中安装安全阀、泄压阀双重保护装置来防止发生爆炸事故。

（4）闭锁原则。在系统中通过一些元器件的机器连锁或电气互锁，作为保障安全的条件。如冲压机械的安全互锁器，金属剪切室安装出入门互锁装置，电路中的自动保安器等。

（5）能量屏蔽原则。在人、物与危险之间设置屏障，防止意外能量作用到人体和物体上，以保证人和设备的安全。如转动机器设置防护屏，反应堆的安全壳等，都起到了屏障作用。

（6）距离防护原则。当危险和有害因素的伤害作用随距离的增加而减弱时，应尽量使人和危险源距离远一些。噪声源、辐射源、污染源等危险因素可采用这一原则减小其危害。

（7）时间防护原则。是使人暴露于危险、有害因素的时间缩短到安全程度以内。如开采放射性矿物或进行有放射性物质的工作时，缩短工作时间；粉尘、毒气、噪声的安全指标，随工作接触时间的增加而减少。

（8）薄弱环节原则。即在系统中设置薄弱环节，以最小的、局部的损失换取系统的总体安全。如电路中的保险丝、锅炉的溶栓、压力容器的泄压阀和防爆膜等，它们在危险情况出现之前就发生破坏，从而释放或阻断能量，以保证整个系统的安全性。

（9）坚固性原则。这是与薄弱环节原则相反的一种对策，即通过增强系统强度来保证其安全性。如加大安全系数，提高结构强度等。

（10）个体防护原则。根据不同作业性质和条件配备相应的劳动保护用品及用具，是一种被动的措施，来减轻事故造成的伤害或损失。

（11）代替作业人员的原则。在不能消除和控制危险、有害因素的条件下，以机器、机械手、自动控制器或机器人代替人或人体的某些操作，摆脱危险和有害因素对人体的危害。

（12）警告和禁止信息原则。采用光、声、色或其他标志等作为传递组织和技术信息的目标，以保证安全。如宣传画、安全标志、板报警告等。

工程技术对策是治本的重要对策。但是，工程技术对策需要以安全技术及经济作为基本前提，因此在实际工作中，这种对策的采用往往受到技术本身及经济条件的限制。

3. 安全管理对策

管理就是创造一种环境和条件，使置身于其中的人们能进行协调的工作，从而完成预定的使命和目标。安全管理对策是工业生产过程中实现安全生产的基本的、重要的对策。工业安全管理对策具体由管理模式、组织原则、安全信息流技术等方面来实现。

安全管理模式分为事后型模式和预防型模式两种。事后型模式是一种消极、被动的对策，即在事故或灾难发生后进行整改，以避免同类事故重复发生的一种对策。这种模式遵循如下技术步骤：发生事故—调查原因—提出整改对策—实施对策—评价—新的对策。预防型模式是一种积极、主动的预防事故或灾难的对策，是实现现代安全管理的基本方法。这种模式遵循如下技术步骤：提出安全生产目标—分析存在的问题—找出主要问题—制订方案—落实方案—评价—新的目标。

安全管理对策的组织原则如下方面：

（1）系统整体性原则。系统的整体性由七大属性确定：目标性、边界性、集合性、有机性、层次性、调节性和适应性。安全管理的整体性要体现出有明确的工作目标，综合考虑问题的原因，要动态地认识安全；落实措施要有主次，要抓住各个方面，能适应变化的要求。

(2) 计划性原则。安全对策要有计划和规划，要有近期、长远目标。工作方案、人财物的使用要按规划进行，并有最终的评价，形成闭环管理。

(3) 效果性原则。安全对策效果的好坏，要通过最终的成果目标来衡量。由于安全问题的特殊性，安全工作的成果既要考虑经济效益，又要考虑社会效益。正确认识和理解安全的效果性，是落实安全生产措施的重要前提。

(4) 单项解决原则。在制定具体事故预防措施时，问题与措施要一一对应，有主次、有轻重缓急，使事故隐患的消除落到实处。对于老大难的问题，应逐步考虑整治，一年一步，不能急于求成。

(5) 等同原则。根据控制论原理，为了有效地控制，控制系统的复杂性与可靠性不应低于被控制系统。在安全上，安全系统或装置的可靠性必须高于被监控的机器和设备。要实现安全检查与管理，安全理论、技术方法、安全人员的素质不应低于被管理的对象。

(6) 全面管理原则。工业企业的安全管理要进行全面管理，即党、政、工、团、职能部门一起抓。只有调动起全员的安全生产积极性，提高全员的安全意识，事故防范才有更高的保证。

(7) 责任制原则。实行安全生产责任制，明确全体生产人员的责任和义务，规定企业的一把手应负主要责任，职能部门对本部门的安全生产负责，对违反安全生产法律法规和不负责的人员应追究行政责任和刑事责任。只有将责任落到实处，安全管理效果才能得以实现。

(8) 精神和物质奖励原则。应用激励理论，对于期望的安全行为给予强化，即采用精神和物质奖励相结合的办法，激发安全生产积极性和主动性，促进安全生产。

(9) 批评教育和惩罚原则。同样是利用行为科学中的强化理论，对不安全行为进行负强化，即进行批评教育和经济与职务上的处罚。

(10) 优化干部素质原则。搞好安全生产工作，专职安全管理人员的素质起着非常关键的作用。随着科学技术的发展和社会的进步，要求安全管理人员要不断提高职业道德、安全生产意识和责任意识，以及安全专业素质和管理技能。

4. 安全教育对策

安全教育对策是通过各种渠道，应用多种有效的方式，对政府官员、社会大众、企业主要负责人、安全生产管理人员、企业职工、社会公民等进行安全意识、观念、行为、知识、技能等方面的教育。教育形式有法人代表的任职教育、安全管理人员的资格培训、新职工的三级安全教育、特殊工种的安全教育培训、日常安全教育、注册安全工程师制度等。教育的内容涉及专业安全科学技术知识、安全文化知识、安全观念知识、安全决策能力、安全管理知识、安全设施的操作技能、安全特殊技能、事故分析和判断知识等。

5. 安全经济手段

狭义的安全经济手段是指企业的安全投资技术、安全设施折旧制度、事故风险金制度、事故罚款等。广义的安全经济手段则包括企业安全经济信息统计、事故损失计算、安全经济效益分析、安全经济管理、安全经济决策等。下面就广义的安全经济对策进行介绍。

(1) 安全经济信息统计。是将安全活劳动的投入、安全物化劳动的投入、事故损失等方面的基本信息记录下来，并进行必要的处理、分析，从而对安全管理做出合理决策。

(2) 安全经济投资技术。安全活动必须投入一定的资源才能得以实现，否则就无法进行。安全经济投资技术主要有投资量的合理确定、投资结构设计（如个体劳保用品与安措经费的比例结构；安全技术与工业卫生经济的比例结构）等。

(3) 事故损失计算。评价事故和灾害对社会经济的影响，是分析安全效益、指导安全定量决策的主要基础性工作。为了能对事故做出科学、合理的评价，首先要解决事故经济损失的计算问题。事故及灾害导致的损失后果因素，根据其对社会经济的影响特征可分为两类：一类是用货币直接测算的事物，如对实物、财产等有形价值的破坏造成的因素；另一类是不能直接用货币来衡量的事物，如生命、健康、环境等。为了对事故造成的社会经济影响做出全面、精确的评价，安全经济学不但需要对有价值的因素进行准确的测算，还需要对非价值因素的社会经济影响和作用进行统一的测算和评价。为了对两类事物的综合影响和作用进行统一的测算，以便对事故和灾害进行全面综合的考察，以货币价值作为统一的测定标量是最基本的方法。因此，提出了事故非价值因素损失的价值化技术问题。

(4) 安全效益分析。是以数理统计的方法具体说明安全的经济意义，揭示安全在经济生产中的作用；它是提高安全资源利用率的出发点和归宿，是衡量安全活动质量好坏，安全设计、安全规划和安全目标的合理程度的重要标准之一，也是加强生产和生活中的安全保障的理论依据之一。

(5) 安全经济决策。是指导安全活动的依据和基础。如何应用安全经济的分析、评价理论及分析结果进行安全方案的决策，国家、行业或部门怎样针对自己的安全管理责任确定投资的方向、规模和政策，这是安全经济决策的任务。

(6) 风险分析技术。风险分析的对象是事故和灾害。事故和灾害具有偶然性，是一种意外事件。尽管长期以来，人类为预防和控制事故和灾害做出了不懈的努力，但由于受到科学技术和经济能力的限制，在生产生活中还是无法绝对避免事故。风险分析的意义在于使事故的发生率降低到人类可以接受的水平。这一水平是人类生产生活所认可的及愿承担的事故和灾害风险，它还随着社会经济、文化的发展和进步而变化。安全分析技术的价值就在于研究和发展有关的理论方法及技术手段，使人类的生产生活过程中的事故风险处于时代所允许的风险水平下，追求人类最佳、最适的整体利益。

(7) 工伤保险机制与伤亡赔偿机制。工伤保险机制是通过事故投保，用社会保险机制来调节企业的安全工作。伤亡赔偿机制是对生命与健康的损失通过合理的赔偿杠杆对安全工作进行调配。

第二章 安全生产管理

第一节 安全生产管理概述

安全生产关系人民群众生命和财产安全，关系改革、发展和稳定大局，安全生产责任重于泰山。搞好安全生产管理，是全面落实科学发展观的必然要求，是建设和谐社会的迫切需要，是各级政府和生产经营单位做好安全生产工作的基础。

一、安全生产的重要意义

安全生产是为了生产过程在符合物质条件和工作秩序下进行，防止发生人身伤亡和财产损失等生产事故，消除或控制危险、有害因素，保障人身安全与健康、设备和设施免受损坏、环境免遭破坏的总称。其重要意义在于：

（1）搞好安全生产工作，首先是保护生产经营单位从业人员的生命安全和身心健康。生存和健康是人的最根本需求，保护职工的生产安全和身体健康，是贯彻落实"以人为本"思想的重要体现，是保护人民群众根本利益的重要表现。

（2）安全生产是党和国家在生产建设中一贯坚持的指导思想，是我国的一项重要政策，是社会主义精神文明建设的重要内容。党和国家历来十分重视安全生产工作，重视保护国家财产和人民群众的生命安全。党的"十六大"报告中明确指出"高度重视安全生产，保护国家财产和人民生命的安全。"各生产企业要全面贯彻落实党的十六大精神，站在"三个代表"重要思想的高度，切实搞好安全生产，防止事故的发生。

（3）安全生产是社会持续均衡全面发展的需要。近年来，我国经济持续高速发展，但是事故率居高不下，重、特大事故时有发生，在给国家造成了巨大的经济损失和人员重大伤亡的同时，还影响了我国的国际声誉。搞好安全生产工作，增强全社会安全生产意识，建立安全生产保障体系，提高事故预防以及事故灾难应对水平，是保障社会持续、均衡、全面发展的重要内容。

（4）安全生产在企业现代化管理中占有重要地位。企业现代化管理的基本目标是通过管理现代化，使生产顺利高效地进行，不断提高劳动生产率。这个目标只有通过搞好安全生产才能实现。安全生产，是企业在市场经济条件下，为实现生产经营方针和目标，参与国际市场竞争，提高企业经济效益，促进企业可持续发展的保障，是企业自我完善、自我发展、自我约束的不可缺少的重要内容。加强企业安全管理，对促进企业科学管理和技术进步，建立现代企业管理制度，提高职工队伍和企业整体素质，树立良好的企业形象，建立和谐的企业安全文化，具有不可替代的重要作用。

（5）安全生产是企业的一项基本社会责任。一个企业要发展，不仅要有良好的经济效益，还必须承担相应的社会责任，必须把企业的利益与国家和社会的利益紧密结合起来。企业积极承担安全生产、环境保护等社会责任，有利于建立良好的社会氛围，树立良好的公众形象，进而促进企业的发展。

二、安全生产管理的内容

安全生产管理是管理的重要组成部分，是安全科学的一个分支。所谓安全生产管理，就是针对人们在生产过程中的安全问题，运用有效的资源，发挥人们的智慧，通过不懈的努力，进行决策、计划、组织和控制等活动，实现生产过程中人与机器设备、物料、环境的和谐，达到安全生产的目标。

安全生产管理的目标是减少和控制事故危害，尽量避免生产过程中造成的人身伤亡、财产损失和环境破坏以及其他损失。

安全生产管理的基本任务是发现、分析和消除生产过程中的各种危险、有害因素，防止伤亡事故和职业病，保障职工的安全和健康，提高安全生产管理水平。

安全生产管理的内容包括：安全生产管理机构和安全生产管理人员、安全生产责任制、安全生产管理规章制度、安全生产策划、安全教育培训、安全生产档案、事故应急救援等。

三、安全生产方针

《安全生产法》在总结我国安全生产管理经验的基础上，将"安全第一，预防为主"规定为我国安全生产工作的方针。在十六届五中全会上，党和国家坚持以科学发展观为指导，从经济和社会发展的全局出发，不断深化对安全生产规律的认识，提出了"安全第一，预防为主，综合治理"的安全生产方针。

贯彻落实安全生产方针，首先在思想上要高度重视安全，在处理安全与生产经营活动的关系上，始终要把安全放在首要位置，按照安全优先的原则，首先考虑安全。只有坚持"安全第一"，才能确保企业的可持续发展。

其次，要树立科学的安全观，树立"事故是可以预防的"观念，积极采用科学的管理思想，千方百计预防事故的发生，做到防患于未然。虽然人类在生产活动中还不可能完全杜绝事故，但是只要思想重视，预防措施得当，事故是可以大大减少的。

第三，要坚持"综合治理"安全管理原则，综合运用科技、法律、经济和行政等手段，从安全投入、科技进步、教育培训、激励约束、企业管理、事故责任追究等方面着手，全方位、多层次地安全管理，做到思想认识上警钟长鸣，制度保证上严密有效，技术支撑上坚强有力，监督检查上严格细致，事故处理上严肃认真。

四、安全发展理念

十六届五中全会通过的《关于制定国民经济和社会发展第十一个五年计划的建议》中提出，"坚持节约发展、清洁发展、安全发展，实现可持续发展"。十六届五中全会确立了安全发展的指导原则，把"安全发展"作为一个重要理念纳入我国社会主义现代化建设的总体战略。

胡锦涛总书记在中共中央政治局第30次集体学习时指出，各级党委和政府要牢固树立以人为本的观念，关注安全、关爱民生，进一步认真做好安全生产工作，坚持不懈地把安全生产工作抓细抓实抓好。人的生命是最宝贵的，我国是社会主义国家，我们的发展不能以牺牲精神文明为代价,不能以牺牲生态环境为代价,更不能以牺牲人的生命为代价。

"安全发展"重点包含三层含义:

一是"以人为本"必须要以人的生命为本。人的生命最宝贵,生命安全权益是最大的权益。发展不能以牺牲人的生命为代价,不能损害劳动者的安全和健康权益。

二是经济社会发展必须以安全为基础、前提和保障。国民经济和区域经济、各个行业和领域、各个生产经营单位的发展,要建立在安全保障能力不断增强、安全生产状况持续改善、劳动者生命安全和身体健康得到切实保障的基础上,做到安全生产与经济社会发展各项工作同步规划、同步部署、同步推进,实现可持续发展。

三是构建社会主义和谐社会必须解决安全生产问题。安全生产既是人民群众关注的热点、难点,也是和谐社会建设的切入点、着力点。只有搞好安全生产,实现安全发展,国家才能富强安宁,百姓才能平安幸福,社会才能和谐安定。

对企业来讲,安全发展是企业落实科学发展观,实现科学、持续、有效、较快和协调发展的必要要求和重要保障,是企业履行经济、政治、社会责任的重要体现,是企业增强市场竞争力的重要基础,坚持走安全发展的道路应当成为企业的郑重选择和庄严承诺。

坚持安全发展,就是最大限度地提高发展效益,降低发展风险,实现社会又好又快发展。实现安全发展的根本和落脚点是认真切实地贯彻落实好安全生产法规、制度和措施。

第二节 安全生产责任制

一、安全生产责任制的概念

安全生产责任制是按照安全生产方针和"管生产必须管安全"的原则,明确规定生产经营单位的各级负责人、各职能部门及其工作人员和岗位生产人员在安全生产方面的职责范围,明确上下左右之间权限,协调安全生产管理工作的制度。

安全生产责任制是生产经营单位岗位责任制和经济责任制的重要组成部分,是最基本的安全管理制度,是各项安全生产管理制度的核心。

建立安全生产责任制是落实我国安全生产方针、政策和有关安全生产法律法规的具体要求。《安全生产法》第四条明确规定:"生产经营单位必须……建立、健全安全生产责任制……"生产经营单位是安全生产的责任主体,生产经营单位必须建立安全生产责任制,把"安全生产,人人有责"从制度上固定下来,把安全生产责任落实到每个环节、每个岗位、每个人,形成完整的安全生产管理体系,使安全管理工作既做到责任明确,又相互协调配合,共同把安全生产工作落到实处。安全生产责任制规定了生产经营单位各级负责人、各部门及其工作人员和岗位生产人员的职责,可以增强各级各类人员的安全责任感,调动各级人员和各部门在安全生产方面的积极性和主观能动性。建立健全安全生产责任制是建立安全生产长效机制的基础,是实现企业可持续发展的重要保障。安全生产责任制的实施还有利于广大职工履行安全生产监督职责。

二、建立与落实安全生产责任制的要求

安全生产责任制应由单位的主要负责人组织建立。建立与落实安全生产责任制应遵循

下列要求：

(1) 符合国家安全生产方针、政策和法律法规的要求。

(2) 建立本单位的安全生产责任体系，必须与企业的组织结构和管理体制协调一致。

(3) 体系要清楚，要贯彻"纵向到底、横向到边"、"层层有专责，人人管安全"的原则，要覆盖所有的生产单位、部门和生产岗位；落实"管生产必须管安全"的原则，各单位、各部门负责人对本单位和部门的安全生产全面负责。

(4) 职责要明确。落实"安全生产，人人有责"的原则，岗位人员对本岗位的安全生产负责。要根据本单位、部门、班组、岗位的实际情况确定每个人、每个单位的安全生产职责，要求职责明确具体，具有可操作性，能考核。

(5) 要贯穿"计划、布置、检查、总结、评比"等安全管理过程的始终和安全生产的各个方面。

(6) 要有专门的机构与人员来制定和落实安全生产责任制，并适时修订。

(7) 要定期对责任人的责任制落实情况进行考核。

三、安全生产责任制的主要内容

安全生产责任制包括岗位责任制和部门责任制。

岗位责任制是指纵向的各级、各类人员的安全生产职责。在建立岗位责任制时，可首先将本单位从主要负责人一直到岗位工人分成相应的层级，结合本单位的实际，赋予其相应的职责。

部门责任制是指横向的各职能部门（包括党、政、工、团）的安全生产职责。在建立部门责任制时，可按照本单位职能部门的设置，分别对其安全生产职责作出规定。

生产经营单位的安全生产责任制，在纵向上至少应包括下列几类人员。

1. 生产经营单位主要负责人

生产经营单位的主要负责人是本单位安全生产的第一责任人，对本单位的安全生产工作全面负责。《安全生产法》第十七条规定了主要负责人的安全生产职责：

(1) 建立、健全本单位安全生产责任制。

(2) 组织制定本单位安全生产规章制度和操作规程。

(3) 保证本单位安全生产投入的有效实施。

(4) 督促、检查本单位的安全生产工作，及时消除生产安全事故隐患。

(5) 组织制定并实施本单位的生产安全事故应急救援预案。

(6) 及时、如实报告生产安全事故。

各单位可根据上述6个方面，并结合本单位的实际情况对主要负责人的安全生产职责作出规定。

2. 生产经营单位其他负责人

生产经营单位其他负责人的职责是协助主要负责人搞好安全生产工作，根据其职责分工，具体负责分管事项的相关安全工作。

3. 各级负责人

各级负责人负责组织本单位的安全生产工作，并对本单位的安全生产工作全面负责。

4. 各职能部门负责人及其工作人员

各职能部门都负有相应的安全生产职责。职能部门负责人的职责是按照本部门的安全生产职责，组织有关人员落实本部门的安全生产责任制，并对本部门职责范围内的安全生产工作负责。各职能部门的工作人员对职责范围内的安全生产工作负责。

5. 班组长

班组是搞好安全生产的关键。班组长全面负责本班组的安全生产工作，其职责是贯彻执行本单位的安全规定，督促本班组的工人遵守有关安全生产规章制度和操作规程，切实做到不违章指挥，不违章作业，遵守劳动纪律。

6. 岗位工人

岗位工人对本岗位的安全生产负直接责任，其主要职责是接受安全生产教育培训，遵守有关安全生产规章制度和安全操作规程，遵守劳动纪律，不违章作业。

第三节 安全生产组织保障

生产经营单位的安全生产管理必须有组织上的保障。组织保障主要包括安全生产管理机构和安全生产管理人员两个方面。

安全生产管理机构和安全生产管理人员的作用是贯彻落实国家有关安全生产法律法规，组织企业内部的各种安全管理活动，负责日常安全检查，及时组织整改各种事故隐患，督促安全生产责任制的落实等。

《安全生产法》第十九条对生产经营单位安全生产管理机构的设置和安全生产管理人员的配备做出了明确的规定。《冶金企业安全生产监督管理规定》第七条规定：冶金企业的从业人员超过300人的，应当设置安全生产管理机构，配备不少于从业人员3‰比例的专职安全生产管理人员；从业人员在300人以下的，应当配备专职或者兼职安全生产管理人员。

第四节 安全教育培训

一、概述

通过安全教育培训活动，可以提高员工安全意识和安全素质，防止产生不安全行为，减少人为失误，预防伤亡事故，实现安全生产和文明生产。安全教育培训工作是贯彻"安全第一，预防为主，综合治理"的重要措施，是一项重要的安全生产管理活动。安全教育首先应进行安全理念和安全生产法律法规的教育，改变安全态度，强化安全意识，提高生产经营单位管理者及员工的安全生产责任感和自觉性；其次要进行安全知识教育，提高员工的安全素质；第三要进行安全技能教育，规范安全生产行为，形成正确的操作习惯。

《安全生产法》及有关安全教育培训的规章、培训大纲和考核标准，对各类人员的安全培训的内容、培训时间、考核，以及安全培训机构的资质管理等作了规定。《冶金企业安全生产监督管理规定》第九条对冶金企业主要负责人、安全生产管理人员、特种作业人员、从业人员，以及煤气作业人员的教育培训作了明确规定。

二、安全教育培训的对象和内容

1. 对生产经营单位主要负责人的教育培训

生产经营单位的主要负责人是指对本单位的生产经营负全面责任,有生产经营决策权的人员,具体是指公司的董事长、总经理,其他生产经营单位的厂长、经理、矿长(含实际控制人)等。

1)基本要求

(1)生产经营单位的主要负责人必须具备与本单位所从事的生产经营活动相应的安全生产知识和管理能力。

(2)危险物品的生产、经营、储存单位以及矿山、烟花爆竹、建筑施工单位的主要负责人必须接受安全资格培训,经安全生产监督管理部门或法律法规规定的有关主管部门考核合格并取得安全资格证书后方可任职。

(3)其他单位主要负责人必须按照国家有关规定接受安全生产培训,经培训单位考核合格并取得安全培训合格证后方可任职。

(4)所有单位的主要负责人每年应进行安全生产再培训。

2)培训内容

(1)国家安全生产方针、政策和有关安全生产法律、法规、标准、规范。

(2)安全生产管理基本知识、安全生产技术和安全生产专业知识。

(3)重大危险源管理、重大事故防范、应急管理以及事故调查处理的有关规定。

(4)职业危害及预防措施。

(5)国内外先进的安全生产管理经验。

(6)典型事故和应急救援案例分析。

(7)其他需要培训的内容。

3)再培训内容

(1)有关安全生产的新的法律、法规、规章、规程和标准。

(2)安全生产的新技术、新设备、新材料。

(3)安全生产管理先进经验。

(4)典型事故案例。

4)培训时间

危险物品的生产、经营、储存单位以及矿山、烟花爆竹、建筑施工单位的主要负责人安全资格培训的时间不得少于 48 学时,每年再培训时间不得少于 16 学时。

其他单位的主要负责人安全资格培训的时间不得少于 32 学时,每年再培训时间不得少于 12 学时。

2. 对安全生产管理人员的教育培训

安全生产管理人员是指在生产经营单位从事安全生产管理工作的人员,具体是指生产经营单位分管安全生产的负责人、安全生产管理机构负责人及其工作人员,以及未设安全生产管理机构的专兼职安全生产管理人员。

1)基本要求

(1)生产经营单位的安全生产管理人员必须具备与本单位所从事的生产经营活动相

应的安全生产知识和管理能力。

（2）危险物品的生产、经营、储存单位以及矿山、烟花爆竹、建筑施工单位的安全生产管理人员必须接受安全资格培训，经安全生产监督管理部门或法律法规规定的有关主管部门考核合格并取得安全资格证书后方可任职。

（3）其他单位安全生产管理人员必须按照国家有关规定接受安全生产培训，经培训单位考核合格并取得安全培训合格证后方可任职。

（4）所有单位的安全生产管理人员每年应进行安全生产再培训。

2）培训内容

（1）国家安全生产方针、政策和有关安全生产法律、法规、标准、规范。

（2）安全生产管理、安全生产技术和职业卫生等知识。

（3）伤亡事故统计、报告及职业危害的调查处理方法。

（4）应急管理、应急预案编制以及应急处置的内容和要求。

（5）国内外先进的安全生产管理经验。

（6）典型事故和应急救援案例分析。

（7）其他需要培训的内容。

3）再培训内容

（1）有关安全生产的新的法律、法规、规章、规程和标准。

（2）安全生产的新技术、新设备、新材料。

（3）安全生产管理先进经验。

（4）典型事故案例。

4）培训时间

危险物品的生产、经营、储存单位以及矿山、烟花爆竹、建筑施工单位的安全生产管理人员安全资格培训的时间不得少于48学时，每年再培训时间不得少于16学时。

其他单位的安全生产管理人员安全资格培训的时间不得少于32学时，每年再培训时间不得少于12学时。

3. 对特种作业人员的教育培训

特种作业是指容易发生事故，对操作者本人、他人的安全健康及设备、设施的安全可能造成重大危害的作业。直接从事特种作业的人员称为特种作业人员。

1）特种作业的范围

特种作业的范围包括电工作业、焊接与热切割作业、高处作业、制冷与空调作业、煤矿安全作业、金属非金属矿山安全作业、石油天然气安全作业、冶金（有色）生产安全作业、危险化学品安全作业、烟花爆竹安全作业，以及国家有关部门认定的其他作业。

2）特种作业人员管理要求

（1）特种作业人员必须经过专门的安全技术和操作技能的培训，并经考核合格，取得特种作业人员操作证后方可上岗。

（2）特种作业人员的培训实行全国统一培训大纲、统一考核标准、统一证件。特种作业人员操作证由国家统一印制，地市级以上行政主管部门签发，全国通用。

（3）特种作业操作资格考试包括安全技术理论考试和实际操作考试两部分。

（4）对取得特种作业人员操作证的人员，每3年复审一次。特种作业人员在特种作业操作证有效期内，连续从事本工种10年以上，严格遵守有关安全生产法律法规的，经原考核发证机关或者从业所在地考核发证机关同意，特种作业操作证的复审时间可延长至每6年1次。未按期复审或复审不合格者，其操作证自行失效。

4. 对其他从业人员的教育培训

生产经营单位的其他从业人员是指除主要负责人、安全生产管理人员和特种作业人员以外，在该单位从事生产经营活动的所有人员，包括其他负责人、其他管理人员、技术人员和各岗位的工人，以及临时聘用人员。

1) 基本要求

（1）冶金企业应当定期对从业人员进行安全生产教育和培训，保证从业人员具备必要的安全生产知识，了解有关的安全生产法律法规，熟悉规章制度和安全技术操作规程，掌握本岗位的安全操作技能。未经安全生产教育和培训合格的从业人员，不得上岗作业。

（2）危险物品的生产、经营、储存单位以及矿山、烟花爆竹、建筑施工单位的其他从业人员每年接受再教育的时间不得少于20学时。

（3）外来务工人员也应定期接受安全教育培训。

2) 新工人的安全教育培训

新工人上岗之前要接受厂、车间、班组三级安全教育，经考核合格后由熟练工人带领工作，直到熟悉本工种操作技术并经考核合格，方可独立上岗工作。新工人入厂安全教育时间不得少于24学时。危险物品的生产、经营、储存单位以及矿山、烟花爆竹、建筑施工单位的其他从业人员每年接受再教育的时间不得少于72学时。

新工人三级安全教育的内容如下：

（1）厂级安全教育的内容：本单位安全生产情况及安全生产基本知识；本单位安全生产规章制度和劳动纪律；从业人员的安全生产权利和义务；应急救援知识；有关事故案例等。

（2）车间安全教育的内容：本车间安全生产状况和规章制度；工作环境及危险因素；所从事工种可能遭受的职业危害和伤亡事故；所从事工种的安全职责、操作规程及强制性标准；自救、互救、急救方法，疏散和现场紧急情况的处理；安全设备设施、个人防护用品的使用和维护；预防事故和职业危害的措施及应注意的安全事项；事故案例。

（3）班组安全教育的内容：班组安全生产状况和规章制度；岗位安全操作规程；岗位之间工作衔接配合的安全与职业卫生事项；事故案例。

3) 煤气作业人员的教育培训

冶金行业煤气来源较多（包括焦炉煤气、高炉煤气、转炉煤气等），应用广泛，煤气作业场所多。由于煤气具有毒性和可燃性，能致人中毒死亡，易发生火灾爆炸，因此冶金企业煤气作业危险性较大，煤气事故发生率较高，死亡人数较多，特别是较大以上事故占比较大。为了防治煤气事故，《冶金企业安全生产监督管理规定》规定，冶金企业应当按照有关规定对从事煤气生产、储存、输送、使用、维护检修的人员进行专门的煤气安全基本知识、煤气安全技术、煤气监测方法、煤气中毒紧急救护技术等内容的培训，并经考核合格后，方可安排其上岗作业。

5. 其他教育培训

（1）企业采用新工艺、新技术、新设备、新材料时，应对操作人员进行有针对性的安全技术培训，并经考核合格方可上岗。

（2）调换工种和脱岗3个月以上重新上岗的人员，应事先进行岗位安全培训，经考核合格方可上岗。

（3）外来参观或学习的人员应接受必要的安全教育，并由专人带领。

（4）节假日后，以及停产复工前，应组织对全体职工进行复工、复产安全教育。

（5）对"双违"人员应及时开展安全理念、操作规程、事故案例教育。

（6）发生事故后，应组织全体职工进行事故分析活动。

三、安全教育培训的方法

安全教育培训的形式和方法多种多样，各有特点，在实际应用中要根据培训对象和内容灵活选择。

安全教育培训的主要方法有课堂讲授法、实操演练法、案例研讨法、读书指导法、个别指导法、宣传娱乐法。

安全教育培训的形式主要有安全培训、每天的班前班后会、安全活动日、安全生产会议、事故现场分析会、危险预知活动、张贴安全生产招贴画、宣传标语、安全知识竞赛等。

安全教育培训的要点如下：

（1）安全教育培训是抓好安全工作的起点，因此，首次安全教育培训的效果非常重要，其内容应以安全理念教育为主，使新工人在一开始就能对安全工作产生一个新的认识，形成正确的安全意识，并改变错误的安全态度。

（2）安全教育培训作为安全管理的重要一环，应认真严格，教学认真，组织严密，考核严格，这样才能保证培训效果。

（3）培训内容应丰富多彩，经常变换，要根据管理、工艺等方面的变化，及时变更培训内容。

（4）培训内容既要有较强的针对性和实用性，又要有一定的高度，并适当扩大知识面。

（5）安全教育培训方式应多样化，尤其要积极开展互动式教学、参与式学习，充分调动学员学习的积极性和主动性，最大限度地提高学员的安全生产技能和管理能力。

（6）在进行安全操作技能培训时，一开始就要形成正确的操作习惯，防止形成习惯性违章。

第五节　安全检查与隐患整改

安全检查是指通过对生产现场及管理进行检查，及时发现物的不安全状态、人的不安全行为和管理上的缺陷，及时采取措施消除隐患，防止事故发生。安全检查制度是一项重要的安全管理制度，它能及时发现事故隐患，及时采取措施，有效防止事故发生，改善劳动条件，保证安全生产；通过完善安全管理制度，不断促进安全生产水平的提高。

一、安全检查的类型

1. 按检查的时间周期划分

根据检查的时间周期不同，安全检查分为以下几种类型：

(1) 日常检查,即经常性的每天进行的安全检查。如安全生产管理人员每天进行的例行检查,专业人员的巡回检查,岗位生产人员进行的班前班后检查等。

(2) 定期检查,是根据安全生产的需要,每隔一定的期限进行的综合性或专业检查。如公司至少每半年进行一次综合大检查,厂至少每季进行一次检查,车间、科室至少每月检查一次,班组每天要检查一次。特种设备要定期进行检测检验。

(3) 季节性检查,是根据季节的特点进行的安全检查,如夏天进行防洪检查,冬天进行防火检查等。

(4) 节假日前后的检查,包括节假日前进行的安全检查,节假日期间的安全管理及联络、值班等事项,节假日后进行的复工检查等。

(5) 不定期检查,包括在新、改、扩建工程试生产前,以及在装置、机器设备开、停工前,恢复生产前进行的安全检查。

2. 按检查的内容划分

根据检查的内容不同,安全检查可分为以下两类:

(1) 专业(项)安全检查,是由职能部门组织有关专业人员和其他人员进行的某个专业或专项安全检查,如防火防爆安全检查、电气安全检查、机械设备安全检查等。这类检查专业性强,较深入,较能发现问题。

(2) 综合性安全检查,一般是由上级对下级或主管部门对企业进行的全面性的、综合性的检查。

二、安全检查的内容

安全检查的内容包括:

(1) 查安全生产方针、政策、法律法规的落实情况,以及各级领导人对安全生产的思想认识。

(2) 查制度与管理。即检查各项安全生产管理制度是否健全,以及其贯彻落实情况,安全投入是否足够,检查车间、班组日常安全管理工作。

(3) 查人员。包括检查主要负责人、安全生产管理人员、从业人员接受安全教育培训的情况,特种作业人员是否取得操作资格证,矿山、危险品和建筑施工企业的主要负责人和安全生产管理人员是否取得安全资格证,作业人员是否有违章行为等。

(4) 查隐患与整改。检查生产现场、工作场所、设备设施、防护装置以及作业环境是否符合有关规定的要求,重大危险源监控管理和隐患整改落实情况。

(5) 查事故处理。检查企业是否按照"四不放过"的要求对事故进行处理。

三、安全检查的方法和程序

1. 检查方法

(1) 常规检查。是最常用的一种检查方法,是检查人员通过感官或辅助一些简单的工具、仪表等对作业现场及人员、管理等进行的检查,检查结果受检查人员经验和能力的影响。

(2) 安全检查表法。为了实现安全检查的规范化、标准化,减少个人主观因素的影响,常采用安全检查表进行安全检查。事先对检查对象加以分析,列出其不安全因素,确定检查项目及标准,并编制成表格,这种表就叫安全检查表(SCL)。编制安全检查表的依据主要包括：有关安全生产法规、标准、规程、规范及规定；危险辨识与风险评价的结果；有关事故案例及安全生产管理方面的经验。

（3）仪器检查法。仪器能准确地检测到机器、设备内部的缺陷，精确地测量生产环境用的微量危险有害因素及机器设备的变化，因此，必要时需要实施仪器检查。如特种设备的检测检验和有毒有害气体的监测都需要采用仪器进行检查。

2. 安全检查的程序

1）前期准备

（1）首先根据有关规定、文件明确检查的目的，确定检查范围、对象、任务和重点。

（2）查阅、掌握有关法规、标准、规程的要求。

（3）了解检查对象的工艺流程、生产情况、主要危险有害因素、重大危险源等情况。

（4）制订检查计划、步骤，确定检查内容和方法。

（5）编制安全检查表或检查提纲。

（6）准备必要的检测工具、仪器、书写表格或记录本等。

（7）挑选和训练检查人员，并进行必要的分工。

2）实施检查

通过访谈、查阅文件和记录、现场观察、仪器测量等方式获取检查信息，并做好记录。检查完毕，应与被检查单位交换检查意见。

3）分析与总结

检查人员将现场检查记录进行整理，对存在的问题进行分析、统计，并提出处理意见，分析管理上存在的不足，并提出完善措施。

4）检查结果通报

对于综合性大检查，应将检查情况撰写成报告，并向公司领导或上级部门汇报，向各被检查单位通报。

3. 安全检查的要求

（1）不同类型、不同层次的安全检查，其内容和方式也应不同。上级对下级进行的安全大检查主要以检查法律法规的贯彻落实情况、查制度与管理、查重大危险源的管理等为主，采取的方法较多。而例行检查和班组安全检查则以检查生产现场的安全隐患及人员违章情况为主，主要采用现场查看的方式。因此，各单位应根据检查的目的、类型、级别，有针对性地确定安全检查的内容。

（2）安全检查的目的要明确，要求要具体，既要严格要求，又要防止一刀切，要从实际出发，分清主、次，力求实效。

（3）应健全完善安全检查网络和信息反馈渠道。上一级检查下一级的安全管理工作，做到覆盖全面，层次分明。安全检查信息要及时上传下达。

（4）检查方法要科学，采用安全检查表，实现安全检查的规范化和标准化。

（5）准备工作要充分，包括思想动员、专业配备、法规政策和物资准备等。

（6）要深入基层、紧密依靠职工，坚持领导与群众相结合的原则。

（7）自查与互查相结合。基层以自查为主，企业内各单位与部门之间要互相检查，取长补短，互相学习，相互监督。

（8）坚持查改相结合。检查不是目的，整改才是目的；一时难以整改的，要采取有效防范措施。

(9) 建立检查档案。应将有关检查记录、表格、收集的基本数据等整理归档，建立安全检查档案。

四、隐患整改

事故隐患是指生产经营单位违反安全生产法律法规、规章、标准、规程和有关安全生产管理制度的规定，或者因其他因素在生产经营活动中存在可能导致事故发生的物的危险状态、人的不安全行为和管理上的缺陷。事故隐患整改应建立隐患排查、登记、整改、销案制度，凡属已经检查发现的隐患，均须逐项登记，并按照职责范围，实行班组、车间、厂和公司分级负责整改的制度。事故隐患整改的要求：

(1) 要坚持职业安全卫生"三同时"原则，从源头上减少事故隐患。

(2) 加强教育培训，强化全员隐患意识，提高对隐患危害性的认识，发动群众排查身边隐患。

(3) 认真开展各项安全检查，发现涉及安全生产的隐患、缺陷和问题，均应逐项登记，并按照职责范围，实行班组、车间、厂、公司分级负责整治的制度。

(4) 明确安全责任，理顺隐患整改治理机制，按照"四定三不推"的原则对隐患实行分级管理。所谓"四定三不推"，即定项目、定负责人、定措施（包括经费来源）、定完成期限；凡班组、工段能解决的不推给车间，车间能解决的不推给厂，厂能解决的不推给公司，做到及时整改，按期销案。

(5) 坚持标准，提高隐患整改的科学管理水平。

(6) 广开渠道，保障隐患整改资金的投入到位。

(7) 落实措施，充分发挥工会和职工的群众监督作用，共同搞好隐患管理。

(8) 加强隐患整改的信息反馈调节和督办检查，推动隐患整改按期销案。

(9) 对一时不能消除的重大、特大事故隐患，要采取临时性的安全防护措施，加强监控、动态跟踪，确保安全。

(10) 事故隐患消除后，隐患整改单位应向原登记立案单位予以销案。

(11) 检查发现的隐患及整改情况应认真做好记录。

第六节 危险源分级管理

一、危险源的概念

从安全生产的角度来说，危险源是指可能造成人员伤害、财产损失、环境破坏或者其他损失的根源或状态。因此，重大危险源就是可能导致重大事故的危险源。《安全生产法》和国家标准《重大危险源辨识》（GB 18218—2009）都对重大危险源做出了明确的规定。《安全生产法》第九十六条的解释为：长期地或者临时地生产、搬运、使用或者储存危险物品，且危险物品的数量等于或者超过临界量的单元（包括场所和设施）。《重大危险源辨识》的解释与之类似。这两个概念主要针对危险化学物品的重大危险源，不包括冶金行业的高温高压设施、液态金属等重大危险源。

因此，对一般工业生产而言，重大危险源是指含有大量的危险物质或能量，可能造成重大人员伤亡、重大经济损失及环境破坏或者其他破坏的设备、设施及场所。加强重大危险源管理，对预防重大工业事故、降低事故损失意义重大。

二、危险源分级

冶金企业应根据本单位安全生产的特点，对液态金属的生产、运输、吊装，煤气和氧气的生产、输送和储存，高温炉窑，高压容器，重型起重机、煤粉喷吹等的设备设施进行仔细的分析论证，确定本单位的重大危险源，根据其危害严重程度，对危险源进行分级。一般根据事故的后果，将危险源分为四级，见表2-1。

表2-1 危险源分级

级别	后果
一级	可能造成多人伤亡或引起火灾、爆炸、设备及厂房设施毁灭性破坏
二级	可能造成死亡，或永久性全部丧失劳动能力，或可能造成生产中断
三级	可能造成人员永久性局部丧失劳动能力，或危及生产暂时性中断
四级	可能造成人员轻伤或伤愈后能恢复原岗位工作的一般性重伤，并不致造成生产中断

三、危险源分级管理

（1）危险源应实行分级管理，明确每一个危险源的层级、各层级的责任部门和责任人，管理措施和检查要求，如图2-1所示。

（2）对重大危险源进行定期检查、检测、检验。应根据本单位危险源分级管理的要求，定期组织对危险源进行安全检查，对设备设施的性能进行检验。特

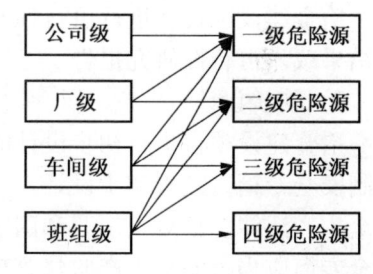

图2-1 危险源分级管理

种设备还要按照特种设备安全管理的要求，定期进行检测检验。发现隐患应及时进行整改。

（3）对重大危险源进行适时监控。应积极采用先进技术，对重大危险源进行监控，提高重大危险源的安全管理水平。

（4）制订重大危险源应急预案。应根据国家及本单位应急管理的要求，制订本单位每一个重大危险源的现场事故应急预案，明确处置突发事件的技术措施和组织措施。

（5）建立重大危险源管理档案。所有重大危险源应登记建档，内容包括重大危险源的名称、地点、性质、管理责任人、可能造成的危害、管理措施、应急预案、日常检查与管理情况等。

第七节 建设项目安全设施"三同时"与安全评价

一、建设项目安全设施"三同时"

1. 建设项目安全设施"三同时"的含义

建设项目安全卫生"三同时"，是指新建、改建、扩建工程项目的职业安全卫生设施

必须符合国家规定的标准，必须与主体工程同时设计、同时施工、同时投入生产和使用，以确保建设项目竣工投产后，符合国家规定的职业安全卫生标准，保障劳动者在生产过程中的安全与健康。《安全生产法》、《劳动法》和《职业病防治法》都对建设项目安全设施"三同时"做了明确的规定。《冶金企业安全生产监督管理规定》规定："冶金企业的新建、改建、扩建工程项目（以下统称建设项目）的安全设施、职业危害防护设施必须符合有关安全生产法律、法规、规章和国家标准或行业标准的规定，并与主体工程同时设计、同时施工、同时投入生产和使用（以下统称"三同时"）。安全设施和职业危害防护设施的投资应当纳入建设项目概算。"

建设项目安全设施"三同时"是生产经营单位贯彻落实"安全第一，预防为主，综合治理"方针，改善劳动者安全生产条件，防止发生伤亡事故，保障安全生产的重要措施。它是一种事前保障措施，是有效消除和控制建设项目中危险有害因素的根本性措施。

2. 冶金建设项目安全设施"三同时"管理的基本要求

根据《冶金企业安全生产监督管理规定》的规定，建设单位对建设项目的安全设施"三同时"负责。建设单位应当按照有关规定组织建设项目安全设施的设计审查和竣工验收。各阶段具体要求如下。

1）可行性研究

冶金建设项目在进行可行性研究时，应当同时对职业安全卫生条件进行论证，并将论证结果载入可行性研究报告。

2）初步设计

冶金建设项目进行初步设计时，建设单位应当选择具有相应资质的设计单位按照规定编制安全专篇，完善初步设计。安全专篇应当包括有关安全预评价报告的内容，符合有关安全生产法律、法规、规章和国家标准或者行业标准的规定。设计单位对设计质量负责。安全专篇应当报安全生产监督管理部门备案。

3）施工

冶金建设项目安全设施应当由具有相应资质的施工单位施工。施工单位应当按照设计方案进行施工，不得擅自更改职业安全卫生设施的设计，并对安全设施的施工质量负责。建设项目安全设施设计作重大变更的，应当经原设计单位同意，并报安全生产监督管理部门备案。

4）竣工验收

冶金建设项目安全设施竣工后，应当进行安全验收评价。经验收合格后，方可投入生产和使用。

安全验收评价报告应当报安全生产监督管理部门备案。

5）投产使用

冶金建设项目验收合格投产使用以后，生产单位必须将职业安全卫生设施与主体生产设施同时投入使用，不得擅自将安全设施闲置或拆除，并进行日常维护，确保使用效果。

二、安全评价

1. 安全评价的定义

安全评价，也称危险评价或风险评价，是以实现工程、系统安全为目的，应用安全系统工程原理和方法,对工程、系统中存在的危险、有害因素进行辨识与分析,判断工程、系统发生事故和职业危害的可能性及其严重程度,从而为制定防范措施和管理决策提供科学依据。

2. 安全评价的类别

安全评价按照实施阶段不同分为三类:安全预评价、安全验收评价和安全现状评价。

1) 安全预评价

安全预评价就是在建设项目的可行性研究阶段,根据可行性研究报告的内容,对工程项目中存在的危险、有害因素种类及其危害性进行的预测性评价,并提出合理可行的安全对策、措施和建议,用以指导建设项目的初步设计。

2) 安全验收评价

安全验收评价是在建设项目建成试生产正常运行后,在正式投产前进行的一种检查性安全评价。它通过对系统存在的危险、有害因素进行辨识,对安全设施及安全技术措施进行定性、定量的检查,验证系统在安全上的符合性和有效性,从而作出评价结论并提出补救或补偿措施,以促进项目实现系统安全。安全验收评价是为建设项目的安全验收进行的技术准备。

3) 安全现状评价

安全现状评价是针对一个生产经营单位总体或局部生产经营活动进行的现状进行的安全评价,辨识其存在的危险、有害因素及其危险程度,查找事故隐患,并提出安全对策措施。安全现状评价多是综合性评价,是根据有关规定和生产经营单位的要求进行的。

3. 安全评价的要求

根据《冶金企业安全生产监督管理规定》的要求,冶金建设项目在可行性研究阶段应当委托具有相应资质的中介机构进行安全预评价。冶金建设项目安全设施竣工后,建设单位应当委托具有相应资质的中介机构进行安全验收评价。安全预评价报告和安全验收评价报告应当报安全生产监督管理部门备案。冶金企业焦化厂、氧气厂等生产单位应当按照《安全生产许可证条例》的要求,依法进行安全评价,取得安全生产许可证,才能进行生产。

安全评价应采用先进、合理的定性、定量评价方法,分析和预测建设项目中潜在的危险、有害因素及其可能造成的后果,指出生产系统中存在的事故隐患,设计方案中存在的缺陷,提出明确的事故预防措施和隐患处理意见,并形成评价报告。

第八节 安全生产投入与安全技术措施计划

一、安全生产投入

1. 对安全生产投入的基本要求

必要的安全生产投入是实行安全生产的重要保障。《安全生产法》第十八条规定,生产经营单位应当具备安全生产条件所必需的资金投入,由生产经营单位的决策机构、主要负责人或者个人经营的投资人予以保证,并对由于安全生产所必需的资金不足导致的后果承担责任。《国务院关于进一步加强安全生产工作的决定》要求企业实行安全费用制度。

《冶金企业安全生产监督管理规定》第八条规定，冶金企业应当保证安全生产所必须的资金投入，并对冶金企业的安全生产费用的使用范围做了明确规定。

建立和实施安全生产费用制度，进一步明确了企业安全投入的主体责任，并为企业安全生产建立了资金储备，有利于改变企业安全投入不足的状况，在提升企业安全生产水平和保障企业安全生产等方面将产生重要作用。

企业的安全生产投入是一项长期性的工作，安全生产投入应当有一个总体规划，有计划、有步骤、有重点地进行，要克服盲目、无序投入的现象。因此，企业要切实加强安全生产投入资金的管理，制订安全生产费用提取和使用计划，并纳入企业全面预算。

2. 冶金企业安全生产费用的使用范围

根据《冶金企业安全生产监督管理规定》的要求，冶金企业安全投入主要用于以下几个方面：

(1) 完善、改造和维护安全防护设备设施。
(2) 安全生产教育培训和配备劳动防护用品。
(3) 安全评价、重大危险源监控、重大事故隐患评估和整改。
(4) 职业危害防治，职业危害因素检测、监测和职业健康体检。
(5) 设备设施安全性能检测检验。
(6) 应急救援器材、装备的配备及应急救援演练。
(7) 其他与安全生产直接相关的物品或者活动。

3. 高危行业企业安全生产费用提取与管理

根据财政部、国家安全生产监督管理总局关于印发《高危行业企业安全生产费用财务管理暂行办法》（财企〔2006〕478号）的要求，从事矿山开采、建筑施工、危险化学品生产、道路交通运输的企业，应建立安全生产费用提取使用管理制度。

1) 安全生产费用的提取

安全生产费用是指企业按照规定标准提取，在成本中列支，专门用于完善和改进企业安全生产条件的资金。

安全生产费用提取标准如下：

(1) 矿山企业安全费用依据开采的原矿产量按月提取。各类矿山原矿单位产量安全费用提取标准如下：金属矿山，其中露天矿山每吨4元，井下矿山每吨8元；非金属矿山，其中露天矿山每吨（立方米）1元，井下矿山每吨（立方米）2元。

(2) 建筑施工总承包企业和专业承包企业，以当年主营业务收入为计提依据，采取超额累退方法，按照1%~2%的标准，分月提取安全生产费用。建设单位应当根据国家规定的安全生产费率确定安全生产费用。建设施工企业提取的安全生产费用列入工程造价，在竞标时不得削减。安全生产费用由总承包单位统一收取，总承包单位应将安全生产费用按比例直接支付给分包单位，分包单位不再重复提取。

(3) 危险品生产企业，以本年度实际销售收入为计提依据，采取超额累退方法按照一定比例（4%~0.2%）提取安全生产费用。

(4) 道路交通运输企业，以营业收入为计提依据，根据其运输类别按照一定比例（0.5%~1.5%）分月提取。

2) 高危行业安全生产费用的管理

安全生产费用按照"企业提取、政府监管、确保需要、规范使用"的原则进行管理。为了保证安全生产费用能足额使用，安全生产费用实行专户储存，专款专用，任何部门不得抽调、集中企业安全生产费用资金，企业也不得用于调剂盈亏。

企业为从事高空、高压、易燃、易爆、剧毒、放射性、高速运输、野外、矿井等高危作业的人员办理团体人身意外伤害保险或个人意外伤害保险，以及为职工提供的职业病防治、工伤保险、医疗保险所需费用，不在安全费用列支，可以直接列入企业成本。

二、安全技术措施计划

安全技术措施计划是企业安全生产管理的一个重要组成部分，是企业通过有计划地安排资金定期进行安全技术改造，来消除事故隐患，改善安全生产条件，防止伤亡事故和职业病的一项重要措施。安全技术措施计划的实施，可以把改善劳动条件纳入企业的生产建设计划中，有效地利用资金来加强职工安全教育培训和劳动保护，解决生产中存在的一些重大事故隐患，使企业的安全生产条件的改善走向法制化、制度化。

1. 安全技术措施计划的主要内容和范围

1）安全技术措施计划编制的主要内容

安全技术措施计划编制的主要内容包括：

（1）单位或工作场所；

（2）措施名称；

（3）措施内容和目的；

（4）经费预算及其来源；

（5）负责设计、施工的单位或负责人；

（6）开工日期及竣工日期；

（7）措施执行情况及其效果。

2）安全技术措施计划的范围

安全技术措施计划的范围包括：改善劳动条件、防止伤亡事故、预防职业病和职业中毒等内容，具体有以下几种：

（1）安全技术措施，即预防职工在生产过程中发生工伤事故的各项措施，其中包括防护装置、保险装置、信号装置、防爆炸设施等措施。

（2）职业卫生措施，即预防职业病和改善职业卫生环境的必要措施，其中包括防尘、防毒、防噪声、通风、照明、取暖、降温等措施。

（3）房屋设计等辅助性措施，即为保障安全技术、职业卫生环境所必需的房屋设施等措施，其中包括更衣室、沐浴室、消毒室、妇女卫生室、厕所等。

（4）安全宣传教育措施，即为宣传普及安全卫生法律、法规、基本知识所需要的措施，其主要内容包括：安全卫生教材、图书、资料，安全卫生展览和训练班等。

2. 安全技术措施计划编制的依据和方法

编制职业安全卫生技术措施计划主要依据以下几方面：

（1）国家发布的有关职业安全卫生政策、法规和标准。

（2）在安全卫生检查中发现而尚未解决的问题。

（3）造成伤亡事故和职业病的主要原因和所应采取的措施。

（4）生产发展需要所应采取的安全技术和工业卫生技术措施。

（5）安全卫生技术革新项目和职工提出的合理化建议。

编制计划时，企业领导应根据本企业的情况，分别向车间提出具体要求，进行布置。车间主任要会同有关单位和人员制订出本车间的具体措施计划，经群众讨论，送安技科审查汇总，技术科编制，计划科综合后，由企业领导召开有关科室、车间等负责人参加的会议，确定措施项目、施工负责人，规定完成日期，经企业领导批准后，报请上级部门核定。根据上级核定的结果，与生产计划同时下达各车间贯彻执行。

第九节　生产安全事故应急管理

随着现代工业的发展，生产经营过程中存在着巨大的能量和有害物质，一旦发生重大事故，往往会造成惨重的人员伤亡、经济损失以及环境破坏。当事故或灾难不可完全避免时，建立重大事故应急救援体系，组织及时有效的应急救援行动，就成为抵御事故风险或控制灾害蔓延、降低危害后果的关键甚至唯一手段。

近年来我国相继颁布的一系列法律法规，如《安全生产法》、《突发事件应对法》、《危险化学品安全管理条例》、《安全生产许可证条例》、《危险化学品安全管理条例》、《特种设备安全监察条例》等，对重大事故、重大危险源等应急救援工作提出了相应的规定。《安全生产法》第十七条规定，生产经营单位的主要负责人具有组织制订并实施本单位的生产安全事故应急救援预案的职责；第三十三条规定，生产经营单位对重大危险源应当制订应急救援预案，并告知从业人员和相关人员在紧急情况下应当采取的相应措施。

一、事故应急救援的基本任务

事故应急救援的总目标是通过有效的应急救援行动，尽可能地降低事故的后果，包括人员伤亡、财产损失和环境破坏等。事故应急救援的基本任务包括以下 4 个方面。

1. 组织营救遇险人员

抢救遇险人员是应急救援的首要任务。在应急救援行动中，要组织营救遇险和受害人员，组织群众撤离，或者采取其他措施保护事故影响区域内的其他人员。快速、有序、有效地实施现场急救与安全转送伤员是降低伤亡，减少事故的关键。

2. 迅速控制事态

迅速控制事态，一是控制危险源，防止事故继续发展；二是对事故造成的危害进行检测、监测，测定事故的危害区域、性质及程度，控制事故影响范围。

3. 消除危害后果，做好现场恢复

针对事故对人、动植物、土壤、空气等造成的危害，迅速采取封闭、隔离、洗消、监测等措施，防止对人继续造成危害，对环境造成污染。及时清理废墟，恢复基本设施，将事故现场恢复至相对稳定的状态。

4. 查清事故原因，评估危害程度

救援行动结束后，应及时调查事故发生的原因和事故性质，评估事故的危害范围和危害程度，并总结救援工作的经验和教训。

二、应急管理的过程

应急管理是对重大事故的全过程管理，贯穿于事故发生前、中、后的全过程，充分体现了"预防为主、常备不懈"的应急思想。应急管理是一个动态的过程，包括预防、准备、响应和恢复四个阶段。在实际工作中，这些阶段往往是交叉的，但每一个阶段都有自己明确的目标，而且每一个阶段又是构筑在前一个阶段的基础之上，因而预防、准备、响应和恢复的相互关联，构成了应急管理的循环过程。

1. 应急预防

一是事故的预防工作，通过安全管理和安全技术手段，尽可能地防止事故的发生，实现本质安全；二是假定事故必然发生，通过预先采取防范措施，来达到降低或减缓事故的影响或后果严重程度。

2. 应急准备

针对可能发生的事故，为迅速有效地开展应急行动而预先做的各种准备，包括：应急体系的建立、有关部门和人员职责的落实、预案的编制、应急队伍的建设、应急装备与物资的准备和维护、预案的演练、与外部应急力量的衔接等，其目标是保持重大事故应急救援所需的能力。

3. 响应

响应是在事故发生后采取的应急救援行动，包括事故的报警与通报、人员的紧急疏散、急救与医疗救护、消防和工程抢险措施、信息收集与应急决策及外部救援等，其目标是尽可能地抢救遇险人员，保护可能受威胁的人群，尽可能控制并消除事故。

4. 恢复

在事故发生后立即进行，首先使事故影响区域恢复到相对安全的状态，然后逐步恢复到正常状态。要求立即进行的恢复工作包括：事故损失评估、事故原因调查、清理废墟等。在短期恢复中要注意避免出现新的紧急情况。长期恢复包括：厂区重建和受影响区域的重新规划和发展，并吸取事故和应急救援工作的经验教训，开展进一步的预防减灾行动。

三、事故应急救援体系的建立

事故应急救援工作是一个系统工程，它不是仅仅依靠某一个部门或一个方面就能实现，而应当建立起完善的应急救援体系，根据本单位应急救援工作的特点和需要，合理规划和完善其各个组成部分。

1. 应急救援组织体系

应急救援组织体系的构建应贯彻顶层设计和系统思想，以事件为中心，以功能为基础，分析和明确应急救援工作的各项要求，在应急能力评估和应急资源统筹安排的基础上，科学地建立规范化、标准化的应急救援组织体系，保障各级应急救援体系的统一和协调。

（1）应急指挥部。是事故应急救援现场的最高指挥机构，负责统筹安排整个应急救援工作，统一指挥应急救援行动，协调事故应急救援期间各个机构的运行，实施场外应急力量、救援装备、器材、物资、资金等的调度和增援，保证救援行动快速、有序、有效。

一般由本单位的主要负责人任总指挥。

（2）信息中心。一般设在调度室，负责事故信息的收集、报告，传达应急指挥部的各项命令等。

（3）专家组。也叫技术组，在应急准备和应急救援中起着重要的参谋作用，包括对潜在重大危险的评估、应急资源的配备、事态及发展趋势的预测、应急力量的重新调整和布置、个人防护、公众疏散、抢险、现场恢复等行动提出建议。

（4）消防与抢险组。主要由专业抢险队、公安消防队、军队防化兵等组成，各生产单位也可成立本单位的抢险队。其职责是尽可能快速地控制并消除事故，营救受伤人员。

（5）医疗救护组。主要负责对伤员进行现场分类和急救处理，并及时转院进行治疗，对现场救护人员进行医疗监护。

（6）监测组。主要负责迅速测定事故的危害区域范围及危害性质，监测空气、水、环境、食物等污染状况。

（7）人员疏散组。主要负责根据警报和防护措施，指挥、引导影响区域的人员撤离至安全区域或安置区，组织好特殊人员的疏散安置工作，维护安全区或安置区的秩序和治安。

（8）警戒保卫组。主要负责对危害区域外围的交通路口实施封锁，阻止事故危害区外的人员进入，及时疏散交通阻塞，对重要目标实施保护，维护社会治安。

（9）运输保障组。负责应急物质、装备和人员的运输。

（10）物质保障组。负责应急救援物资、设备、器材的供应。

（11）后勤保障组。负责应急救援人员及遇难者家属的食宿等生活保障。

（12）善后保障组。负责遇难者家属的安抚工作。

（13）信息发布中心。负责事故和救援信息的对外统一发布，以及及时、准确地向公众发布有关保护措施的紧急公告，消除群众的恐慌。

2. 应急响应机制

应根据事故的种类、性质、严重程度、事态发展趋势和控制能力实行分级响应机制。对不同的响应级别，相应地明确事故的通报范围、应急启动程序、应急力量的出动和设备、物资的调集规模、人员疏散范围、应急总指挥的职位等。针对大型冶金企业集团，其响应级别通常分为三级。

（1）一级响应。当公司的一个生产厂矿发生重大事故，其自身力量不足以控制事态发展，或者某事故可能影响到多个厂矿时，或者公司所有生产厂矿或局部生产厂矿同时发生事故时，必须动用公司全部或大部分部门及公司一切资源，或者需要公司各部门同外部联合起来处理各种紧急情况，通常要宣布进入一级响应状态。一级响应由公司成立应急救援指挥部，启动公司相应的专项应急预案。

（2）二级响应。公司内某个厂矿发生事故以后，依靠自身的力量就能够有效控制事态发展及伤员的救治，即应进入二级响应。二级响应一般由公司内发生事故的厂矿成立应急救援指挥部，由厂矿自行组织应急救援行动，有时还需要公司个别部门协助。

（3）三级响应。能被一个车间正常可利用的资源处理的紧急情况和事故，只需启动三级响应。正常可利用的资源是指该车间权力范围之内的，可以正常调动的人力、物力等资源。

当事态进一步扩大,应当相应地提高应急响应的级别。当事态的发展超出了公司的应急能力,或者事故影响到周边环境时,就需要启动政府预案。

3. 应急响应程序

应急响应程序按过程可分为接警、响应级别确定、应急启动、救援行动、应急恢复和应急结束等几个过程。

(1) 接警与响应级别确定。接到事故报告后,按照工作程序,对警情作出判断,初步确定响应级别。如果事故不足以启动应急救援预案设定的最低响应级别,响应关闭。

(2) 应急启动。应急响应级别确定以后,按确定的响应级别启动应急程序,如通知应急指挥部人员到位、开通信息和通信网络、调配应急救援的应急资源(包括应急队伍和物资、装备等)、成立现场指挥部。

(3) 救援行动。有关应急队伍进入事故现场后,迅速开展事故侦测、警戒、疏散、人员救助、工程抢险等救援工作,专家组为救援决策提供建议和技术支持。当事态超出响应级别,无法得到有效控制时,应请求实施更高级别的应急响应。

(4) 应急恢复。救援行动结束后,进入临时应急恢复阶段,包括现场清理、人员清点和撤离、警戒解除、善后处理和事故调查等。

(5) 应急结束。执行应急关闭程序,由事故应急救援总指挥宣布应急结束。结束后,应总结应急救援工作的经验教训,并对应急预案进行修订完善。

四、编制事故应急预案

1. 应急预案的层次

应急预案根据事故的类型、事故严重程度等可分为三个层次。

(1) 综合预案。从总体上阐述事故的应急方针、原则、应急组织及其职责、应急行动的总体思路。

(2) 专项预案。针对本单位特定类型的紧急情况及事故,如火灾、某类自然灾害等事故的应急预案。专项预案是在综合预案的基础上,充分考虑了某特定危险的特点,对应急的形式、组织结构、预警、应急活动等进行更具体的阐述,具有较强的针对性。

(3) 现场处置预案。是在专项预案的基础上,根据具体情况需要而编制的。它是针对特定的具体场所(即以现场为目标),通常是该类型事故风险较大的场所、装置或重要防护区域所制订的应急预案。现场处置预案需要结合事故发生、发展,对应急处理措施做出明确的阐述,因此要求其可操作性和针对性要强。

2. 应急预案的编制过程

应急预案的编制过程应包括下面五个过程:

(1) 成立应急预案编制小组,确定负责人。

(2) 危险分析和应急能力评估。辨识可能发生的重大事故风险,并进行影响范围和后果分析;分析应急资源需求,评估现有的应急能力。

(3) 编制应急预案。基于危险分析和应急能力评估的结果,确定最佳的应急策略。

(4) 应急预案的评审与发布。预案编制后,应组织开展预案的评审工作,包括内部评审和外部评审。评审完毕后,由主要负责人签署发布,并按规定报送上级有关部门备案。

(5) 应急预案的实施。预案经批准发布后,应组织实施,开展应急预案宣传、教育和培训，落实应急资源并定期检查，组织开展应急演习和训练，对预案实施动态管理与更新，以便不断完善。

3. 应急预案的主要内容

应急预案是针对可能发生的重大事故所需的应急准备和应急响应行动而制定的指导性文件，其主要内容应包括下列几项：

(1) 对紧急情况及事故灾害及其后果的辨识、预测及评价。

(2) 规定应急救援组织及详细职责。

(3) 应急救援行动的指挥与协调。

(4) 应急救援行动所需的人员、设备、设施、物资、经费保障和其他资源，包括社会和外部援助资源等。

(5) 在紧急情况或事故灾害发生时保护生命、财产和环境安全的措施。

(6) 现场恢复。

(7) 其他，如应急培训和演练，法律法规的要求等。

一个完整的应急预案可分为六个一级要素：方针与原则、应急策划、应急准备、应急响应、现场恢复、预案管理与评审改进。其中，应急策划、应急准备和应急响应三个关键要素又可进一步划分为若干个二级要素。

五、应急预案演练

应急演练是检验、评价和保持应急能力的一个重要手段。通过应急演练，可以发现应急预案中存在的缺陷及应急资源的不足，改善参与应急的各单位与部门之间的协调性，提高应急人员的熟练程度和技术水平，增强应对突发事故的信心和应急意识，提高整体应急反应能力。

应急演练通常有桌面演练、功能演练和全面演练三种。

(1) 桌面演练。由应急组织的代表或关键岗位的人员参加，按照应急预案及标准工作程序讨论在紧急情况时应采取的救援行动的演练活动，其特点是对演练情景进行口头演练，一般在会议室进行。

(2) 功能演练。是指针对某项应急响应功能或其中某些应急响应行动举行的演练活动。功能演练一般在应急指挥中心举行，并可同时调动有限的装备和人员开展现场演练。

(3) 全面演练。是指对应急预案中全部或大部分应急响应功能，检验、评价应急运行能力的演练活动。一般要求持续几个小时，所有应急单位都要参加，规模较大，演练过程要求尽量真实。

组织应急演练首先要建立应急演练策划小组，编写演练方案，确定参演人员，做好各项准备工作。演练实施过程中要记录参演队伍的表现。演练结束，应对演练效果作出评价，并提交评价报告，说明本次演练的成功经验及发现的问题，及时组织对应急预案进行修订。

第十节 生产安全事故管理

生产安全事故的报告和调查处理，是安全生产工作的重要环节。新中国成立以来，我国政府高度重视生产安全事故的报告和调查处理工作，制定了一系列有关生产安全事故报告和调查处理的法规和标准。在总结以往有关事故报告和调查处理的法规的基础上,国务院 2007 年 4 月 9 日颁发的《生产安全事故报告和调查处理条例》对生产安全事故的报告和调查处理做出了全面、明确的法律规定,是各相关单位和部门做好事故报告和调查处理的主要法律依据。

一、事故的概念和分类

企业职工伤亡事故是指职工在生产劳动过程中发生的人身伤害、急性中毒事故,即职工在本岗位劳动,或虽不在本岗位劳动,但由于企业的设备和设施不安全、劳动条件和作业环境不良、管理不善,以及企业领导指派到企业以外从事本企业活动,所发生的人身伤害和急性中毒事故。生产安全事故,是指发生在企业生产劳动过程中的人身伤亡事故及经济损失事故。

1. 按照事故严重程度分级

根据生产安全事故造成人员伤亡或者直接经济损失的严重程度,《生产安全事故报告和调查处理条例》将事故划分为四个等级:

(1) 特别重大事故,是指一次造成 30 人以上(含 30 人)死亡,或者 100 人以上(含 100 人)重伤(包括急性工业中毒),或者造成 1 亿元以上(含 1 亿元)直接经济损失的事故。

(2) 重大事故,是指一次造成 10~29 人死亡,或者 50~99 人重伤(包括急性工业中毒),或者造成 5000 万~1 亿元直接经济损失的事故。

(3) 较大事故,是指一次造成 3~9 人死亡,或者 10~49 人重伤(包括急性工业中毒),或者造成 1000 万~5000 万元直接经济损失的事故。

(4) 一般事故,是指一次造成 1~2 人死亡,或者 1~9 人重伤(包括急性工业中毒),或者造成 1000 万元以下直接经济损失的事故。

2. 按照事故类别分类

GB 6441—1986《企业职工伤亡事故分类》将事故类别划分为 20 类,即物体打击、车辆伤害、机械伤害、起重伤害、触电、淹溺、灼烫、火灾、高处坠落、坍塌、冒顶片帮、透水、爆破、瓦斯爆炸、火药爆炸、锅炉爆炸、容器爆炸、其他爆炸、中毒。

3. 按照造成事故的责任分类

按照造成事故的责任分类,分为责任事故和非责任事故两类。

责任事故,是指由于人们违背自然或客观规律,违反法律、法规、规章和标准等行为造成的事故。

非责任事故,是指遭遇不可抗拒的自然因素或者目前科学无法预测的原因造成的事故。

二、生产安全事故的报告和现场处置

(1) 事故发生以后,事故现场有关人员应当立即向本单位负责人报告;情况紧急时,事故现场有关人员可以直接向事故发生地县级以上人民政府安全生产监督管理部门和负有安全生产监督管理职责的有关部门报告。

(2) 单位负责人在接到事故报告以后,应当于 1h 以内向事故发生地县级以上人民政府安全生产监督管理部门和负有安全生产监督管理职责的有关部门报告。事故报告的内容应当包括事故发生单位概况，事故发生的时间、地点、简要经过和事故现场情况，事故已经造成或者可能造成的人员伤亡和初步估计的直接经济损失，以及已经采取的措施等。事故报告后出现新情况的，还应及时补报。

（3）事故发生后，事故单位负责人应当立即组织抢救伤员，根据事故情况立即启动事故应急预案，防止事故扩大，减少人员伤亡和经济损失。

（4）事故发生后，有关单位和人员应当妥善保护事故现场以及相关证据，任何单位和个人不得破坏事故现场、毁灭相关证据。因抢救伤员、防止事故扩大以及疏通交通等原因，需要移动事故现场物件的，应当作出标志，绘制现场简图并作出书面记录，妥善保存现场重要痕迹、物证。

（5）事故发生后，有关人员涉嫌犯罪的，当地公安机关可依法立案侦查，采取强制措施和侦查措施。犯罪嫌疑人逃匿的，公安机关应当迅速追捕归案。

三、事故调查

事故发生以后，根据事故的大小，由对应级别的人民政府或者其授权的部门成立事故调查组，按照实事求是、尊重科学的原则，对事故进行调查，查明事故发生的经过、原因、人员伤亡情况、事故的直接经济损失、事故的性质和事故责任，提出对事故责任者的处理意见，总结事故教训，提出事故防范措施和整改意见，最后向负责事故调查的人民政府提交事故调查报告。原则上，事故调查组应当自事故发生之日起60日内提交事故调查报告；特殊情况下，提交事故调查报告的期限可适当延长，但延长期限最长不得超过60日。

四、事故处理

事故处理对于事故责任追究以及防范和整改措施的落实非常重要，也是落实"四不放过"的核心环节。事故处理的要求如下：

（1）有关机关应当按照负责事故调查的人民政府对事故调查报告的批复，对事故发生单位和有关人员进行行政处罚；事故发生单位应当按照人民政府的批复，对本单位负有事故责任的人员进行处理；负有事故责任的人员涉嫌犯罪的，依法追究刑事责任。

（2）事故发生单位应当认真吸取事故教训，落实防范和整改措施，防止事故再次发生。

五、事故统计与报表制度

生产安全事故统计工作是安全生产工作的重要组成部分，是科学决策和正确指导安全生产工作的基础。为了进一步搞好生产安全事故统计工作，国家安全生产监督管理总局对原有《伤亡事故统计报表制度》进行了补充与完善，制定了新的《生产安全事故统计报表制度》（安监总计〔2006〕26号）。各生产经营单位应当按照《生产安全事故统计报表制度》的规定，及时将本单位的生产安全事故上报当地安全生产监督管理部门，由当地安全生产监督管理部门统计汇总后逐级上报至国家安全生产监督管理总局。

1. 统计范围

中华人民共和国领域内从事生产经营活动的单位。其中火灾、道路交通、水上交通、铁路交通、民航飞行、农业机械、渔业船舶等事故由其行政主管部门统计,每月报送同级安全生产监督管理部门。

2. 统计内容

生产安全事故统计,主要包括事故发生单位的基本情况、事故发生的起数、伤亡人数、伤亡程度、事故类别、事故原因、直接经济损失等。

3. 统计原则

生产安全事故统计实行以块为主、条块结合、属地化统计的原则。各省、市、县安监部门(局)负责对本区域内所属生产经营单位的生产安全事故(包括死亡事故、重伤事故)统计,建立统计报告制度,督促、指导生产经营单位做好统计工作。

各地安全生产监督管理局、生产经营单位及其上级主管部门都要遵守《统计法》,按规定填报生产安全事故统计报表,对于不报、漏报、迟报和伪造、篡改数字的,将依法追究其责任。

4. 填报单位及报表种类

发生伤亡事故的生产经营单位应当填写伤亡事故情况表(工矿 A1 表)和伤亡事故伤亡人员情况表(工矿 A2 表)。

5. 报表的报送程序

生产安全事故统计实行地区考核为主的制度。各单位、各级安全生产监督管理部门和煤矿安全监察机构以及有关部门要按规定逐级报送。

6. 报送时间

各企业报送统计报表种类及报送时间由省级机构规定。省级安全生产监督管理部门,在每月 10 日前报送上月的事故统计报表(B1~B6 表)。

第十一节　职业病统计报告和处理制度

一、职业病的概念及范围

职业病是指劳动者在生产劳动过程及其他职业活动中,接触职业性有害因素引起的疾病。

职业病必须是国家现行职业病范围内所列举的病种。2002 年 4 月 18 日,卫生部、劳动和社会保障部下发了关于印发《职业病目录》的通知,新确定的职业病包括尘肺、职业放射性疾病、职业中毒、物理因素所致职业病、生物因素所致职业病、职业性皮肤病、职业性眼病、职业性耳鼻喉口腔疾病、职业性肿瘤、其他职业病等 10 类 115 种。

二、职业病的报告

地方各级卫生行政部门指定相应的职业病防治机构或卫生防疫机构负责职业病报告工作。职业病报告实行以地方为主、逐级上报的办法。一切企、事业单位发生的职业病,都应报告当地卫生监督机构,由卫生监督机构统一汇总上报。

三、职业病患者的处理要求

职工被确诊患有职业病后,其所在单位应根据职业病诊断机构的意见,安排其医疗或疗养。在医治或疗养后被确认不宜继续从事原有害作业或工作的，自确认之日起的两个月内将其调离原工作岗位，另行安排工作；对于因工作需要暂不能调离的生产、工作技术骨干，调离期限最长不得超过半年。

四、职业病的防治

根据《中华人民共和国职业病防治法》的规定，生产单位对本单位产生的职业危害负责，要坚持"预防为主、防治结合"的方针，采取各种技术、管理措施，加强对职业病的预防工作。如建立各种规章制度，依法参加工伤社会保险，作业场所职业危害的检测、检验，配备劳动防护用品，定期对职工进行体检等。

第十二节 工 伤 保 险

工伤保险制度通过社会统筹来建立工伤保险基金，对因工作遭受事故伤害或者患职业病的职工暂时或永久丧失劳动力，以及因这两种情况造成死亡的亲属，进行医疗救治和经济补偿，以保证因工伤亡人员或其亲属的基本生活，以及为受工伤的劳动者提供必要的医疗救治和康复服务。同时，工伤保险制度还有利于促进工伤预防，分散用人单位的工伤风险。《安全生产法》第四十三条规定，"生产经营单位必须依法参加工伤社会保险，为从业人员缴纳保险费。"第四十八条规定，"因生产安全事故受到损害的从业人员，除依法享有工伤社会保险外，依照有关民事法律尚有获得赔偿的权利，有权向本单位提出赔偿要求。"国务院第375号令《工伤保险条例》对工伤保险基金的筹集、工伤认定、劳动能力鉴定、工伤保险待遇、监督管理与法律责任等作了规定。

一、工伤保险基本规定

生产经营单位必须依法参加工伤社会保险，为从业人员缴纳保险费。

二、工伤的范围

（1）职工受到事故伤害以后，具有下列情形之一的，应当认定为工伤：
①在工作时间和工作场所内，因工作原因受到事故伤害的。
②工作时间前后在工作场所内，从事与工作有关的预备性或者收尾性工作受到事故伤害的。
③在工作时间和工作场所内，因履行工作职责受到暴力等意外伤害的。
④患职业病的。
⑤因工外出期间，由于工作原因受到伤害或者发生事故下落不明的。
⑥在上下班途中，受到机动车事故伤害的。
⑦法律、行政法规规定应当认定为工伤的其他情形。
（2）职工有下列情形之一的，视同工伤：
①在工作时间和工作岗位，突发疾病死亡或者在48h之内经抢救无效死亡的。
②在抢险救灾等维护国家利益、公共利益活动中受到伤害的。
③职工原在军队服役，因战、因公负伤致残，已取得革命伤残军人证，到用人单位后

旧伤复发的。

职工有前款第①项、第②项情形的,按照《工伤保险条例》的有关规定享受工伤保险待遇；职工有前款第③项情形的,按照《工伤保险条例》的有关规定享受除一次性伤残补助金以外的工伤保险待遇。

(3) 职工有下列情形之一的,不得认定为工伤或者视同工伤:

①因犯罪或者违反治安管理伤亡的。

②醉酒导致伤亡的。

③自残或者自杀的。

三、工伤认定程序和劳动能力鉴定申请的规定

(1) 职工发生事故伤害或者经鉴定患有职业病以后,所在单位应在30日内向当地劳动保障行政部门提出工伤认定申请。用人单位不按规定报告的,工伤职工或者其亲属、工会组织可直接报告。

(2) 职工发生工伤,经治疗伤情相对稳定后存在残疾、影响劳动能力和生活自理能力的,应当向当地劳动能力鉴定委员会申请进行劳动能力鉴定。劳动功能障碍分为10个伤残等级,最重的为一级,最轻的为十级。生活自理障碍分为3个等级:生活完全不能自理、生活大部分不能自理和生活部分不能自理。

(3) 职工一旦负伤,符合享受工伤保险待遇条件的,经劳动保障行政部门认定,可享受工伤医疗待遇、工伤伤残待遇和因工死亡待遇。

第十三节 安全考评奖惩制度

安全考评奖惩制度是企业安全管理制度的重要组成部分,是安全工作"计划、布置、检查、总结、评比"原则的具体落实和延伸。通过对企业内各单位、个人的安全工作进行全面的总结评比,奖励先进,惩处落后,充分调动各单位、职工遵章守纪、变"要我安全"为"我要安全"、主动搞好安全工作的积极性和主动性,是建立安全生产激励机制的重要手段。

安全生产总结评比的结果是安全考评奖惩实施的依据,评比的范围主要包括安全生产目标达标情况、安全生产职责履行情况、违章违制记录、安全监督检查结果、安全教育情况、安全活动情况、安全生产劳动竞赛、安措计划完成情况、安全合理化建议数量、安全改革措施等有关安全的各方面。对完成任务、达到目标的单位和责任人,要进行奖励；否则,要进行处罚。对造成伤亡事故和财产损失的要追究有关责任人的行政或法律责任。安全风险抵押金应用较为广泛,对促进安全生产作用明显。

应本着促进安全生产的精神,坚持重奖重罚、物质奖励和精神奖励并重的原则,根据企业的实际情况,建立安全生产考评奖惩制度。

对一贯严格遵守安全生产法律、法规、规章、制度,圆满完成生产任务,积极参加安全生产活动,并协助领导搞好安全生产工作,未发生违章和人身、设备事故的职工；积极参加事故抢救,处理事故隐患,使企业财产和职工人身安全免受损失的职工；抵制违章作业、违章指挥而避免了重大事故的职工,应进行奖励。奖励要物质奖励和精神奖励并重,有功人员要重奖,并记入本人档案,作为晋级和提拔的条件之一。单位评比实行安全生产"一票否决"。

第十四节 特种设备安全管理

特种设备是指由国家认定的,因设备本身和外在因素的影响容易发生事故,并且一旦发生事故会造成人身伤亡及重大经济损失的危险性较大的设备。特种设备包括锅炉、压力容器(含气瓶)、压力管道、电梯、起重机械、客运索道、大型游乐设施。《特种设备安全监察条例》(国务院令第373号)对特种设备的生产(含设计、制造、安装、改造和维修)、使用、检测检验及其监督检查等作了规定。对特种设备实施市场准入制度和设备准用制度,对从事特种设备的生产设计、制造、安装、修理、维护保养、改造的单位实施资格许可,并对部分在用产品实施安全性能监督检验;对在用的特种设备通过实施定期检验、注册登记,实行准用制度。

特种设备使用单位对本单位的特种设备安全管理要求:

(1) 使用单位应当购买附有安全技术规范要求的设计文件、产品质量合格证明、安装及使用维修说明、监督检验证明等文件的特种设备。

(2) 特种设备在投入使用前或者投入使用后30日内,应当向特种设备安全监督管理部门登记。登记标志应当置于或者附着于该特种设备的显著位置。

(3) 应当建立特种设备安全技术档案。

(4) 对在用特种设备进行经常性日常维护保养,并定期检查。

(5) 使用单位应对特种设备作业人员进行特种设备安全教育培训,保证特种作业人员具备必要的安全作业知识和操作技能。

(6) 特种设备操作人员(包括操作人员和相关管理人员)应经特种设备安全监督管理部门考核合格,取得特种作业人员安全操作证书,方可上岗作业。

(7) 特种设备应定期进行检测检验。检测检验应当由有资质的单位进行。

(8) 特种设备存在严重事故隐患,无改造、维修价值,或者超过使用年限,应当及时予以报废。

(9) 应当制订特种设备的事故应急预案。

第十五节 劳动防护用品管理

劳动防护用品是由生产经营单位为劳动者配备的,使其在劳动过程中免遭或者减轻事故伤害及职业危害的个人防护装备,是保护劳动者安全健康的一种预防性辅助措施。《安全生产法》第三十七条规定,生产经营单位必须为从业人员提供符合国家标准或者行业标准的劳动防护用品,并监督、教育从业人员按照使用规则佩戴、使用。《职业病防治法》规定,用人单位必须为劳动者提供个人使用的职业病防护用品。

一、劳动防护用品的分类

按照劳动防护用品的防护性能,劳动防护用品分为特种劳动防护用品和一般劳动防护用品。特种劳动防护用品包括头部护具类、呼吸护具类、眼(面)部护具类、防护服类、防护鞋类以及防坠落护具类共6大类。未列入特种劳动防护用品目录的劳动防护用品为一般劳动防护用品。

二、劳动防护用品的配备

1. 劳动防护用品的选用原则

正确选用合格的劳动防护用品是保证劳动者安全与健康的前提,其选用标准如下:

(1) 根据国家标准、行业标准选用。生产单位可按照原国家经贸委在2000年颁发的《劳动防护用品配备标准(试行)》,根据不同工种和劳动条件发给职工个人劳动防护用品。

(2) 根据生产作业环境、劳动强度以及生产岗位接触危险、有害因素的形式、性质、浓度(强度)和防护用品的防护性能进行选用。

(3) 穿戴要舒适,不影响工作。

2. 生产经营单位劳动防护用品的发放要求

(1) 应根据工作场所职业危害因素及其危害程度,按照法律法规和标准的规定,为从业人员免费提供符合国家规定的劳动防护用品,不得以货币或其他物品替代应当配备的劳动防护用品。

(2) 应当到定点经营单位或生产企业购买特种劳动防护用品。特种劳动防护用品必须具有"三证"和"一标志",即生产许可证、产品合格证、安全鉴定证和安全标志。购买的特种劳动防护用品,需经本单位安全管理部门进行验收,在使用前还要进行防护功能检查。

(3) 应教育从业人员按照防护用品的使用规则和防护要求正确使用劳动防护用品,使职工做到"三会":会检查劳动防护用品的可靠性,会正确使用劳动防护用品,会正确维护保养劳动防护用品。生产经营单位还应定期检查劳动防护用品。

(4) 应按产品说明书的要求,及时更换、报废过期和失效的劳动防护用品。

(5) 应建立健全劳动防护用品的购买、验收、保管、使用、更换、报废等管理制度和使用档案。

三、劳动防护用品的正确使用方法

(1) 劳动防护用品使用前首先应做一次外观检查,检查内容包括外观有无缺陷或损坏,各部件组装是否严密,启动是否灵活,以确认劳动防护用品对危险有害因素防护效能的程度。

(2) 劳动防护用品的使用必须在其性能范围内;不得使用未经国家指定、未经检测或检测不达标的产品;不得使用无安全标志的特种劳动防护用品;不能随便代替,以次充好。

(3) 严格按使用说明书的要求正确使用劳动防护用品。

第十六节 工程承包及劳务用工安全管理

随着企业改革的深入,企业用工形式日趋多样化,大量使用劳务工。劳务用工包括劳务公司提供的劳务人员,临时性和季节性招聘的劳务人员和从事建筑安装工程的外来施工队伍提供的劳务人员等。工程承包包括承包建设工程和承包辅助工序作业线或某项工作任务等。有些冶金企业劳务用工占从业人数的一半以上。劳务工的大量使用，简化了企业管理，降低了生产成本，但同时也是事故高发人群。为了保护劳务工的合法权益和人身安全，保证安全生产，必须加强工程承包及劳务用工的管理。《冶金企业安全生产监督管理规定》分别对外委工程承包及劳务用工的管理进行了规定。

一、对工程承包的管理

（1）"冶金企业应当全面负责工程项目的安全生产工作"，这是冶金企业的一项法定义务，不得以包代管，放任不管，一旦外委施工单位发生生产安全事故，冶金企业也要承担管理责任。冶金企业内要按照"谁用工、谁负责、谁管理"的原则进行安全管理。

（2）"冶金企业应当加强对施工、检修等工程项目和生产经营项目、场所承包单位的安全管理，不得将工程项目发包给不具备相应资质的单位"。选择工程承包单位必须满足下列条件：承包施工、检修等工程项目的单位应当具备相应的资质；有健全的安全管理机构，配备有安全生产管理人员，安全管理制度和安全操作规程健全；特种作业人员持有特种作业人员操作证；施工机械和器具的安全防护设施齐全有效；"安全措施费用应当纳入工程项目承包费用"，并应监督外委施工单位用于从业人员的劳动保护。

（3）冶金企业应当与工程承包单位签订工程项目承包协议，工程项目承包协议应当明确规定双方的安全生产责任和义务。

（4）冶金企业应当加强对工程承包单位进行安全生产管理和监督检查，加强外委施工队的安全教育培训，提供必要的安全生产条件，向承包单位进行安全技术交底，介绍施工区域内的工艺设备、环境条件、安全状况及有关安全规定。

（5）"承包单位应当服从统一管理，并对工程项目的现场安全管理具体负责。工程项目不得违法转包、分包"。承包单位要遵守发包单位的安全管理规章制度，接受发包单位的安全监督管理。应当对从业人员进行安全教育培训和安全技术交底，提供必要劳动保护用品，并加强现场管理。

二、对劳务用工的安全管理

（1）冶金企业应当从合法的劳务公司录用劳务人员，并与劳务公司签订合同，对劳务人员进行统一的安全生产教育和培训。

（2）冶金企业应当为劳务工缴纳工伤保险费，配备符合国家标准或行业标准的劳动防护用品，提供必要的安全生产条件。

（3）劳务工上岗前，冶金企业的用工单位应指派人员对其进行作业环境安全交底，告知现场危险有害因素、有关安全管理规定、安全操作规程、事故应急处置措施等。

（4）冶金企业的用工单位应将劳务工视同本单位的正式职工进行管理，组织劳务工参加各项安全活动，建立劳务用工动态管理档案。

（5）劳务工应接受安全生产教育培训，熟悉国家有关安全生产法律、法规，掌握必要的安全生产知识和安全生产操作技能，并经考核合格才能上岗。

（6）劳务工要遵守用工单位和劳务公司的管理制度和安全操作规程，发现事故要及时上报。

第十七节 职业健康安全管理体系

职业健康安全管理体系（OHSMS）是20世纪80年代后期兴起的现代安全生产管理模式，它与质量管理体系（ISO 9000）和环境管理体系（ISO 14000）等标准化管理体系一样被称为后现代化的管理方法。

国际社会对职业健康安全管理体系普遍关注，美国、英国、澳大利亚、日本等发达国家率先开展实施职业健康安全管理体系的活动。国际劳工组织理事会于2001年6月正式批准发布的《职业健康安全管理体系导则》（ILO—OSH 2001）为各类组织建立可持续发展的安全文化提供了坚实、灵活和合理的基础。2001年12月，原国家经贸委根据我国实际情况颁布了《职业健康安全管理体系指导意见》和《职业健康安全管理体系审核规范》。国家质量监督检验检疫总局根据我国开展职业健康安全管理体系的具体情况，颁布了GB/T 28001《职业健康安全管理体系规范》，国家认证认可监督管理委员会对职业健康安全管理体系的认证工作实施统一管理。

一、实施职业健康安全管理体系的意义

职业健康安全管理体系是一套系统化、程序化，同时具有高度自我约束、自我完善机制的科学管理体系。建立职业健康安全管理体系，不但可以强化企业的安全管理，完善企业安全生产的自我约束机制和激励机制，保护企业职工的安全与健康，也有利于增强企业的凝聚力和竞争力。

二、职业健康安全管理体系的运行模式和要素

职业健康安全管理体系是以戴明管理思想为基础，又称"戴明模型"或称为PDCA模型，如图2-2所示。按照此模型，一个组织的活动可分为"计划（PLAN）、行动（DO）、检查（CHECK）、改进（ACTION）"四个相互联系的环节来实现。其核心内容是为企业建立一个动态循环的管理过程框架，以持续改进的思想指导企业系统地实现其既定目标，改善安全管理绩效。

GB/T 28001《职业健康安全管理体系规范》所规定的职业健康安全管理体系包括方针、策划、实施与运行、检查与纠正措施、管理评审五大基本运行过程，17个职业健康安全管理体系要素，它们严格规范了各类组织建立、实施和保持职业健康安全管理体系应遵循的原则和要求。

三、建立职业安全管理体系的步骤

建立职业健康安全管理体系一般要经过下列基本步骤：

（1）前期准备。包括开展全员培训，明确管理者代表，确定体系，建立负责机构，以及与体系有关的其他工作。

（2）初始状态评估。了解职业健康安全管理现状，为建立体系收集信息，确立职业健康安全绩效持续改进的依据。

（3）体系策划。包括制定职业健康安全方针、目标和管理方案；进行职能分析和机构

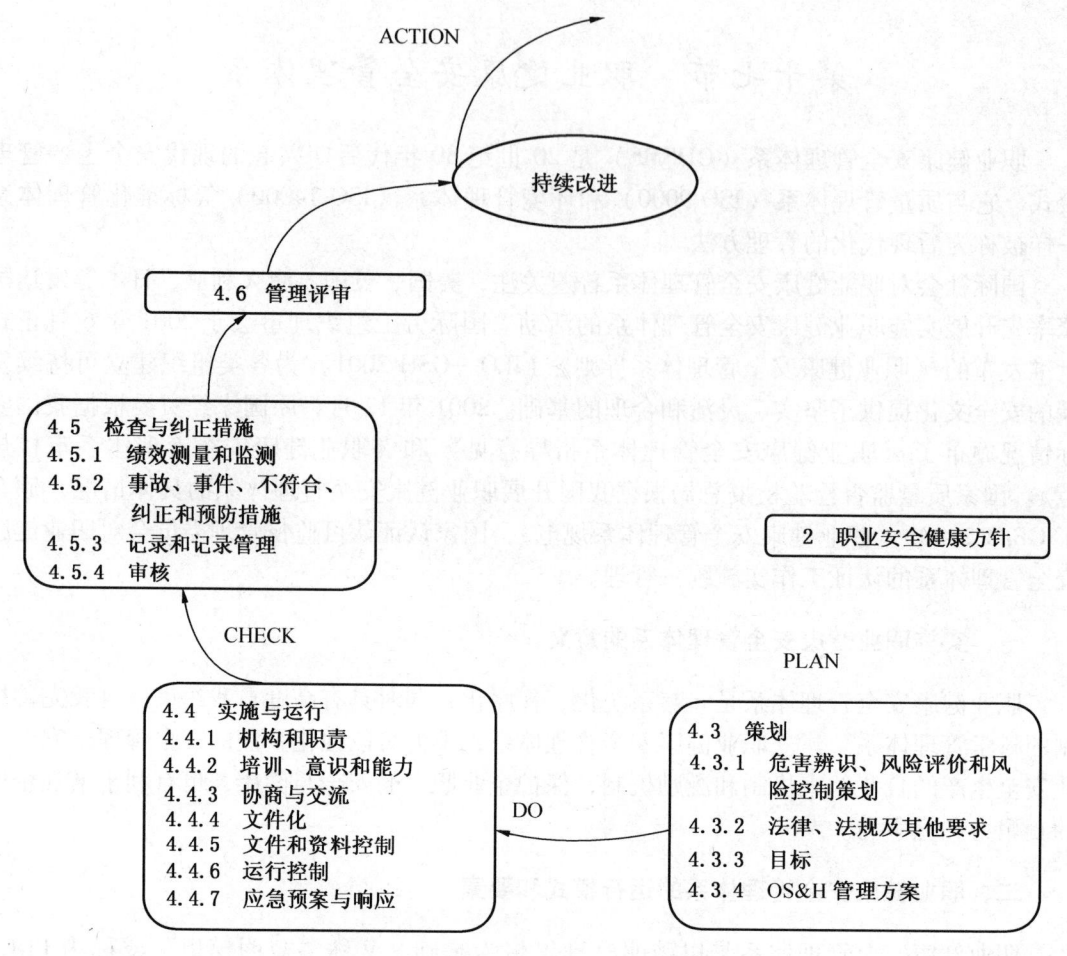

图 2-2 职业健康安全管理体系运行模式

确定;确定职业健康安全管理体系文件结构和各层次文件清单等。

(4) 文件编写。由各相关人员分别负责起草体系文件。

(5) 体系运行。通过体系运行,检验体系及文件的充分性、有效性和适宜性,充分发现体系存在的问题,利用体系自我发现、自我纠正和自我完善的机制,使体系不断得到完善。

(6) 监督和评审。通过体系自身的各种监督,检查体系是否按计划运行,判定体系的有效性、适宜性和充分性。

(7) 纠正和预防。对检查中发现的问题采取纠正措施,以保证体系按计划实施。为防止类似的问题重复出现,还应制定相应的预防措施,并保证实施。

(8) 持续改进和保持。体系能否持续有效和适用,保持是关键,体系保持是根据组织情况和外部环境的变动而动态适应的过程。

四、职业健康安全管理体系的审核认证

审核分为内部审核和外部审核。

内部审核又称为第一方审核，是由企业内部自行组织进行的审核，目的在于改进自身体系，重点是发现问题，纠正和预防不符合项，每月审核一个或几个部门，半年或一年覆盖全部要素及部门。

外部审核又称为第二方审核及第三方审核，目的在于决定是否批准认证，重点是评价受审方的体系。审核机构进行文件审核和现场审核，决定是否予以通过认证或认可。体系审核机构进行的审核为第三方审核。

获证单位认证证书有效期为3年。认证以后，每年至少要进行1次监督审核。有效期满时，可通过复审获得再次认证。

第十八节　冶金企业安全生产标准化

一、概述

安全生产标准化就是企业在生产经营管理过程中，自觉贯彻执行国家有关安全生产法律、法规、规章、规程和标准，制定本企业安全生产方面的规章、制度、规程、标准、办法，并在企业生产经营管理过程中切实得到贯彻实施，使企业的安全生产工作不断加强并持续改进，本质安全水平不断得到提升，使企业的人、机、环境始终处于和谐和保持在良好的安全状态下运行，进而保证和促进企业在安全的前提下健康顺利的发展。安全标准化包含安全管理标准化、安全技术标准化、安全装备标准化、环境安全标准化和安全作业标准化，可以概括为安全管理标准化、现场安全标准化和安全操作标准化。

在冶金行业全面推行安全生产标准化，突出了"安全第一、预防为主、综合治理"的方针，强调企业安全生产工作的规范化、制度化、标准化、科学化、法制化，对企业安全生产水平全面提升，从而总体推动行业安全水平的提高起到了重要作用。

《国务院关于进一步加强安全生产工作的决定》（国发［2004］2号）明确要求在全国所有的工矿商贸、交通、建筑施工等企业普遍开展安全质量标准化活动，要求"制定和颁布重点行业、领域安全生产技术规范和安全生产质量工作标准。企业生产流程各环节、各岗位要建立严格的安全生产质量责任制。生产经营活动和行为，必须符合安全生产有关法律法规和安全生产技术规范的要求，做到规范化和标准化。"国家安全生产监督管理局在《关于开展安全质量标准化活动的指导意见》（安监管政法字［2004］62号）中要求，在煤矿、非煤矿山、危险化学品、烟花爆竹、冶金、机械等行业开展安全标准化创建工作。国家安全生产监督管理总局印发了《冶金企业安全标准化考评办法（试行）》及冶金企业安全标准化炼铁单元、炼钢单元考评标准（安监总管一［2008］23号），计划陆续制定轧钢、烧结、焦化、铁合金等主要工艺单元的考评标准，完善冶金行业安全标准化考评标准系统，全面推进冶金行业安全标准化工作。

二、冶金企业安全标准化考评办法及标准简介

1. 冶金企业安全标准化考评办法

（1）适用范围。包括焦化、烧结、球团、炼铁、炼钢、轧钢、铁合金以及与之配套的耐火、碳素、煤气、氧气及相关气体等生产企业，或者由其组成的企业集团。

(2) 参评条件。在考核年度内未发生较大及以上生产事故、依法生产的冶金企业。

(3) 考评内容和等级。分安全管理和专业单元两部分进行考评，实行百分制，各分为四级，即一级（≥90分）、二级（≥80分）、三级（≥70分）和不达标（<70分）4个等级。取安全管理和专业单元两部分之中的最低等级作为企业的考评等级。

(4) 安全绩效与考评等级相关关系。

安全管理和专业单元等级均评为一级，且考核年度内未发生人员死亡的生产安全事故，为安全标准化一级企业。安全管理和专业单元等级均评为二级以上（含二级），且考核年度内未发生一次死亡2人或累计死亡2人以上的生产安全事故，为安全标准化二级企业。安全管理和专业单元等级均评为三级以上（含三级），且考核年度内未发生较大或累计死亡3人以上的生产安全事故，为安全标准化三级企业。

2. 冶金企业安全标准化考评标准

冶金企业安全标准化考评标准共分为两个部分：安全管理部分和专业单元部分，其中安全管理部分为共用部分，与其他专业部分中的如炼铁、炼钢等专业考评标准一起考评企业安全标准化等级。安全管理考评标准包括考评说明和考评表，其中考评表中共有6个类目、16个项目、62个要素。炼铁考评标准包括考评说明和考评表，其中考评表中共有15个类目、35个项目、124个要素；炼钢考评标准包括考评说明和考评表，其中考评表中共有12个类目、34个项目、124个要素。各考评标准具体内容可从国家安全生产监督管理总局网站下载。

三、安全标准化创建

冶金企业安全标准化创建工作是一个持续改进的过程，要严格按照标准中要素的要求，逐项对标达标，同时还必须根据国家、地方有关规定和规程、规范要求，达到和保持一定水平。冶金企业创建安全标准化工作主要包括5个阶段。

1. 准备与策划阶段

主要工作包括：成立领导小组、工作小组，掌握工作进度，进行任务分工、协调；人员培训，明确安全标准化工作相关政策、文件、规范及考评标准，为后续各项工作做基础；初始自评与工作目标，对照考评标准逐项自评打分，汇总最后得分以及存在的问题，然后根据自评情况确定标准化创建等级的工作目标；软件和硬件等完善，针对不足制订工作计划，明确时间、措施、责任部门人员、经费等，逐项完善，并保留相应的支撑材料（各类文件、记录、报告等）。此过程一般不少于6个月。

2. 实施与运行阶段

主要工作包括：最高管理者签发发布令，发布实施标准化系统管理文件，投入运行；分期分批对不同的人员进行相应的培训，内容包括管理文件内容、要求以及作业指导书等；在此过程中，注重软、硬件运行的过程管理，注意搜集存在的问题和不足，制定针对性的措施改进、完善。此阶段一般不少于3个月。

3. 监督与评价阶段

主要工作包括：再次组织考评小组，检查标准化创建工作阶段运行情况，总结分析实施与运行情况，重点固定好的方面，发现和搜集还存在的问题和不足，以便日后持续改进。

4. 改进与提高阶段

主要工作包括：针对发现的问题和不足制订计划，逐一整改完善，不断提高标准化创建工作质量，实现 PDCA 循环，保持持续改进。

5. 评审阶段

主要工作包括：企业内部评审，组织内部有关人员、外部专家等进行模拟评审，全面评审已创建成的标准化系统运行情况，初步确定标准化等级，如和等级目标有差距，继续改进，直到达标为止；外部评审时，需要完成支撑性材料准备和申报手续等，迎接有关机构的现场评审。

第三章 烧结球团安全技术

第一节 工 艺 概 述

天然富矿开采和处理过程中产生的富矿粉以及贫矿富选后得到的精矿粉，都不能直接入炉，为了满足冶炼要求，必须将其制成具有一定粒度的块矿。另外，冶金工业生产中产生大量的粉尘和烟尘，为保护环境和回收利用这些含铁粉料，也需进行造块处理。钢铁工业的发展，促进了粉矿的迅猛发展，并使之成为世界主要产钢国家的炼铁主要原料。

粉矿造块方法很多，应用最广泛的是烧结法和球团法。粉矿经造块后获得的烧结矿和球团矿统称为人造富矿或熟料，具有优于天然富矿的冶金性能，入炉还原性好，有合适的强度和较高的软熔温度。造块生产中配加一定量的溶剂，可制成具有一定碱度的人造富矿。高炉冶炼过程可不加或少加溶剂，避免了溶剂分解吸热而消耗焦炭。造块过程还可去除矿石中某些有害杂质，如硫、砷、锌、钾、钠等，减少对高炉的危害。高炉生产实践证明，使用质量良好的人造富矿，可使高炉冶炼各项技术经济指标得到大幅提高，因而粉矿造块已成为钢铁冶金工业中不可或缺的重要生产工序。

一、烧结生产工艺

烧结工艺是利用烧结机将配比好的冶炼精矿粉、燃料（焦粉、煤粉）、熔剂（生石灰、白云石、蛇纹石等）通过抽风烧结成烧结矿，为炼铁高炉提供冶炼的原料。现代烧结生产的特点是连续作业，大体上可分为原料准备和烧结两个部分。抽风带式烧结机工艺流程如图3-1所示。

原料准备包括含铁料准备、熔剂破碎和燃料粉碎。含铁原料（混匀矿等）、石灰石、蛇纹石、硅砂和焦粉等原料从矿石堆场、副原料堆场、杂料堆场和焦炭破碎设备等处，用带式输送机运送到储矿槽中储存。生石灰由专用的密封槽车运入厂内，经压缩空气压送到专用的生石灰槽中待用。

烧结主作业线是从配料开始，包括配料、混料、烧结、冷却及成品烧结矿整粒四个主要环节，作业线长达数百米。在烧结机上进行的烧结过程持续时间不长，在20~40min内可完成点火、燃料燃烧、传热和各种液相生成及冷却和再结晶过程。在烧结机上对烧结料层内进行的各种反应没有直接进行干预的手段。因此，原料准备、配料和混料过程就具有特别重要的意义。

配料矿槽所储存的粉矿、熔剂、焦粉和返矿等烧结原料按一定比例，由定量给料机定量排出，汇集到配料输送带上，送一次混合机加水充分混匀，然后送二次混合机加雾状水进行制粒造球。混合好的烧结生料由带式输送机送混合料槽，经槽下圆辊给料机（布料器）铺到烧结机台车上。

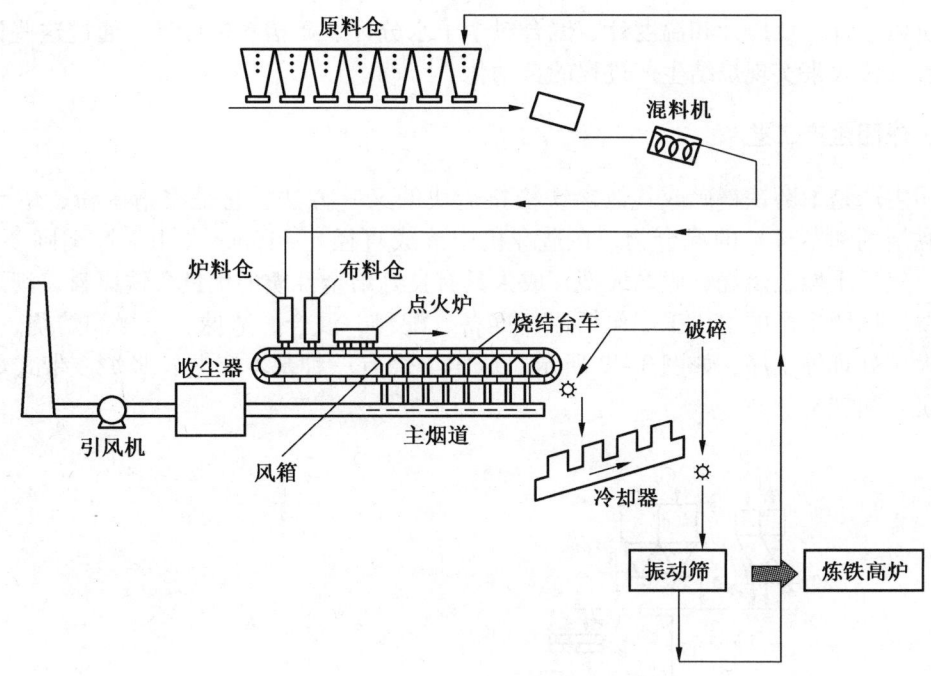

图 3-1 烧结工艺流程

烧结机由宽 1~5m、深度为 300~700mm、底部为金属算条排列的无端链台车构成，经轨道上两端的星轮驱动运行。为了防止算条间隙漏料和保护算条不被烧结矿黏结，延长算条使用寿命，在算条上面铺一层厚度 30~50mm 成品烧结矿作为铺底料，然后再由圆辊给料机将混合料均匀地布在台车上，并设有整厚板用以刮平料面。

布好混合料的台车在轨道上移动，从机头开始铺底料和布料，经过点火炉使料层表层燃料点燃，同时台车下部风箱强制抽风，使烧结过程继续向下进行。点火炉使用煤气或重油烧嘴燃烧。台车到达机尾时，燃烧层达到料层底部，混合料变成烧结饼，并因台车在机尾处倾翻而被卸落。烧结饼经机尾单辊破碎机（一次热破）破碎后，用固定筛或热振筛筛分，筛上物送冷却机冷却，筛下物作返矿送往原料槽。20 世纪 70 年代后期投产的烧结机也有不设置热振筛或热矿固定筛的，经热破机破碎的烧结饼直接进入冷却机。烧结矿需冷却到不烧损下道工序输送带的温度，即低于 150℃。冷却方法有水冷和风冷。前者由于使烧结矿急冷而造成龟裂，使强度降低，所以目前很少使用。目前多采用风冷方法。为了综合利用余热，可将冷却机排出的废气余热加以回收，用作点火炉煤气燃烧的助燃空气。

冷却后的烧结矿经二次破碎机破碎和数次筛分后，按粒度分成成品矿、铺底料和返矿。成品矿送往高炉，铺底料送铺底料槽，返矿则送返矿槽参加配料，再度在上述系统中循环。同时，烧结过程中产生的废气由主抽风机通过下部风箱吸往主排气管，废气经除尘后从烟囱排出。烧结废气中含粉尘 $0.2~0.7g/m^3$，从环境保护和防止抽风机叶片磨损考虑，设置了除尘器除尘。过去一般采用旋风除尘器，因其除尘效率较低和为使从烟囱排出的废气粉尘浓度达到标准要求，最近多采用电除尘器。此外，还要设置脱硫设施。

烧结厂计测装置有定量给料装置（配料）、风箱压力计、废气温度计、煤气流量计和主排风机风量计、负压计和温度计、混合料中子水分计、矿槽料位计等。通过这些计量和检测装置及仪表来实现烧结生产过程的自动化。

二、球团生产工艺

球团生产是细磨铁精矿或其他含铁粉料造块的又一方法。它是将精矿粉、熔剂（有时还有黏结剂和燃料）的混合物，在造球机中滚成直径 8~15mm（用于炼钢则要大些）的生球，然后干燥、焙烧、固结成型，成为具有良好冶金性质的优良含铁原料，满足钢铁冶炼需要。球团生产的主要工序包括原料准备、配料、混合、造球、干燥和焙烧、冷却、成品和返矿处理等工序，如图 3-2 所示。球团焙烧有三种基本工艺：竖炉、带式焙烧机和链箅机—回转窑。

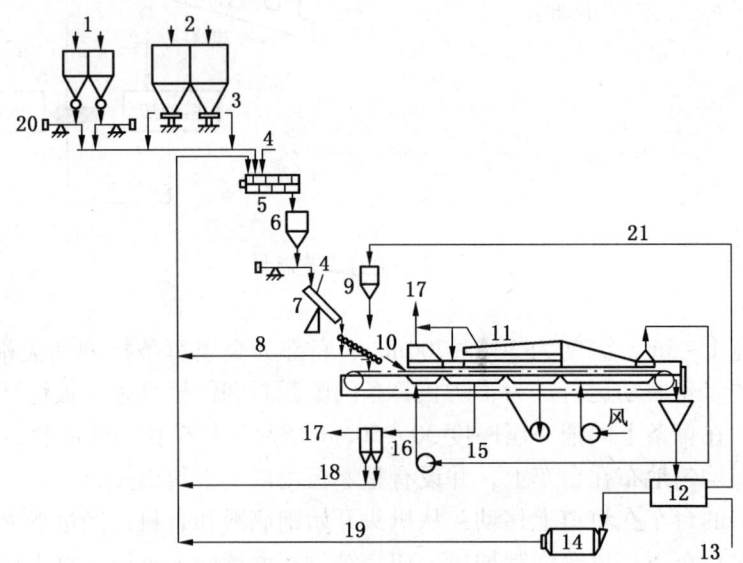

1—添加剂；2—粉矿和精矿；3—圆盘给料机；4—加水；5—混合调湿机；6—混合料槽；7—圆盘造球机；8—筛下返料；9—料槽；10—辊式布料器；11—带式焙烧机；12—筛分站；13—成品球团；14—磨机；15—风机与气流控制；16—多管除尘；17—废气；18—粉尘；19—返矿；20—配料皮带秤；21—铺底、铺边料

图 3-2 球团生产工艺流程

球团生产的原料主要是精矿粉和若干添加剂，如果用固体燃料焙烧则还有煤粉或焦粉。从内料场由抓斗将各种铁矿粉按一定配比中和后送入储矿槽，通过槽下的定量给料装置排出，送圆筒烘干机进行混匀和脱水。烘干料经过缓冲仓后进入圆盘造球机，添加雾状水和滴状水后进行造球，形成生球。生球经过泥辊筛筛分，筛上的生球送入竖炉，筛下的粉末返回烘干机前的配料皮带上再进入烘干机。

生球经布料小车均匀分布在竖炉本体上部的炉箅条（干燥床）上进行干燥和预热，预热好的生球随炉下排料而滑入炉内，经过火道口被点火后开始在炉内焙烧，焙烧完后经过齿辊咬碎黏结团（葡萄球）后经振动给料机排出竖炉进入链码机。点火是使用高压煤气在燃烧室燃烧后经火道口喷入炉内。炉内焙烧时需要大量的空气，由主风机以鼓风方式送入竖炉中下部,气流经导风墙导流而往上走,到达炉顶已成高温热气,将热量带到炉箅条上干燥和预热生球。

炉内排出的热球通常大部分是火红色,温度很高,需冷却到不烧损下道工序输送带的温度,即低于150℃。冷却方法有水冷和风冷。前者由于使球团矿急冷而造成龟裂,使强度降低,所以目前很少使用。目前多采用风冷方法。风冷法可分为抽风式和鼓风式两种,按设备结构型式还可分为环冷、带冷和格式冷却三种。其中实际运转的形式主要有抽风环冷式、鼓风环冷式、抽风带冷式和鼓风格式冷却四种。为了综合利用余热,可将冷却机排出的废气余热加以回收。冷却后的球团矿一般不需要筛分处理就可进入成品仓,随时送往高炉。

竖炉焙烧工艺是世界上最早采用的球团焙烧方法。其生球的干燥、预热、焙烧、冷却都在一个矩形竖炉内来完成。虽然这种方法工艺简单、结构紧凑、投资便宜,但由于该方法存在一定问题(产品质量差,单炉规模很难大型化,对原料的适应性差),而只能使用气体燃料,冷却和除尘问题需进一步解决。目前竖炉多用于焙烧磁铁矿生球,焙烧赤铁矿和褐铁矿生球尚有困难。

带式焙烧工艺是受带式烧结机的启示而发展起来的。从外形上看,带式焙烧机和烧结机十分相似,但在设备结构上却存在很大的区别。如台车的结构和支架的承力,风箱的分布和密封的要求,上部炉罩的设置和密封,风流的走向(不像烧结机那样是单一的抽风,而是既有抽风又有鼓风),布料方式,成品的排出和台车运行速度等都不相同,特别是本体的材质更是完全不同,为了能长期安全地承受最高焙烧气体的温度($\geqslant 1300$℃),而不得不采用耐高温性能极好的特殊合金钢。

链箅机—回转窑法出现较晚,但由于它具有一系列的优点,所以发展较快,今后很可能成为主要的球团矿焙烧法。链箅机—回转窑在链箅机上实现生球的干燥和预热;在回转窑中进行高温焙烧;在冷却机中进行冷却。其优点如下:按照不同的温度要求,使设备比较容易实现既定的热工制度并得到保证;对原料的适应性更强;燃料不但可用煤气和重油,而且可以100%地使用煤粉,也可混合使用两种燃料;产品的质量高且更为均匀;实现了球团生产的大型化。其缺点是基建费用高,在窑内滚动摩擦、落下等会产生粉末,操作不当还会产生结圈而影响正常生产。根据我国的具体情况,一般原料来源的稳定性较差,而且燃气和油的来源有限,需要直接用煤作燃料,在设备质量、材质难以保证的情况下,近几年来采用链箅机—回转窑工艺较多。

第二节 烧结球团安全生产的特点及危险有害因素分析

一、烧结球团安全生产的特点

烧结生产是把含铁废弃物与铁精矿粉烧结成块(团)作为炼铁原料的过程。其工艺过程是按炼铁的要求,将细粒含铁原料与熔剂和燃料进行配比,经造球、点火、燃烧,所得成品再进行破碎、筛分、冷却、整粒后送往炼铁。球团生产是把铁精矿粉造成"铁丸子"作为炼铁原料的过程。

现代烧结球团安全生产具有以下特点。

（1）连续性作业。从原料准备到烧结球团（原料准备包括含铁料准备、熔剂破碎和燃料粉碎）是一条作业线。烧结主作业线是从配料开始，包括配料、混料、烧结、冷却及成品烧结矿整粒四个主要环节，球团从配料、烘干、造球、焙烧、冷却及成品入仓，基本都是一条龙的连续作业，作业线长达数百米。原料系统及烧结球团系统的设备均为连锁操作，任意一个环节的故障都将造成整个生产系统的中断。

（2）集中控制程度高。原料系统、烧结球团系统实行集中控制是当代烧结球团的一个重要特点。集中控制大大降低了人力资源与成本，提高了劳动生产率，但由于现场的监控区域范围太大，受场所及设施、气候、粉尘、蒸汽、监控角度等影响，监控仍存在盲区，而集中控制操作台的人员一旦注意力不集中或出现误操作则会造成事故，甚至引起事故扩大。

（3）员工操作、点检、维护作业环境差。一方面存在许多露天作业，露天的及通廊内的生产，受天气气候影响大，雨天、冰雪天行走困难，设备运行易打滑、垮料；冰冻时设备结冰影响运行，天冷影响员工的安全操作；夏天高温，堆取料机等操作室温度受太阳照射的影响，温度高，员工易中暑，同样影响员工的安全操作。另一方面，作业现场的扬尘大（特别是露天料场、破碎、筛分、石灰粉的输送、膨润土的输送等系统）、烧结系统噪声大、存在高温设备与物质，经常有输送的物料洒落在宽度有限的通道内，也是作业环境差的一个重要因素。

（4）运转设备多，作业线长，危害因素多。如烧结、球团厂大量使用带式输送机，有的带式输送机长达上千米，其运转的头轮、尾轮、换向轮、增面轮等，均存在咬入口，若员工不慎触及，就可能造成伤害。由烧结厂的伤亡事故统计数据可以发现，带式输送机致人伤残、死亡所占的比例很大。堆取料机、布料机、烧结机、带冷机、环冷机的运行，可能造成挤压伤害；高速运行的电机联轴器或热力偶、风机叶轮等，可能造成机械伤害；堆取料机上存在高空坠落危害；起重设备使用存在起重伤害；车辆倒运原料、矿石存在车辆伤害等。

二、烧结球团生产安全事故统计分析

烧结球团生产系统中，由于操作人员在带式输送机运行和矿槽、料仓故障处理过程中违章造成的伤亡事故率占比较大。据统计，因带式输送机引起机械伤害事故约占40%，因矿槽、料仓故障处理（如处理漏斗堵料、处理炉内结瘤等）过程中塌料引起的烫伤、掩埋窒息、炉壁黏结物不定时脱落砸伤等约占40%，其他约占20%。按作业过程统计，生产操作中（含作业时清扫维修）发生事故约占60%，检修时发生事故约占40%，主要在更换上下托辊、带式输送机运行中清扫维修（如清理积料、输送带跑偏调整等）时发生。其原因主要是操作人员在带式输送机运转的情况下处理故障。很多单位的烧结生产工艺和设备因投产早，工艺落后，设备本质安全化水平低，故障率高，安全技术防护装置不够，如带式输送机危险部位暴露在外，输送带跑偏、打滑、划输送带、压料、堵漏斗、掉托辊等问题比较突出，从而使带式输送机运行过程中伤害事故较多。目前，钢铁企业由带式输送机承担厂内大部分烧结球团料运输量，因此，提高其自动化和本质安全化程度对安全工作十分重要。

1. 事故案例一

2005年4月14日18时左右，某钢铁公司烧结厂供料车间破碎工段转18-1输送带跑偏，当班班长胡某与该岗工人何某及四辊岗位工人刘某3人配合调整输送带跑偏。18时25分左右，输送带调整好后，班长胡某安排岗位工人何某先去吃饭，刘某去四辊岗位操作，自己一人留岗观察。18时45分左右，输送带再次跑偏，胡某在没有停机的情况下，对输送带尾部小车（重锤式小车）进行调整，并采用扳手当撬棍使用，由于用力过猛，扳手打滑，胡某右手手套被输送带尾轮绞住，因右手未能及时抽出手套，一并带入尾轮，造成右手肱骨、桡骨断裂的伤害事故。

事故原因：胡某违规作业，使用扳手当撬棍，在没有停机也没有监护人的情况下，处理输送带跑偏故障。

2. 事故案例二

2006年8月3日4时，某钢铁公司烧结厂三烧车间丁班主控室操作工尹某打电话给当班工人周某要启运管状带式输送机。周某接到电话指令后，来到管状带式输送机尾部确认后，于4时10分电告主控室尹某，告知已到带式输送机尾部，可以启动带式输送机，尹某接到确认电话后，启动管状带式输送机运行，启动运行后各项参数正常。6时左右，一筛岗位工人朱某发现距带式输送机头部45m处周某被夹在输送带与支撑托辊间，已经死亡。

事故原因：当带式输送机启动运行后，周某从带式输送机尾部上输送带通廊巡视管状带式输送机运行情况，行至距带式输送机头部45m处时，左手触接在运行管状带式输送机上，被运行管状带式输送机带过托辊架，脖子被运行的输送带与托辊挤拉断。管状带式输送机安全防护不全，事故段没有安装安全拉绳开关。

3. 事故案例三

2002年6月25日7时45分左右，某钢铁公司烧结厂供料车间堆料工段副段长凌某在工段早会上安排堆检一班检修更换预配料5号料仓圆盘衬板。班长蒋某与李某用大铁锤击打圆筒料仓后，接着黄某点燃气焊从出料口爬入仓内用气焊将旧衬板拆除，并配合安装新衬板，当配合安装第四块新衬板时，粘在仓壁上的悬料突然脱落（2~3t矿料），将黄某埋住。由于事故现场条件限制，致使抢救工作进展困难，经过约30min的气焊开孔救人紧急措施，将黄某从仓内救出，但因其胸部挤压伤势严重，经全力抢救无效于6月25日11时死亡。

事故原因：黄某在没有确认仓内壁上悬料是否干净、未辨识悬料脱落危险的情况下，进入仓内作业，因粘在仓壁上悬料突然脱落埋住导致死亡。

4. 事故案例四

2004年4月27日上午9时12分，某钢铁公司球团厂生产主管吴某蹬上竖炉人孔处的平台时，竖炉内壁上附着的残渣掉下砸在一根一端在炉内一端在炉外的铁钎上，铁钎弹起打中吴某的颈部，吴某当即昏迷倒地，随即被送往医院抢救，因伤势过重，抢救无效于当日上午11时死亡。

事故原因：①因使用高硫矿粉，高硫矿粉在竖炉中焙烧时易结瘤，以及竖炉凉炉后由于热胀冷缩容易自动脱落掉下。②丁工段职工在人孔处将铁钎一端伸入炉内（准备敲碎结瘤大块用），实际又未用，致使瘤块掉下砸在铁钎上，铁钎弹起伤人。③吴某本人未能意识到瘤块掉落并打击铁钎弹起伤人的危险性，到人孔口察看时未拿开放在孔口的铁钎。④临时进行检修作业未及时制定相应安全措施，未进行作业前安全交底。

5. 事故案例五

2001年8月28日23时55分，某钢铁公司球团厂职工陈某清扫8号梭式布料小车卫生时，由于地面上撒有熟球，加之照明不足，行走时踩到熟球、熟球滚动造成身体失去平衡而摔倒，右手不由自主撑在小车铁轨上，致使右手无名指和小指被小车压伤，虽当即抽出但已造成无名指第三关节骨头完全断开，无名指和小指肌肉皮肤受伤严重。

事故原因：工作场地照明存在不足，作业时看不清楚。地面有熟球未及时清扫。

三、烧结球团生产的危险有害因素分析

1. 主要原、燃料中存在的危险、有害因素分析及伤亡事故分析

烧结球团生产过程中使用的原料主要为铁矿粉，辅助原料有蛇纹石、白云石、石灰石、膨润土等，它们含有氧化钙、二氧化硅等有害成分；燃料主要为焦粉、煤、煤气，其中煤气是易燃、高毒气体，煤中含有硫，燃烧时产生有毒的二氧化硫气体。

1）煤气

烧结过程中使用的燃料通常为煤气，一般使用高炉煤气和焦炉煤气的混合煤气。煤气是易燃的高毒气体（主要是CO），具有爆炸性（爆炸极限为10.6%~41.6%）。

煤气的输送及使用过程中存在一氧化碳泄漏的可能。

烧结机点火时以及煤气泄漏时如果煤气与空气混合浓度处于其爆炸极限时可能发生爆炸，造成人员伤害、设备损坏。

一氧化碳侵入人体的途径为吸入，它在血液中与血红蛋白结合能力远比氧的结合能力强，从而造成人体组织缺氧、窒息。急性煤气中毒如不能迅速脱离煤气环境，患者极易中毒致死；重度中毒患者苏醒后可能出现迟发性脑病，造成意识、精神障碍。

2）二氧化硅和煤、焦粉

二氧化硅主要表现为其呼吸性的粉尘对人的肺部危害，使肺泡纤维化病变。进入人体肺部的粉尘通常在10μm以下，而滞留在肺泡中的粉尘95%以上粒径在5μm以下；粉尘粒径越小、破碎生成的粉尘越新、表面活性越大，导致肺组织纤维化的作用越强。蛇纹石、白云石、石灰石在生产过程中产生的游离二氧化硅粉尘含量较高，而煤、焦粉相对少一些。

长期吸入大量游离二氧化硅粉尘（矽尘）会引起矽肺病。矽肺病是我国常见职业病之一。早期由于吸入矽尘可出现刺激性咳嗽，并发感染或吸烟者可有咳痰；少数患者有血痰。矽肺常并发慢性支气管炎、肺气肿和肺心病。矽肺病治疗较困难，目前尚无能使矽肺病变完全逆转的药物。

3）氧化钙

氧化钙是碱性腐蚀品，属于强碱，对人体有刺激、腐蚀作用，特别是对呼吸道具有强烈刺激性，吸入其粉尘可导致化学性肺炎；可对皮肤、眼灼伤，长期接触可导致手掌皮肤角化、皲裂、指甲变形。生石灰遇水发生化学反应，并放出大量热。

另外，原、燃料中还含有硫，氧化会产生二氧化硫，二氧化硫有毒、具刺激性（对呼吸道作用更明显）；煤气中含有甲烷，属于易燃易爆物质；煤在空气中长时间存放容易氧化，产生自燃。

2. 生产过程中的主要危险、有害因素

1）机械设备伤害

烧结球团生产中使用的机械设备主要有带式输送机、料场堆取料机、圆盘给料机、带式给料机、圆筒混合机、圆筒烘干机、梭式布料机、九辊布料装置、齿辊、烧结台车、引风机、除尘器、刮板输送机、斗式提升机、单辊破碎机、环（带）冷机、振动筛、泥辊筛及振动给料机等。

机械设备的运动，具有很大的运动惯性和运动势能，人体不慎接触运动的设备的危险部位，就可能造成设备对人体夹击、碰撞、剪切、卷入、绞入、碾压等多种伤害。机械对人的伤害是直接的，也是很危险的，如人体靠近或伸入设备的运转部位就会造成挤压伤害、缠绕伤害。由于烧结生产设备多，范围大（如有的带式输送机有 800 多米长），生产连续作业，因此机械伤害是烧结生产过程中主要的危害因素之一。

2）电气伤害

通常，电力是烧结球团设备运行的主要动力，也是现场照明的主要能源。电力的输送环节中可能发生电气短路、漏电，容易引起接触人员的触电伤害、火灾或爆炸，造成设备财产损坏事故。

人体的触电伤害有电击、电伤两种。电击的主要原因是设备异常带电，即电气系统中原本不带电的部分因电路故障而异常带电。人体接触带电设备，电流通过人体（特别是通过心脏）将刺激人体组织，使肌肉发生痉挛、心室颤动等，如不能迅速脱离带电体，就可能危及生命安全。电伤是电流的热效应、化学效应、机械效应等对人体所造成的伤害，其伤害多见于机体的外部，往往在机体表面留下伤痕，通常包括：电烧伤、电烙伤、皮肤金属化、电光眼等多种伤害。造成电伤的主要因素有电荷短路、带电分合闸等造成强烈的电弧，高温的电弧光对人体造成伤害。

雷击也会造成建筑、设备和人体的伤害，强大的雷击电流往往造成设备、设施的巨大损坏，而被雷击几乎无生还可能。

烧结球团露天作业多，各种电气设施因日晒雨淋，容易造成绝缘损坏漏电及电气室中短路放炮，加上雷雨天的雷击伤害，因此电气伤害也是烧结厂的主要危害因素之一。

3）起重设备伤害

烧结球团生产、检修、维护中常使用起重设备辅助作业，如电动葫芦、单梁起重机等，存在着起重设备伤害。起重设备伤害主要有重物坠落伤害、挤压伤害、触电伤害、高处坠落伤害。起重设备伤害的危险性较大，往往造成人体伤残甚至死亡。

4）坍塌伤害

处理料仓、矿槽或在原料场料堆下方作业，都有可能因为原料突然坍塌而造成人员伤害，甚至由于被埋人员未及时救出而缺氧窒息死亡。

5）厂内机动车辆伤害

厂内机动车辆伤害主要表现在车辆在行驶中引起的人体坠落和物体倒塌、飞落、挤压，以及车辆的碰撞、碾压等造成的伤害事故。每个厂都有车辆的物料运输，有的甚至以车辆运输为主，厂区道路通常都不很宽敞，弯道也多，高处架设的设施也多，加上照明、车况不好及司机个人素质等原因，车辆造成的事故也多。由于车辆（特别是重车）的惯性大，一旦发生事故，造成的损失都较大，人员受到车辆伤害往往致残甚至死亡。

6) 粉尘、噪声、高温危害

粉尘危害是烧结球团厂最主要的有害因素之一,这主要是由于烧结球团生产的原料及辅助原料多是粉末状,多由敞开的设备输送,加之生产过程中的振动、筛分、混匀、给(卸)料等,都容易产生扬尘。细颗粒的粉尘,特别是 $10\mu m$ 以下的粉尘可进入人体呼吸系统,而 $2\mu m$ 的粉尘可进入肺泡,可以阻塞肺泡,引起细胞纤维化。人体接触粉尘的时间越长,危害也越大,具体的危害前面已经简要介绍,这里不再重复。

高温危害是烧结球团厂的有害因素之一。烧结球团的生产过程中存在高温物体,如烧结过程中的烧结料、台车、现场的蒸汽管道设施;球团燃烧室、烘干床、链码机、带冷机等。员工在该环境下工作以及露天的高温天气作业均存在着高温中暑的危险,以及接触高温物质、设备造成灼烫的危害。

现场各种设备的振动、噪声,可对人体产生危害,干扰人的正常生活、工作,影响人的健康;同时还使人们感到烦躁,注意力不集中,身体灵敏性和协调性下降,反应迟钝,或者因噪声掩盖了异常信号或声音,容易发生各种工伤事故,也是烧结厂的一个重要有害因素,都要引起重视。烧结厂基本危险、有害因素见表3-1。

表3-1 烧结球团厂基本危险、有害因素

场所与部位	基 本 危 险、有 害 因 素
配料、造球	机械伤害、电气伤害、高处坠落、火灾、坍塌、灼烫、噪声危害、粉尘危害、高温
混 合	机械伤害、电气伤害、火灾、坍塌、灼烫、噪声危害、粉尘危害
烘 干	机械伤害、电气伤害、火灾、坍塌、灼烫、噪声危害、粉尘危害、高温
烧 结	机械伤害、电气伤害、高处坠落、火灾爆炸、灼烫、噪声危害、粉尘危害、毒物伤害、起重伤害、高温、物体打击、噪声危害
竖 炉	机械伤害、电气伤害、高处坠落、火灾爆炸、灼烫、噪声危害、粉尘危害、毒物伤害、起重伤害、高温、物体打击、高处坠物、噪声危害
破碎及冷却	机械伤害、电气伤害、高处坠落、火灾、高温、灼烫、粉尘危害
整 粒	机械伤害、电气伤害、火灾、灼烫、噪声危害、粉尘危害、起重伤害、噪声危害、高温、高处坠落
空气压缩及输送	火灾、物理性爆炸、噪声危害、触电危害
变配电	电气伤害、火灾
循环水冷却	机械伤害、电气伤害、火灾、噪声危害
除 尘	机械伤害、电气伤害、火灾、灼烫、噪声危害、粉尘危害
脱 硫	机械伤害、电气伤害、灼烫、噪声危害、粉尘危害
厂 区	车辆伤害、噪声与振动危害、粉尘危害

第三节 烧结球团安全生产技术

选择、采用满足国家或行业安全标准和规范的,技术上先进、合理的生产工艺,是烧结球团安全生产的前提条件和重要措施。一方面,在设计时应充分考虑并予以保证;另一方面,在生产过程中应根据安全生产的发展,对原有的生产工艺及设施予以完善与改进,充分采用先进的安全生产工艺技术,从而确保烧结球团安全生产的需要。

一、带式烧结机原理简要说明

带式烧结机抽风烧结的工作过程如下:当空台车运行到烧结机头部的布料机下面时,铺底料和烧结混合料依次装在台车上,经过点火器时混合料中的固体燃料被点燃,与此同时,台车下部的真空室开始抽风,使烧结过程自上而下的进行,控制台车速度,保证台车到达机尾时,全部料都已烧结完毕,粉状物料变成块状的烧结矿。当台车从机尾进入弯道时,烧结矿被卸下来。空台车靠自重或尾部星轮驱动,沿下轨道回到烧结机头部,在头部星轮的作用下,空台车被提升到上部轨道,又重新布料、点火、烧结、卸矿等工艺环节。其简图如图3-3所示。

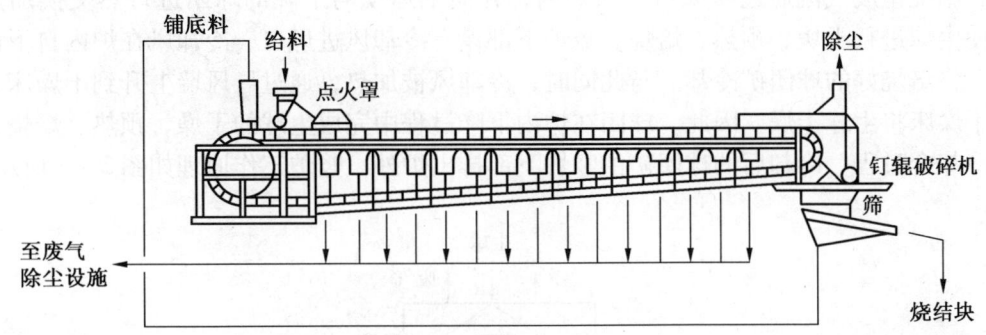

图3-3 带式烧结机结构

烧结矿反应过程如下:烧结是分层依次向下进行的(图3-4),抽入的空气通过已烧结好的热烧结矿层预热,在燃烧层中使固体碳燃烧,放出热量,获得高温(1300~1600℃)。

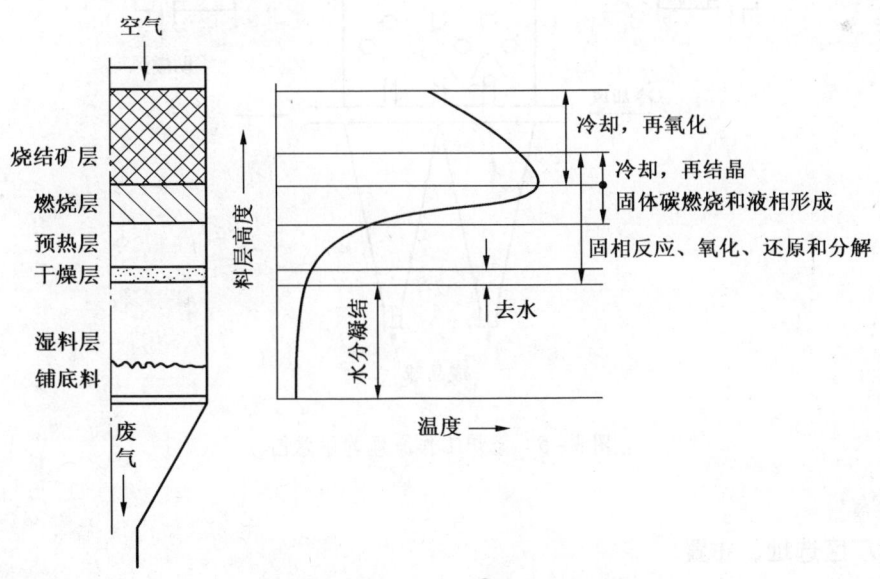

图3-4 烧结过程各层反应

根据温度和反应气氛条件，可以进行分解、还原、氧化和去硫反应。料层在加热过程中，熔点较低部分首先出现液相，将周围物料浸润和熔融，相邻液滴产生聚合，引起收缩和形成气孔，并在冷却过程中固结和产生结晶，成为具有一定强度的多孔烧结块。烧结过程中基本的液相是硅酸盐和铁酸盐体系。从燃烧层下抽出的高温废气，经预热、干燥层，将热量传给烧结料，使燃料着火，将料中的游离水和化合水蒸发和分解。废气继续下行，温度继续降低，其中水分又重新凝结，使物料过湿。如将烧结料预热到一定温度，可以消除过湿现象。

二、竖炉原理简要说明

球团竖炉属于逆流热交换设备。炉料自上而下，气流自下而上运动。竖炉两侧设有燃烧室，燃烧室废气流通过喷火口喷入炉内，并向下运动与下降的球团进行热交换加热球团，使生球进行干燥、预热、焙烧。竖炉下部设有冷却风进风口，冷却风在炉内自下而上运动，将焙烧好的球团矿冷却。与此同时，冷却风被加热，通过导风墙上升到干燥床，并穿透干燥床将生球干燥。因此，球团在炉内下降过程中完成生球的干燥、预热、焙烧、均热及冷却全过程，冷却后的球团矿由竖炉下部排出炉外。竖炉工作原理如图3-5所示。

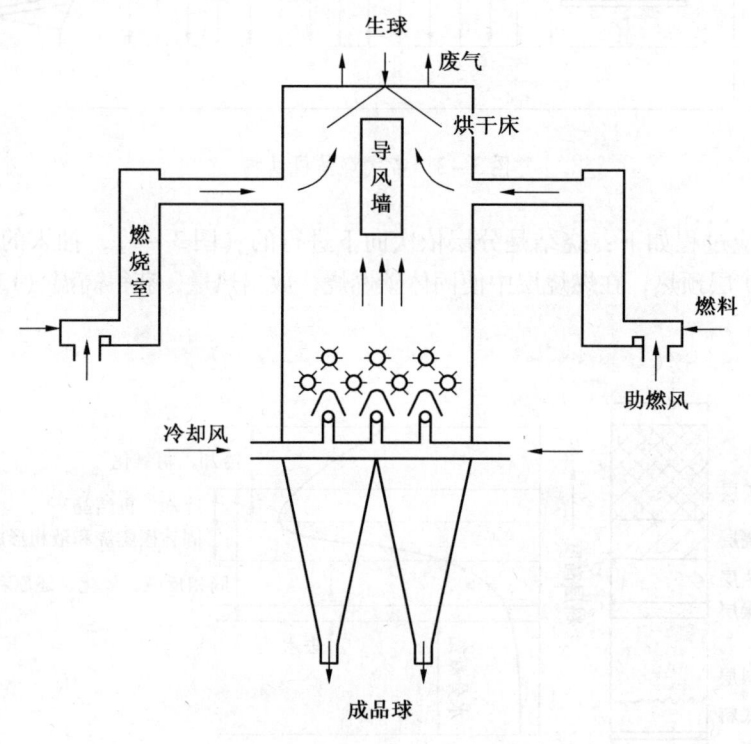

图3-5 竖炉工作原理的示意图

三、厂区选址、布置

厂区建设前应进行合理的选址、厂房布置，以确保其满足国家及行业规定的安全作业环境的要求。

（1）选址应考虑当地的气象地质条件，避免洪水、海潮、飓风、地震等危害，避开断层、流沙层、淤泥层、滑坡层、天然溶洞等不良地质地段，特别是主要厂房及烟囱等高、大建筑，应有良好的工程地质条件。

（2）厂房应位于附近居民区及工业场区常年最小频率风向的上风侧，厂区边缘与居民区应保持安全距离。

（3）烧结室和球团焙烧室的主厂房，应建于空气流通处，并与常年季风向垂直。厂区办公、生活设施应设在烧结机或球团焙烧机（窑）常年季风向上风侧。

四、厂房建筑、安全设施

厂房建筑是企业生产设施的载体，确保其满足安全生产的标准，是企业安全生产的基础和基本要求。

（1）建筑物的结构强度应满足设备振动、温度，以及生产、检修载荷的要求，具备抵御当地最高地震强度的能力。

（2）厂房建筑的高度与宽度应满足设备运行、人员通行的基本要求；严禁其他物件占用安全通道。安全通道应及时清扫，防止员工踩到撒落的物料而摔倒。

（3）带式输送机通廊净空高度一般不应小于2.2m，热返矿通廊净空高度一般不应小于2.6m。通廊倾斜度为8°~12°时，检修道及人行道均应设防滑条；超过12°时，应设踏步。

（4）厂房内、转运站、带式输送机通廊，均应设有洒水清扫或冲洗地坪和污水处理等设施。

（5）采用热振筛的机尾返矿站和环冷机、带冷机的尾部均应设在±0.0平面以上。

（6）所有作业场所均应设置符合国家安全规范的人行通道、检修运输通道。

（7）厂区道路尽可能为环形，主厂房、员工休息室、会议室等应有两个出入口，以满足消防安全的要求。

（8）通道、楼梯的出入口应设于交通安全位置，不得位于吊车运行频繁的地段或靠近铁道；否则，应设置安全防护装置。

（9）直梯、斜梯、防护栏杆和平台，应分别符合《固定式钢直梯》（GB 4053.1）、《固定式钢斜梯》（GB 4053.2）、《固定式工业防护栏杆》（GB 4053.3）和《固定式工业钢平台》（GB 4053.4）的有关规定。

（10）吊装孔必须设置防护盖板或栏杆，并应设警告标志；所有沟、井、池上应设安全箅条、盖板或四周设置安全栏杆。

（11）带式输送机、链板机需要跨越的部位应设置过桥，烧结面积50m^2以上的烧结机应设置中间过桥。

（12）厂房内物品的摆设应按"6S"的要求，划分功能区，实行定置管理，确保安全通道畅通无阻；现场临时检修或占用场地作业应设置警戒带、警示标志并尽可能封闭。

（13）现场主要危险源或危险场所，应设有"禁止接近"、"禁止通行"或其他安全标志；安全色和安全标志应分别符合《安全色》（GB 2893）和《安全标志》（GB 2894）的规定。

（14）主抽风机室应设有监测烟气泄漏、一氧化碳等有害气体及其浓度的信号报警装置；煤气加压站和煤气区域等存在高毒物品的岗位，应设置监测煤气泄漏显示和报警装置、职业危害告知牌。

（15）在有粉尘、潮湿或有腐蚀性气体的环境下工作的仪表，应选用密闭式或防护型的，并安装在仪表柜（箱）内。

（16）厂区道路（特别是交叉路口、弯道、窄道、出入口）应设置相应的安全警示标志和提示性标识；必要时，应设置反光镜、路面阻车器。

（17）铁路道口应设置明显的标志和声光信号，有关道岔应锁闭并设置路挡。特别是翻车机作业区域与溜车线，不仅要设置明显的标志和声光信号，还应尽可能封闭。

（18）油品、可燃物品、危险化学品的存放必须有专门的库房，配备必要的消防、通风、防盗设施；化学性质相抵触的物品不得混储混运。

五、自动化集中控制

尽可能地采用自动化集中控制生产工艺、尽量减少作业人员暴露在危险场所（环境）中的频率，是实现烧结球团安全生产的重要手段。

（1）各生产岗位尽可能采用红外线自动扫描、电视摄像，以及温度、振动、液位、料位、有毒气体浓度检测的感应仪表等，设置原料主控室、烧结主控室，应用工业电视集中监控。

（2）应用先进的计算机控制系统（EIC）与先进的控制软件，在主控室建立各作业环节的全过程自动化生产控制系统。

（3）控制软件和控制系统应有相应的安全报警子系统，设置合理报警阈值，并确保在事故紧急情况下进行自动调控流量、运行速度，进行快速切断，以控制事态的发展、防止事故扩大。

（4）主控室的计算机控制系统（EIC）与各生产设备要连锁，实行顺序启动、上行设备与下行设备的操作连锁；现场岗位设置事故应急开关。

（5）岗位之间及与控制室应设置无线通信系统，确保信息的及时沟通。

（6）设备的启动，应设置预告和启动信号（声、光）。

（7）主控室的计算机控制系统（EIC）设置双回路独立供电电源。

（8）建立操作牌和检修牌制度，停送电工作票制度，凭牌作业；检修时，必须与上下岗位联系好，停电并挂上"有人作业、禁止启动"的标志牌，设专人监护。

六、能源介质

（1）厂内各种气体管道应架空敷设。易挥发介质的管道及绝缘电缆，不得架设在热力管道之上。

（2）各燃气管道在厂入口处，应设总管切断阀；燃气管道不与电缆同沟敷设，并应进行强度试验及气密性试验。

（3）应有蒸汽或氮气吹扫燃气的设施，各吹扫管道上必须设置逆止阀，防止窜气。

（4）厂内使用表压超过 10^5 Pa 的油、水、煤气、蒸汽、空气和其他气体的设备和管道系统，应安装压力表、安全阀等安全装置，并应采用不同颜色的标志，以区别各种阀门处于开或闭的状态。

(5) 管道的涂色,应符合《工业管路的基本识别色和识别符号》(GB 7231) 的规定。

(6) 使用煤气,应根据生产工艺和安全要求,制定高、低压煤气报警限量标准。

(7) 煤气管道应设有大于煤气最大压力的水封和闸阀;蒸汽、氮气闸阀前应设放散阀,防止煤气反窜。

(8) 煤气设备的检修和动火、煤气点火和停火、煤气事故处理和新工程投产验收,必须执行《工业企业煤气安全规程》(GB 6222)。

(9) 厂内供水应有事故供水设施。

(10) 水冷系统应按规定要求试压合格,方可使用。水冷系统应设流量和水压监控装置,使用水压不得低于 $10^5 Pa$,出口水温应低于 50℃。

(11) 最低气温在 0℃ 以下的场所,对间断供水的部件必须采取保温措施。

七、照明与采光

(1) 厂房自然采光和照明,应能确保作业人员工作和行走的安全需要;消防通道、员工应急通道应设置应急照明。

(2) 厂区道路的照明应能满足员工通行及车辆通行的需要。

(3) 设置一般事故照明的工作场所,应符合表 3-2 的规定。

表 3-2 设置事故照明的工作场所

车间(工序)	设 事 故 照 明 的 工 作 场 所
原 料	原料仓库、堆取料机、龙门吊车、卸车机
配 料	混合配料室、配料矿槽、混合料矿槽
烧 结	烧结机平台、主抽风机室
造 球	造球机平台、烘干机平台
球 团	油库、煤粉室、重油罐区、煤粉罐区、造球机室、竖炉仪表室、回转窑、焙烧机平台
其 他	主要通道及主要出入口、主控室、操作室、高压配电室、低压电磁站、液压泵房、煤气加压站、调度室

(4) 车间工作场所照明器的选用,应遵守下列规定:在有腐蚀性气体、蒸汽或特别潮湿的场所,露天照明应采用封闭式灯具或防水灯具;在易受机械损伤和振动较大的场所,灯具应加保护网和采取防振措施。

(5) 需要使用行灯照明的场所,行灯电压一般不得超过 36V,在潮湿的地点和金属容器内,不得超过 12V。

(6) 现场应设置相应的检修电源箱和安全电压供电电源,以满足检修安全供电的需要。

八、防火、防爆

(1) 厂区内应设有完整的消防水管路系统,确保消防供水。

(2) 主要的火灾危险场所,应设有与消防站直通的报警信号或电话。

(3) 厂房建筑的防火要求,必须符合 GB J16《建筑设计防火规范》的有关规定,生产的火灾危险性分类应符合表 3-3 的规定。

(4) 各类建(构)筑物所配置小型灭火装置的数量应符合表 3-4 的规定。

(5) 配电室、电缆室(电缆垂直通道)、地下电缆室、油库和磨煤室,应设有烟雾火灾自动报警器、监视装置及灭火装置,火灾报警系统宜与强制通风系统连锁;应采取防火墙、防火门间隔和遇火能自动封闭的电缆穿线孔等建筑措施。新建、改扩建的大型烧结球团厂的主控室,应设有集中监视和显示火警信号的装置。

(6) 在有爆炸危险的场所,必须选用防爆或隔离火花的保安型仪表。

表 3-3 生产的火灾危险性分类

类别	原料与仓库	烧 结 球 团	动力设施
甲	乙炔瓶库	煤粉车间	
乙	氧气瓶库	主控室,变电所,变压器室,电缆沟,电磁站,煤、焦炭筛分,转运,配电室(每台装油量>60kg 的设备)	煤气加压站,煤气、氧气、氮气及管道设施
丙	重油罐区、煤粉罐区		油库,液压泵房,润滑站,液压站,空压机房
丁		球磨机、棒磨机、混合机回转窑高压油箱,热作业区操作室,热返矿皮带通廊,成品皮带操作室,配电室(每台装油量≤60kg 的设备)	
戊	煤场	胶带库	

表 3-4 各类建(构)筑物配置小型灭火装置的数量

类 别	配 置 数 量
甲、乙类建(构)筑物	1/50
丙类建(构)筑物	1/80
丁、戊类建(构)筑物	1/100~1/50
甲、乙类仓库	1/80
丙类仓库	1/100
丁、戊类仓库	1/150

注:建筑物的面积,乘以表中的系数,结果如为小数,则四舍五入取整数。

(7) 有爆炸危险的气体或粉尘的工作场所,应采用防爆型电气设备、设施。

(8) 机头电除尘器应设有防火防爆装置。

(9) 煤气加压站、液压泵室、油罐区、磨煤室及煤粉罐区周围 10m 以内,严禁明火;在上述地点动火,必须征得主管部门批准、同意,并采取有效的防护措施。

(10) 双烟道烟囱底部应设隔墙,防止窜烟。

第四节 烧结球团主要设备安全技术

生产设备既是生产的工具，也是能量的载体，如果生产设备出现故障，将会出现异常的能量释放，甚至会造成重大人身与设备事故，尤其是现代高速运转的设备，一旦失控，后果不堪设想。因此，提高设备的本质安全化程度，有效地防止设备能量的异常释放，是确保安全生产的基本途径。

烧结生产的设备通常有原料堆、取料机、一次混合机、二次混合机、除尘器、主抽风机、点火炉、烧结机、一次破碎机、热筛、冷却机、冷却风机、一次筛、二次破碎机、二次筛、三次筛、四次筛、成品环保除尘器、粗焦筛、循环水泵、三次混合机、带式输送机、天车、烘干机、圆盘造球机竖炉、齿辊、振动给料机、链码机、带（环）冷机等。其主体设备为原料堆、取料机、匀混机、烧结机、冷却机、振动筛、带式输送机、烘干机、主风机、链码机等。

一、一般要求

（1）设备裸露的运转部分，应设有防护罩、防护栏杆或防护挡板；活动式防护设施应有连锁；机械设备的防护装置，应满足《机械安全防护装置固定式和活动式防护装置设计与制造一般要求》（GB 8196）的要求。

（2）烧结机、圆辊给料机、反射板和带式输送机，均应设有机械清理（清扫）装置。

（3）行车及布料小车等在轨道上行走的设备，两端应设有缓冲器和清轨器，轨道两端应设置电气限位器和机械安全挡。

（4）载人电梯不得作为起重工具。

（5）运转中的破碎、筛分设备，禁止打开检查门和孔；检查和处理故障，必须停机并切断电源和事故开关。

（6）设备启动前确认设备各部位（特别是安全防护装置和操作按钮）正常，确认设备运转部位无人和无杂物，运转设备的危险区域如正前方无人；必要时应在现场设专人监护；启动前应给信号。

（7）设备跳闸原因未查清、故障未消除前不得再次启动。

（8）卫生清扫、设备点检、润滑维护时严禁靠近、接触（进入）运转部位，防止机械伤害。

（9）登高检查时，手要扶好扶手，脚要踏稳，防止高处坠落；2m以上高空系好安全带。

二、电气安全要求

（1）供电线路、变配电室的设置、电气设备的选用与设置等，应严格执行国家、行业有关电气安全的规定。

（2）产生大量蒸汽、腐蚀性气体、粉尘等的场所，应采用封闭式电气设备。

（3）电气设备（特别是手持式电动工具）的金属外壳和电线的金属保护管，应有良好的保护接零（或接地）装置；仪表系统的接地（包括保护接地、工作接地、屏蔽接地、以及保安仪表接地等）应符合国家有关规定。

（4）行走机械的主电源，采用电缆供电时应设电缆卷筒；采用滑线供电时，应设接地良好的裸线防护网，并悬挂明显的警告牌或信号灯；容易触及的移动式卸料漏矿车的裸露电源线或滑线，应设防护网。

（5）烧结机厂房、烟囱、竖炉等高大建筑和露天场所，应设有避雷装置。

（6）重油、煤粉等的金属罐区，应采取防静电措施。

（7）禁止带电作业；特殊情况下不能停电作业时，应按有关带电作业的安全规定执行。

三、烧结机作业安全控制措施

烧结机是烧结厂的主体设备，按烧结方式的不同，可分为间隙式和连续式两大类。现代广泛应用连续式烧结机，它有驱动装置、台车、台车运行轨道、装料装置、点火装置等，配套的设备、设施有抽风罩与烟道、单辊、混合料仓等。

其主要不安全因素有煤气泄漏造成员工中毒、煤气爆炸的伤害、台车运行时车轮的碾压伤害、台车撞击伤害、高温物体的烫伤，以及点检、检修作业中的机械伤害、坠落伤害、物体打击等。

烧结机及相关作业的安全措施主要有：

（1）点火器与点火作业：

①应设置备用的冷却水源。

②应设置空气、煤气比例调节装置和煤气低压自动切断装置。

③烧嘴的空气支管应有防爆措施。

④点火器检修应先切断煤气，打开放散阀，用蒸汽或氮气吹扫残余煤气。

⑤烧结机点火之前，应进行煤气引爆试验；点火器点火时，附近禁止明火和吸烟；在烧结机燃烧器的烧嘴前面，应安装煤气紧急事故切断阀。

⑥清理火嘴时必须两人以上，站在火嘴上风口方向，以防煤气中毒。

⑦检查维护点火器必须两人以上配合操作，佩戴好煤气监测仪，确认煤气阀门已关闭，炉内温度降至60℃以下时方能进入炉膛。

⑧关火、点火、检修等煤气作业严格遵守《工业企业煤气安全规程》（GB 6222）。

（2）补、换炉条作业时必须停机处理，戴好手套，防止高温烫伤；脚不能踩在台车轮子或轨道上。

（3）清理机尾散料漏斗，要侧向站位，防止红矿烫伤；使用捅料棍时，用力适当，防止绞入尾轮。

（4）清理小格大块必须停机，禁止在粘矿下处理小格大块；严禁搬动小格，防止滑落摔伤。

（5）清挖混合料仓：

①使用高压水冲时，要站在安全位置；使用风管吹扫时，应戴好护目镜；同时，应有防止摔入料仓的防护措施。

②关好蒸汽阀、煤气阀，通风降温，保持空气流通。

③制定专门措施，设专人监护与确认；严禁身体状况不佳人员入内。

④下料仓挖料系好安全带，从上向下作业，严禁挖"神仙土"。
⑤泥辊必须由专人负责开、停，清料时严禁转泥辊，放料时人员必须撤离。
（6）清理检查大烟道：
①停机后采取隔离和通风等措施并落实，至少两人以上同时进入作业，入口处必须设专人监护。
②使用安全电源的手提灯具，检查时要注意走道、格栅是否牢固。
（7）清理单辊：
①站位合理，防止被红矿烫伤。
②使用水枪清理时，人要站离红矿区，防止被蒸汽灼伤。

四、球团作业安全控制措施

竖炉是球团厂的主体设备，它有小车（梭式布料器）、齿辊、振动给料机、点火装置等，配套的设备、设施有抽风罩与烘干床等。

其主要不安全因素有煤气泄漏造成员工中毒、煤气爆炸的伤害、小车运行时车轮的碾压伤害、高温物体的烫伤，以及点检、检修作业中的机械伤害、坠落伤害、物体打击等。

竖炉及相关作业的安全措施主要有：
（1）点火器与点火作业：
①应设置备用的冷却水源。
②应设置空气、煤气比例调节装置和煤气低压自动切断装置。
③烧嘴的空气支管应有防爆措施。
④点火器检修应先切断煤气，打开放散阀，用蒸汽或氮气吹扫残余煤气。
⑤燃烧室点火之前，应进行煤气引爆试验；点火器点火时，附近禁止明火和吸烟；在烧嘴前面，应安装煤气紧急事故切断阀。
⑥更换、清理火嘴时必须两人以上，站在火嘴上风口方向，携带煤气报警仪确认无煤气，以防煤气中毒。
⑦检查维护点火器必须两人以上配合操作，佩戴好煤气监测仪，确认煤气阀门已关闭，燃烧温度降至60℃以下时方能进入炉膛。
⑧关火、点火、检修等煤气作业严格遵守《工业企业煤气安全规程》（GB 6222）。
（2）补、换炉条作业时必须停小车处理，戴好手套，防止高温烫伤。
（3）清理小车下面漏料时必须停车处理。
（4）处理齿辊漏灰、跑风时必须停下齿辊。

链箅机—回转窑也是球团生产中应用较为普遍的一种方法，易发生的工艺事故主要有回转窑内结圈。回转窑一旦出现裂缝、红窑，应立即停火。在回转窑全部冷却之前，应继续保持慢转，停炉时，应将结圈和窑皮烧掉。拆除回转窑内的耐火砖和清除窑皮时，应采取防窑倒转的安全措施，并设专人监护。

五、主风机作业安全控制措施

主风机系高速运行设备，运动惯性大，一旦失控，如叶轮飞出、触及叶轮及电机联轴器或轴承，将造成人员、设备的重大损害；主风机在运行中产生的噪声大，对人体健康危害大。

主风机作业的安全措施主要有：

（1）设备停机、启动：

①启动前应确保大烟道内无人，所有检修人孔、点检门均已关闭，风机风门关闭，转子处于静止状态；接到开风门指令后，确认风门连杆处无人；叶轮径向方向严禁站人。

②停机后如要检修，应打开风门。

③突然停电后，手动开、关风门必须两人配合进行，一人操作，一人监护。

（2）风机运转时，如风机出现振动，应关小风门，减轻风机负荷。

（3）点检设备时，叶轮径向方向严禁逗留。

（4）手动关风门时，人要站在风门连杆另一侧，要检查风门连杆脱落是否牢固，防止连杆脱落打伤人；注意力要集中，脚要站稳。

（5）设备运转时，进入机房应佩戴耳塞；严禁在机房吸烟。

（6）设备运转时，严密监视各监控系统反馈的信息，发现振动值、电流、温度、声响等异常，应及时停车处理。

六、环（带）冷机作业安全控制措施

烧结出来的高温烧结矿以及竖炉出来的高温球团矿要经过适当冷却降温，才能由带式输送系统送入炼铁冶炼，冷却设备为环（带）冷机。现代主要使用环冷机冷却，它有驱动装置、台车、台车运行轨道、装料装置等，配套的设备、设施有抽风罩与烟道、单辊、料仓等。其主要不安全因素是员工不慎触及设备的运行部位或轨道可能造成机械伤害，以及点检、操作作业中踩到撒落的烧结料可能摔倒，接触高温物料及设备可能烫伤等。

环（带）冷机及相关作业的安全措施主要有：

（1）巡视、点检时，人体不得伸入台车运行轨道上，严禁翻越摩擦轮；戴好护目镜，防止散料飞溅伤眼。

（2）观察机内料层要避开热矿区，戴好护目镜，不准站在摩擦板上。

（3）处理下料斗堵料要停机挂牌，系安全带，防止坠落；注意防止大块崩出，防止砸伤、烫伤；加强通风，轮换作业，避免高温中暑。

（4）处理卸灰阀堵料要将保险插销插好、卡稳，手不能伸入阀门内，谨防摇臂压手。

（5）清理台车栏板卫生，要戴护目镜、防尘帽、口罩，防止热矿粒喷出烫伤。

（6）进入环冷机风道检查，采取措施防止台车箅板漏大块；使用安全电压照明；及时清理地面散料，防止摔滑；轮换作业，避免中暑。

（7）更换紧固板式给矿机链板插销、螺栓时，必须停机、挂检修牌；脚要踩牢踏实。

七、混合机、烘干机作业安全控制措施

混合机是将各种原料进行混合的设备，作业过程中可能产生机械伤害、高温蒸汽（水汽）烫伤，进入筒体内作业还存在坍塌伤害。

混合机、烘干机及相关作业的安全措施主要有：

（1）检查煤气系统时，应配备煤气检测仪。

（2）设备运转时严禁进入机壳内点检或加油。

(3) 清挖圆筒混合机、烘干机：

①要停机挂牌，切断事故开关。

②停前后输送带，防止绞住伤害处理人员衣服；严禁在停转输送带上休息或行走，严禁跨越输送带。

③混合机清料前，要关闭蒸汽阀门，并采取机械通风降温措施；进入筒体清料，防止高温烫伤。烘干机清料前，要关闭煤气阀门，携带煤气报警仪确认无煤气，并采取机械通风降温措施；进入筒体清料，防止高温烫伤。

④检查结块的松紧状况，先挖松料，后挖紧料，其作业点不能高于头部，严禁挖"神仙土"，防止崩料伤人。

⑤两人以上共同进行，使用低压照明灯，设专人联络和监护。

⑥清挖烟囱积料时，系好安全带，防止积料坠落伤人。

(4) 检测混合料水分时，要使用专用工具，严禁用手直接在输送带上取料，防止高温烫伤及机械伤害。

(5) 进行蒸汽排水时，站位得当，戴好手套，防止蒸汽管道阀门漏气，蒸汽水喷溅、灼伤人。

八、带式输送机作业安全控制措施

带式输送机是烧结原料及烧结矿的主要输送设备，机头、机尾、换向轮、配重拉紧轮等均存在着被咬入的危险，电机的联轴器、运转的输送带、滚筒存在机械伤害的危险，人体不慎触及或操作不慎有可能造成机械伤害；皮带通廊上撒落的物料可能造成人员滑倒。

带式输送机及相关作业的安全措施应满足《带式输送机 安全规范》（GB 14787），并做到：

(1) 应有防打滑、防跑偏和防纵向撕裂的设施以及随时停车的事故开关和事故警铃，机头应有遇物料堵塞时能自动停车的装置，斜皮带应有防打滑倒转的逆止装置；所有咬入口均应有防护装置。

(2) 设备运转时，不准接触转动部位，严禁清理转动部位。

(3) 皮带倒转时，严禁用棍棒、杂物等堵塞皮带轮。

(4) 处理皮带打滑时，严禁用扫把、破布、皮带蜡等填塞传动轮，严禁脚蹬皮带反面，应及时停料或停机处理。

(5) 处理皮带压料、堵料，处理下料斗堵料时，要停机挂检修牌，将操作箱上的安全插头拔掉，有专人监护；严禁站在皮带上卸料；处理下料斗堵料应注意防止砸伤、烫伤、中暑。

(6) 处理皮带跑偏调整尾轮时，必须有两人以上配合，有专人监护，严禁进入重锤小车内作业。

(7) 更换挡皮、托辊、清扫器时，应停机。

(8) 点检小车运行情况时，严禁脚踏在小车轨道上，严禁进入安全护栏内进行检查，避免受到撞击挤压。

(9) 发现皮带上有红矿时及时与主控室联系并通知相关岗位，视情况对皮带进行降温处理，严禁正面打水或拉扯事故开关。

九、筛分机作业安全控制措施

筛分机的振动速度快,而振动器惯性大,人体不慎触及或操作不慎有可能造成机械伤害;通道上撒落的物料可能造成人员滑倒;设备噪声大,对员工的健康有影响。

筛分机及相关作业的安全措施主要有:

(1) 设备运转中用测温枪给振子测温时,严禁站在传动轴下及筛顶,严禁徒手测温。

(2) 设备运转时,严禁在筛顶作业,严禁在振子、联轴器周围逗留。

(3) 注意检查筛体筛板无裂纹,各部分铆钉齐全、无松动,激振器、轴承箱体与筛板固定无移位,螺栓无松动;筛子进出口漏斗无堵料,筛体布料均匀、无偏析。

(4) 清理筛孔、清除机腔内杂物要停机进行;筛体内空间狭小,光线较暗,作业前要接好安全照明灯;打开防尘蝶阀,让筛体内温度下降后,才能进入清理。

十、堆取料机作业安全控制措施

堆取料机是烧结原料场的主要设备,带式输送机机头、机尾、换向轮等均存在着被咬入的危险,电机的联轴器、运转的皮带、滚筒存在机械伤害的危险,堆取料机行走时存在被轨道轮压伤和机架碰撞伤害的危险;堆取料机的点检、维护、检修存在高处坠落的危险。

堆取料机及相关作业的安全措施应满足《斗轮堆取料机 安全规范》(JB 7326),并达到以下方面要求。

(1) 应具有并保证以下安全保护装置有效:

①斗轮取料机构的机械式安全保护装置;回转机构的安全联轴器。

②在平台和通道上,凡能触及的旋转和移动件都应设置防护栅或防护罩。

③俯仰机构的防止悬臂超速下降的保护措施以及过载保护装置。

④电缆卷筒应有过张力保护装置。

⑤在堆取料机输送线路"逆物流"前方设置的物流量过载保护装置。

⑥转载料斗的堵塞报警装置。

⑦堆取料机的防臂架与料堆相碰撞的装置。

⑧升降、回转、行走的限位装置和清轨器。

⑨停机或遇大风紧急情况时使用的夹轨装置。

⑩行走时应有声光报警。

(2) 堆取料机和抓斗吊车的走行轨道,两端必须设有极限开关和安全装置,两车在同一轨道、同一方向运行时,相距不应小于5m。

(3) 对于因露天而影响使用性能的机电器件应设防雨罩,必要时还应设有检视孔。

(4) 在回转机构、俯仰机构及行走机构运行的极限位置均应设两极终端限位开关。

(5) 除专门设置的通路以外,严格禁止跨越或从堆取料机下通过。

(6) 开车前,首先松开夹轨器,然后鸣铃以示开车警告,当确认机上及周围没有不安全因素存在时,才可闭合主电源,依次开动堆取料机各部分。

(7) 下班停机或长期离开堆取料机时,应切断机上总电源开关,并夹紧夹轨器。

(8) 当风速大于20.7m/s时,应停止工作将堆取料机锚定住;当设备检修或较长时间不用时,亦应将堆取料机锚定住。

十一、起重运输作业安全控制措施

(1) 起重机械的使用、维修和管理,应遵守《起重机械安全规程》(GB 6067) 和《起重吊运指挥信号》(GB 5032) 的规定。

(2) 起重机械应标明起重吨位,必须装设卷扬限制器、行程限制器和启动、事故、超载的信号装置。

(3) 严禁吊物从人员或重要设备上空通过,运行中的吊物距障碍物应在 0.5m 以上。

(4) 起重用钢丝绳的安全系数,应符合表 3–5 的规定。

表 3–5 起重用钢丝绳的安全系数

钢丝绳的用途	安全系数	钢丝绳的用途	安全系数
用于一般机动起重机	5.5	带有小钩、小环供吊挂用	6.0
用于手动起重机	4.5	用于捆绑重物	11.0

(5) 拆装吊运备件时,严禁在屋面开洞或利用桁架、横梁悬挂起重设施。严禁用煤气、蒸汽、水管等管道作起重设备的支架。

(6) 厂内运输应遵守《工业企业厂内运输安全规程》(GB 4387)。

(7) 铁道运输车辆进入卸料作业区域和厂房时,应有灯光信号及警告标志,车速不得超过 5km/h。

十二、泥辊筛分作业安全控制措施

泥辊筛由多组齿轮传动,人不慎触及或操作不慎有可能造成机械伤害;通道上撒落的物料可能造成人员滑倒。设备运转中严禁徒手测温,严禁在筛上直接用手捡大块或杂物,清理筛孔、清除杂物要停机进行。

十三、清挖混合料仓安全控制措施

(1) 使用高压水冲扫时,要站在安全位置;使用风管吹扫时,应戴好护目镜;同时,设有防止摔入料仓的防护措施。

(2) 通风降温,保持空气流通。

(3) 制定专门措施,设专人监护与确认;严禁身体状况不佳人员入内。

(4) 下料仓挖料系好安全带,从上向下作业,严禁挖"神仙土"。

(5) 仓下拖料带式输送机或圆盘必须由专人负责开、停,清料时严禁转(启)动,放料时人员必须撤离仓内。

第四章 焦化安全技术

第一节 工艺概述

根据不同需求,把不同性质的煤混合在一起,在隔绝空气的条件下进行加热,经过干燥、热解、熔融、黏结、固化、收缩等过程最终制得焦炭,这一过程叫高温炼焦。由高温炼焦得到的焦炭可供高炉冶炼、铸造等作为燃料或原料。炼焦过程中生成的焦炉煤气和煤焦油经过净化、回收精制可得到各种芳香烃和杂环化合物,供合成纤维、染料、医药、涂料和国防等工业做原料;经净化后的焦炉煤气既是高热值燃料,也是合成氨、合成燃料和一系列有机合成工业的原料。高温炼焦既是煤综合利用的重要方法之一,也是冶金工业的重要组成部分。

一、备煤和配煤

炼焦煤的准备过程简称备煤。备煤是炼焦生产的重要组成部分。为了保证炼焦生产有足够数量和质量合格的煤料,焦化厂都设有备煤车间,担负着炼焦用煤的准备工作。备煤车间要完成来煤的卸车、储存、倒运及煤的配合、粉碎、输送等工作。

常规备煤工艺通常包括原料煤接受、原料煤储存、配煤和炼焦煤粉碎等工艺。随着技术的进步,不同的焦化厂对于粉碎和炼焦煤预处理都有不同的方法。粉碎这一环节有先配合后粉碎、先粉碎后配合、分组粉碎、选择粉碎等。装炉煤预处理技术包括煤调湿、配型煤、煤捣固、配添加剂等,这些不同工艺的选择都是以降低消耗、改善焦炭质量为目的。

目前,工业炼焦过程均采用配煤炼焦。所谓配煤炼焦,就是把若干种不同牌号的煤按一定比例配合在一起进行炼焦。

二、炼焦

炼焦是装炉煤在焦炉炭化室内经过高温干馏转化为焦炭及焦炉煤气的工艺过程。装煤、推焦、熄焦和拦焦组成了焦炉操作的全过程,这些操作均由焦炉机械完成。随着技术的进步和自动化控制水平的提高,在装煤、推焦、熄焦操作环节中都可实现自动化控制。

由备煤车间将配合好的炼焦煤用带式输送机输送到焦炉煤塔储存,炼焦时将炼焦煤从煤塔装入装煤车内,并进行称量。称量后的装煤车开到待装煤的炭化室,将炼焦煤装入炭化室内进行炼焦。炼焦煤经过在炭化室内结焦转化为焦炭,焦炭成熟后,由推焦机和拦焦机打开炭化室的机、焦两侧炉门,拦焦机将导焦栅对准待出焦的炭化室,推焦机将焦炭从炭化室内推出。红焦落入熄焦车后,送往熄焦塔内用水熄焦(或者送往干熄焦冷却塔用惰性气体熄焦),焦炭经熄焦后送往焦台冷却,然后用带式输送机送往筛焦站筛分,筛分后的冶金焦送往贮焦仓或直接用带式输送机送往铁厂。炼焦过程中产生的荒煤气经上升管导出炉外，进入集气管。荒煤气被循环氨水冷却后送往回收车间进行处理，并制取化工产品。焦炉生产工艺流程如图 4-1 所示。

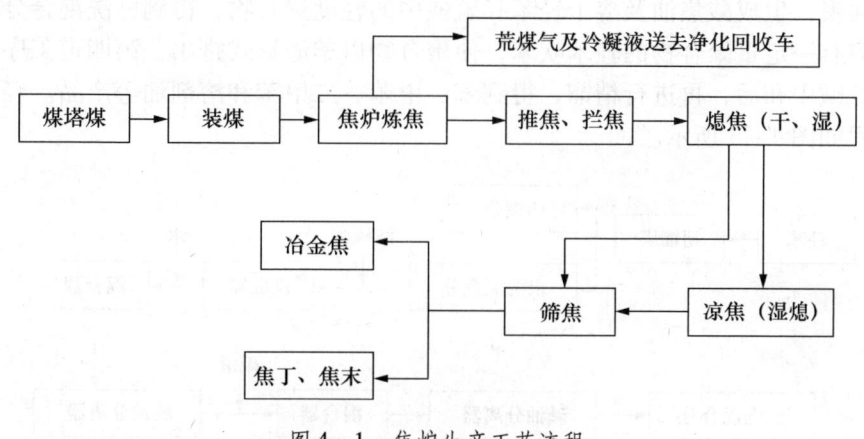

图 4-1　焦炉生产工艺流程

三、焦炉煤气净化

炼焦过程中产生的荒煤气含有许多杂质，不能直接使用，必须经过净化，在净化过程中得到各种化工产品和净化后的焦炉煤气。焦炉煤气净化过程包括初冷、脱萘、脱硫脱氰、回收氨、终冷、回收粗苯等工序。在煤气净化过程中，焦化厂根据自身情况，在选择回收工艺上略有不同。一般焦化厂焦炉煤气净化工艺流程如图 4-2 所示。

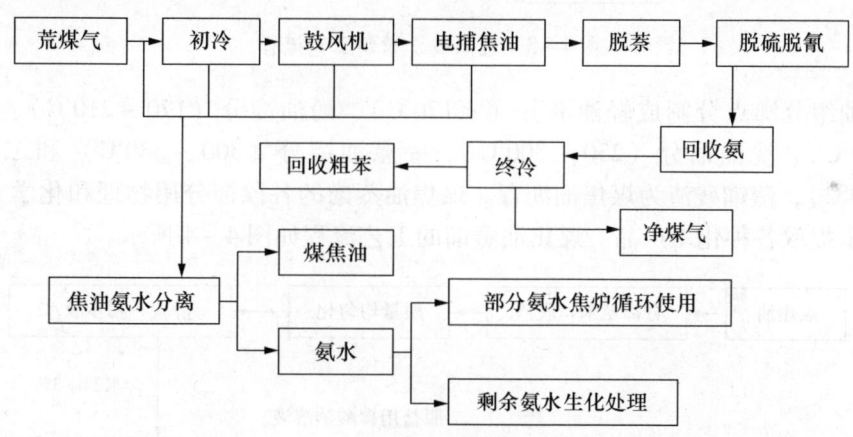

图 4-2　一般焦化厂焦炉煤气净化工艺流程

四、精制

粗苯精制的目的是将粗苯加工成苯、甲苯、二甲苯等产品。这些产品是宝贵的化工原料。粗苯主要是由苯、甲苯、二甲苯等苯族烃所组成，此外还有不饱和化合物及少量含硫、氮、氧的化合物。其中苯、甲苯、二甲苯含量占 90% 以上，是粗苯精制提取的主要产品。粗苯精制的方法主要有酸洗精制法和加氢精制法，现阶段焦化厂广泛采用的酸洗精制法将由加氢精制法所取代。

轻苯酸洗精制分为初馏、酸洗、吹苯和精馏四道工序。第一道工序是初馏，得到初馏分和未洗混合分。第二道工序是将未洗混合分用浓硫酸洗涤，使其中的含硫化合物和不饱和化合物共聚，生成酸焦油及溶于轻苯和硫酸中的轻度聚合物，得到已洗混合分。第三道工序是将溶有一定量聚合物的轻苯吹苯，使聚合物以釜渣形式排出。第四道工序是将吹出的苯族烃经碱中和后，再进行精馏，得到苯、甲苯、二甲苯和溶剂油等产品。轻苯酸洗精制工艺流程如图4-3所示。

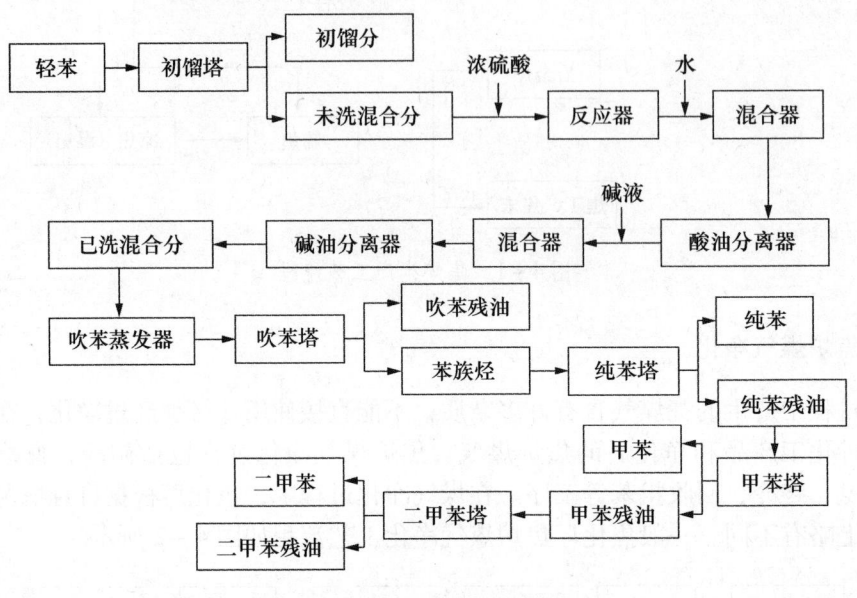

图4-3 轻苯酸洗精制工艺流程

煤焦油组分沸点分割成轻油馏分（<170℃）、酚油馏分（170～210℃）、萘油馏分（210～230℃）、洗油馏分（230～300℃）、一蒽油馏分（300～330℃）和二蒽油馏分（330～360℃），蒸馏残渣为煤焦油沥青。煤焦油蒸馏的各段馏分用物理和化学方法处理，可以进一步提取各种化工产品。煤焦油蒸馏的工艺流程如图4-4所示。

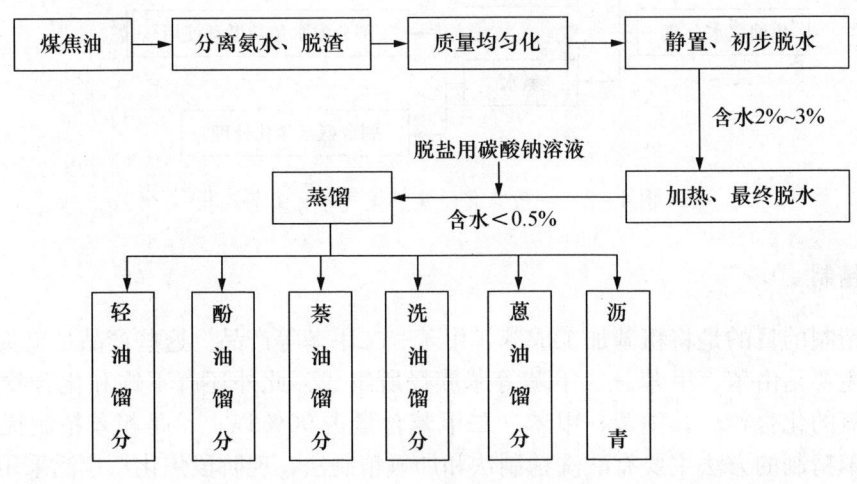

图4-4 煤焦油蒸馏的工艺流程

第二节　焦化厂安全生产的特点及主要危险有害因素分析

焦化厂的生产工艺较为复杂，属于危险化学品生产单位，也是重点防火单位，主要涉及的危险化学品有煤气、酸、碱、苯类物质、焦油、萘、酚、吡啶、硫黄等物质，大多数是易燃、易爆、有毒有害物质。焦化厂在生产过程中存在较高危险性，只有辨识出生产过程中的危险有害因素，并对其加以控制和防范，才能避免事故的发生。

一、火灾与爆炸

（1）煤塔储煤时间过长或冬季保温不当，煤长期集聚于某一部位，造成煤自燃发生火灾，若处理不当，也可能发生爆炸。

（2）装煤、出焦除尘过程中，由于除尘风机能力不足或风机转速突然下降等原因，导致大量荒煤气集聚或煤粉燃烧，达到爆炸极限，发生着火爆炸。

（3）焦炉地下室发生煤气泄漏时，由于通风不良，煤气与空气形成爆炸性混合气体遇激发能源可能发生火灾爆炸。

（4）鼓风机前负压系统氧含量超限可能发生爆炸；鼓风机检修后置换不彻底，启动时发生爆炸；风机检修时，没有采取有效隔离，造成煤气窜漏，动火发生爆炸；由于停电风机停车等原因，造成炉顶着火，烧坏炉顶设备。

（5）电捕焦油器氧含量超标，发生着火爆炸事故。

（6）生产过程中，温度、压力控制不当，导致塔、釜、罐、密闭容器等内的物料失控发生火灾或爆炸。

（7）设备或管道、阀门更换、检修时，没有有效隔离物料气体来源或排净残渣，并未进行检测，物料气体发生倒流或窜漏，遇激发能源，造成火灾爆炸。

（8）法兰、阀门、管道等因检修安装质量等问题或设备老化腐蚀、水封失效等原因，造成物料气体泄漏，遇激发能源，造成火灾爆炸。

（9）物料在管道内流动速度过快与管壁发生摩擦，而且运输、装卸过程中都会产生静电，如果不采取措施，就有可能发生着火爆炸。

（10）槽、塔、釜、罐等内的物料中含有硫化物可腐蚀内壁，生成硫化亚铁，硫化亚铁在常温下容易自燃，而容器内有挥发性物质，可能发生爆炸。

（11）锅炉、压力容器因超压、超温、缺水，安全阀、压力表失效或超期使用等原因发生爆炸。

二、中毒

（1）苯类、酚类、氨水、初馏分、吡啶等有毒液体因操作喷溅或跑、冒、滴、漏可能引起中毒。

（2）作业及检修时，未进行有效防护或有毒气体报警器失灵，煤气（尤其是高炉煤气）、硫化氢、氰化氢等有害气体在设备密封不良或因设备管道阀门腐蚀、设备检修、操作失误等情况下发生泄漏，可能造成中毒。

(3) 进入槽、罐、塔、釜等检修、检查未进行置换，又未采取有效的防护措施，可造成中毒。

(4) 因生产场所通风不良，危险物质在高温、高压等情况下失控，也会造成中毒。

(5) 在焦化生产中，会有少量的硫化氢和氰化氢等有毒气体，可能造成中毒。

三、机械伤害

(1) 焦炉四大机车（装煤车、推焦机、拦焦机、熄焦车）运行过程中，职工站位不当、精神不集中、躲避不及时，易发生挤伤、撞伤或死亡事故。

(2) 推焦机、拦焦机、熄焦车连锁控制不当，或操作失误，会造成红炭落地、车毁人亡的事故。

(3) 对各种正在转动设备进行加油清扫或检修，会造成伤害事故。

(4) 在检修设备时，未进行拉闸断电交换牌，由于操作人员误操作，导致设备运转，可能造成机械伤害。

四、灼烫与酸、碱灼伤

(1) 焦炉炉顶、焦机方、焦炉地下室等属高温作业区，容易发生烫伤事故。

(2) 焦油、蒸汽系统管道法兰泄漏，易造成烫伤事故。

(3) 塔、管道、泵体等检修前未进行泄压或残渣未排净，或未有效隔离工艺介质，造成液料喷溅伤人事故。

(4) 生产过程中使用的酸、碱与人体表面接触导致灼伤。

(5) 塔、容器内产品不纯，有较多水分，受到热量作用可能会发生沸腾，甚至突溢，造成附近人员烫伤。

五、车辆伤害

(1) 厂内各类运输车辆本身缺陷，如制动、音响、灯光失效，道路状况不符合规定，或者司机误操作可能引发车辆伤害。

(2) 厂区的车辆未按照规定行驶，槽车进行粗苯、焦油装车或原料卸车时，联系确认不好或制动失灵，造成的伤害。

(3) 通过火车无人看管道口，未按照"一站二看三通过"规定，造成的伤害。

六、触电

(1) 焦炉四大机车的动力滑线均为裸露滑线，在操作检修过程中，易发生触电事故。

(2) 检修电器设备时，带电作业或确认联系不准，造成触电事故。

(3) 电器设备装置外壳破损或接地不良，或漏电保护器失灵，发生触电事故。

七、高处坠落

在高处作业时，由于栏杆、平台、梯子等腐蚀或缺陷，而操作人员未进行有效防护，造成高处坠落事故。

八、物体打击

操作或检修过程中,由于交叉、立体作业较多,易发生物体坠落打击到作业人员,造成伤害。

九、起重伤害

因起重吊具、防护装置、钢丝绳等故障或操作、指挥不当,造成起重伤害。

十、坍塌

在处理煤塔料仓、焦仓等堵料时,由于措施不力或违章蛮干,造成物料坍塌,发生人员伤亡事故。

十一、噪声

电机、风机、泵等设备会产生噪声危害。噪声对人体的作用分为特异性作用和非特异性作用两种。特异性作用是指对听觉系统的损坏,长期接触强噪声会使听觉系统受损,形成噪声性耳聋。非特异性作用是指对其他系统的影响,如造成中枢神经系统平衡失调和消化系统的紊乱等。

十二、高温

高温作业人员受环境热负荷的影响,作业能力随温度的升高而明显下降。高温环境会引起中暑(热辐射病、日射病、热痉挛、热衰竭),长期高温作业(数年)可出现高血压、心肌受损和消化功能障碍病症。高温危害程度与气温、气湿、气流、辐射热和个体热耐受性有关。

十三、粉尘

在生产过程中形成的,能较长时间飘浮在作业场所的固体粉尘,对作业人员的健康存在非常大的危害。

第三节 炼焦安全技术

焦炉是用煤炼制焦炭的窑炉,是炼焦的主要热工设备。现代焦炉是以生产冶金焦为主要目的,主要由炉体和附属设备构成。现代焦炉已定型,基本结构大体相同,但由于装煤方式、供热方式和使用的燃料不尽相同,又可以分成许多类型。我国自行设计的炉型主要有大容积焦炉、58型焦炉、66型焦炉、70型焦炉等。

一、焦炉炉体组成

现代焦炉炉体主要由炉顶区、炭化室、燃烧室、斜道、蓄热室、小烟道、烟道、烟囱等部分组成,如图4-5所示。

(1)炉顶区是炭化室盖顶砖以上部位,设有装煤孔、上升管、看火孔、烘炉孔及拉条

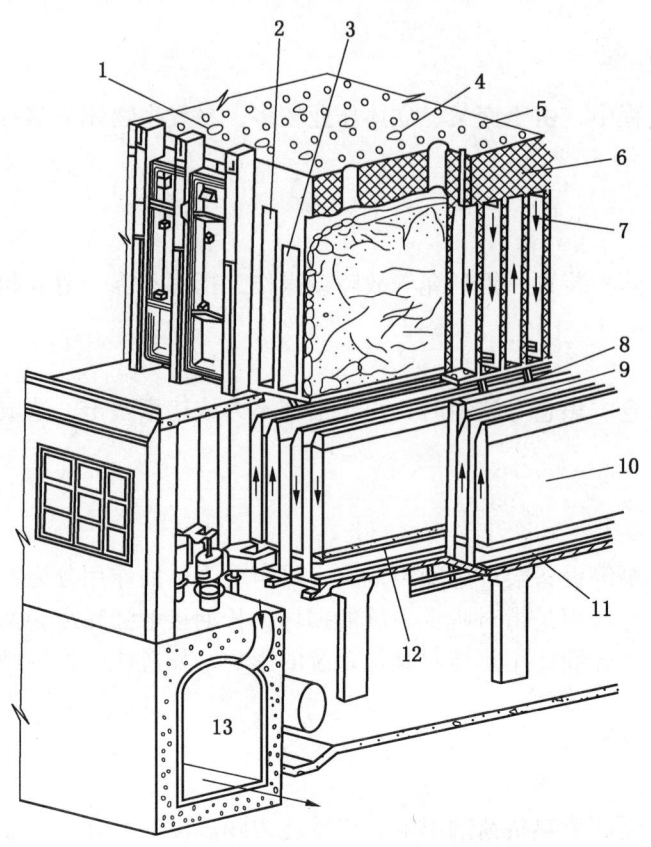

1—上升管孔；2—炭化室；3—燃烧室；4—装煤孔；5—看火孔；6—炉顶；7—立火道；8—斜道；
9—砖煤气道；10—蓄热室；11—小烟道；12—箅子砖；13—烟道

图 4-5　焦炉炉体结构

沟。炉顶区要求有一定的厚度，以承载装煤车的载荷，并可以防止焦炉散发热量。

（2）炭化室是炼焦煤隔绝空气进行干馏的炉室。炼焦煤在炭化室内经高温干馏变成焦炭和粗煤气。炭化室机焦侧两端设带有耐火材料内衬的炉门，固定在炉钩上，出焦时分别由推焦机、拦焦机摘启。

（3）燃烧室位于炭化室的两侧，分成许多立火道，加热的煤气与空气在立火道中混合燃烧，供给炼焦所需的热量。

（4）斜道是连接燃烧室和蓄热室的通道。斜道口布有调节砖，可以通过调节斜道砖改变斜道口的面积，来调节加热煤气量或空气量。

（5）蓄热室位于炭化室和燃烧室的下部，其上部通过斜道与燃烧室相通，下部通过废气瓣（盘）经分烟道与大气相通。蓄热室内放有格子砖，格子砖可吸收废气的热量，并把热量传递给空气和煤气。蓄热室的作用是利用焦炉燃烧废气的热量来预热燃烧所需的空气和煤气。

（6）小烟道位于蓄热室的下部，主要作用是通过箅子砖在上升气流时分配空气和高炉煤气，下降气流时集合并排除废气。箅子砖还起到支撑格子砖的作用。

（7）烟道分为机、焦侧分烟道和总烟道，其作用是汇集焦炉加热系统排出的废气。

(8) 烟囱通过烟道与焦炉加热系统相连。烟囱产生足够的吸力，将废气从烟囱排出。

二、焦炉的加热制度

焦炉加热调节中主要指标有结焦时间、标准温度、全炉及机焦侧煤气流量、煤气支管压力、烟道吸力、标准蓄热室顶部吸力、空气系数等。通常把这些指标称为焦炉基本加热制度。

(一) 温度制度

燃烧室所有立火道温度最高不得超过1450℃，不得低于1100℃。蓄热室顶部温度不得超过1320℃，不得低于900℃。炉顶空间温度应保持在(800±30)℃，不应超过850℃。延长结焦时间，焦炉任一点温度不得低于1100℃。炉头温度要求与其平均温度比较不得大于50℃。小烟道温度不得超过450℃，分烟道温度不得超过450℃。高炉煤气温度不得高于35℃。集气管温度80~100℃。焦饼中心温度(1000±50)℃。

1. 直行温度

换向后，在下降气流时测底部火嘴和鼻梁砖间的大砖温度，测量顺序从焦侧开始，由机侧返回，在两个换向时间内完成。每隔4h测量一次直行温度，测量时间是固定的。为考核直行温度的均匀与稳定，一般采用均匀系数和安定系数。

2. 标准温度

结焦时间过短时，标准温度会显著提高，容易出现高温事故，烧坏炉体，并且炭化室内石墨生长过快，焦饼成熟不均匀，常有生焦，容易造成推焦困难。同时，因炉温较高，装煤时冒烟冒火严重，易烧坏护炉铁件，上升管容易堵塞，成熟的焦炭也较碎，所以一般标准温度不低于1200℃。机、焦侧的温差随结焦时间延长而缩小。当配煤水分改变或焦饼中心温度改变时，标准温度随之进行增减。

3. 焦炉温度的调节

1) 直行温度均匀性调节

焦炉直行温度的均匀性是在直行温度稳定前提下进行调节，其影响因素主要包括：周转时间和出炉操作有变化、炉体窜漏或加热不正常、煤气量和空气量的变化、蓄热室顶部吸力的变化等因素。

2) 焦炉高向加热的调节

焦饼沿焦炉高向加热不均，不仅影响焦炭质量和炼焦耗热量，还会影响炼焦化学产品的回收。所以，焦炉高向加热调节是焦炉调火的一项重要工作，主要包括下列内容：

(1) 废气循环孔断面加大，因废气循环量增加，气体循环量增加，流速增大，燃烧火焰拉长，焦饼加热就均匀。

(2) 立火道断面减小，提高立火道内的气体喷射力和废气循环量，减少炉头热负荷，提高炉头温度。

(3) 立火道高度增加，提高上升、下降气流间的浮力差。

(4) 由于循环孔和跨越孔尺寸增大，增加废气循环量，使高向加热均匀。

(5) 控制适当的空气过剩系数，有利于改善高向加热的均匀性。

3) 横排温度的调节

(1) 使用高炉煤气加热时，焦炉每个燃烧室的煤气量和空气量的分配是靠斜道口的调节砖的厚度合理安排完成的。

（2）在调节砖固定的情况下，上升气流蓄热室顶部吸力的变化对横排温度有一定影响。在正常结焦时间内，如果吸力增大，横排温度下降；反之，如果吸力减小，则横排温度升高。

（3）使用焦炉煤气对边炉火道进行补充加热，在较长的结焦时间有利于炉头加热和横排温度均匀。

（4）加强炉体严密和隔热保护，是调节好横排温度和降低耗热量的有效措施。

4）炉头温度调节

为保证焦饼沿炭化室长向加热要求均匀，炉头温度调节是极为重要的环节。由于焦炉的边火道散热多、窜漏等因素的影响，使炉头温度波动，难于调节，造成炉温偏低，生产不正常。主要原因有：

（1）蓄热室封墙和斜道正面砖缝不严密，吸入冷空气所致，采取勾缝严密处理。

（2）上升气流蓄热室顶部吸力的大小对炉头温度有明显的影响，吸力大则炉头温度下降；反之，则炉头温度上升。

在采用高炉煤气富化加热中，往高炉煤气中混入一定比例的焦炉煤气。不仅有利于焦炉的高向温度均匀，而且还有利于炉头温度的提高。

（二）焦炉压力制度

为了延长焦炉使用寿命和保证焦炉正常加热，必须制定正确的压力制度，以确保整个结焦时间内煤气只能由炭化室流向加热系统，而且炭化室不吸入外界空气。

燃烧室立火道看火孔压力应保持在 0~5Pa。

单个蓄热室顶部吸力与同侧蓄热室顶部平均吸力相比，上升气流为 ±2Pa，下降气流为 ±3Pa。

煤气总管压力不低于 500Pa。

集气管压力 100Pa。

集气管温度 80℃。

1. 集气管压力

集气管内各点压力是不相同的，两端高中部低，即吸气管正下方的炭化室的压力（结焦末期）在全炉各炭化室中为最小。炭化室内的气体压力在结焦周期内变化很大，所以集气管压力是根据吸气管正下方炭化室底部压力在结焦末期不低于 5Pa 来确定的。

2. 看火孔的压力

在各种周转时间下，看火孔压力均应保持在 0~5Pa。如果看火孔压力过大，不便于观察火焰和测量温度，而且炉顶散热也多，使上部横拉条温度提高；如果看火孔压力过小，即负压过大时，冷空气被吸入燃烧系统，使火焰燃烧不正常。看火孔压力确定还受到边火道温度、炉顶横拉条温度等因素影响。

3. 蓄热室顶部吸力

蓄热室顶部吸力与看火孔压力是相关的。蓄热室顶部至看火孔之间的距离越大，燃烧室和斜道阻力越小，则上升气流蓄热室顶部的吸力就越大。影响蓄热室顶部吸力的因素有大气温度及风向、进风口开度、炉体窜漏等。

三、焦炉煤气设备及安全操作

炼焦炉的煤气设备包括荒煤气导出设备和加热煤气设备。加热煤气设备中又包括有定期换向作用的交换设备。

（一）荒煤气导出设备

荒煤气导出设备包括上升管、桥管、水封阀、集气管、吸气管和其他附属设备。上升管、集气管结构如图4-6所示。

1. 上升管和桥管

上升管直接与炭化室连接。桥管上设有氨水喷嘴和蒸汽管。水封阀靠水封翻板及其上的喷洒氨水形成水封，切断上升管与集气管的连接。翻板打开时，上升管与集气管连通。

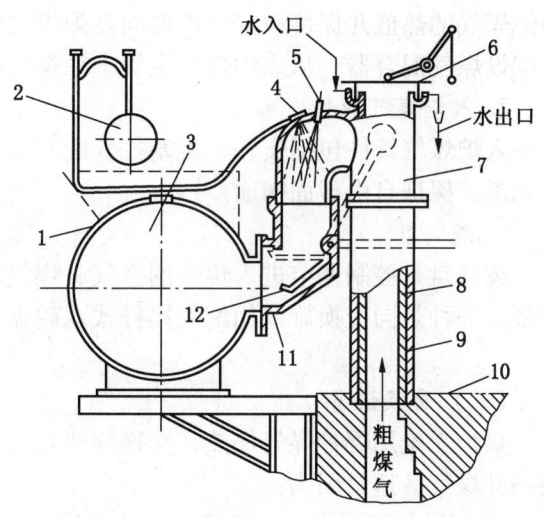

1—清扫孔；2—氨水管；3—集气管；4—氨水喷嘴；5—蒸汽喷嘴；6—水封盖；7—桥管；8—衬砖；9—上升管筒体；10—焦炉炉顶；11—翻板座；12—翻板

图4-6 上升管、集气管结构

由炭化室进入上升管的荒煤气（700℃左右），经桥管处连续不断地喷洒氨水（75℃左右），由于氨水蒸发需要大量吸热，煤气温度迅速下降至80~100℃，并使大部分焦油冷凝下来。喷洒的氨水循环使用，余下的氨水和焦油流至回收车间分离澄清，并补充氨水后，由循环氨水泵打回焦炉。当短期停氨水时，应迅速关闭各处氨水喷头，荒煤气放散；当长时间停氨水时，应关闭氨水总截门，接通蒸汽或工业水，若工业水不足，可仅供给处于结焦初期炭化室的上升管喷嘴及与集气管切断的上升管以形成水封。事故期应控制集气管温度不超过200℃，以防止突然冷却。当恢复氨水供应时，应首先关闭工业水，然后逐步打开氨水喷洒，使集气管温度逐步降至正常。

2. 集气管和吸气管

集气管上部每隔一个炭化室设有带盖的清扫孔，以清扫沉积于底部的焦油和焦油渣，集气管一端装有氨水喷嘴和事故工业水管。每个集气管设有两个放散管，以备集气管压力过大或开工时放散。集气管中的氨水、焦油和焦油渣等靠集气管的坡度及液体的位差流动。集气管是否畅通，关系到焦炉荒煤气导出，因此集气管必须经常清扫。

（二）焦炉的加热煤气设备

焦炉加热煤气设备用以输送和调节焦炉加热煤气，大型焦炉一般为复热式，配有焦炉煤气和高炉煤气两套加热系统；中小型焦炉一般为单热式，只配备焦炉煤气加热系统。

1. 煤气管路系统

单热式焦炉和复热式焦炉的焦炉煤气加热管系统基本相同，有两种布置形式：下喷式和侧入式。由焦炉煤气总管来的煤气，在地下室一端经煤气预热器进入地下室中部的焦炉煤气主管。由于焦炉煤气中含有萘和焦油，在低温时容易析出，堵塞管道和管件，所以煤气预热器供气温低时预热煤气，一般由煤气总管经预热器砖煤气道进入各个火道。

高炉煤气管道的布置基本相同，由煤气总管来的高炉煤气分配到机、焦侧的两根高炉煤气主管，再经支管、交换旋塞、小烟道进入蓄热室，预热后送入燃烧室的火道。为提高高炉煤气的热值并保持稳定，需要向高炉煤气中加入一部分焦炉煤气，故高炉煤气主管的前端设煤气混合器，从焦炉煤气主管中往煤气混合器兑入一定比例的焦炉煤气。

2. 入炉煤气管件

入炉煤气管件包括支管、旋塞等。旋塞是入炉煤气的重要部件，要定期清洗，保持严密光滑，保证自由截面畅通。

3. 废气盘

废气盘是控制调节进入焦炉的空气、煤气及排出废气的装置，目前使用最多的有两种类型：一种是同交换旋塞相配的提杆式双砣盘型；另一种为杠杆式分别传动的煤气交换砣型。

（三）交换设备

焦炉无论用哪种煤气加热，交换都要经历三个基本过程：关煤气→废气与空气进行交换→开煤气。这是因为：

（1）煤气必须先关，以防止加热系统中有剩余煤气，易发生爆炸事故。

（2）煤气关闭后，有一短暂的间隔时间进行空气和废气的交换，可以使残余的煤气完全烧尽。

（3）空气和废气交换后，也有短暂的时间打开煤气，可以使燃烧室内有足够的空气，煤气进去后能立即燃烧。

两次换向的时间间隔即换向周期应根据加热制度、加热煤气种类、格子砖的清洁程度等具体情况而定。一般大型焦炉的蓄热室格子砖的换热能力是按高炉煤气加热 20min 换向一次设计的。

（四）焦炉更换加热煤气

更换加热煤气前，必须对所有的煤气所属的设备进行全面检查，并试运转，做到灵活、严密、无积水，水封槽保持满流，抽掉管道上的盲板，用蒸汽清扫管道，检查仪表导管是否畅通，保证仪表系统正常。

1. 焦炉煤气换高炉煤气加热的安全操作

（1）高炉煤气主管压力必须达 4000Pa 以上，停止使用预热器。

（2）交换后切断自动交换电源。

（3）将下降气流的煤气废气盘的进风口盖板盖严、拧紧，将小链条或小轴卸下。

（4）将进风口改为使用高炉煤气的风口。

（5）调整吸力达到使用高炉煤气的吸力（增大）。

（6）交换后，只将煤气砣小轴小链条上好，打开机、焦侧下降气流加减旋塞，同时关闭下降气流焦炉煤气加减旋塞。

上述工作做完后，交换机交换，等第二个交换将异号重复上述操作，全部在连续两个交换内完成。也可以采用停煤气的方法来更换加热煤气。

2. 高炉煤气换焦炉煤气加热的安全操作

（1）关闭混合煤气开闭器，主管压力 4000Pa 以上开始更换。

（2）关闭下降气流加减旋塞，卸下煤气砣，连接小轴及废气盘上进风口盖板，打开进风。

（3）从管道末端开始，打开下降气流焦炉煤气流量加减旋塞，关闭下降气流高炉煤气流量加减旋塞，逐个进行并在连续两个交换内完成。

（4）调整加热制度为焦炉煤气加热制度。

（5）更换 4h 后开动预热器，联系高炉煤气主管堵盲板。

更换加热煤气时相邻的焦炉应停止出焦操作。

（五）煤气设备异常情况处理措施

1. 管道泄漏处理

煤气泄漏是引起煤气中毒、着火、爆炸的主要原因，而且泄漏主要是由操作失误、管道接头松脱、腐蚀等引起。处理煤气泄漏必须佩戴防毒面具，焊缝小面积拉裂，可在正压情况下焊接；裂缝较大，补焊有困难时，可采取贴铁板打卡子的方法，再进行焊补；截门阀芯或管道法兰泄漏，可采取填塞料的方法。对有条件切断煤气的泄漏事故，应灭火完成后再切断煤气，通蒸汽清扫后再处理。水封泄漏应切断水封与煤气的一切联系，清扫后再处理。

2. 上升管异常情况处理

1）鼓风机突然停电

打开放散管使集气管压力比正常值高 20~40Pa；压力仍过大时，应将新装煤炉室的上升管打开几个，关闭翻板。

2）鼓风机开动

集气管压力在 200Pa 时，启动风机，打开翻板，关闭所有的放散管；鼓风机恢复正常、煤气压力正常后，检查仪表和调节机运转是否正常。

3）停氨水

应关闭氨水总截门；立即向集气管主管进行补水，并注意集气管压力变化；进行补水要缓慢打开截门，防止集气管突然受冷收缩而造成氨水泄漏；无补水设施或补水截门损坏时，首先关闭新装煤的上升管盖，将熟炉的翻板关闭，打开上升管盖。

4）送氨水

关闭补水截门，打开氨水总截门，若无补水设施，氨水要缓慢送入；关闭上升管盖，打开翻板，检查压力变化；再检查氨水的喷洒情况。

5）调节机构停转与启动

调节机构停转时，应关闭调节机执行机构空气开关，拆下翻板把手，按压力大小用人工调节翻板；如属有计划停转，应先固定翻板，再根据压力大小调节；调节机构启动时，安上翻板把手，开启调节机构空气开关。

（六）焦炉停送煤气

遇到下列情况，焦炉应立即停止加热：

（1）加热煤气主管压力低于 500Pa。

（2）煤气管道破损或爆炸影响正常加热。

（3）烟道系统发生故障无法保持焦炉吸力。

（4）交换设备发生故障，短期无法修复，而影响正常交换。

1. 停止加热的步骤

（1）用手动或手摇交换至煤气砣完全落下，切断煤气供应；长时间停止加热还应关闭加减旋塞，拆下煤气砣拉链盖上风门盖板，留适当的进风口。

（2）关闭烟道翻板，吸力维持120～140Pa并固定。

（3）停止出焦，每30min或45min照常换废气和空气。

（4）停止加热时间较长，集气管压力应保持比正常大30Pa。

（5）较长时间停止加热，应关闭加热煤气管上的开闭器。使用混合煤气加热，应将混合煤气开闭器关严；使用焦炉煤气加热，应关闭通往各处的煤气开闭器，关严加热蒸汽。

（6）与仪表人员联系，关闭各仪表上的开闭器（主管压力导管除外）。

2. 恢复加热的步骤

故障处理完毕，在主管压力正常的条件下可以恢复加热，操作步骤如下：

（1）恢复加热时，焦炉周围40m范围内不应有火源；移开危险物品；如已用蒸汽保压或管道压力曾回零时，应先打开煤气主管开闭器，再停止通蒸汽，用煤气赶走空气放散10min后，取样做煤气爆发试验，连续两次试验合格后，关闭放散管。

（2）将煤气管道内积水放净，连通水封，打开仪表导管阀门。

（3）恢复风门盖板，连上煤气砣交换链，恢复烟道吸力翻板，打开流量加减旋塞。

（4）送气过程煤气主管压力应稳定，不低于1000～1500Pa；在送气后1～2个交换过程内，应观察燃烧情况及交换机运转情况。

3. 煤气爆发试验

（1）戴好防毒面具，放散10min后，在管道末端将事先准备好的爆发试验筒盖和放散旋塞打开，把筒口套在取样管上。

（2）打开煤气取样旋塞，煤气进入取样筒后，用放气孔放散1min，待筒内全部充满被试验气体即盖上筒盖，关闭取样旋塞。

（3）将取样筒拿到室外远离煤气设备的空旷地方，先点火后开筒盖，焦炉煤气筒口向下倾斜，高炉煤气筒口向上倾斜，点火时煤气没有爆鸣声、火燃烧到筒底为合格。

四、焦炉机械安全操作

焦炉机械主要包括装煤车、推焦机、拦焦机、熄焦车四大机车，在运行过程中，它们均采用裸露磨电道式滑线供电。因此，磨电道、滑线等导电设施必须设有明显的安全警示标志，分段电源开关必须设置在明显的位置，机车行驶前必须鸣笛、瞭望确认并发出信号行车。行驶到炉端台时必须减速，严禁撞安全挡。

装煤车司机必须在确认得到装煤信号后，再对炉号、落套筒、开闸板装煤。在煤塔放煤时，要确认煤塔闸口关严，避免煤塔跑煤。在装煤车处理其他故障时，要注意装煤车动力滑线，以免发生触电事故。

推焦机司机一定要确认拦焦机、熄焦车到位后，接到可以推焦指令后再推焦，严禁消除连锁推焦。

拦焦机行车时由于车身距炉门柱间距较小，极易发生事故，司机及炉门工严禁伸头和伸手到车外，避免发生事故。司机严禁在导焦栅未退到位或炉门未摘的情况下发出推焦信号，不准在炉门未上好的情况下发出装煤信号。

熄焦车司机必须在确认推焦炉号正确、导焦栅对好、熄焦车门关好、车位对正的情况下，发出推焦信号。熄焦车轨道应设为禁区，严禁其他人员进入，避免发生人身伤亡事故。

余煤升降机司机（一般由炉门工兼岗）要经常检查余煤升降机的钢丝绳是否有断股现象，上、下极限是否灵敏可靠。余煤升降机在升降过程中，操作人员严禁将头或手伸入余煤升降机框架内，以免发生事故；停止时，余煤升降机斗应落下，严禁人员停在下方。

五、焦炉的出炉安全操作

炼焦炉出炉操作主要有装煤、出焦、熄焦和筛焦四道工序。

（一）装煤操作及异常处理

焦炉的装煤包括从煤塔取煤和装煤车向炉内装煤。由煤塔往装煤车放煤应迅速，使煤料紧实，以保证煤斗足量。取煤时应按煤塔放煤口的排列顺序进行，使煤塔内煤料均匀放出。

装煤要求装满、装平，煤量要稳定。如装煤不满，不仅影响焦炭产量，还会使炉顶空间温度升高，影响化学产品的产量和质量，并且加速炭化室结石墨，容易造成推焦困难和堵塞上升管。如装煤过满，会增加平煤时的余煤量，延长装煤时间，容易造成堵装煤孔。因此，平煤操作要及时、认真，不能过早平煤，防止烧坏平煤杆和影响下煤。

（1）装煤途中突然停电，应首先检查电器系统，司机组长组织人员按下列步骤处理：

①切断电源，将各个电器控制器放回原位。

②将该炉室的桥管翻板关闭。

③人工关闭闸板，提起套筒，盖好炉盖。

（2）装煤中途平煤发生问题，燃起大火时，应立即关严闸板，装煤车开离火区。

（3）焦炉突然停止加热时，应把推出的空炉装上煤。

（4）装煤时回收风机停机，应立即停止装煤，把煤车开离炉区，盖好炉盖，打开放散。

（二）出焦操作及异常处理

推焦要求准时、稳推。推焦杆头部应轻轻接触焦饼正面，防止焦饼坍塌。开始推焦速度要慢，以免把机侧焦饼撞碎。推焦杆启动时，焦饼被压缩，推焦阻力达到最大值，此时指示的推焦电流为最大推焦电流。在整个推焦过程中，推焦阻力是变化的，反映在推焦电流上。推焦电流过大，常见为焦饼移动困难或根本推不动，就属于焦饼难推。导致焦饼难推的原因有很多，主要是加热温度过高或温度过低：温度过低，焦饼不熟收缩不够而增大焦饼与炉墙的摩擦阻力；温度过高，焦炭过火而碎，炭化室顶部和炉墙结石墨碳太厚，炉墙、炉门框变形等。

（1）推焦或平煤时突然停电。遇到此情况时，首先切断电源，将主令控制器放回零位，以防止突然来电，然后组织人员立即处理设备。如果推焦杆正推入炭化室内，或平煤杆伸进炭化室时突然停电，应马上用手摇装置快速将其退出炉外或用备用设备（发电机发电）将其拉出炭化室，及时检查推焦杆或平煤杆是否变形。

（2）平煤过程中拉断钢丝绳。应立即切断电源，将主令控制器放回零位，用手摇装置或用拉葫芦将平煤杆拉回，手动盖小炉门。

（3）拦焦机出焦中停电。发生导焦中停电，应检查电器系统，拉掉总闸，主令控制器放回零位，切断极限开关，用倒链或手摇装置退出导焦栅，将车开到炉端台，同时熄焦车迅速熄焦后开到炉端台,对上导焦栅,人工清理导焦栅内的红炭,检查导焦栅是否变形。

(4) 出焦后,遇有各种原因不能按时上门时,立即通知炉顶严禁装煤,及时组织挂好临时保温帘。

(5) 在推焦过程中,遇有异常情况应立即停止出焦。

(三) 熄焦操作及异常处理

1. 湿法熄焦

湿法熄焦设备主要有熄焦塔、喷洒装置、水泵、焦末沉淀池及抓焦末机等。

熄焦车开进熄焦塔时,靠极限开关通过熄焦时间继电器自动开启水泵,水经分配管上的孔进行喷洒,熄焦时间根据一般为100s左右,喷洒时间短,红焦熄不灭,时间长则焦炭水分增加。未蒸发的水流到沉淀池,澄清后的水流入清水池循环使用。熄焦后的焦炭卸到凉焦台,使水分蒸发和冷却,个别尚未全部熄灭的红焦,进行人工熄灭。

2. 干熄焦

干熄焦是将红焦从干熄炉顶部装入,低温惰性气体由循环风机鼓入干熄炉冷却段红焦层内,吸收红焦热量,冷却后的焦炭从干熄炉底部排出;从干熄炉循环烟道出来的高温惰性气体流经干熄焦锅炉进行热交换,锅炉产生蒸汽,供发电使用;冷却后的惰性气体由循环风机重新鼓入干熄炉,惰性气体在封闭的系统内循环使用。干熄焦的基本流程如图4-7所示。

1) 红焦装入系统的安全

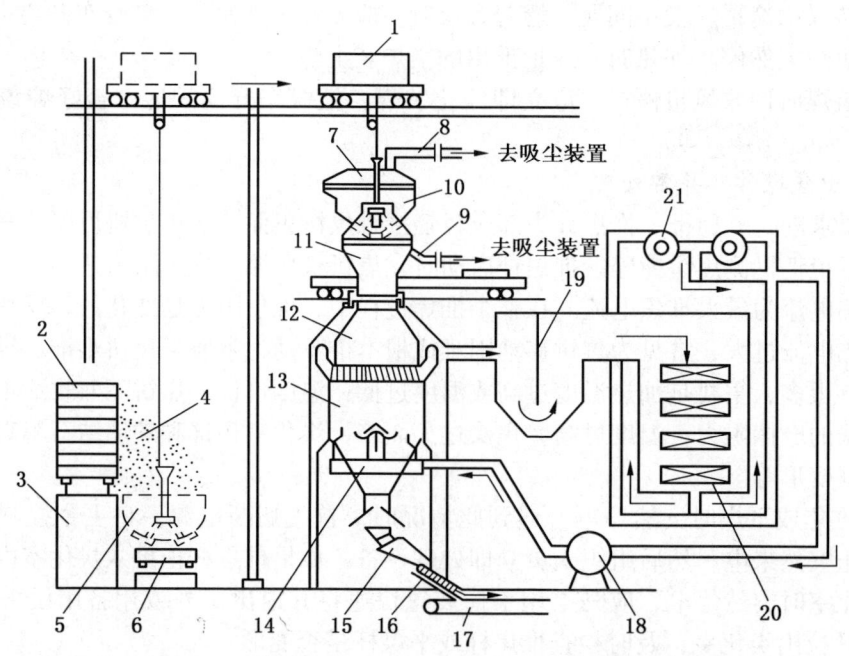

1—提升机;2—导焦槽;3—操作台;4—红焦;5—焦罐;6—台车;7—盖;8、9—排尘管;10—焦罐;
11—装料装置;12—预存室;13—干熄室;14—气体分配帽;15—排焦装置;16—焦台;
17—带式输送机;18—循环风机;19—重力沉降槽;20—锅炉;21—旋风除尘器

图4-7 干熄焦基本流程

在干熄焦正常生产过程中，提升及装焦动作是按计算机设定的程序自动完成的，因此在设备运行过程中，严禁操作、检修人员进入提升机、装入装置、电机车及焦罐、台车等移动设备的运行区域。严禁在提升机、电机车走行时上下设备和加油清扫等作业。当发现提升机钢丝绳、吊钩等吊起设施出现异常或焦罐倾斜、提升机装入装置的动作不受极限控制时，应立即停止装焦作业。采取手动作业时，要确认无误后，方可进行手动装焦作业。

装入系统干熄炉炉顶水封高度要保证，水封高度过低会造成空气进入干熄炉。水封的内圈不能漏水，如果水漏入干熄炉与红焦反应生成水煤气，造成循环气体中可燃成分浓度急剧增加，可能会发生爆炸事故。

2）循环气体系统的安全

干熄焦循环气体因含有 H_2、CO、CO_2、CH_4、N_2 等成分，如控制不当，会发生事故。为保证干熄焦的安全运行，必须严格遵守以下规定：

（1）未经严格检测空气中的 CO 和 O_2 的含量，人员严禁进入干熄焦排焦部位。

（2）检查或处理干熄焦锅炉内部管道或结构、检查二次除尘器以及风机后预存段压力放散管等设备时，应停止整个干熄焦系统作业，将干熄炉内焦炭熄灭，检测有害气体的浓度是否合格，再进行检查或检修。

（3）随时检查循环气体中可燃成分的浓度，并采取措施，将循环气体中的可燃成分控制在安全范围内。

（4）当循环气体系统发生严重泄漏、循环风机停机和干熄焦锅炉炉管破损故障时，立即报告主控室操作人员及相关人员，采取措施处理。

3）环境除尘系统的安全

干熄焦环境除尘系统除尘范围主要包括：装焦部位、排焦部位、炉顶放散及预存段压力调节放散部位和运焦皮带等。除尘风机在装焦、排焦、炉顶、预存段压力放散口吸入粉尘的同时，不可避免地会吸入有毒循环气体，由于管道处于负压，有毒气体不会泄漏，但在检修处理排灰阀堵塞或更换除尘布袋时，就有可能发生中毒事故。因此，检修或检查时必须用报警器检测，采取有效的安全措施。严禁在除尘系统所有设备运转过程中检修、清扫或加油。

4）锅炉系统的安全

干熄焦锅炉属于高温、高压危险设备。干熄焦锅炉锅筒压力很大，要求锅炉蒸汽的排除系统安全可靠，主蒸汽压力调节阀和主蒸汽切断阀等的调节要灵敏可靠；锅炉的安全阀必须可靠，一旦锅筒压力失效，安全阀应能按照设计的起跳压力自动打开，防止爆炸。为避免锅炉干烧造成炉管破损，锅炉供水设备及水循环设备必须安全可靠。锅炉防爆口附近严禁人员停留。

5）发电系统的安全

干熄焦发电系统的主体设备是汽轮机，在发电系统中起到将蒸汽的热能转变为转子旋转的机械能的作用。汽轮机是高速旋转的设备，因此在汽轮机正常运转时，应注意汽轮机的油系统、主蒸汽温度、径向位移、机体振动和轴承温度等是否正常，以保证发电系统的安全运行。

6）除盐水站的系统安全

干熄焦除盐水站主要负责生产锅炉产汽所需要的除盐水，除盐水质量的好坏直接影响锅炉的使用寿命,因此是非常关键的一道工序。除盐水站对泵检修较多,因此严禁对运转的设备检修、加油或清扫,在卸酸卸碱时,要做好防护工作。

3. 筛焦

为了满足高炉冶炼等不同部门对焦炭块度的要求,一般按块度将焦炭分大于40mm、25~40mm、10~25mm、小于10mm四个等级。一般大中型焦化厂均设焦仓和筛焦楼,将大于40mm的焦炭由辊轴筛筛出(筛上部分为大于40mm),经带式输送机送往炭仓。筛下的焦炭经振动筛分成三级,分别进入焦仓。

4. 熄焦异常及处理

(1)放焦门未关严或自动打开,致使红焦落地,应立即切断推焦电源,将熄焦车开离火区,就近用水管人工进行熄焦,然后清除轨道上的红炭,尽快恢复生产。

(2)接焦途中熄焦车停电,若不涉及安全,不要盲目发出信号停止出焦。若熄焦车靠近焦台,可将红焦卸入焦台,用水熄焦;若熄焦车远离焦台,应接水带进行熄焦。

(3)若熄焦车、拦焦机未对好就推焦,应及时发出事故信号制止推焦。

第四节 焦炉煤气净化安全技术

一、煤气净化的作用及工艺

由焦炉产生的粗煤气需在回收车间进行冷却和输送,回收焦油、氨、硫及苯族烃等化学产品,同时也净化了煤气。煤气净化除净化煤气外,还回收焦油、粗苯、粗酚盐、粗吡啶、硫、硫酸、硫酸铵以及无水氨等,同时进行相应的污水处理。

煤气必须经过净化,因为煤气中除氢、甲烷、乙烷和乙烯等成分外,其他成分含量虽少,却会产生有害的作用。如萘会以固体结晶析出,堵塞设备及煤气管道;氨水会腐蚀设备和管路,生成的铵盐也会引起堵塞;硫化氢及硫化物会腐蚀设备,生成的硫化亚铁会引起堵塞且易自燃引起事故;一氧化氮及过氧化氮能与煤气中的丁二烯、苯乙烯及环戊二烯等聚合成复杂的化合物——煤气胶,不利于煤气的输送和使用;不饱和碳氢化合物(苯乙烯、茚等)在有机硫化物的触媒作用下,能聚合生成"液相胶"而引起危害。对上述会产生危害的物质,根据煤气的用途不同而有不同程度的清除要求,因而从煤气中回收化学产品的净化方法和流程也有不同。

在钢铁联合企业中,焦炉煤气只用作本企业冶金燃料时,除回收焦油、氨、苯族烃和硫等外,其余杂质只需要清除到煤气在输送和使用中都不发生困难的程度即可。

二、煤气净化主要装置及设备

煤气净化设备主要由煤气排送装置、煤气脱硫装置、煤气中氨和粗吡啶的回收装置、粗苯回收与制取装置、水道装置以及废水处理装置等组成。煤气排送装置主要设备有煤气鼓风机、焦油氨水分离装置、塔、泵、槽,以及煤气冷却装置等。煤气脱硫装置主要设备有吸收塔、再生塔等塔类设备,循环液冷却器、加热器等换热器,硫浆离心机、空压机,以及各类泵、槽设备等。煤气中氨和粗轻吡啶的回收装置主要设备有硫铵吡啶装置、无水氨装置、溶剂脱酚装置、氨水蒸馏装置等。粗苯回收与制取装置主要设备有终冷塔、洗苯塔、脱苯塔等塔类设备,管式加热炉、粗苯冷凝冷却塔、终冷水冷却器等换热器,以及各类泵、槽设备等。废水处理装置主要设备有预曝、曝气处理设备,脱氰、脱氟、混凝处理设备,以及污泥脱水处理设备等。水道装置主要设备有冷却塔轴流风机以及各类泵设备等。

煤气净化设备中发生着 NH_3、H_2S、H_2SO_4、$NaOH$ 等气、液体反应,因此仪表、压力阀等在流量控制、管线、发信装置等场合使用时均应具有耐高温、高压、强腐蚀的性能,如流量计采用电磁式流量计,高压管线的调节阀采用高压角阀,对强腐蚀性管线的压力、压差的检出端采用隔膜式发信器等。

三、煤气净化装置危险化学品

煤气净化装置中存在的危险化学品较多,详见表4-1。

表4-1 煤气净化装置中存在的危险化学品

装 置 名 称	危 险 化 学 品 名 称
煤气排送	粗苯、氨水、焦炉煤气、焦油、NaOH 溶液
煤气脱硫	焦炉煤气(COG)、硫酸(H_2SO_4)、硝酸、粗吡啶、氨气、粗苯、脱硫液、硫酸铵母液、二氧化硫(SO_2)、苦味酸、硫化氢(H_2S)、S氨和粗轻吡啶的回收
无水氨	NaOH 溶液、焦炉煤气(COG)、液体无水氨、磷酸(H_3PO_4)
硫铵吡啶	焦炉煤气(COG)、硫酸(H_2SO_4)、氨气
蒸 氨	氨水、浓氨水、NaOH 溶液
溶剂脱酚	氨水、苯、酚、10% NaOH
粗苯回收	焦炉煤气(COG)、粗苯、洗油、轻油、苯、甲苯、二甲苯
废水处理	废氨水

从表4-1中不难看出,在煤气净化加工的过程中存在的显著特点是易燃、易爆、有毒、有害。

四、冷凝鼓风安全操作

煤气由炭化室出来经集气管、气液分离器、初冷器,由煤气鼓风机提供动力克服设备和管道阻力及保持足够的煤气剩余压力。

(一)煤气鼓风机

煤气鼓风机(图4-8)被称为焦化厂的心脏,为保障其安全稳定运行必须采取如下措施:

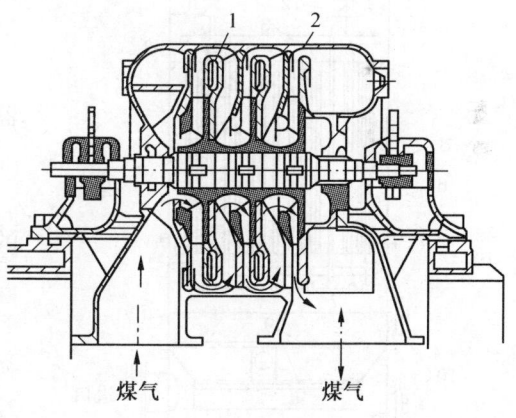

1—叶轮;2—机壳

图4-8 离心式煤气鼓风机

(1)冷凝鼓风工段应有两路电源和两路水源,采用两台以上蒸汽透平鼓风机时,应采用双母管供汽。

(2)鼓风机的仪表室宜设在主厂房两侧或端部,当毗邻厂房外墙设置时,应用耐火极限不低于3h的非燃烧墙体与厂房隔开。鼓风机的仪表室应有如下参数的显示:煤气吸力、压力、鼓风机的转速、轴向位移和轴承温度,风机油箱油位和液压泵出口油压,电机的电压、电流和轴承温度,蒸汽透平用蒸汽压力和温度,以及集气管压力、初冷器前后煤气温度、煤气含氧量。此外,还应配备测振仪和听音棒。

(3) 每台鼓风机应设置单独控制箱,其馈电线宜设零序保护报警信号,并应设如下报警、连锁停车装置:

①鼓风机的开停车与液压泵的连锁。
②鼓风机主液压泵与副液压泵自动切换连锁。
③鼓风机润滑油箱油位、油温、油压报警及油压连锁停车装置。
④轴瓦温度、电机定子温度超限报警和连锁停车装置。
⑤鼓风机过负荷、轴位移超限、两台同时运转的鼓风机故障停车等报警、连锁停车装置。
⑥采用液力偶合器调速时,液力偶合器进出口管应设油温、油压、油管阻力等报警和连锁停车装置。
⑦焦炉集气管煤气压力上、下限报警信号。

(4) 鼓风机室应有直通室外的走梯,底层出口不应少于两个。

(5) 鼓风机轴瓦的回油管路和高位油箱回油管应设窥镜。

(6) 鼓风机煤气吸入口的冷凝液出口与水封满流口中心高度差,不应小于2.5m;出口排冷凝液管的水封高度,应超过鼓风机计算压力(以 mmH_2O 计)加500mm(室外)~1000mm(室内)。

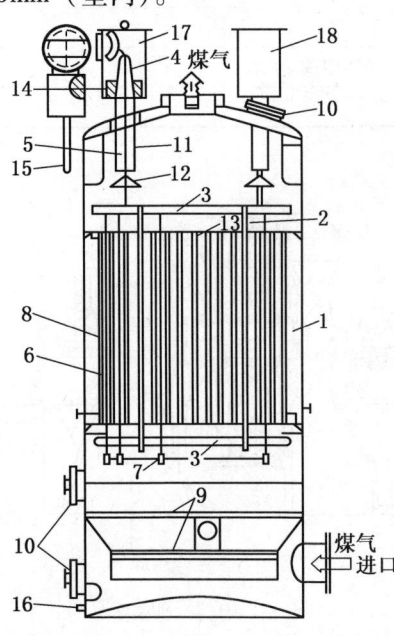

1—壳体;2—下吊杆;3—上、下吊杆;4—支撑绝缘子;5—上吊杆;6—电晕线;7—重锤;8—沉淀管;9—气体分布板;10—人孔;11—保护管;12—阻气罩;13—管板;14—蒸汽加热器;15—高压电缆;16—煤焦油氨水出口;17—馈电箱;18—绝缘箱

图4-9 电捕焦油器

(7) 电捕焦油器、鼓风机等冷凝液下排管的扫汽管,应设两道阀门。

(8) 清扫鼓风机前煤气管道时,同一时间内只准打开一个塞堵。

(9) 蒸汽透平鼓风机应有自动危急遮断器。

(10) 蒸汽透平鼓风机的蒸汽入口应有过滤器,紧靠入口的阀门前应安装蒸汽放散管,并有疏水器和放散阀,蒸汽调节阀应设旁通管。

(11) 蒸汽透平鼓风机的蒸汽冷凝器出入口的阀门不应关闭。

(二) 初冷器

初冷器有横管、立管两种,属于负压设备。初冷器冷凝液出口与水封槽液面高度差不应小于2m,水封压力不应小于鼓风机的最大吸力,防止击穿吸入空气,引起爆炸。

(三) 电捕焦油器

电捕焦油器(图4-9)是焦化厂内易爆设备之一,为保证其安全运行,应采取如下措施:

(1) 电捕焦油器电瓷瓶周围宜用氮气保护,绝缘箱保温应采用自动控制。绝缘箱温度设自动报警并与电捕焦油器连锁停机;未采用氮气保护的绝缘箱,温度低于100℃报警,温度低于90℃时自动断电;采用氮气保护的绝缘箱,温度低于80℃报警,温度低于70℃时自动断电。

(2) 电捕焦油器应设煤气含氧量超过1.0%时发出报警信号及含氧量超过2.0%时的自动断电连锁。

(四) 焦油罐

(1) 进入罐中进行清渣作业前必须进行通风,专人监护,防止焦油中的煤气、苯等蒸发,发生中毒事故。

(2) 焦油罐检修焊接作业时应签订动火证明,强制通风,并检测可燃气体含量,防止罐中的煤气、苯等蒸发与空气混合,达到爆炸极限,导致焊接过程中发生爆炸。

五、硫铵、粗轻吡啶及黄血盐生产安全技术

(一) 硫铵生产

硫铵生产中硫酸、硫铵母液具有极强的腐蚀性,需防止其跑、冒、滴、漏伤人。

(1) 硫酸高置槽应设液位的高位报警、连锁及满流管,满流管满流能力应大于进料能力;槽下方应设置防漏围堰。

(2) 半直接法硫铵饱和器母液满流槽的液封高度,应大于鼓风机的全压。

(3) 半直接法饱和器生产时,禁止用压缩空气往饱和器(图4-10)内加酸或从饱和器抽取母液。饱和器法生产硫铵装置工艺图如图4-11所示。

(4) 从满流槽捞酸焦油时,操作人员不应站在满流槽上,非操作人员不应靠近满流槽和酸焦油槽。

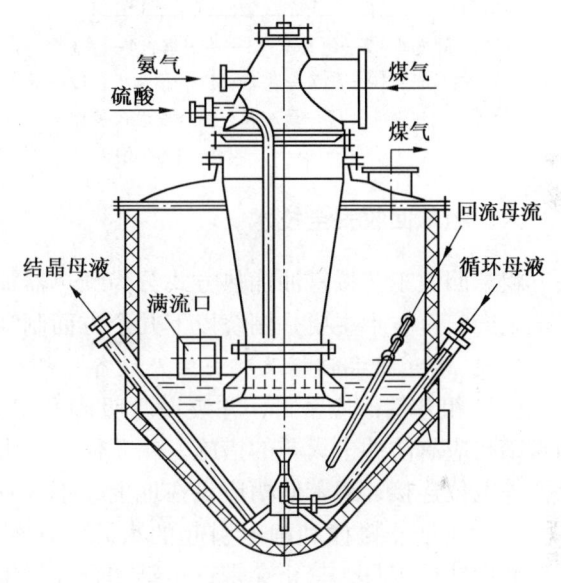

图4-10 饱和器

(5) 进入吡啶设备的管道,应设高度不小于1m的液封装置。

(6) 禁止往硫酸内放水或通蒸汽,如有硫酸向外喷溅时,需要先切断来源后再处理。

(二) 吡啶及黄血盐系统

为防止吡啶伤害,应采取如下措施:

(1) 吡啶的生产、计量及储存装置应密闭。其放散管应导入鼓风机前的吸气管道,以保证吡啶装置处于负压状态;放散管应设吹扫蒸汽管。

(2) 吡啶装桶处应设有通风装置和围堰,其地面应坡向集水坑。

(3) 吡啶产品的保管、运输和装卸,应防止阳光直射和局部加热,并应防止冲击和倾倒。

(4) 吸收塔进口管道上应装设防爆膜。

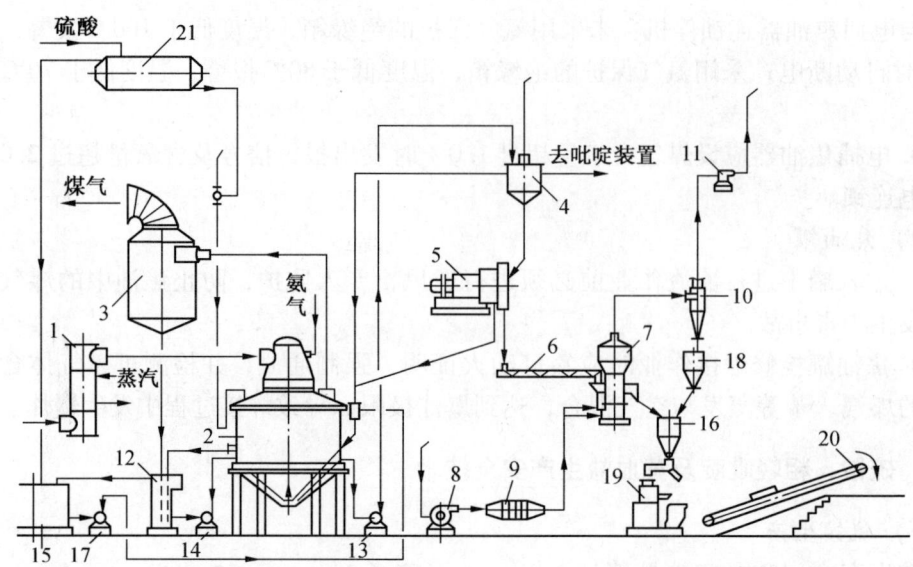

1—煤气预热器；2—饱和器；3—除酸器；4—结晶槽；5—离心机；6—螺旋输送机；7—干燥器；8—风机；
9—热风机；10—旋风分离器；11—排风机；12—满流槽；13—结晶泵；14—循环泵；15—母液储槽；
16—硫铵储斗；17—母液泵；18—细粒硫铵储斗；19—包装机；20—带式输送机；21—硫酸高位槽

图 4-11　饱和器法生产硫铵装置工艺图

六、粗苯回收安全技术

粗苯回收工艺按富油加热方式分为预热器加热富油脱苯法和管式炉加热富油脱苯法。粗苯生产安全技术主要是围绕以下几个方面制定安全措施。

（一）粗苯产品储槽及相关生产设备

（1）粗苯储槽应密封，并装设呼吸阀和阻火器，或采用其他排气控制措施。人孔盖和脚踏孔应有防冲击火花的措施。粗苯储槽阻火器、呼吸阀、人孔、放散管等金属附件应保持等电位连接；粗苯储槽应设在地上，不宜有地坑。

（2）为防止碰撞和静电引起的火源，在苯及油类的槽罐、管道和煤气管道的周围，严禁使用铁质工具，禁止穿带钉子鞋和合成纤维工作服进行工作。

（3）苯类、焦油的设备及储槽应保持严密不漏，应有可靠的接地装置。

（4）设备检修时，必须严格遵守危险作业或动火申请制度，煤气管道修理时，必须在正压条件下进行。

（5）相对密度在1.0以下的苯、油液体储槽、计量槽、分离槽等排水时，必须防止油、苯跑入地沟。

（6）厂房及油槽地区，应保持清洁，不准存放易爆物品。

（7）禁止在安全阀上悬挂、放置其他任何东西及杂物。

（8）禁止用苯洗手或擦地板，并禁止使用压缩空气输送苯类产品。

（9）窥镜流油检查管和检查油位波动及残渣开闭器等，应保持严密不漏。

（10）再生器残渣禁止放在地面。

（11）当打开洗涤塔时，发现局部温度升高，或有硫化物气味时，应立即清扫到气味消失为止。

(12) 在未检查清楚各管道开闭器是否正确时,禁止送油。

(13) 在苯类储槽量油时,必须使用有色金属或木质量尺。

(14) 轻油槽顶部量油孔,必须有水封盖,水封内经常保持满水。

(二) 管式炉

(1) 日常作业时,严格按操作规程作业,保证其工艺参数符合技术操作规程的要求。

①确保脱水效果。脱水效果不好(富油含水量高或脱水不好),水分被带入加热炉迅速汽化,产生爆沸,易造成管道破裂。

②确保富油流量。管式炉富油流量过低或富油泵发生故障,富油在管式炉内停留时间过长,会使油管结焦被烧穿,产生泄漏。

(2) 恢复送气时防止爆炸。

①煤气突然熄火(压力过低、含水或杂质、误关)后又送气,易造成爆炸。

②先送气、后点火,或点火前未将炉膛内积聚煤气吹扫干净,易造成爆炸。

七、脱硫脱氰安全技术

(一) AS 脱硫法

AS 脱硫装置基本可以分为洗涤单元、脱酸蒸氨单元和氨分解硫回收单元,应用该法生产硫黄的流程如图 4-12 所示。采用 AS 脱硫法生产硫黄时应遵守以下规定:

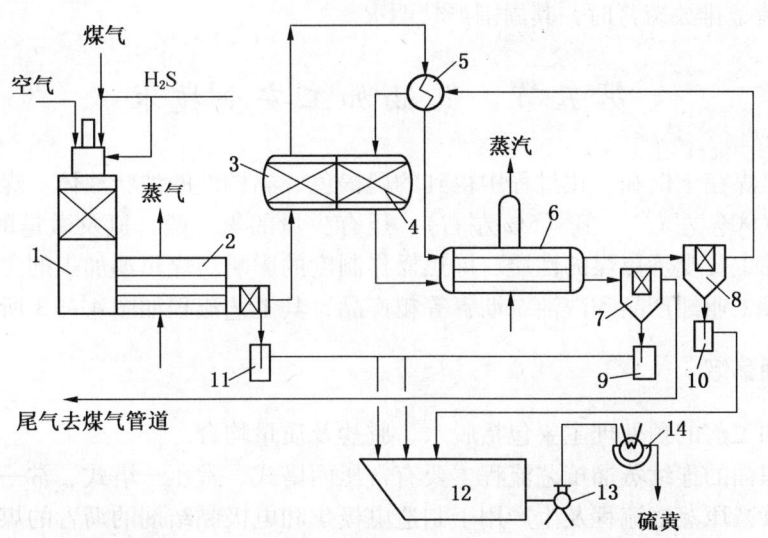

1—克劳斯炉;2—废热锅炉;3—一段反应器;4—二段反应器;5—过程气换热器;6—硫冷凝器;7、8—硫分离器;9、10、11—硫封槽;12—硫池;13—硫泵;14—结片机

图 4-12 AS 脱硫法生产硫黄流程

(1) 经常检查各泵的运转情况、声音、振动、轴承、电机升温、氮封,保证设备正常运转。

(2) 根据中控室指示调节各处温度、压力、流量、液位,使之符合技术规定。

(3) 及时了解脱酸贫液、剩余氨水、汽提水、贫油、富油等各项指标,以及煤气中含硫化氢、氮、苯情况,不符合规定应及时与中控室联系进行调节处理。

(4) 经常检查各水封槽、泄液管，保证畅通无阻。

(5) 维护好备用运转设备，使其达到备用状态，每月定期倒泵一次，剩余氨水罐、富液罐每班放油一次。

(6) 检查各换热器的阻力及换热效果。

(7) 检查脱酸贫液、汽提水及蒸氨废水冷却器的进出口温度和冷却水流量及进出口压力。

(8) 经常检查设备、管道、阀门、换热器有无泄漏，随时处理跑、冒、滴、漏。

(9) 热塔严禁进冷介质。

(二) 改良蒽醌二磺酸钠法脱硫

改良蒽醌二磺酸钠法脱硫，应遵守下列规定：

(1) 应设溶液事故槽，其容积应大于脱硫塔和再生塔的容积之和。

(2) 脱硫塔、再生塔和溶液槽等设备的内壁，应进行防腐处理。

(3) 进再生塔的压缩空气管和溶液管，均必须高于再生塔液面，且溶液管上应设防虹吸管或采取其他防虹吸措施。

(4) 再生塔与脱硫塔间的溶液管必须设 U 形管，其液面高度应大于煤气计算压力（以 mmH_2O 计）加 500mm。

(5) 除沫器、排水器的冷凝液排管，应采用不锈钢制作，且不宜有焊缝。

(6) 熔硫釜排放硫膏时，其周围严禁明火。

第五节 焦油加工安全技术

煤焦油是煤在干馏和气化过程中得到的黑褐色、黏稠性的油状液体。煤焦油的构成元素主要有碳（90%左右）、氢（5%左右），还有少量的氧、硫、氮及微量的金属元素等。煤焦油的产率主要受炼焦煤的性质、炼焦操作制度的影响。煤焦油加工的主要任务是获得萘、酚、蒽等工业纯产品和洗油、沥青等粗产品，其工艺流程如图 4-13 所示。

一、焦油蒸馏

煤焦油加工前的预处理主要包括脱水、脱盐及质量均合。

目前煤焦油的连续蒸馏工艺流程主要有常压两塔式、常压—塔式、常—减压、连续蒸馏流程，连续减压蒸馏流程及生产用于制造电极焦和电极黏结剂的沥青的煤焦油分馏工艺流程。在这几种流程中，有管式加热炉、一次蒸发器、二次蒸发器和馏分塔等主要设备，这些主要设备的安全操作是煤焦油安全生产中的关键因素。

1. 二段泵操作安全

二段泵的压力是考察管式炉辐射段工作情况的重要指标，如果焦油脱水不好、处理量增加或温度提高，均会造成二段泵后压力升高，也会导致后序的蒸馏系统压力的升高。当炉管结焦或泄漏时，泵的压力也有显著波动。进入二段泵的焦油含水应控制在 0.5%以下。

二段泵压力是非常重要的参数，最好在二段泵出口设置压力报警装置。

2. 管式炉操作安全

管式炉操作中最容易发生的是着火及爆炸事故，其主要原因及控制措施见表 4-2。

第四章 焦化安全技术

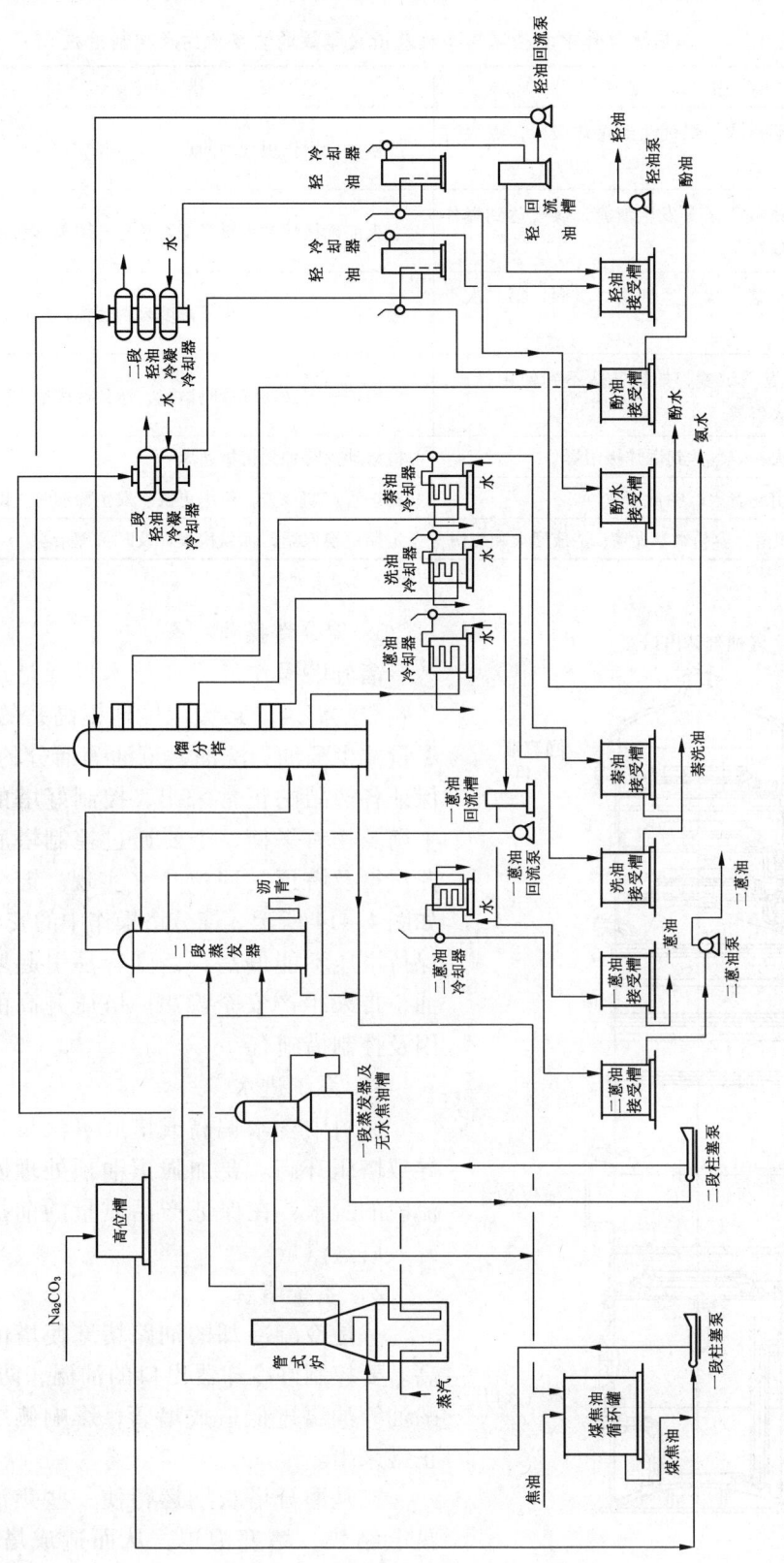

图 4-13 焦油加工装置工艺流程图

表4-2 加热炉操作中发生爆炸事故及着火事故的主要原因及控制措施

事故形态	措施
先开煤气阀门,后点火,煤气达到爆炸极限,点火时发生爆炸	严格执行操作规程中的点火程序
煤气阀门未关严密或管道等发生泄露,煤气达到爆炸浓度,点火时发生爆炸	点火前确认炉膛内煤气是否超标,用蒸汽吹扫炉膛
炉膛一次点火没点燃,煤气达到爆炸极限,第二次点火时发生爆炸	第二次点火前检查煤气浓度是否超标,用蒸汽吹扫
开工前未做煤气爆鸣试验,如煤气达不到使用标准,点火易发生爆炸着火事故	严格按规定做煤气爆鸣试验,达到标准后方可点火
管式炉检修时动火,煤气达到爆炸极限爆炸	检修动火时加强机械通风
炉管发生漏油,引起着火、中毒事故	对炉管定期检查,组织更换。发生漏油时立即停工处理
管式炉炉膛保温脱落,容易堵塞火嘴,造成回火和烧伤	定期更换保温,加强检查,及时清理杂物

3. 馏分塔操作安全

馏分塔操作的主要技术目标是严格控制各侧线的温度,最大限度地提高萘的集中度,尽量减少酚油、洗油、蒽油等馏分的含萘量,保证各产品的正常采出,控制好塔的汽液相平衡及物料平衡,主要通过控制塔底的过热蒸汽量及塔顶的回流量来实现。馏分塔结构如图4-14所示。馏分塔操作中的安全目标是保持塔压不能偏高,否则容易引起塔圈垫漏油,带来生产安全隐患。塔压升高的主要原因及控制措施有:

1) 系统进水

原料中含水偏高或塔底蒸汽量过大都会导致塔压升高。要加强焦油预处理阶段及对流段的脱水,在保证产品质量的前提下控制好入塔蒸汽量。

2) 系统堵塞

一是冷凝冷却的油路堵塞使塔的压力升高。要控制好冷却器出口的油温,防止萘油、酚油等油温过低造成堵管,影响侧线产品的正常采出。

二是馏分塔长期运行使一些焦油渣在塔盘上结焦,堵塞泡罩,从而造成塔压升高。对馏分塔应定期组织检修,清理塔盘。

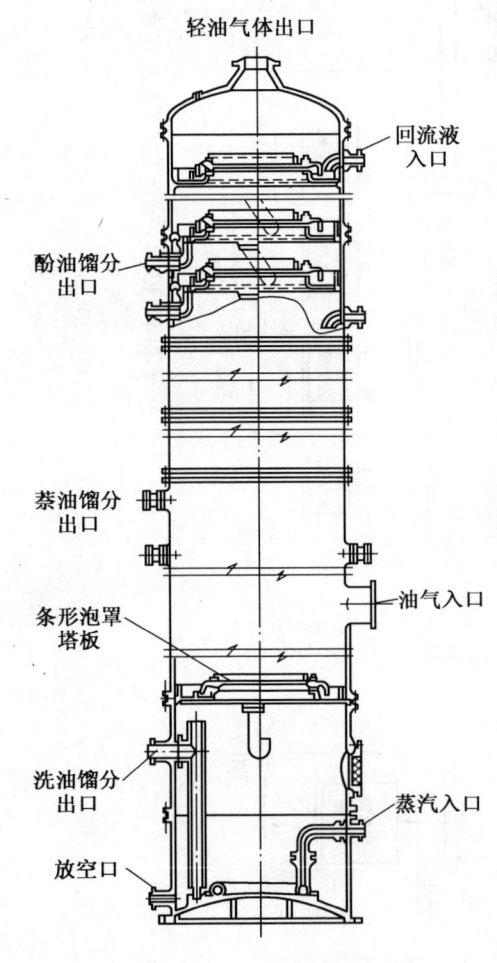

图4-14 煤焦油馏分塔

3) 其他因素

在进料量或回流量过大,以及淹塔时也会导致塔压升高。要做好对进料与回流的控制,保持塔内物料平衡。

二、沥青生产

煤沥青是煤焦油蒸馏提取馏分后的残留物,常温下是黑色固体,无固定的熔点,呈玻璃相,受热后软化继而熔化,按其软化点高低可分为低温、中温和高温沥青。中温沥青产率为煤焦油的 54%~56%。

1. 沥青的冷却

从二次蒸发器底部排出的沥青温度一般为 350~380℃,这样的沥青在空气中能着火燃烧,大量的沥青烟气也造成严重污染,一般采用汽化冷却器冷却沥青,再用沥青消烟装置(洗油喷洒吸收)消除沥青烟气。沥青应冷却至 200℃以下,再放入链板输送机上冷却成型。

2. 沥青生产中易发生的事故

沥青储槽不能进水,否则易发生爆炸事故。

沥青输送温度一般在 220℃以上,冬季一般在 240℃以上(沥青软化点不同,输送温度有所不同)。输送沥青的管道一般采用夹套管。在输送沥青前,沥青管道的夹套内都要送上蒸汽以预热管道,加热熔化管道内的沥青。这样,沥青管道夹套内必然会有一些冷凝水,当沥青管道通过热沥青时,沥青管道夹套内的冷凝水就会迅速汽化,压力剧增,如果管线过长,疏水阀来不及释放夹套内蒸汽,整个管线就会从最薄弱的地方炸开,阀门夹套一般只能承受 1.6~2.0MPa 的压力,如果沥青温度达到 240℃,那么沥青管道夹套内的压力可达到 3.5MPa,如果沥青温度达到 300℃,那么沥青管道夹套内的压力可达 8.8MPa。因此,管道通过热沥青时,就有可能出现夹套阀门炸裂的事故。如果沥青管道夹套内的冷凝水不多,当管道通过热沥青时,夹套内压力不会达到沥青温度下的饱和蒸汽压,但也应引起高度重视,防止事故发生。

沥青管道加热好后,把沥青夹套管的进汽阀关闭,把疏水阀(只做疏水用的阀门而不是疏水器)全部打开,放净夹套内的蒸汽和水,然后再开启沥青泵,输送沥青。开始时沥青流量要小一些,观察疏水阀处冒汽大小,待夹套内蒸汽压力变小后(疏水阀冒汽量变小),再加大沥青输送量。

三、粗酚生产

酚类是煤焦油加工的主要化学产品,其组成和产量与配煤组成、配煤质量及炼焦温度等条件有关。炼焦温度越高,酚类产量越低,而且低级酚减少、高级酚有所增加。

酚类具有弱酸性,可用含 NaOH 的碱液从馏分中提取萃取酚。从煤焦油馏分中提取粗酚的过程称为"洗涤",生成的酚钠溶于碱液中,因含酚钠盐的碱液密度较大,且与上述各种馏分互不相溶,靠密度差分成两个液层。经过洗涤以后,轻油、萘油、酚油的含酚宜控制在 0.5%以下。

在碱洗脱酚过程中得到的中性酚盐尚含 1%~3% 的中性油、萘和吡啶碱等杂质,在用酸性物质分解前必须将这些杂质除去,以免影响粗酚精制产品质量。粗酚盐的净化工艺有轻油洗净法和蒸吹法。

粗酚的精制是利用酚类化合物沸点差异采用精馏法进行加工的分离过程。原料粗酚来源于煤焦油馏分脱酚所得的粗酚和废水脱酚所得的粗酚。由于酚类沸点较高，为防止高温下发生聚合反应，精馏宜在减压条件下进行。粗酚精制工艺流程有减压间歇精馏和减压连续精馏两种。

精制酚盐的分解可采用硫酸分解法和二氧化碳分解法。在用硫酸分解粗酚的过程中，宜边搅拌边加酸，这样能保证反应的完全进行，同时搅拌风压不宜过大，否则容易导致窜油、溢油喷溅伤人。

在用二氧化碳分解粗酚的生产中，要加强对罗茨风机的检查，在风机进水或温度较高时，容易造成风机的损坏。所以，要做好过滤器的倒用和放水工作，在风机温度过高时要及时倒用备用风机。

四、工业萘及精萘生产

（一）工业萘生产安全

转鼓结晶机是工业萘生产的重要设备，如图 4-15 所示。工业萘的生产工艺流程有双炉双塔、单炉单塔及单炉双塔加压连续精馏流程。其主要操作要点如下。

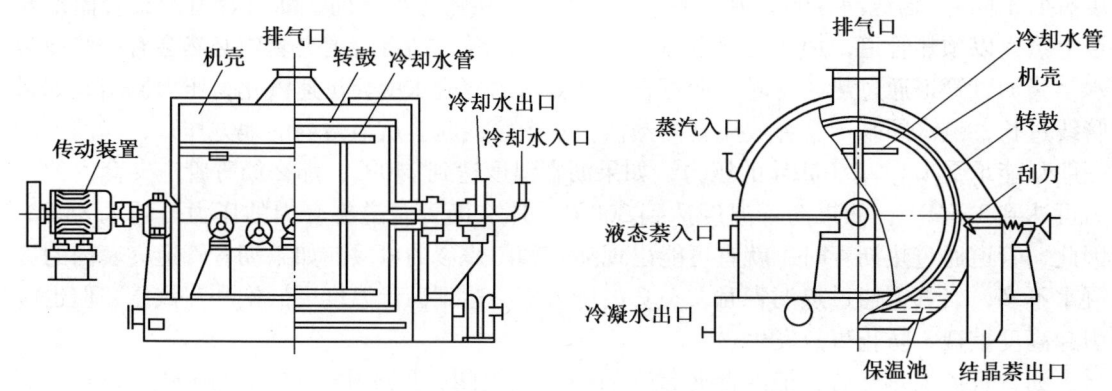

图 4-15 转鼓结晶机构造图

1. 原料

对原料槽的温度要加强控制，原料含水较多会引起精馏操作的紊乱，原料含萘量的变化会影响塔内的物料平衡，所以原料槽要有足够的容积和个数，尽量减少换槽次数，对原料槽及时排出底部的钠盐和水，防止将扫汽冷凝水带入塔内。要稳定进料量，避免塔内温度、压力、采出量及塔底液面产生较大的波动。

2. 塔底液面

原料处理量的变化、热油循环量的波动、产品采出量的变化、管式炉油出口温度的改变等均会引起塔底液面波动，造成操作制度紊乱。增加原料处理量、减少洗油排出量、减少热油循环量或降低管式炉油出口温度均能使塔底油温降低，或使塔底液面提高甚至淹塔。

3. 塔顶温度和酚油含萘量的控制

塔顶温度和酚油含萘量的指标应以采出合格工业萘为原则来确定。塔顶酚油含萘量随塔顶温度的增高而增加。在保证工业萘质量前提下，降低塔顶温度，降低酚油含萘量，可以提高工业萘精制率和提取率。一般控制塔顶温度宜按回流量来控制调节。

4. 塔底温度和洗油含萘量的控制

塔底温度升高，洗油含萘量将随之降低。塔底温度随加热炉的出口温度和热油循环量的增加而增加。要严格控制塔底温度，保证工业萘产品合格。

精馏塔由塔底至塔顶温度降低 60~80℃，一般采用 70 层浮阀塔盘，每块塔盘的温度平均降低 1℃ 左右，所以塔底或塔顶的温度波动会影响全塔温度梯度的变化，在操作调节单一参数时要考虑对全塔温度的影响，切勿单项参数大幅度的调节，要密切关注全塔的变化情况。

5. 紧急停车

停电或加热炉炉管泄漏、设备严重泄漏应立即停车，用蒸汽清扫塔及加热炉炉管，其他按正常停车处理。

系统停水、停蒸汽、停煤气可作暂时停车，待恢复供蒸汽、供水、供煤气后再复原，操作按正常停、开车程序进行。

（二）精萘生产安全

由于萘容易结晶，所以生产中要保证各汽套的过汽正常，避免堵管的发生。在取样过程中，要注意防止萘油溅在皮肤上造成烫伤。在精萘生产中，静电的消除是一个不容忽视的问题。精萘包装岗位要对静电消除装置的电流、电压加强检查，保证静电消除仪的正常运行。

五、粗苯加工

苯、甲苯、二甲苯的绝大部分（98%以上），硫化物的大部分和近 50% 的不饱和化合物都集中在轻苯中，苯乙烯、古马隆、茚等高沸点不饱和化合物集中在重苯中。

（一）轻苯的精馏

1. 轻苯的初步精馏

轻苯初步蒸馏的目的是将低沸点的二硫化碳和环戊二烯、戊烯等不饱和化合物与苯族烃进行分离，得到初馏分和苯、甲苯、二甲苯等组成的苯类混合馏分，即未洗混合分。轻苯初馏装置工艺流程如图 4-16 所示。

初馏塔轻苯含有游离硫及不饱和聚合物等沉淀，在入初馏塔前必须过滤清除。轻苯中的不饱和化合物在初馏塔中热聚合也会产生沉淀物质，这些都会将初馏塔及重沸器堵塞，所以对初馏塔及重沸器定期清扫是必不可少的。

2. 混合分的净化

混合分的净化方法有硫酸洗涤净化法、催化加氢净化法、用钠处理的碱金属法等。焦化厂一般采用的是硫酸洗涤净化法或催化加氢净化法。

硫酸洗涤净化法的主要反应有：不饱和化合物的聚合反应；加成反应，硫酸和不饱和化合物作用能生成酸式酯和中式酯；清除硫化物的反应；苯族烃与不饱和化合物的共聚反应；苯族烃的磺化反应。

对未洗混合分进行酸洗净化的工艺操作，不仅要求尽可能除去其中所含的不饱和化合物及硫化物，而且要求耗硫酸低，苯族烃的损失小，酸焦油的生成量少，并使化学反应向

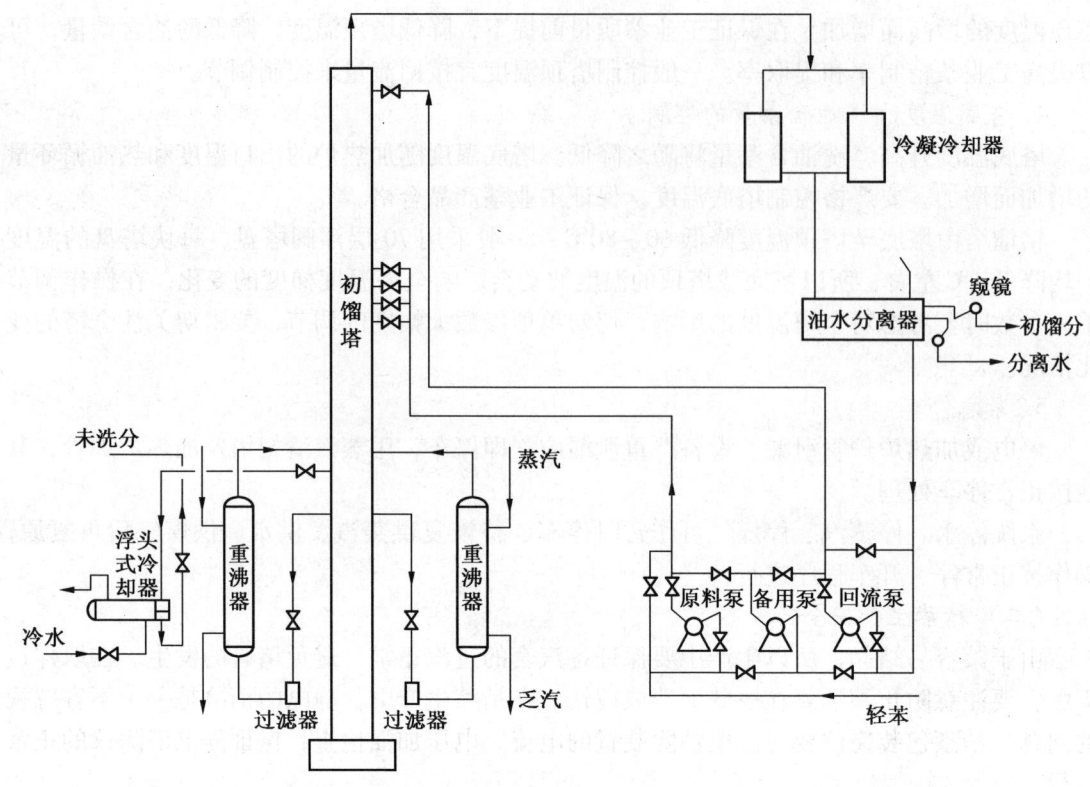

图 4-16 轻苯初馏装置工艺流程

生成溶解于已洗混合分中的聚合物方向进行。所以,在未洗混合分的酸洗净化过程中要对以下因素进行控制:

1) 反应温度

反应温度过低,化学反应不完全,达不到所要求的净化程度;反应温度过高,由于苯族烃的磺化反应及与不饱和化合物的共聚反应加剧,而使苯族烃损失增加。一般控制的适宜温度为 35~45℃。

2) 硫酸浓度

一般采用 93%~94% 的浓度,浓度过低时,达不到应有的净化效果;浓度过高时,会使磺化反应加剧,使苯族烃的损失增加。

3) 反应时间

延长反应时间,可以改善洗涤效果,使已洗混合分的比色及溴价都有显著的降低。但如果反应时间过长,同样会加剧磺化反应。反应时间不足,需增加加酸量,这会使酸焦油的生产量增加。

(二) 已洗混合分的精馏

已洗混合分的精馏主要通过初苯三塔连续精馏装置完成,其工艺流程如图 4-17 所示。

1. 已洗混合分的吹苯

已洗混合分送入吹苯塔进行连续蒸吹是一次闪蒸过程。一是使溶解于混合分的中式酯

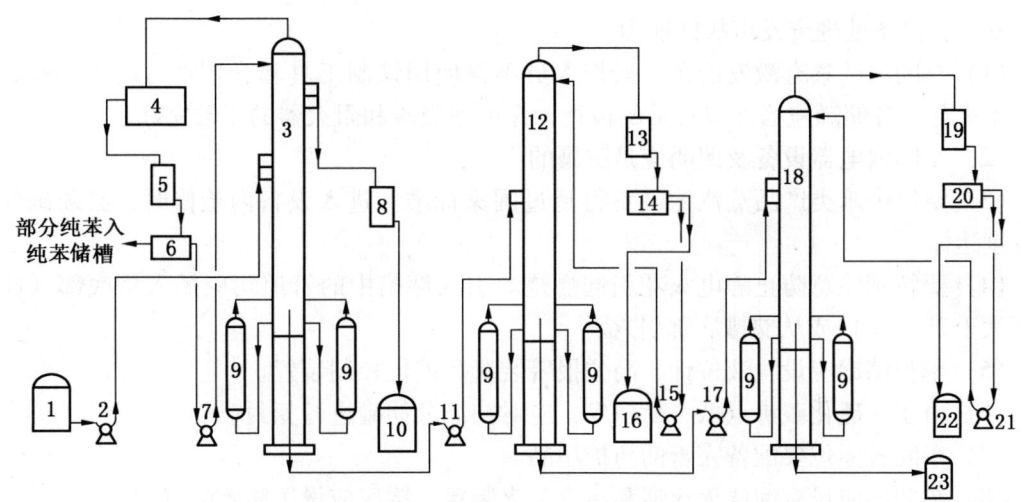

1—吹出苯储槽；2—纯苯进料泵；3—纯苯塔；4—空气冷却器；5—冷却器；6—油水分离器；7—回流泵；8—纯苯冷却器；9—加热器；10—纯苯储槽；11—甲苯进料热油泵；12—甲苯塔；13—水冷凝冷却器；14—油水分离器；15—甲苯回流泵；16—纯甲苯储槽；17—二甲塔进料热油泵；18—二甲苯塔；19—冷凝冷却器；20—油水分离器；21—二甲回流泵；22—二甲苯储槽；23—二甲残油储槽

图4-17 初苯三塔连续精馏装置工艺流程

在高温条件下分解为二氧化硫、三氧化硫、二氧化碳及碳渣而分离出去；二是使溶解于混合分中的各种聚合物作为吹苯残渣排出，以免影响产品的质量和防止设备的堵塞。吹苯残渣可作为生产古马隆树脂的原料。

2. 吹出苯的连续精馏

1) 正常操作

各塔正常操作时，要求原料不能带水，回流量、进料量、各塔油槽液位和蒸汽量要相对稳定，并符合技术规定；当塔底产品正常而塔顶产品短时间不合（干点高）时，应适量减少蒸汽量，先不考虑增加回流量；当塔顶产品正常，而塔底产品短时间不合（初馏点偏低）时，应适量加大蒸汽量，如回流量大应减少回流量。

吹苯塔操作中要控制好油水分离器的水位，避免水进入吹出苯槽，影响纯苯的生产；吹苯中和器循环碱液浓度低于4%时要及时补充新碱，塔底要间歇排苯渣；各冷却器放散要保持畅通，避免堵塞引起塔压升高。

2) 特殊操作

(1) 突然停电操作。将各塔上下产品改循环至开停工槽；停直接汽和间接汽；仪表自动改手动；按顺序停塔；来电后按顺序开塔。

(2) 突然停汽。首先关直接汽和间接汽阀门，将仪表自动改手动；塔上下产品改循环至开停工槽；停原料泵，塔顶不出油停回流泵；按顺序关塔；来汽后按顺序开塔。

(3) 突然停水。立即关直接汽和间接汽阀门，仪表由手动改自动；将塔全部改循环，停吹苯原料泵；停其他各塔原料泵、回流泵；来水后按顺序开塔。

3. 轻苯精制安全防火

精苯车间内所用原料、生产的产品及中间馏分均为易燃、易爆、有毒、易挥发的液体，因此精苯车间要采取防火、防爆、防毒等安全措施，操作人员应熟练掌握安全防护、消防知识，具备处理突发事故的能力。

（1）车间内严禁有激发能源。操作人员不得使用铁制工具和穿带铁钉的工作鞋，以免产生火花。各储罐应当加强日常的检查，保证呼吸阀和阻火器的正常完好。

（2）车间内电器设备及照明应是防爆的。

（3）空气中苯类产品蒸汽浓度不得超过国家标准。进入设备内检修时，必须确保含氧浓度达标。

（4）要特别注意防止静电火花引起燃烧。引入储槽中的管道均应插入槽底部（距槽底不大于200mm）或从储槽底部引入。

（5）苯类储罐应设置液位计、高位报警装置和液位控制装置。

（6）由于二硫化碳沸点低、易挥发，应对初馏分储罐进行氮封。

（7）车间各岗位要配备完善的防护用品。

（8）车间内应设有泡沫灭火器和蒸汽灭火装置，罐区应设置防雷装置。

（9）要有完善的安全防火制度和严密的消防组织，定期组织消防演练。

第六节 焦化防火与防爆

焦化厂属于危险化学品生产场所，易燃、易爆物质繁多，如焦炉煤气、高炉煤气、化工产品等，而且一旦发生火灾爆炸，涉及的区域比较大，造成的人员伤害和财产损失巨大，事故救援的难度也非常大，因此防火、防爆工作尤其重要。

一、焦化生产中火灾、爆炸危险性

焦炉煤气是一种易燃易爆有毒的气体，从焦炉煤气中回收氨、苯和焦油及其产品精制的过程都具有易发生着火、爆炸的危险。而设备在运行过程中，由于疲劳损伤、磨损、腐蚀，以及操作不当、结构和材料的缺陷，均会产生故障，特别是可能产生穿孔泄漏等现象，也可能造成火灾、爆炸事故的发生。为防止火灾和爆炸事故，必须了解生产或储存物质的火灾危险性、发生火灾事故后火势蔓延扩大的条件等，以采取有效的防火、防爆措施。

二、焦化厂危险化学品防火防爆知识

1. 焦化厂常见物质的危险特性

焦化厂常见物质的危险特性见表4-3。

表4-3 焦化厂常见物质的危险特性

危险化学品名称	危险化学品类别	闪点/℃	着火点/℃	爆炸极限/%
焦化苯	第3类易燃液体	-11	560	1.2~8.0
焦化甲苯	第3类易燃液体	4	535	1.2~7.0
焦化二甲苯	第3类易燃液体	25	463	1.0~7.0
初馏分	第3类易燃液体	-1	90	1.0~60.0

表4-3（续）

危险化学品名称	危险化学品类别	闪点/℃	着火点/℃	爆炸极限/%
二甲残油	第3类易燃液体	25	463	
工业蒽	第8类腐蚀性物质	121	540	1.0~7.0
焦化萘	第4.1项易燃固体	78.9	526	0.9~5.9
粗酚	第6.1项毒性物质	79		1.1~8.6
工业喹啉	第6.1项毒性物质	99	480	
洗油	第3类易燃液体	110~115		
酚油	第6.1项毒性物质	66		
焦化重油	—	120~130		
洗油残液	—	132~154		
焦化硫磺	第4.1项易燃固体	207	232	2.3g/m³
煤焦油	第3类易燃液体	92~100	580~630	
粗苯	第3类易燃液体	-11	560	1.2~8.0
一氧化碳	第2.1项易燃气体			12.5~74.0
氢气	第2.1项易燃气体			4.0~75.6
氨	第2.3项有毒气体			15.0~28.0
硫化氢	第2.1项易燃气体			4.3~45.0

注：1. 爆炸极限值不是一个物理常数，它随条件的变化而变化。在判断某工艺条件下的爆炸危险性时，需根据危险物品所处的条件来考虑其爆炸极限。
2. 根据爆炸极限可以知道它们的危险程度。

2. 焦化厂火灾危险性分类

焦化厂火灾爆炸危险性分类见表4-4。

表4-4 焦化厂火灾爆炸危险性分类

类别	特征
甲	1. 闪点<28℃的易燃液体 2. 爆炸下限<10%的可燃气体 3. 常温下能自行分解或在空气中氧化即能导致自燃或爆炸的物质 4. 常温下受到水或空气中水蒸气的作用，能产生可燃气体并能引起燃烧或爆炸的物质 5. 遇酸、受热、撞击、摩擦，以及遇有机物或硫黄等易燃无机物，极易引起燃烧或爆炸的强氧化剂 6. 受撞击、摩擦或与氧化剂、有机物接触时能引起燃烧或爆炸的物质 7. 在压力容器内物质本身温度超过自燃点的生产
乙	1. 28℃≤闪点<60℃的易燃可燃液体 2. 爆炸下限≥10%的可燃气体 3. 助燃气体和不属于甲类的氧化剂 4. 不属于甲类的化学易燃危险固体 5. 能与空气形成爆炸性混合物的浮游状态的可燃纤维或粉尘，闪点≥60℃的液体雾滴

表4-4（续）

类别	特征
丙	1. 闪点≥60℃的易燃液体 2. 可燃固体
丁	具有下列情况的生产： 1. 对非燃烧物质进行加工，并在高热或融化状态下经常产生辐射热、火花、火焰的生产 2. 用气体、液体、固体作为燃料或将气体进行燃烧作其他用的生产 3. 常温下使用或加工难燃烧物质的生产
戊	常温下使用或加工非燃烧物质的生产

根据表4-4可对焦化厂的生产场所进行火灾危险性分类，如炼焦的侧入式焦炉烟道走廊、煤气净化的焦炉煤气鼓风机室、粗苯加工的精苯蒸馏泵房等均为甲类生产场所。

三、防火防爆措施

1. 杜绝火源的措施

杜绝火源是防止火灾爆炸的基本措施之一，而火源是多种多样的，因而具体措施也复杂繁多。

1) 化学火源的预防

为防止明火应禁止吸烟、动火、加热炉。要防止硫化铁、带油破布条、棉纱头自燃，并采取隔离措施。杜绝氧化剂进入禁火现场，以防强氧化剂反应着火。

2) 物理火源的预防

防止机器轴承摩擦发热起火，防止工具敲击摩擦起火，采用铜、铝合金等不产生火花的工具，禁止穿着带钉鞋、靴进入禁火区。对热表面要采取隔热保温措施，以防压缩热源和传导热。

3) 电气火源的预防

为防止电气设备、线路引起的火源，采用防爆电机、开关或采取隔离措施，防止超负荷运行，严禁乱拉临时电源。为防止静电引起的火源，装有易燃易爆物质的设备管道要有良好的接地，输送易燃液、气体流速不得过快，防止产生高速喷射现象。

4) 静电和雷击的预防

在易燃易爆的管道、储罐和出入口安装静电消除装置；在一些危险区域安装避雷针或避雷塔，并定期测试阻值。

2. 消除导致火灾爆炸的物质条件

杜绝漏油、漏液、漏气，消灭跑、冒、滴、漏，保持设备密闭性，是防止形成爆炸性混合气体的有效措施。通风排气是防止爆炸性混合气体在车间或容器内积聚形成的有效措施。如在停送煤气等可燃气体时应用蒸汽或惰性气体置换，是防止形成混合爆炸性气体的可靠方法，煤气的输送管线、设备、储罐等，均应设吹扫或灭火用的蒸汽置换设施。进行浓度测定和含氧分析，是鉴别混合气体是否达到爆炸危险程度的方法，便于根据测定结果采取相应的安全措施。禁止使用苯类、汽油等洗手、洗衣服、擦地板，以免易燃液体挥发与空气混合形成爆炸性物质。

3. 生产工艺的安全控制

控制压力是防爆的一项重要措施。在送煤气点火时，采取正确的点火程序，可防止形成爆炸性混合气体从而防止爆炸的发生。不准用压缩空气输送易燃液体或搅拌易燃产品，不准用废钢作放散管使用，从而防止空气与易燃物直接混合形成爆炸性气体。甲、乙、丙类液体的高位储槽应设液位控制装置，用以控制液位。严格执行操作规程和工艺操作指标，杜绝违章作业和超负荷生产，是防止爆炸的保证。严格执行化工设备的定期检修，消除隐患，是实行安全运行、防止爆炸的有效措施。

4. 限制火灾爆炸蔓延扩大的措施

1）执行《建筑设计防火规范》

为了限制火灾爆炸蔓延扩大，厂址选择及防爆厂房的布局和结构应按照相关要求建设，如根据《建筑设计防火规范》建设相应等级的厂房，采用防火墙、防火门、防火堤对易燃易爆的危险场所进行防火隔离，并确保防火间距。

甲、乙、丙类液体储槽之间的防火间距不应小于表4-5的规定。汽车槽车的装车鹤管与装车用的缓冲罐之间的防火间距不应小于5m，距装油泵房不得小于8m。铁路油品装卸设备与建（构）筑物之间的防火间距应符合表4-6的要求。

表4-5 甲、乙、丙类液体储槽之间的防火间距　　　　　　　　m

液体类别	单槽容量/m³	储槽形式				
		固定顶槽			浮顶储槽	卧式储槽
		地上式	半地下式	地下式		
甲、乙类	≤1000	0.75D	0.5D	0.4D	0.4D	不小于0.8D
	>1000	0.6D				
丙类	不限	0.4D	不限	不限		

注：D 为相邻立式储槽中较大槽的直径（m）；矩形储槽的直径为长边与短边之和的一半。

表4-6 铁路油品装卸设备与建（构）筑物之间的防火间距

建（构）筑物名称	耐火等级	防火间距/m	建（构）筑物名称	耐火等级	防火间距/m
装油泵房	一、二级	8	变、配电室	一、二级	30
桶装库房	一、二级	15	有明火和生产建筑物	一、二、三级	30

甲、乙、丙类液体的地上、半地下储槽或储槽组，应设置非燃烧材料的防火堤。闪点高于120℃的液体储槽，桶装乙、丙类液体的堆场，甲类液体半露天堆场，均可不设防火堤，但应有防止液体流散的设施。储槽组内，甲类与乙、丙类液体储槽之间应设分隔堤，高度不得低于0.5m，应比防火堤低0.3m。防火堤应符合要求。

2）采用防爆泄压装置

防爆泄压装置包括安全阀、防爆片（膜）、防爆门等。系统内一旦发生爆炸或压力骤增时，可以通过这些设施释放能量，以减小巨大压力对设备的破坏或爆炸事故的发生。

3）采用阻火装置

阻火装置包括阻火器、安全液封、单向阀、防火阀门等。阻火装置的作用是防止外部火焰窜入有火灾爆炸危险的设备、管道、容器或阻止火焰在设备或管道间蔓延。

四、常见火灾爆炸事故的扑救方法

1. 煤气火灾

扑救煤气火灾可用化学干粉、高压水等，并要设法密闭和堵塞泄漏处。煤气设施着火时，应逐渐降低煤气压力，通入大量蒸汽或氮气，但设施内煤气压力最低不得小于100Pa（10.2mmH_2O）。严禁突然关闭煤气闸阀或水封，以防回火爆炸。直径小于或等于100mm的煤气管道起火，可直接关闭煤气阀门灭火。煤气隔断装置、压力表或蒸汽、氮气接头，应有专人控制操作。

2. 油品火灾

油品火灾是指焦油、粗苯、煤油等物质发生的火灾。扑救这种火灾可用化学干粉、二氧化碳或泡沫灭火剂。

3. 可燃物火灾

可燃物火灾是指建筑物、纤维、固体燃料等火灾。扑救这种火灾可用大量水灭火。

4. 电气火灾

电气火灾是指电气配线、电动机、变压器及电器绝缘材料发生的火灾。扑救这类火灾可用干粉、二氧化碳、四氯化碳等灭火剂。

对于不同性质的火灾，扑救方法各不相同，绝不能错用或同时乱用多种方法扑救。

第五章 炼铁安全技术

第一节 工艺概述

所谓炼铁,是指利用含铁矿石、燃料、熔剂等原燃料通过冶炼生产合格生铁的工艺过程。自然界中的铁绝大多数是以铁的氧化物的形态存在于矿石中,如赤铁矿、磁铁矿等。高炉炼铁就是从铁矿石中将铁还原出来,并熔炼成液态生铁。为了提高铁矿石的品位及利用贫矿资源,矿石要经过选矿、烧结,做成烧结矿和球团矿供高炉冶炼。同时,为了保证高炉生产的连续性,还要求有足够数量的原料供应。还原铁矿石需要还原剂,为了使铁矿石中的脉石生成低熔点的熔融炉渣而排出,必须有足够的热量并需加入熔剂(主要是石灰石和硅石)。在高炉炼铁中,还原剂和热量都是由燃料与鼓风机供给的。目前所用的燃料主要是焦炭和煤粉(个别地区用无烟煤等),有的高炉还从风口喷入重油、天然气等其他燃料,以代替部分焦炭。

一、高炉炼铁工艺过程

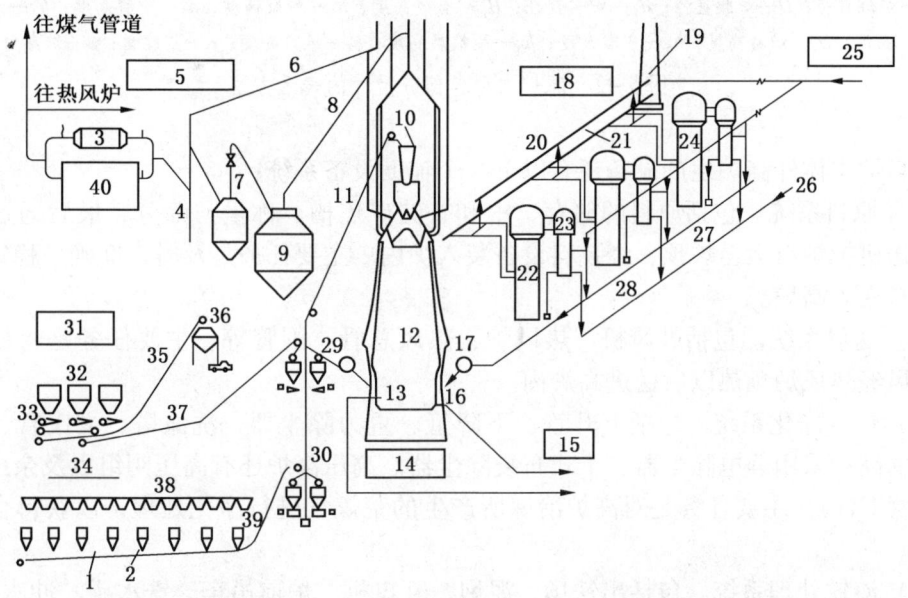

1—称量漏斗;2—漏矿皮带;3—高压阀组;4—闸式阀;5—煤气净化设备;6—净化煤气放散管;7—文氏管煤气洗涤器;8—下降管;9—重力除尘器;10—炉顶装料设备;11—装料传送皮带;12—高炉;13—渣口;14—炉基;15—出铁场;16—铁口;17—围管;18—热风炉设备;19—烟囱;20—冷风管;21—烟道总管;22—蓄热室;23—燃烧室;24—混风管;25—鼓风机;26—净煤气;27—煤气总管;28—热风总管;29—焦炭称量漏斗;30—碎铁称量漏斗;31—装料设备;32—焦炭槽;33—给料器;34—原料设备;35—粉焦输送带;36—粉焦槽;37—漏焦皮带;38—矿石槽;39—给料器;40—余压透平发电装置(TRT)

图5-1 高炉本体和辅助设备系统

从图 5-1 中可知,高炉本体是炼铁生产的核心设备,它是一个竖式的圆筒形炉子,包括炉基、炉壳、炉衬、冷却设备、炉顶装料设备等,整个冶炼过程是在高炉内完成的。高炉的内部空间叫炉型,一般自上而下可分为 5 段:炉喉、炉身、炉腰、炉腹和炉缸,各部位尺寸的表示方法如图 5-2 所示。

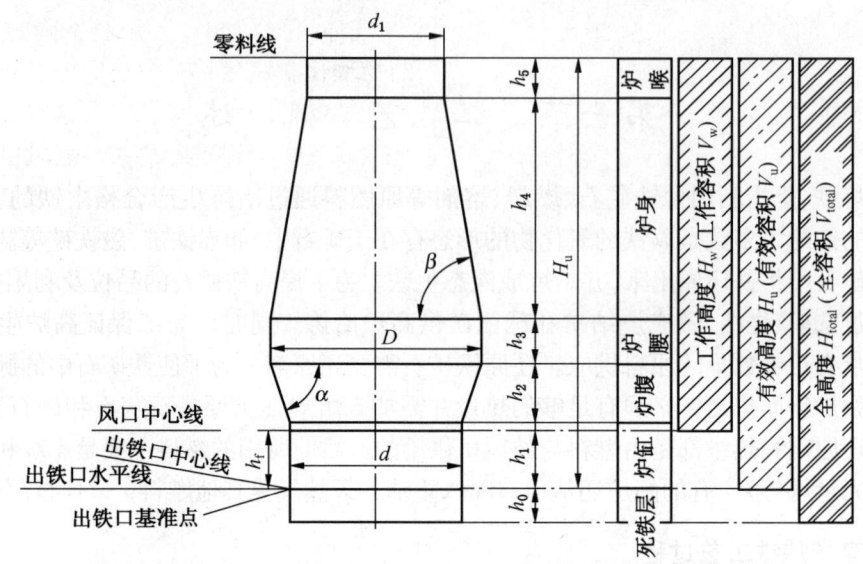

d—炉缸直径;D—炉腰直径;d_1—炉喉直径;H_u—有效高度;h_1—炉缸高度;h_2—炉腹高度;h_3—炉腰高度;h_4—炉身高度;h_5—炉喉高度;h_0—死铁层高度;h_f—风口高度;α—炉腹角;β—炉身角

图 5-2 高炉内型各部分尺寸的表示方法

除高炉本体外高炉生产设备还有以下 5 个辅助设备系统:

(1)原料系统。包括原料的储存、中和、储矿焦槽、称量与筛分,最后通过斜桥或带式输送机把炉料运至炉顶,经装料设备装入炉内。主要任务是及时、准确、稳定地将合格原燃料送入高炉。

(2)送风系统。包括鼓风机、热风炉、热风总管、围管等。主要任务是将鼓风机送来的冷风经热风炉预热以后送进高炉内。

(3)煤气净化系统。包括上升管、下降管、重力除尘器、洗涤塔、文氏管、脱水器等,有的高炉采用静电除尘器、干式布袋除尘器。高压高炉还有高压阀组以及余压透平发电装置(TRT)。主要任务是对高炉冶炼所产生的荒煤气进行净化处理,以获得合格的气体燃料。

(4)渣铁处理系统。包括出铁场、泥炮、开口机、炉前吊车、铁水罐、冲水渣设备、铸铁机、渣罐等。主要任务是及时将炉内的渣、铁排放出来,保证高炉生产的正常进行。

(5)喷吹燃料系统(以高炉喷吹煤粉为例)。包括煤粉的制取、运输、收集、喷吹罐及喷枪等。主要任务是均匀、稳定地将按一定要求准备好的燃料喷入炉内代替部分昂贵的冶金焦,以降低冶炼成本,改善高炉操作指标。

就建设上的投资而言,高炉本体占 15%~20%,辅助系统占 85%~80%。各个系统互相联系，但又互相制约，只有互相配合才能形成巨大的生产能力。

二、高炉内的冶炼过程

高炉生产生铁的一般过程是：炉料从炉顶装料设备装入高炉后，自上而下运动。从高炉下部的风口处鼓入热风（1000～1300℃），燃料中的碳素（还有少量碳氢化合物）在热风中发生燃烧反应，产生具有很高温度的还原性气体（CO、H_2）。炉料下降过程中被上升的炽热煤气流加热，在此过程中发生一系列的物理化学变化，有炉料的挥发与分解，铁氧化物和其他物质的还原，生铁与炉渣的形成，燃料的燃烧，热交换等。这些过程不是单独进行的，而是在相互制约下数个过程同时进行的。基本过程是燃料在炉缸风口前燃烧形成高温煤气，煤气不停地向上运动，与不断下降的炉料相互作用，其温度、数量和化学成分逐渐发生变化，最后从炉顶逸出炉外。炉料在不断下降过程中，由于受到高温还原煤气的加热和化学作用，其物理形态和化学成分逐渐发生变化，最后在炉缸里形成液态渣铁，铁水定期从铁口放出。矿石中的脉石与熔剂作用变成炉渣浮在液态的金属铁液面上，从铁口或渣口排出。反应后的气态产物称为高炉煤气，从炉顶排出。煤气含有可燃性气体，经净化处理后成为气体燃料。

高炉冶炼过程的特点是在炉料与煤气逆流运动的过程中完成了多种错综复杂的交织在一起的化学反应和物理变化，且由于高炉是密封的容器，除去投入（装料）及产出（铁、渣及煤气）外，操作人员无法直接观察到反应过程的状况，只能凭借仪器仪表间接观察。高炉内各区域分布如图5-3所示。

曾经多次对正在进行中的高炉突然停炉，并对其解剖分析，在各种现象沿圆周分布对称的条件下，高炉冶炼过程及不同区域的特征可以分为5个区域：

（1）块状带。即炉料软熔前的区域。这里主要进行氧化物的热分解和气体还原剂的间接还原反应。

（2）软熔带。炉料从软化到熔融过程的区域。随着冶炼控制因素的变化，其纵剖面可形成倒V型、W型或V型等分布。它的形状、位置、高度等对冶炼过程有极大的影响。

（3）滴落带。渣铁完全熔化后呈液滴状落下穿过焦炭层进入炉缸之前的区域。含铁炉料虽已熔化，但焦炭尚未燃烧，因而该区料柱是由焦炭构成的塔状结构，可分为下降较快的疏松区和更新很慢的中心死料柱两部分。

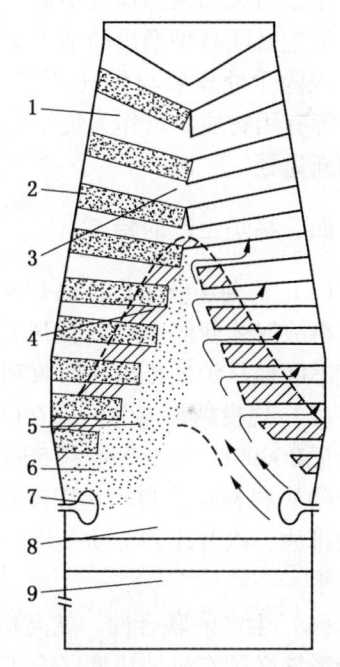

1—矿石；2—焦炭；3—块状带；4—软熔带；5—滴落带；6—焦炭疏松区；7—风口燃烧带；8—炉芯死料柱；9—渣铁储存区

图5-3 高炉内各区域分布

（4）风口燃烧带。即燃料燃烧产生高温热能和气体还原剂的区域。风口前的焦炭在燃烧时被高速鼓风气流所带动，形成一个"鸟窝"状的回旋区，焦炭在此急速循环运动并燃烧，既是煤气产生的中心又是上部焦块得以连续下降的"漏斗"。

（5）渣铁储存区。由滴落带落下的渣铁融体存放的区域。渣、铁间的反应主要是脱硫和硅氧化的耦合反应。

三、高炉冶炼的主要产品

高炉冶炼的主要产品是生铁，副产品是炉渣、煤气和一定量的炉尘等。

生铁分为制钢生铁和铸造生铁两大类，我国90%以上的为制钢生铁，其余的部分为铸造生铁。它们的主要区别是含硅量不同。

炉渣是高炉的副产品。矿石中的脉石和熔剂、燃料灰分等熔化后组成炉渣，其主要成分为 CaO、MgO、SiO_2、Al_2O_3 等。炉渣有许多用途，常用作水泥原料及隔热、建材、铺路等材料。我国大中型高炉的渣量一般在每吨铁 300~600 kg 之间，地方小高炉由于原燃料质量差，渣量会大大超过此数值。

高炉煤气的化学成分为 CO、CO_2、H_2、N_2 等。高炉冶炼每吨生铁所产生的煤气量随焦比水平的差异及鼓风含氧量的不同差别很大，一般为 1500~3000m^3。煤气经处理后，成为很好的气体燃料，除作为热风炉的燃料外，还可供应炼钢、炼焦、轧钢厂均热炉以及烧锅炉等用户。高炉煤气是无色、无味的气体，有毒易爆炸。因此，在煤气区域工作，要特别注意防火和预防煤气中毒。

炉尘是随高炉逸出的细粒炉料，高炉冶炼每吨生铁所产生的炉尘量一般为 10~20 kg/m^3，经除尘处理后与煤气分离，经除尘净化后含尘量可降到 10mg/m^3。炉尘含 Fe、C、CaO 等有用物质，可作为烧结的原料。近年来日本用炉尘生产海绵铁成功，开辟了利用炉尘的新途径。

四、高炉生产的特点

（1）长期连续生产。高炉从开炉到大修停炉一直不停地连续运转，仅在设备检修或发生事故时才暂停生产（休风）。高炉运行时，炉料不断地装入炉内，下部不断地鼓风，煤气不断地从炉顶排出并回收利用，生铁、炉渣不断地聚集在炉缸定时排出。

（2）规模越来越大。现在已有 5000m^3 以上容积的高炉，日产生铁万吨以上，日消耗矿石近 20000t，焦炭等燃料 5000t。

（3）机械化、自动化程度越来越高。为了准确完成每日成千上万吨原料及产品的装入和排放，以及改善劳动条件、保证安全、提高劳动生产率，要求有较高的机械化和自动化水平。

（4）生产的联合性。就高炉炼铁本身而言，从上料到排放渣铁，从送风到煤气回收，各个系统必须有机地协调联合工作。就钢铁联合企业中炼铁的地位而言，炼铁也是非常重要的一环，高炉休风或减产会给整个联合企业的生产带来严重的影响。因此，高炉工作者都应努力防止各种事故，保证联合生产的顺利进行。

第二节　高炉炼铁主要危险因素分析

炼铁生产是通过气、固、液多相的复杂物理化学反应获得高温液态渣铁及有毒有害高炉煤气的过程，其规模化、机械化特性决定了高炉炼铁生产需要庞大而复杂的原燃料储运、能源动力介质保证、高温渣铁处理、煤气净化处理系统，大量的物质在系统中流动转移并进行能量的转换。因此，高炉炼铁生产过程几乎包括了可能造成人身伤害的所有因素，如灼烫、物体打击、车辆伤害、机械伤害、起重伤害、触电、淹溺、火灾、高处坠落、坍塌、爆炸、中毒和窒息等。

一、烧烫伤

高温液态渣铁、渣铁口突然吹出或烧穿、爆炸；渣锅、铁水罐、铸铁机等高温液体储运设备；蒸汽包、管道、送风装置等高温气体储存、输送设备泄漏；烧红的钢钎、铁棍、氧气管、钻杆、炮泥等；高温蒸汽、氮气、煤气、冷却水等接触人体；甲烷、乙炔、煤气等可燃气体着火；使用氧气烧铁口回火燃烧；酸碱盐、有机物、强氧化性化学物质（如H_2O_2）等接触人体均可能造成烧烫伤事故；强光、放射性物质引起的体内外物理灼伤。

此类事故的预防以屏蔽与隔离为主，如设置隔离带、隔离栏将人与危险隔离，做好个体防护，穿好防护服、佩戴防护罩等。

炼铁烧烫伤事故案例：

2005年2月9日晚7时左右，某炼铁有限责任公司发生一起铁水泄漏事故，当班中的24人中有7人当场烧死，2人经抢救无效死亡，7人受伤。事故是由于炼铁炉底地基1.2m处被铁水溶渣烧穿，发生泄漏造成的。

2006年9月10日，某炼铁厂4号高炉遇突然停电后紧急休风，在更换灌渣的13号风口过程中，炉内突然发生喷火，将在此处作业的炉前工石某烧伤。造成此次事故的原因主要有两个：一是停电导致净Ⅰ断水，大量烧坏风口，送水后检查确认风口损坏情况过程中，冷却水流入炉缸产生蒸汽，并部分积聚造成后续的喷火；二是由于紧急休风，休风后炉内料柱有不均，突然塌落，造成风口突然喷火。

二、物体打击

大锤、榔头使用不当；高处物件坠落；清理渣铁壕、板结物料时发生崩块击中人员，尤其是眼睛；使用卡机卸风口、中套时突然断裂，游锤飞出击打伤人。

目前此类事故的预防主要以软措施为主，如做好工器具的检查确认、制定科学的安全防范措施和作业标准、尽量减少作业时间与频次等。有条件的，可以自动化的机械设备（如使用挖掘机进行渣铁壕解体，使用专用装置更换风口等）代替人工操作或将人员的操作控制设置在远端进行计算机控制，从空间上实现人机分离，但需要先进的技术与生产力做后盾。

炼铁物体打击伤害事故案例：

1987年3月7日下午，某炼铁厂新1号高炉卷扬探尺自控系统失灵，郭某到卷扬室检查，在没有切断电源的情况下，拿起一根$\phi 159 \times 700$mm铁管插入电机抱闸螺丝上撬动，此时自控系统恢复电机转动，铁管将郭某打倒在地，左小腿及左臂骨折。事故原因是新1号高炉刚刚投产，自控系统还不能正常运行，但主要还是由于工人违章操作造成的。

三、车辆伤害

操纵或接触穿插于厂区的火车、各类汽车等机动车辆造成的夹挤、压碾、碰撞伤害，包括乘坐车辆坐、站立姿势和位置不当造成颠簸伤害。

此类事故的预防以屏蔽与隔离为主,设置隔离带、隔离栏、隔离网等将人与车辆分隔开,设置道路交通信号灯将人与车辆从时间上隔离等。

炼铁车辆伤害事故案例:

2001年2月19日21时50分许,某炼铁厂2号高炉上料乙班班长赵某在告知值班工长通知卷扬岗位停车后,拔掉安全插销与本班职工杜某一同下料坑清理撒料。约22时许,二人将撒料清理到料坑外的运料通道边沿,然后撤出料坑,通知值班工长启动料车。料车运行二三次后,杜某在靠近料坑的运料通道西侧用铁锹将清出的料往东侧倒搬,赵某在运料通道东侧将料装到小推车上,然后由郝某用电葫芦吊上地面。22时05分许,杜某在用铁锹铲料时不慎摔倒,身体进入料车运行范围,被下行的北料车挤伤胸部,因伤势过重,抢救无效死亡。

四、机械伤害

机械在使用过程中,典型的危险工况有意外启动、速度变化失控、运动不能停止、运动机械零件或工件脱落飞出、安全装置的功能受阻等。

机械设备(如带式输送机、开口机、液压炮、减速机、台钻、卷扬机、给料嘴、振动筛、切割机、砂轮机、套丝机、车床、钻床等传动、运转设备)在设计、制造、安装、调整、使用、维修、拆卸等各阶段,防护不当会导致夹挤、碰撞、冲击、缠绕、剪切、卷入、滑倒、绊倒、跌落、甩出、绞、碾、割、刺和高压流体喷射等伤害的发生。

机械伤害事故的预防措施应以隔离防护将人机分开、设备连锁进行自动控制、双手操纵控制、自动停机控制为主,以设置声光警告报警装置为辅。

炼铁机械伤害事故案例:

(1)违章跨越运转皮带,跌落卷入身亡事故案例:某钢铁公司张某在带式输送机下打扫卫生,由于存在贪图方便、侥幸冒险心理,跨越正在运行的带式输送机,身体失衡,跌倒在回程输送带上,导致头部、脑部、内脏和右腿等多处严重受伤死亡。

(2)带式输送机突然启动,被挤压身亡事故案例:某钢铁公司炼铁厂职工林某等3人,在带式输送机尾部更换托辊和料斗护皮时,带式输送机突然启动,站在输送带上的林某被挤入料斗与支撑钢构之间的小间隙,当场死亡。

(3)未停机清扫,被挤压身亡事故案例:1980年4月7日,某炼铁厂机修工段在机运站2号带式输送机尾轮检修完毕试车时,钳工胡某在带式输送机未停的情况下,违反规程用扫帚去扫带式输送机尘土时连扫帚带人被卷入带式输送机致死。

上述三起事故主要是因为违章作业,在运转设备检修、维护和清扫的过程中,不停电和停机,或未进行安全确认、挂牌而引发的。

五、起重伤害

起重伤害事故是指各种起重设备(天车、单梁吊、电葫芦、龙门吊、各类汽车吊、电梯等)作业(包括吊运、安装、检修、试验)过程中发生的挤压、意外倾倒、吊具或重物打击、挤压、滑落、坠地、触电等事故。起重伤害事故的特点是后果严重,重伤、死亡人数比例大,并可能导致重大设备或财产损失。

1. 起重伤害的事故形式

（1）重物坠落。吊具或吊装容器损坏、物件捆绑不牢、挂钩不当、电磁吊具突然失电、起升机构的零件故障（特别是制动器失灵、钢丝绳断裂）等都会引发重物坠落。

（2）起重机失稳倾翻。一是起重机在作业中失去平衡导致倾翻；二是由于坡度或风载荷作用，使起重机沿倾斜路面或轨道发生不应有的滑移。

（3）夹挤和碾轧。正在运行的金属结构体与固定结构（或建筑物）之间安全距离不够，对间隙中的人员的夹挤；起重机溜车造成碾轧伤害等。

（4）高处跌落。人员在起重机的结构高处进行安装、拆卸、检查、维修或操作等作业时，从高处跌落造成的伤害。

（5）触电。起重机的任何组成部分或吊物，接近高压带电体或触碰带电物体，所引发的伤害。

（6）其他伤害。人体与运动零部件接触引起的绞、碾、戳等伤害；液压起重机的液压元件破坏造成高压液体的喷射伤害；装卸高温液体金属，易燃、易爆、有毒、腐蚀等危险品，由于坠落或包装捆绑不牢、破损引起的继发伤害等。

2. 电梯使用过程中可能发生的事故形式

（1）剪切夹挤。在电梯运行过程中，人员跌进轿厢与井道墙壁之间；正在进、出轿厢时，电梯意外移动；轿厢向上运行超过极限冲顶，对轿顶人员造成夹挤撞击；在轿顶的维修人员身体探出轿厢垂直界外，与导轨装置或配重撞击剪切。

（2）高处坠落。层门开启而轿厢不在该层，人员未加确认误踏入井道坠落；检修人员在轿顶站立不稳造成坠落；对故障电梯中的人员实施救援措施不当，导致人员坠落。

（3）蹾底。轿厢超速向下运行，导致轿厢撞击坑底设施或地面，对轿厢内人员造成的伤害。

（4）其他。触电、机械伤害等。电梯事故伤害人员既有乘客，也有检修人员。多发事故类型是高处坠落和剪切夹挤，多发地点是轿顶、层门和轿门；事故易发时间是检修、电梯故障或带病运行、困梯营救期间。

起重设备属于特种设备，因此要求操作人员必须是经过培训合格并取证的专业人员，杜绝非专业人员的操作与维修是预防起重伤害事故的关键。同时，要做好起重设备的定检与年检，确保设备正常运行，尽力防止运行故障。在作业过程中要做好屏蔽与隔离，起重作业圆周范围内设置隔离带将人与危险分隔开。另外，还需要建立健全起重设备故障的应急救援预案并进行定期演练，提升人员应对事故的技能。

炼铁起重伤害事故案例：

1991 年 12 月 3 日 16 时 45 分，某炼铁厂铸铁机工段瓦工王某正在 11 号铁水罐内拆除衬砖时，代组长张某指挥天车起吊相邻的 3 号铁水罐内的渣铁。由于两罐相距很近（1.5m 左右），渣铁钩起后崩出，其中一块长 1200mm、宽 570mm、厚 370mm 的重约 500kg 的渣铁掉入 11 号铁水罐内，将正在罐内的王某砸死。

六、触电

1. 触电事故分类

触电分为单相触电、双相触电和跨步电压触电。

2. 触电的原因分析

(1) 电气线路、设备检修中措施不落实,未拉闸断电并挂牌;电气线路、设备安装不符合安全要求、接线错误;非电工任意处理电气事务。

(2) 移动长、高金属物体或在高空作业(天车、塔、架、梯等)误碰触高压无接地、接零保护措施;操作漏电的机器设备或电动工具;设备、工具已有的保护线中断,电源线受潮或绝缘损坏。

(3) 电焊作业者在潮湿的环境中作业,焊钳、焊线误碰自身。

(4) 高压变电柜断电后未放干净残电;带负荷拉闸导致起弧;湿手操作机器按钮;因暴风雨、雷击等自然灾害导致触电。

(5) 人员蛮干行为导致(包括盲目闯入电气设备遮栏内;用铁丝将电源线与构件绑在一起;遇损坏落地电线用手拣拿;接近坠地导线产生跨步电压等)触电。

电气作业属于特种作业,电气设备(尤其是高压电气设备)的操作、维修、保养应该由具有相应资质的专业人员来完成,严格按照电气作业标准进行停电、验电、放电操作是防止事故的关键,必须杜绝非专业人员作业。一般来说,电气设备在设计、安装时都会考虑并安装绝缘保护、保护接地、保护接零、漏电断路,设置避雷器等屏蔽,开放能量异常释放通道或防止能量蓄积等措施对人员进行保护。检查并防止保护措施失灵、设置木质隔离防护栅栏,并悬挂"高压危险"、"当心触电"等警告性信息标志、杜绝潮湿环境作业等措施是目前常用的预防触电办法。用低压控制系统实现对高压系统的操作与控制也是防止操作人员触电的有效方法。

炼铁触电伤害事故案例:

1963年7月28日23时,某炼铁厂值班电工杜某去3号高炉处理电器故障时,未用验电笔检查电器设备是否有电,就用手去扒天车滑接线,触电后从距地面4m多高处摔下来,脑血管破裂死亡。

七、淹溺

人员在水渣沉淀池、冷却水回水池、凉水塔、湿法煤气净化回水池、澡堂等部位,防护不当坠入水池。

在各类水池、水塔等部位设置隔离栏杆并做好"当心落水"等警示性标志是目前常用的防淹溺措施。

炼铁淹溺伤害事故案例:

1960年12月14日,某炼铁厂水渣工段喷浆工王某不听从组长指挥,到不应该去的水泵房外蓄水池打水,由于立足不稳,连人带水桶掉入池内被淹死。

八、火灾

各处库房,皮带通廊,电缆通道,液压站,工房,控制室,操作室,易燃材料、油脂存放地,电气操作室等处管控不严,明火引燃易燃材料,未及时发现或处理不当,蔓延成灾。

可燃物、氧化剂(氧气)、一定的点火能量是着火的必要条件,未能在早期发现并实施灭火控制是导致火势蔓延成灾的关键。因此,预防火灾事故发生必须加强消防安全管理、严加控制着火三要素。

(1) 危险化学品还原剂与氧化剂不能同库存放(如氧气瓶和乙炔气瓶)。

（2）存放可燃物、易燃物的库房或区域杜绝明火，电气良好接地消除静电蓄积，采取通风降温防止热量蓄积。

（3）焊割作业时，必须对作业区域进行确认，清理可燃物、易燃物，设专人监护，方可进行焊割作业。

（4）必须配置相应的消防设备、设施和灭火药剂，并配备经过培训的兼职和专职的消防人员。

（5）危险部位、重点区域安装自动监测和火灾报警系统。如条件允许，应安装自动灭火系统。

（6）制订重要部位、危险区域灭火应急救援预案并组织演练。

九、高处坠落

在各类建筑物的高处平台、架空管道、钢结构框架等高处作业过程中坠落。

预防措施是在可能的区域搭建平台，设置安全围栏，不易搭建平台的部位作业要合理使用安全带，高处作业需要移动时，要用双头安全带，后扣未系好前不准摘开前扣，防止坠落。

炼铁高处坠落事故案例：

1972年11月27日上午8时，某炼铁厂检修车间钳工二组参加高炉设备检修，主要任务是检修2号称量车北闸门。组员阎某在称量车后部下车时，一脚踩空掉入下面10m深的受料坑内，导致右腿骨折。此次事故主要是由于违反安全规程，高空作业不系安全带造成的。

十、坍塌

各类工业建筑、操作平台、钢结构框架、高炉本体、储矿仓、储焦仓、脚手架、土石方，包括储存的各类固体物料的崩落、塌方等。

为防止坍塌事故的发生，对各类建筑物、平台要进行受力承重分析，对工艺、受力发生重大变化的建筑要进行强度核算，保证其强度能够达到生产工艺要求。对已发生开裂、倾斜、变形的建筑物设置隔离围栏、警告提示，防止人员误入，并尽快组织修复或拆除。危险的物料上下（如堆放的废渣、土，板结的散装物料）严禁人员进入。

十一、爆炸

1. 爆炸事故分类

液态渣铁突遇潮湿物体引发蒸汽爆炸；高炉本体冷却设备突然断水爆炸；可燃固体、液体、气体着火爆炸；压力容器、压力管道超压爆炸等。

2. 爆炸引起的损害形式

（1）冲击波的破坏。爆炸瞬间放出的能量产生空气冲击波向周围传播，使附近人员伤亡、建筑物和设备破坏。

（2）爆破碎片的打击破坏。容器爆炸断裂的碎片具有很大的动能，特别是容器内化学反应爆炸常常是粉碎性破裂，碎片高速飞散造成打击破坏。高温碎片还可能引起连续爆炸或火灾。

(3) 介质外溢损害。当容器内介质是有毒介质时,容器断裂爆炸使大量有毒介质迅速在周围环境中扩散,造成大面积的毒害,严重时会破坏生态环境;当介质是有压高温介质时,爆炸会使高温介质汽化、喷射,使现场人员受到灼烫伤害;当介质为可燃液化气体时,容器破裂爆炸可形成大量可燃蒸气,并迅速与空气混合形成可爆性混合气,在扩散中遇明火形成二次爆炸。

预防爆炸的关键有两点:一是断源,切断可能发生爆炸的源头,如定期检查渣铁壕、铁水罐等铁水流动、存放的设备设施,防止高温液态铁水泄漏;检测煤气、乙炔等容器、管道,防止泄漏;采用通风措施控制易燃易爆气体浓度,避免其与空气混合形成爆炸性气体。二是在压力容器、压力管道上设置安全阀开辟能量异常释放通道防止超压爆炸。

炼铁爆炸事故案例:

(1) 炉尘积聚,除尘器煤气爆炸事故案例:1970年10月,某钢厂4号高炉除尘器发生煤气爆炸事故。经过:计划休风10h,驱除残余煤气时,在西除尘器人孔打开20min后,东除尘器人孔仍打不开。此时发生爆炸,并将人孔爆开。由于系统的人孔多已开启,未发生设备及人员伤亡事故。事故原因:①高炉使用热烧结矿,炉顶温度经常在600℃以上,东除尘器积灰100t,不易散热,具备爆炸的温度条件;②驱除残余煤气过程中,东除尘器内的煤气与空气混合达到爆炸浓度。

(2) 煤气切断过早,煤气系统发生连续爆炸事故案例:1971年7月,某钢厂10号高炉煤气系统发生连续爆炸。经过:计划休风,炉顶点火及打开除尘器人孔过程正常,但洗涤塔放水较慢,在洗涤系统人孔尚未全开、煤气尚未驱尽的情况下就开启煤气切断阀,2~3min后高炉炉顶发生爆炸,继之除尘器、洗涤塔、脱水器等发生连续爆炸。因系统的人孔多已打开,未造成设备及人员伤亡事故。事故原因:开启煤气切断阀过早,将除尘器与洗涤塔内形成的爆炸性混合气体抽至高炉炉顶,遇到炉顶的火源而爆炸,并引发随后的各处爆炸。

(3) 炉缸煤气倒流,冷风管道爆炸事故案例:1977年7月,某钢厂11号高炉冷风管道爆炸。经过:4时30分出铁后换渣口,低压未换下,改休风换。6时25分送风,起初用2号热风炉送风,开冷风阀及热风阀后,发现燃烧口着火,改用3号热风炉送风,打开冷风阀及热风阀后发生爆炸,将放风阀高炉侧炸开约$2m^2$口子。事故原因:由于放风阀将风放净,使炉缸煤气倒流入冷风管道,后来关了冷风大阀、冷风阀和热风阀,将煤气关在冷风管道中,与冷风形成爆炸性混合气体。当由2号热风炉改用3号热风炉送风时,打开冷风阀、热风阀后,爆炸性气体进入高温热风炉内发生爆炸,将薄弱部位放风阀炸开。

十二、中毒和窒息

高炉煤气、焦炉煤气、硫化氢气体、氮氧化物、氨、氯、苯系物、酚、萘、硫化物等有毒物质接触人体,引起中毒;局部环境中氮气、二氧化碳等含量高,导致氧气含量低于18%,引起人员缺氧性窒息、休克甚至死亡。

防止中毒与窒息事故发生的关键是对有毒物质进行有效控制(如检查管道、补焊炉皮等),防止异常泄漏波及人体。同时,检测区域内无色无味的有毒气体浓度(如煤气、氮气等),并使用防毒面具或通风面罩防止中毒。制订应急救援预案并组织演练,提高职工应对突发事故的能力。

炼铁中毒和窒息事故案例：

1991年2月9日，某炼铁厂工人杜某在组织处理炉顶大钟打不开的故障时，决定上炉顶打开人孔盖检查。约23时，大钟打开，故障得以消除。在打开及关闭人孔盖的过程中，已有人员煤气中毒，但未采取防护措施，杜某因煤气中毒较重，经抢救无效死亡。

2006年10月27日22时15分左右，某炼铁厂新1号高炉上料操作工发现S102带式输送机头轮的受料斗堵料，于是把S102带式输送机停下，并用对讲机通知上料班长曹某，要他前去了解情况并进行处理。曹某随后带领本班上料工徐某到炉顶料仓。曹某用煤气检测仪放在料仓人孔处检测，无煤气报警。于是，徐某便从人孔进入料仓，清理格栅上的杂物。大约半分钟后，徐某煤气中毒倒在料仓内。曹某立即用对讲机告知主控室要求派人救援。约22时49分，徐某被救出料仓，随即送医院抢救，但因煤气中毒太深，抢救无效死亡。造成本次事故的主要原因是料仓内煤气和含氧量检测不到位。

第三节 原料系统安全技术

一、原料系统概述

高炉原燃料运输系统一般包括火车运输、汽车运输和带式输送机运输。通过火车和汽车将料场的原燃料运输并卸载至地坑受料坑，通过带式输送机将原燃料输送到储矿（焦）槽，或通过带式输送机直接将烧结系统的烧结矿、焦化系统的焦炭以及料场的其他原燃料输送到储矿（焦）槽。从地坑受料坑到储矿（焦）槽，一般被称为槽上，主要设备是带式输送机和带式输送机的附属设备，如给料机、卸矿车等。储矿（焦）槽下放料及带式输送机运输、称量系统、装料设备等属于高炉生产管理范围。

从地坑受料坑到储矿（焦）槽，需要经过数条带式输送机的转运流程，通过操作人员微机指令或手动操作给料机，将受料坑内的物料卸至带式输送机上，或将烧结系统的烧结矿、焦化系统的焦炭以及料场的其他原燃料经数条带式输送机的转运和卸矿车的释放，将原燃料卸至储矿（焦）槽，完成带料任务。

二、现场危险因素分析

带式输送机对人体的伤害是炼铁系统安全方面三大主要危害之一，包括被带式输送机绞伤、被卸矿车行走轮压伤等。原燃料运输系统现场还容易发生其他伤害事故，包括掉入料仓内被埋窒息、被现场设备设施磕碰伤、现场撒落的碎矿将人滑倒造成摔伤等。在现场所有事故中，带式输送机绞伤事故发生较频繁，对人体造成的伤害最大，严重的可导致死亡。带式输送机示意简图如图5-4所示。

根据过去带式输送机绞伤事故分析，绞伤部位主要包括上层输送带与前轮咬口处、下层输送带与后轮咬口处、下层输送带与改向轮咬口处，以及输送带与上下托辊的咬口处。

带式输送机绞伤事故多数情况下发生在清扫作业、设备维护和设备检修过程中。带式输送机运行过程中进行清扫作业，人体和清扫工具容易与带式输送机转动部位发生接触，从而造成绞伤事故，如用扫帚清理后轮部分下层输送带上的撒料，易将扫帚卷入后轮，继而将人体上肢、头部、胸部等绞入，造成事故。

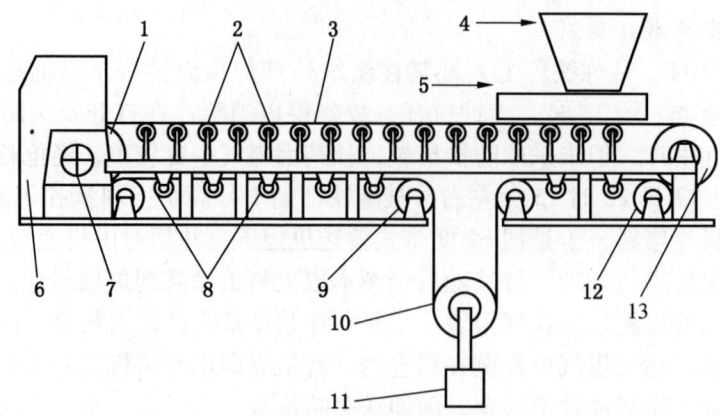

1—前轮；2—上托辊；3—输送带；4—下料嘴；5—挡板；6—料斗；7—驱动组；
8—下托辊；9—改向轮；10—吊轮；11—重锤；12—增面轮；13—后轮

图 5-4 带式输送机示意简图

设备维护和设备检修过程中，由于联系确认不够或没有切断动力源，带式输送机突然开启，也会伤害到检修人员。

原燃料运输系统现场作业常见事故及原因见表 5-1。

表 5-1 原燃料运输系统现场作业常见事故及原因

序号	事故模式	事故类型	原因
1	带式输送机绞伤	机械伤害	带式输送机运行中清扫或加油作业时接触带式输送机运转部位 被通廊撒落的碎矿滑倒接触带式输送机运转部位 检修中因没有联系确认突然开启带式输送机 带式输送机启动前没有联系确认和开机警示
2	现场摔伤	其他伤害	被通廊撒落的碎矿滑倒 因楼梯上有撒料造成滑倒 上下楼梯不扶扶手滑倒
3	现场磕碰砸	其他伤害	由于照明不充足、视线不清，被设备或其他物品磕碰 搬运备件时被砸伤 各类窥视孔没有盖盖造成磕碰伤 检修作业中身体与设备接触造成碰伤
4	被工具伤害	机械伤害	检修或设备维护时使用工具不当 多人协作时协调不当被他人使用的工具伤害 割输送带时被刀具伤害
5	卸矿车碰、车轮碾压	车辆伤害	不进行现场确认和有关检查开启卸矿车，车轮将人压伤 不进行现场确认和有关检查开启卸矿车，料嘴将人撞伤
6	进入料嘴被料砸伤	坍塌	因钻入料嘴处理堵料，上部物料掉下将人砸伤
7	进入坑仓被料埋	坍塌	因坑仓物料坍塌造成料埋、窒息
8	坠物伤人	物体打击	因清扫时将物料扫至通廊外坠落伤人
9	掉入仓内	高空坠落	因踩空或被通廊撒落的矿石滑、绊掉入仓内造成伤害

表 5 - 1（续）

序号	事故模式	事故类型	原因
10	更换照明造成触电	触电	因使用绝缘不良的工具造成触电 因操作不当造成触电
11	操作斗门、闸门碰伤	机械伤害	因卡料造成斗门、闸门不能开启或关闭，采用手搬、脚踏等方法操作，手柄或斗门闸门将手、脚碰伤，造成人员伤害
12	拉合闸时造成触电	触电	不戴绝缘手套拉闸，因漏电造成触电 不停机带负荷拉闸，造成电弧烧伤 配电柜闸多，确认不够，导致误操作 未按拉合闸顺序操作，造成电弧烧伤

三、安全防护措施

1. 带式输送机岗位主要安全防护设施

（1）事故开关及拉绳。事故开关起切断电源的作用，拉绳被誉为保命绳，一旦发生事故或有事故征兆，拉拉绳后可以强制带式输送机停机，避免事故发生或降低事故伤害程度。事故开关及拉绳一般安装在带式输送机两侧，同侧两个事故开关距离不大于 50m。

（2）防护栏杆。用来防止人员与带式输送机转动部位接触，一般安装在带式输送机转动部位两侧，如托辊、增面轮、换向轮等。栏杆高度大于 1200mm，立杆间距小于 1000mm，横杆间距小于 300mm。

（3）防护罩（网）。主要安装在后轮和联轴器上，使后轮与人体隔绝。网孔小于 200mm×200mm。

（4）仓（坑）算。防止人员掉入仓（坑）中，铺设在仓（坑）口，算子网孔不大于 300mm×300mm。

（5）过桥。根据生产和安全需要而设置，一般应每隔 30~70m 设一座人行过桥。

（6）电铃。带式输送机开启前响铃警示。每条带式输送机现场均应安装电铃，长距离带式输送机应每隔 50m 安装一个电铃。

（7）照明。现场要有充足的照明，满足人员行走、点检、作业。

（8）盖板。凡 300mm×300mm 以上的孔都应安装盖板，避免人员掉入孔内、孔下或被孔伤到脚部。

（9）电气防护栏杆（网）。操作室、电气室的配电柜应与人员隔绝，没有柜门的部分要设置电气防护栏杆（网），避免人员进入或误入受到伤害。

（10）消防器材。操作室、电气室的配电柜比较集中，容易造成火灾，在日常防范的同时，应设置灭火器等消防器材以备用。

（11）人行通道。带式输送机两旁应设人行通道，宽度不小于 1m，并应保持清洁、通畅、无杂物。

除了上述安全设施外，现场还应设有平台栏杆、吊口栏杆、地脚板、走梯等。另外，带式输送机上应安装堆料器、跑料器、跑偏装置、打滑装置、逆转装置、过载装置、输送带防撕扯装置、连锁装置等，保证带式输送机的正常运行。因原燃料中有粉末，带料过程中现场有浓度不等的粉尘,因此带式输送机岗位还应设置除尘设施。

2. 带式输送机岗位的个人安全防护措施

(1) 严格遵守岗位安全规程及作业标准,落实带式输送机安全"三不准",即不准横跨带式输送机,不准站、坐、踩、靠带式输送机,不准在开车中清扫、加油。严禁在开车中用身体或工具触动转动部位,通过带式输送机必须走过桥。通道内保持清洁、通畅,不准有积水、撒料和杂物,防止滑倒伤人。

(2) 做好日常点检,尤其对各类安全设施和装置进行详细检查,发现问题必须立即处理,保证能够起到防护作用。

(3) 带式输送机开启前务必进行点检,确保带式输送机周围没有他人作业,与操作室联系确认,响铃警示后才能开车。

(4) 带式输送机运行期间应巡回检查设备及设施的使用情况,发现问题及时处理。尤其是安全设施方面的问题,必须汇报有关人员当即处理。不得因安全设施缺失、不符合要求等因素造成不安全事件。

(5) 开启给料机、卸矿车、斗门等,必须对现场进行详细检查,确认周围没有人或杂物方可启动。

(6) 开启卸矿车时必须人随车行,严格监控周围情况,必须做好对各类人员的安全监督。

(7) 带式输送机停机后,要立即对带式输送机周围、前后轮、通廊等部位进行清扫,保持清洁,以免造成人员滑倒摔伤等事故。

(8) 手动操作卸矿车时必须人随车行,严禁手扶道轨和运行中上、下车。抱闸必须灵敏有效,严禁用杂物支车轮。

(9) 按照清扫作业制度和标准,在清扫带式输送机架下和运转部位时必须停机。清扫时不得将矿粉随意抛撒造成二次扬尘。

(10) 在更换托辊、挡皮等过程中,注意搬运时动作要协调,避免砸、碰伤;制作挡皮时避免被刀具伤害,更换时避免被工具伤到自己或他人。

(11) 处理输送带跑偏应设专人监护,站在外侧进行,禁止用插棍子、往输送带里撒料、垫物等方法处理。

(12) 输送带打滑应查明原因,按技术操作规程进行处理,禁止在电机转动情况下用手往输送带上打油、撒、垫物料或人拉、足踩输送带。

(13) 检修前要对检修人员进行现场危险交底和辨识,检修时加强对现场和人员的监控,确保在安全的环境下作业。

(14) 在检修过程中若确实需要拆除的安全设施,必须在检修完毕后按照原样恢复,安全设施不合格不能进行检修验收。

(15) 为防止安全职业卫生事故的发生,在生产作业过程中,必须按照规定严格实行现场除尘和粉尘治理工作,现场粉尘浓度应小于 $16mg/m^3$,确保作业环境达标。

第四节 煤粉喷吹安全技术

高炉喷煤是高炉炼铁技术进步的合理选择,不仅在节焦和增产两方面同时获益,而且这种有机结合也成为一种不可缺少的高炉下部调剂手段。

高炉喷煤工艺流程主要包括原煤储运系统、干燥系统、制粉系统、喷吹系统，如图5-5所示。

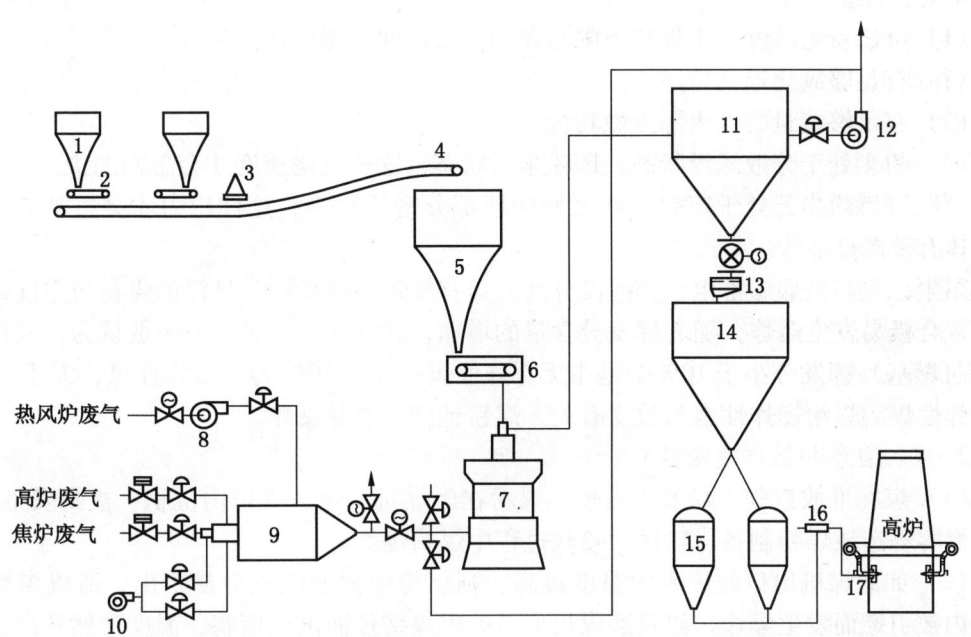

1—配煤槽；2—配煤皮带秤；3—电磁除铁器；4—带式输送机；5—原煤仓；6—给煤机；7—磨煤机；8—烟气风机；9—干燥炉；10—助燃风机；11—布袋收粉器；12—主风机；13—煤粉筛；14—煤粉仓；15—喷吹罐；16—分配器；17—喷枪

图5-5 高炉煤粉喷吹工艺流程

原煤储运系统：喷吹用煤由汽车或火车运至干煤棚，并在干煤棚分品种储存，然后由桥式抓斗起重机抓取至配煤槽进行配煤，配好后再输送至制粉站原煤仓。

干燥系统：热风炉烟气从热风炉烟气总烟道由引风机抽到干燥炉，与燃烧高炉煤气产生的高温烟气相混合送至磨煤机，对磨煤机产出的煤粉进行干燥。

制粉系统：原煤仓内原煤通过给煤机进入磨煤机，干燥气体从磨煤机进气口进入磨煤机，原煤经研磨后，煤粉气固两相流进入布袋收粉器，收集后的煤粉经煤粉筛筛除杂物后进入煤粉仓储备，净化后的尾气经主风机排入大气。

喷吹系统：煤粉仓煤粉下面设2台或3台带有称量装置的喷吹罐并列布置，一台喷吹罐喷吹时，另一罐准备，通过一根喷煤总管将煤粉送至分配器，由分配器把煤粉均匀地分配到高炉各风口。

一、煤粉喷吹火灾爆炸危险性分析

煤在空气中与氧气发生氧化还原反应，能产生自燃。煤的氧化是放热反应，如果放出的热量不能及时散发，在煤堆或煤层中就会越积越多，使煤的温度升高，当温度达到一定值时，就会引起煤燃烧而自燃。着火点越低的煤越容易自燃。煤在堆放过程中易发生自燃，煤自燃还容易造成煤粉制备、输送、喷吹过程中煤粉尘爆炸。

1. 粉尘爆炸的必要条件

可燃粉尘在一定的条件下，当存在激发能源时，就会发生粉尘爆炸。粉尘爆炸应具备下列必要条件：

（1）可燃粉尘浓度处于爆炸下限与爆炸上限之间的爆炸区。

（2）有足够氧化剂支持燃烧。

（3）有足够能量的点火源点燃粉尘。

（4）粉尘处于分散悬浮状态，即粉尘云状态，这样燃烧速度才会急剧加快。

（5）可燃粉尘云处于定容空间（密闭或部分密闭）内，这样压力才会急剧增大，使包围体有被爆破危险。

煤尘，尤其是烟煤粉尘，其挥发分高，具有较强的爆炸性。悬浮的煤粉与空气或其氧化剂混合极易发生爆炸，随着挥发分含量的增加，其爆炸性也越大。一般认为，煤粉无灰基（可燃基）挥发分小于10%为基本无爆炸性煤；大于10%为有爆炸性煤；大于25%为强爆炸性煤。煤粉爆炸性也与粒度有关，煤粉越细，越易爆炸。

2. 煤粉自燃和爆炸危险性

（1）煤在堆放过程中易发生自燃，煤粉在磨煤机、输送管道内沉积，极易发生阴燃。煤自燃容易造成煤粉制备、输送、喷吹过程中煤粉爆炸。

（2）如磨煤机出口处热风的温度过高，则煤粉中挥发性成分易析出，造成煤粉在短时间内被引燃而发生爆炸，以及磨煤机出口处因煤结焦而出现堵塞，温度突然升高，有发生爆燃的可能；磨煤机的热风管道内积聚煤粉，也易发生爆炸事故；煤粉仓结构设计不合理，煤粉仓内壁不平整光滑，存在有长期积粉的死角，如运行操作和管理不当，就可能因积煤自燃而产生爆炸等。

（3）在煤粉喷吹系统、磨煤机和高浓度煤粉收集器内，当空气中含氧量达到一定浓度时，会和煤粉形成爆炸性混合物，遇明火或高温会发生燃烧爆炸事故。

（4）高浓度煤粉收集器储灰斗等处，如果温度过高，或堆积过高，可能会引起煤粉自燃或阴燃。

（5）如果高浓度煤粉收集器、风管和输煤管道发生结露，有可能引起煤粉积聚而发生燃烧。

（6）高浓度煤粉收集器、煤粉通风机和输煤管道等，会产生静电，当静电积聚到一定量时，会放电产生火花，有可能造成煤粉燃烧和爆炸事故。

（7）喷煤系统采用惰化气氛制粉工艺，喷吹罐充压、流化全部采用氮气惰化保护，煤粉仓用氮气保持微正压，如厂房通风差，操作有误，可引起氮气窒息。

（8）制粉和喷吹均有大量的粉尘产生，作业人员长时间在此环境中，有可能造成煤尘肺。

二、喷煤工艺设计安全要求

（1）高炉喷煤设施宜采用直接喷吹工艺；制粉系统宜采用一次主风机和一级布袋收粉器的全负压短流程制粉工艺；喷吹系统宜采用并罐单管路加分配器喷吹工艺。

（2）工艺设备及管道的设计和配置，在保证生产需要的前提下，应尽量根据实际通风量合理匹配工艺设备及管道，以消除局部积粉，防止积粉自燃。

(3) 制粉系统磨制混合煤、烟煤应按惰性干燥气设计。

(4) 煤粉管道的布置和结构不应存在煤粉在管道内沉淀的可能,磨煤机至布袋收粉器之间的管道内流速建议取为 15~18m/s 之间;管道与水平面的倾角应大于 45°。

(5) 布袋收粉装置下煤粉管道与水平面的倾角应不小于 50°,且弯管曲率半径 $R \geq 3$ 倍管道公称半径。

(6) 除无烟煤制粉系统外,其他制粉系统的磨煤机、外置粗粉分离器和布袋收粉器应设置紧急充氮管线及相应的阀门。

(7) 制粉系统管道不装设防爆膜(门)时,应按承受 350kPa 的内部爆炸压力进行设计。

(8) 高炉喷吹无烟煤时,制粉系统可以在非惰性气氛下操作,喷吹罐的充压、流化和喷吹管道的输送气体均可采用压缩空气;高炉喷吹混合煤或烟煤时,制粉系统的启动、运行和停机都应在惰性气氛下操作,喷吹罐的充压、补压和流化气体必须是氮气,喷吹管路的输送气体可以用压缩空气或氮气。

(9) 高炉采用氧煤喷枪时,每根喷枪前支管应设置安全保护装置,其设计原则是:当氧气支管的压力小于设定值时,快速切断氧气管道,并从氧气切断阀后通入氮气,以避免热风倒流。

(10) 煤粉输送系统和喷吹系统所有气动阀门在事故断电时均应能向安全位置切换,以确保不发生混合气粉流倒流堵塞或热风倒流造成煤粉着火事故。

三、煤粉喷吹设备安全技术要求

(1) 煤粉仓应封闭严密,减少开孔;不应使用敞开式煤粉仓;煤粉仓的进粉装置必须具有锁气功能。

(2) 喷吹罐、输煤罐等压力容器应设置泄压装置,安全阀导出管的朝向应不致危害人员及其他设备。

(3) 除压力容器外,所有煤粉容器、与容器连接的管道端部和管道的拐弯处均应设置足够面积的泄爆孔;当需要设泄爆导管时,其朝向应不致危害人员及其他设备;其长度不应超过泄爆管直径的 10 倍,且不宜带有弯头。

(4) 制粉系统磨制混合煤或烟煤时应设置氧含量和一氧化碳浓度在线监测装置,达到上限值时报警。

(5) 磨制混合煤或烟煤时布袋收粉器应满足以下要求:布袋材质应选用防静电型;漏风率≤2%~3%;最高使用温度≤120℃;设置有自闭式泄爆阀或带泄爆片的泄爆阀。

(6) 原煤输送系统应设有除铁设备和杂物筛,扬尘点应有通风除尘设施。

(7) 喷吹罐、储气罐等压力容器的制造、安装和维修应符合《钢制压力容器》(GB 150—1998) 和国家质量技术监督局《压力容器安全技术监察规程》有关规定。

(8) 煤粉仓、喷吹罐等罐体下料锥体以及收粉设备灰斗壁、落粉管路等内壁应光滑,下料锥体壁与水平面夹角不应小于 70°。

(9) 所有设备、容器、管道均应设防静电接地,法兰之间应用导线跨接,并进行防静电设计校核。

(10) 喷吹混合煤或烟煤时煤粉仓内应设置氮气流化、温度检测、压力检测、CO 和 O_2 检测装置。

四、煤粉喷吹安全措施

(1) 为了防止原煤自燃，原煤在储煤槽内储存时间：烟煤不超过 2 天，无烟煤不超过 4 天。为了防止煤粉自燃，喷吹罐、输煤罐停止输送煤粉时，无烟煤粉储存时间应不超过 12h；烟煤粉储存时间应不超过 8h，若罐内有氮气保护且罐内温度不高于 70℃，则可适当延长，但不宜超过 12h。

(2) 干燥炉炉膛温度一般控制在 700~1100℃，最高不得超过 1200℃。

(3) 在磨制混合煤或烟煤时，煤粉仓及布袋除尘器出口混合气体氧含量不大于 12%（对于烟气自循环系统不大于 14%）。

(4) 磨煤机出口最高温度应根据煤种和采用的制粉系统流程确定。无烟煤只受设备允许使用温度的限制；其他煤种的磨煤机出口最高温度 t_{max} 按表 5-2 选取。

表 5-2 其他煤种的磨煤机出口最高温度

制粉系统流程	磨 煤 机
烟气直排式	当 $V<40\%$ 时，$t_{max}=(82-V)\times5\div3\pm5℃$ 当 $V\geq40\%$ 时，$t_{max}<70℃$ 式中 V—煤的干燥无灰基挥发分
烟气自循环式	$t_{max}=95~105℃$

(5) 煤粉仓、罐内应设温度检测装置，罐内煤粉温度不应超过 80℃。

(6) 氧煤喷枪投用时应先用氮气或其他惰化气替代氧气，待喷吹正常后方可改为氧气；在停止喷吹拔枪前亦须先用氮气或其他惰化气替代氧气。

(7) 喷吹工在高炉全风操作时不允许进行插拔喷枪作业。否则，须具备可靠的安全设施或装置，同时穿戴特制的防火、防烫伤、防噪声劳保服装；要选择在出铁时或出铁后进行，不能在出铁前进行，以便于出现意外时高炉及时休风进行处理，避免事故扩大。

(8) 在利用高炉休风间隙进行插拔喷枪作业时，必须确认高炉倒流阀打开后方可进行作业，防止炉内煤气外逸、热气流喷火伤人。

(9) 应按要求定期校验制粉、喷吹系统的压力、温度、氧含量与一氧化碳浓度监测仪表；定期校验检查压力容器及附属设备。

(10) 人员进入喷煤系统封闭或半封闭容器、设备内，须经主管人批准，外部须有人监护和采取急救措施；进入前应清除残粉，切断煤粉、惰化气和高温气进口，通风换气使内部温度降低至 40℃ 以下，测定氧含量大于 20% 以上，一氧化碳浓度为零，确认无窒息、中毒和其他危险。

(11) 喷煤系统检修后进行负荷联动试车时，系统连锁、报警设施应灵敏，泄爆、抑爆设施应可靠，防爆灯具、通信设备、消防器材应齐全完好并有事故应急处置预案。

第五节 高炉富氧鼓风安全技术

一、高炉富氧鼓风的方式

高炉富氧鼓风是往高炉鼓风中加入工业氧（一般含氧量85%~99.5%），使鼓风含氧量超过大气含氧量，其目的是提高冶炼强度以提高高炉产量和强化喷吹燃料在风口前燃烧。鼓风含氧按下式计算：

$$鼓风含氧(\%) = 大气中含氧(\%) + 富氧率(\%)$$

$$富氧率(\%) = \frac{富氧量(Nm^3/min)}{风量(Nm^3/min) + 富氧量(Nm^3/min)}$$

式中，大气中含氧一般取21%。

常用的富氧方式有三种：

（1）将氧气厂送来的高压氧气经部分减压后，加入冷风管道，经热风炉预热再送进高炉。

（2）低压制氧机的氧气（或低纯度氧气）送到鼓风机吸入口混合，经风机加压后送至高炉。

（3）利用氧煤喷枪或氧煤燃烧器，将氧气直接加入高炉风口。

第一种供氧方式可远距离输送，氧气压力高，输送管道直径可适当缩小，在放风阀前加入，易于连锁控制，休、减风前先停氧，保证供氧安全。但热风炉系统一般存在一定的漏风率，特别是中小高炉漏风率更高，氧气损失较多。

第二种供氧方式的动力消耗最省，它可低压输送至鼓风机吸入口，操作控制可全部由鼓风机系统管理，但氧气漏损较多。

第三种方式是较经济的用氧方法，旨在提高煤枪出口区域的局部氧浓度，改善氧煤混合，提高煤粉燃烧率，扩大喷吹量。其缺点是供氧管线要引至风口平台，安全防护控制措施较烦琐，没经过热风炉预热的氧气冷却煤粉的作用大于水冷及空气冷却效果，又存在不利于燃烧的一面。

二、高炉富氧鼓风工艺流程

图5-6所示为太钢五高炉富氧鼓风流程。截止阀1、2、3、4为带旁通的阀门，流量调节阀和快速切断阀为气动阀门。工业氧气经截止阀1进入高炉富氧管网，经过氧气过滤器过滤，再经压力调节阀减压后满足高炉鼓风用氧的压力，经流量调节后进入冷风管道经热风炉加热后经热风总管进入高炉，实现高炉富氧鼓风。

三、高炉富氧鼓风危险性分析

氧气的主要危险性有氧化反应、助燃剂、爆炸等。

（1）氧化反应：氧与其他物质化合生成氧化物的氧化反应无时不在进行，纯氧中进行的氧化反应异常激烈，同时放出大量热，温度极高。各种油脂与压缩氧气接触，易自燃。

(2) 助燃剂：氧是优良的助燃剂，与一切可燃物可进行燃烧。

(3) 爆炸：与可燃气体，如氢、乙炔、甲烷、煤气、天然气等可燃气体，按一定比例混合后容易发生爆炸。氧气纯度越高，压力越大，越危险。

高炉富氧鼓风的过程可分为两部分：一部分为富氧控制系统；另一部分为高炉鼓风富氧系统。前一部分最为危险，而后一部分相对而言比较安全。高炉鼓风富氧系统只是提高鼓风的含氧量（3%~6%），因此在高炉发生漏风、烧穿等事故时应先停止送氧；而富氧控制系统最为危险，整个系统在送氧过程中不能发生泄漏，在停风的过程中要可靠切断氧气管路，防止发生爆炸，在管材及附件的选用、脱脂、检修等方面都有严格的规定和要求。人员处理事故时所使用的工器具必须经脱脂处理，并要有详细的施工方案。

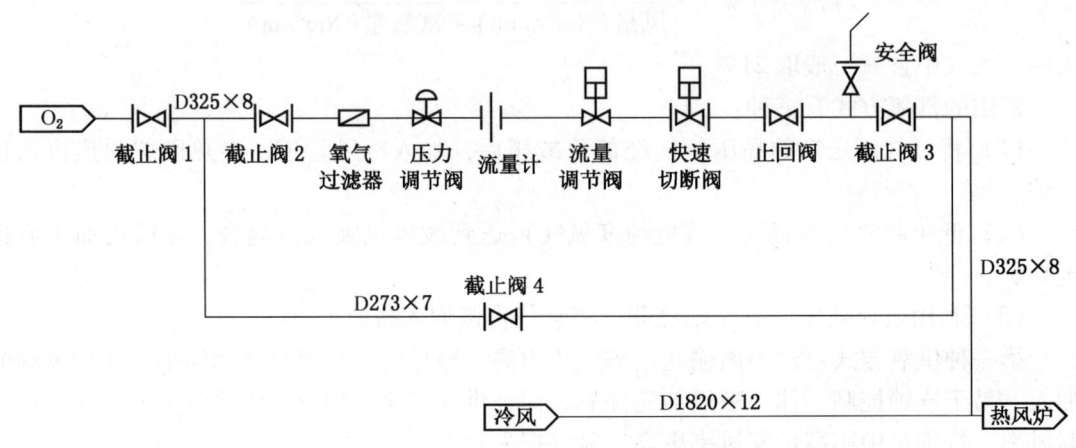

图 5-6 太钢五高炉富氧鼓风流程

四、高炉富氧鼓风安全

由于富氧鼓风的危险性，在使用中应注意以下问题：

(1) 氧气管道及设备的设计、施工、生产、维护，应符合 GB 16912 的规定，连接富氧鼓风处应有逆止阀和快速自动切断阀，吹氧系统及吹氧量应能远距离控制。

(2) 富氧控制系统应设在通风部位，高炉送氧、停氧，应事先通知富氧操作人员。若遇烧穿事故，立即关闭快速切断阀和流量调节阀，先停氧后减风。鼓风中含氧浓度超过 25% 时，如发生热风炉漏风、高炉坐料及风口灌渣、焦炭，应停止送氧，按照停氧程序进行停氧操作。

(3) 吹氧设备、管道以及工作人员使用的工具、防护用品，均不得有油污，使用的工具还应镀铜、脱脂。检修时宜穿戴静电防护用品，不应穿化纤服装，吹氧设备周围不应动火。氧气管道所属阀门、仪表和调节机构应有专人维修，定期检查和处理。

(4) 氧气阀门应隔离，不应粘油，检修吹氧设备动火前，应认真检查氧气阀门，确保不泄漏。应用干燥的氮气或无油的干燥空气置换，经取样化验合格，氧浓度不大于 21%，并经主管部门同意，方可施工。

(5) 正常送氧时，氧气压力应比冷风压力大 0.1MPa；否则，应通知制氧、输氧单位，立即停止供氧。

（6）在氧气管道中，干、湿氧气不应混送，也不应交替输送。

（7）检修后和长期停用的氧气管道，应经彻底检查、清扫，确认管内干净、无油脂、无锈屑，方可重新启用。

（8）对氧气管道进行动火作业，应事先制订动火方案，办理动火手续，并经有关部门审批后，严格按方案实施。

（9）进入充装氧气的设备、管道、容器内检修，应先切断气源，堵好盲板，进行空气置换后，经检测氧含量在18%~23%范围内，方可进行。

（10）突然停氧气时，立即关闭快速切断阀和流量调节阀，按照突然停氧的应急措施处理。

五、高炉送、停氧操作

高炉富氧鼓风的操作必须按照一定的程序进行才能确保使用过程的安全，尤其在长期停氧后的送氧过程中要全面检查，确认合格后方可送氧。

1. 高炉送氧操作

（1）经长期停氧后需要送氧时，必须事先与氧气的生产和厂管理部门共同对氧气管道、阀门和仪表等进行严格的检查，认为达到送氧要求，并获得允许签字后方可送氧。

（2）送氧气前要检查确认流量调节阀之前的截止阀1关闭，快速切断阀和流量调节阀全开，减压阀处于运转状态。

（3）通知氧气生产单位，将氧气送至流量调节阀前端截止阀1。

（4）关流量调节阀和快速切断阀，开流量调节阀末端截止阀3，鼓风进入低压端。

（5）开截止阀1、2的旁通阀向系统充氧，打开截止阀1、2向高炉富氧鼓风阀组送氧，关闭截止阀1、2的旁通阀。

（6）中控室操作打开快速切断阀向高炉送氧。

（7）中控室操作打开流量调节阀，控制氧量达到规定水平，改为自动调节。

（8）调节压力调节阀使流量运行平稳，压力超出规定范围，安全阀自动开启。

2. 长期停氧操作

（1）通知炼铁厂设备能源科和厂调度。

（2）关流量调节阀和减压阀，关快速切断阀。

（3）关截止阀1和截止阀3，并在截止阀2、4的入口端堵盲板。

（4）用氮气将阀组系统的氧气吹扫干净，并用氮气保持正压，防止管道腐蚀。

3. 短期停氧操作（指正常检修时的停氧操作）

（1）通知炼铁厂设备能源科和厂调度。

（2）关流量调节阀和减压阀，关快速切断阀。

（3）关截止阀1、3，并在截止阀2、4的入口端堵盲板。

4. 停氧后的送氧操作

（1）通知炼铁厂设备能源科和厂调度。

（2）停用氮气（如不用，就不需停氮气）。

（3）抽取截止阀2、4的入口端盲板，开截止阀1、3。

(4) 开快速切断阀，开减压阀和流量调节阀向高炉送氧。

5. 日常操作

根据氧气用量，设定氧气用量的数值，流量调节阀自动调节氧气用量，手动调节压力调节阀使氧气用量平稳。保证富氧压力高于冷风压力，并且富氧量波动较小。

6. 突然停氧的应急措施

(1) 突然停氧后，立即通知厂调度。

(2) 止回阀自动关闭，压力报警。

(3) 快速切断阀自动关闭，操作人员通过控制系统关闭流量调节阀、压力调节阀。

(4) 关闭截止阀1、3，要在截止阀2、4前端堵盲板，可靠切断与氧气总管的联系。

(5) 中控操作人员调节风量、煤比、风温、加湿等的用量，尽可能保证平稳过渡到停富氧的条件。

(6) 查明原因，故障处理完送氧时，按照停氧后的送氧操作进行。

第六节　热风炉及荒煤气系统安全技术

一、热风炉安全技术

热风炉是为高炉炼铁生产提供热风的设备，它所提供的热量约占其全部热量消耗的1/4。热风炉主要有着火、爆炸、坍塌三大危险因素。外燃式热风炉流程图如图5-7所示。

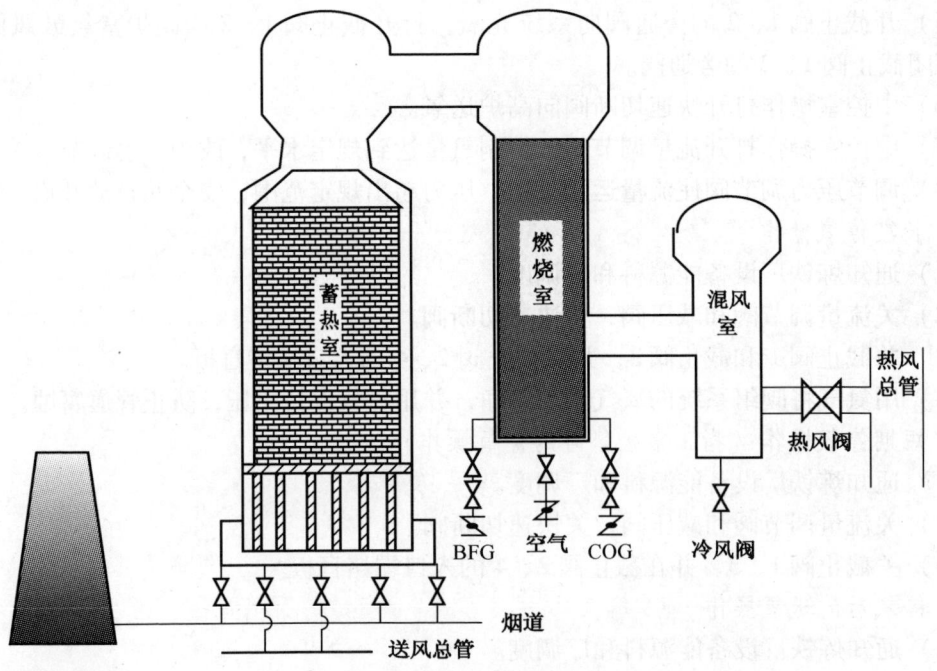

图5-7　外燃式热风炉流程图

(1) 热风炉及其管道内衬耐火砖、绝热材料、泥浆及其他不定型材料应符合设计要求并符合国家的有关规定。

(2) 热风炉的炉皮烧红、开焊或有裂纹，应立即停用、及时处理；值班人员应至少每2h检查一次热风炉。

(3) 热风炉应有技术档案，检查情况、检修计划及其执行情况均应归档。除日常检查外，还应每月详细检查一次热风炉及其附属系统。

(4) 主要操作平台应设两条通道。

(5) 热风炉烟道应留有清扫和检查用的人孔，烟道系统还要有残氧监测。采用地下烟道时为防止烟道积水应配备水泵。

(6) 热风炉煤气总管应有可靠的隔断装置，煤气支管应有煤气自动切断阀，当燃烧器风机停止运转或助燃空气切断阀关闭或煤气压力过低时，该切断阀应能自动切断煤气并发出警报；煤气管道应有煤气流量检测及调节装置，管道最高处和燃烧阀与煤气切断阀之间应设煤气放散管。

(7) 要设有流量调节控制装置和经法定部门技术鉴定合格的燃烧器。

(8) 热风炉管道及各种阀门应严密。热风炉与鼓风机站之间、热风炉各部位之间，应有必要的安全连锁；突然停电时，阀门应向安全方向自动切换。放风阀应设在冷风管道上，可在高炉中控室或泥炮操作室旁进行操作。为监测放风情况，操作处应设有风压表。

(9) 在热风炉混风调节阀之前应设切断阀，一旦高炉风压小于 0.05MPa，应关闭混风切断阀。

(10) 热风炉炉顶温度和废气温度，以及烟气换热器的烟气入口温度，不应超过设计限值。

(11) 热风炉应使用净煤气烘炉，净煤气含尘量应符合下列要求：顶压小于等于 30kPa 的高炉，净煤气含尘量小于 $10mg/Nm^3$；顶压大于 30kPa 的高炉，净煤气含尘量小于 $5mg/Nm^3$。

(12) 经湿法除尘的煤气，温度不应高于 35℃，机械水含量不应大于 $10g/Nm^3$。

(13) 热风炉净煤气支管的煤气压力应符合表 5-3 的要求。

表 5-3 热风炉净煤气支管的煤气压力

炉容/m³	300	750	≥1500
煤气压力/kPa	≥3.43	≥4.90	≥6.00

(14) 烘炉应通过烘炉燃烧器进行，而不应单独采用焦炉煤气直接通过热风炉燃烧器进行烘炉。

(15) 热风炉烧炉期间应经常观察和调整煤气火焰，火焰熄灭时应及时关闭煤气闸板，查明原因，确认炉内可燃物总含量小于 0.4% 时，方可重新点火。煤气自动调节装置失灵时不宜烧炉。

(16) 热风炉应有倒流管，起倒流休风的作用。无倒流管的热风炉用于倒流的热风炉炉顶温度应超过 1000℃，倒流时间不应超过 1h。多座热风炉不应同时倒流，不应用刚倒流的热风炉送风。硅砖热风炉不应用于倒流。

（17）热风炉煤气管道及配套设施投产前需经过严格的气密性试验。其试验标准按GB 6222—2005 执行。

（18）热风炉设计单位须取得市劳动行政部门颁发的资格证；压力管道设计、安装单位须持有省级以上劳动行政部门核发的资格证书。

（19）新建热风炉应严格按照国家规范、标准和设计图纸施工，经安装单位自检合格后，由市劳动、建设、规划、公安消防部门（机构）组织验收合格，发给使用许可证后方可投入使用。

二、荒煤气系统安全技术

（1）煤气管道应维持正压，煤气闸板不应泄漏煤气。

（2）高炉煤气管道的最高处，应设煤气放散管及阀门，该阀门的开关应能在地面或有关的操作室控制。

（3）除尘器和高炉煤气管道如有泄漏，应及时处理；必要时应减风、常压或休风处理。

（4）除尘器的下部和上部，应至少各有一个直径不小于0.6m 的人孔，并应设置两个出入口相对的清灰平台，其中一个出入口应能通往高炉中控室或高炉炉台。

（5）除尘器应设带旋塞的蒸汽或氮气管头，与相应的介质来源采用软连接，且不应堵塞或冻结；用氮气赶煤气后，应采取强制通风措施，直至除尘器内残余氮气符合安全要求，方可进入除尘器内作业，其标准是除尘器内氧含量要大于18%。

（6）高炉重力除尘器其荒煤气入口的切断装置应采用远距离操作，重力除尘器应设有安全放散阀。

（7）除尘器清灰和输灰，应采用能有效防止二次扬尘的装置，并采用电动开关。

（8）在高炉悬料、坐料、排风、休风时，未采取可靠的安全措施（如通入大于100kPa 的氮气并与系统及炉内断开时），绝对禁止高炉重力除尘器打灰。

（9）高炉重力除尘器应每天至少清灰一次，清灰应经工长同意。

第七节　高炉生产安全操作

一、高压操作安全要求

（1）采用高压操作必须设置均压排压装置。高压操作过程发生悬料或其他事故时，应首先转为常压，然后按常压操作处理，严禁在高压状态强迫坐料、大量放风或高压放散煤气。管道上的均压阀、排压阀的开闭必须遵循作业程序，有关设备之间必须连锁，以防止人为误操作。

（2）高压和常压的转换能引起煤气流分布的变化，转换时要缓慢，防止损坏设备或引起炉况不顺。

（3）高压和常压转换时，应以压差为依据，适当调整风量。

（4）转高压时，一般导致边缘发展，要视情况调整装料制度。

(5) 炉缸、炉基热负荷接近或超过规定限度时,应减风改常压。

(6) 由于炉外事故来不及按照正常转换程序操作时,可以先放风,后转常压。

(7) 炉顶压力不断增高又无法控制时,应及时减风,找出原因,排除故障,方可恢复工作。

(8) 顶压控制不许超出设计界限。

二、休风操作安全要求

(1) 应事先同燃气(煤气主管部门)、氧气、鼓风、TRT、热风、干除尘和喷吹等单位联系,征得相关部门同意并做好相应准备后,方可休风。因事故紧急休风时,应在紧急处理事故的同时,迅速通知燃气、氧气、鼓风、热风、TRT、干除尘喷吹等有关单位采取相应的紧急措施。

(2) 炉顶及除尘器应通入足够的蒸汽或氮气;休风前炉顶放散阀应保持全开并切断煤气,炉顶、除尘器和煤气管道均应保持正压。

(3) 长期休风应进行炉顶点火,并保持长明火;点火时,应疏散风口前工作人员。

(4) 长期休风时,除尘器、煤气管道应用蒸汽或氮气驱赶残余煤气,保证化验合格;检修人员进入,要保证 CO 含量低于 $30mg/m^3$、氧含量达到 18% 及以上的安全范围。计划检修期间,应有煤气专业防护人员监护。

(5) 正常生产时休风,应在渣、铁出净后进行,停止炉顶打水,非工作人员应离开风口周围;休风之前如遇悬料,应处理完毕再休风。

(6) 休风期间,除尘器不得清灰;有计划的休风,应事前将除尘器的积灰清尽。

(7) 休风前及休风期间,应检查冷却设备,如有损坏应及时更换或采取有效措施,防止漏水入炉。

(8) 休风前关闭冷风大闸;休风期间或短期休风之后,不应停鼓风机或关闭风机出口风门,冷风管道应保持正压;如需停风机,应事先堵严风口或卸下直吹管,切断煤气回流通道。

(9) 休风检修完毕,应经休风负责人同意,方可送风。

(10) 长期休风,要适度降低炉体冷却强度。

(11) 封炉休风后,要对炉体采取密封措施。

三、开、停炉操作安全要求

应组成以生产厂长(总工程师)为首的领导小组,负责指挥开、停炉工作,并负责制订开停炉方案、工作细则和安全技术措施。

1. 开炉应遵守的规定

(1) 严格按制定的烘炉曲线烘炉合格,提高内衬固结强度,防止气体爆裂和损坏设备;烘炉时炉皮应设有临时排气孔;烘炉后按照行业要求做炉体气密性检验并合格。

烘炉的主要作用是缓慢地去除高炉内衬中的水分,提高内衬的固结强度,避免开炉时升温过快,水汽快速逸出,致使砌体爆裂和炉体剧烈膨胀而损坏。烘炉可用固体燃料、气体燃料和热风。现在用热风烘炉比较多,烘炉温度和进度可用风温和风量来控制,其特点是方便安全。

烘炉注意事项如下：

①高炉炉缸和炉底用碳砖砌筑，烘炉前应砌一层黏土砖保护。炉身用碳砖砌筑的部分，烘炉前应涂保护层。铁口通道应以不可燃物质堵严实，以防止烘炉时烧坏炭素材料。此外，烘炉期间应注意观察测温电偶的数值，准确控制烘炉温度。

②为便于排出水汽，烘炉期间应把所有灌浆孔打开，烘炉完毕后再封闭。

③烘炉期间，托梁与支柱之间、炉顶平台与支柱间的螺丝应处于松弛状态，以防胀断，并应检测炉体各部位（包括内衬及炉壳）的膨胀情况，发现问题及时处理。

④烘炉应彻底烘干，否则残余水分可能引起开炉困难或酿成事故。

（2）设备系统经过连续24h无故障联动试车正常。

（3）应具备安保蒸汽、氮气和消防等条件。

（4）冷却器通水、检漏合格。

（5）送风前，除尘器、炉顶及煤气管道应通入蒸汽或氮气。

（6）送风后，高炉炉顶煤气压力应大于煤气清洗系统压力，并作煤气爆发试验合格，H_2含量小于6%、O_2含量小于2%方可接通煤气系统回收。

（7）应备好数量充足、强度足够和粒度合格的开炉原燃料。

（8）做好铁口煤气导出管及其密封，做好泥包（有的高炉可不做）、泥套，准备足够数量的开炉用炮泥、钻杆等耗材。烘炉前必须开排气口（特别是铁口区域），使水蒸气从排气口排出，以防铁口爆炸。一旦发现铁口潮湿，应加强铁口烘烤，严禁潮湿的铁口出铁。

（9）炭砖炉缸应用黏土砖砌筑保护层。

（10）开炉准备必须进行准确的开炉配料计算。具体内容包括：

①确定炉缸填充方式。

②测定开炉料堆密度。

③取得焦炭、矿石和熔剂等的全分析，及高炉各部位容积的数据。

④确定炉料压缩率和总焦比（开炉料焦比）。

⑤预计生铁成分、炉渣成分及碱度。

⑥预计铁、锰、硫等元素的分配。

⑦确定焦炭和矿石的批重。

⑧有关计算及核算。

2. 开炉操作

（1）装料。装料时要防止热风炉煤气泄漏经热风管流入高炉内，发生炉内作业人员煤气中毒的事故。装料作业时，必须严格按照开炉料计算的品种、数量、装料制度和批次执行。

（2）点火送风。点火前，炉前准备工作完毕。煤气系统全部处于准备送煤气状态，通入蒸汽。均压系统正确操作，开启炉顶放散阀。

（3）送煤气（高炉荒煤气输出）。点火送风后经1~3h，炉顶煤气压力达2.94kPa以上，经爆发试验合格后，可将荒煤气输往清洗系统。

（4）出渣出铁。根据下料批次数估计炉缸内渣、铁量达到炉缸安全容铁量之半时，可出第一次铁。出铁前可放渣，但应注意渣口安全。

(5) 中修后高炉开炉。高炉中修后开炉，开炉前应将炉缸内残余的物质（包括施工废弃物）清除至铁口平面以下，清除越彻底越好。还要对每个铁口进行疏通。

3. 停炉操作

(1) 高炉停炉前必须出尽残铁，以利开炉。停炉方法分为填充法和空料线法两种。填充法是使用碎焦、石灰石或砾石来代替正常料，维持原来料线或稍为降低料线。此法比较安全，但停炉后清除炉内物料工作量大，耗费大量人力、物力、财力和时间。空料线法是停炉过程中不装料，炉内料面下降时，从炉顶喷水以控制炉顶温度，当料面降至风口平面以下时休风。此法停炉后清除炉内物料工作量小，费用最省，故广为采用，但停炉过程中危险性较大，须特别注意安全。

(2) 空料线停炉易发生气体爆炸。按其性质和原因可分两类：第一类是煤气温度高，含 CO 和 H_2 量也高，与空气混合而产生爆炸。这类爆炸的必要条件是有空气混入。只要将煤气有效切断，停炉操作过程中避免崩料、坐料、中途休风等，就可防止。第二类是水汽爆炸。这类爆炸的产生条件有两个：一是热量充足的热源；二是数量足够的积水，遇到热量充足的热源时，突然汽化膨胀，能量瞬间释出而发生爆炸。据计算，1kg 水达到 400℃时，最大汽化膨胀功释出的能量相当于 0.35kgTNT 炸药。

(3) 空料线停炉在喷水降温时，要避免产生爆炸的条件，关键在于喷水量和喷水方法：

①应根据煤气发生量、煤气始温和炉顶温度三者结合来控制单位时间的喷水量，不可任意增减。除设流量表之外，应在喷水管之前设旁路放水阀，供调节喷水量用。

②喷出的水应成细滴，以利汽化，不可大股流出。

③料线越深，煤气始温越高，水汽爆炸的危险性越大，越要精心操作。

④控制喷水量的直接依据是，炉顶温度下限不宜低于 250℃，上限视炉顶设备要求而定，也不宜高于 550℃。

(4) 停炉降料面之前，要进行一次预休风，进行处理漏水、补焊炉壳提高强度、设置打水装置、校验仪表仪器、设置长探尺等工作，提高停炉的安全控制度。停炉应遵守下列规定：

①停炉前，保持炉况顺行，无结垢和炉缸堆积，酌情洗炉。

②采用打水法停炉时，停炉前，高炉与煤气系统应可靠地分隔开；应取下炉顶放散阀或放散管上的锥形帽；采用回收煤气空料打水法时，应减轻炉顶放散阀的配重，氢浓度不应超过 6%。

③装入适量的盖面净焦。

④打水停炉降料面期间，应不断测量料面高度，或用煤气分析法测量料面高度，并避免休风。

⑤打水停炉降料面时，不应开大钟或上、下密封阀；大钟和上、下密封阀上部不应有积水；煤气中二氧化碳、氧和氢的浓度，应至少每小时分析一次。

⑥大钟下、大小钟之间通蒸汽或氮气，料罐内通氮气。

⑦打水停炉降料面时，应设置供水能力足够的水泵，并能够方便地调整水量；钟式炉顶温度应控制在 400~500℃之间，无料钟炉顶温度应控制在 350℃以下；炉顶打水应雾化良好，防止喷水顺炉墙流水引起炉墙塌落和产生局部积水引起爆震；打水时人员应离开风

口周围。

⑧停炉过程中要保证炉况正常，严禁休风。如必须休风，要先停止打水，进行炉顶点火后再休风。

⑨料面降至风口水平面即可休风停炉；大修高炉，应开残铁口眼放尽残铁；放残铁之前，应设置作业平台，清除炉基周围的积水，保持地面干燥。

（5）人员进入高炉炉内作业前，应拆除所有直吹管，拆除布料溜槽并有效切断煤气、氧气、氮气等危险气源，清除危险物体；安置专人监护，携带报警、防护用具。

四、高炉生产操作安全要求

高炉冶炼事故主要有低料线、管道行程和崩料、悬料、风口灌渣、炉缸和炉底烧穿等。如不及时处理，就会酿成大祸。

1. 高炉突然断风处理

高炉突然断风，应按紧急休风程序操作，同时组织出净炉内的渣和铁。休风作业完成后，组织处理停风造成的各种异常事故。如果设有拨风系统，应按照拨风规程作业，采取停煤、停氧等应急措施，按规程逐步恢复炉况。

2. 高炉停电事故处理

高炉停电事故处理应遵守下列规定：

（1）高炉生产系统（包括鼓风机等）全部停电，应积极组织送电；因故不能送电时，应按紧急手动休风程序处理。

（2）煤气系统停电，应立即减风，同时立即出净渣、铁，防止高炉发生灌渣、烧穿等事故；若煤气系统停电时间较长，则应根据煤气厂（车间）要求休风或切断煤气。

（3）炉顶系统停电时，高炉工长应酌情立即减风降压直至休风（先出铁、后休风）；严密监视炉顶温度，通过减风、打水、通氮气或通蒸汽等手段，将炉顶温度控制在规定范围以内；立即联系有关人员尽快排除故障，及时恢复，恢复时应平衡风量、矿批与料线的关系，合理控制入炉燃料比。

（4）发生停电事故时，应将电源闸刀断开，挂上停电牌；恢复供电时，应确认线路上无人工作并取下停电牌，方可按操作规程送电。

（5）鼓风机停电按停风处理。

（6）水系统停电按停水处理。

3. 高炉冷却系统事故处理

就高炉主体来讲，冷却的目的是保护炉体设备，生成稳定的渣壳。为了达到有效的冷却，必须提高水质，采用高效的冷却构件，对水进行有效的控制，既不危及耐火材料的寿命，又不致因冷却件的泄漏导致高炉运转失常或发生事故。

（1）高炉冷却系统应符合下列规定：

①炉本体冷却水压力都应大于炉内压力 0.05MPa 以上。

②高炉各区域的冷却水温度、流量和压力应满足设计要求。

③对热风阀和倒流阀的破损，进行常规"闭水量"检查；倒换工业水的供水压力，仍应大于风压 0.05MPa；应按顺序倒换工业水，防止断水。

④确认风口破损，应尽快减控水或更换。

⑤各冷却部位的水温差及水压，应每2h至少检查一次，发现异常，应及时处理，并做好记录；发现炉缸区域温差升高，应加强检查和监测，并采取措施直至休风，防止炉缸烧穿。

⑥高炉外壳开裂和冷却器烧坏，应及时处理，必要时可以减风或休风进行处理。

⑦高炉冷却器损坏程度较大时，应同时在外部打水，防止烧穿炉壳，然后根据损坏情况，酌情减风或休风处理。

⑧应定期清洗冷却器，发现冷却器排水受阻，应及时进行排气、清洗、疏通。

⑨确认直吹管焊缝开裂，应控制直吹管进出水端球阀，防止水进入炉内，外部接通工业水喷淋冷却；及时休风处理。

⑩水冷炉底，特别是水冷管在封板上部的水冷炉底，应有可靠的监测装置。定期测量热流强度（热负荷）不能突破危险界限。炉底水冷管破损检查，应严格按操作程序进行；炉底水冷管（非烧穿原因）破损，应采取特殊方法处理，并全面采取安全措施，防止事故发生。大修前，应组成以生产厂长（或总工程师）为首的炉基鉴定小组对炉基进行全面检查，并做好检查记录；鉴定结果应签字存档。大、中修以后，炉底及炉体部分的热电偶，应在送风前修复、校验；安装冷却件时，应防止冷却水管和钢结构损坏。

（2）软水闭路循环冷却系统应遵守下列规定：

①根据高炉冷却器、炉底水冷管和热风阀等处合理的热负荷，决定水流量及水温差。

②炉缸冷却壁和炉底水冷管进出水的温差或热负荷超过正常冷却制度的规定范围时，应立即加强水温差和热负荷的检测；采取相应护炉措施，保证炉缸安全。

③特殊炉况下，经主管领导批准，高炉软水冷却系统的冷却参数可适当调整。

④炉腹至炉身下部应提高冷却强度，做好冷却件一旦损坏后炉皮喷淋水冷却的设计。冷却器破损的检漏和处理，应各派专人监护，安全装备应齐全可靠，严防煤气中毒。

⑤定期测量软水水质，发现异常及时处理。

⑥保持系统仪表仪器正常，准确监控密闭系统的补水量，补水异常及时检漏处理。

（3）大、中型高炉风口冷却水应设置风口漏水的监测报警装置。风口水压下降时，应视具体情况减风，必要时立即休风。水压正常后，应确认冷却设备无损、无阻，方可恢复送水。检查风口时，风口出水端未转换开路时，不应用进水端阀门进行"闭水量"检查，防止风口两端供回水压力相等，导致风口水流速为零而发生烧穿事故。

（4）停水事故处理应遵守下列规定：

①发现冷却水压和风口进水端水压小于正常值时，应立即减风降压，停止放渣，立即组织出铁，并查明原因；水压继续降低以致有停水危险时，应在应急水源（应急水泵或水塔）工作时限内完成休风操作，并将全部风口堵严。

②如风口、渣口冒汽，站立侧边外部打水，避免烧干、烧穿。

③应及时组织更换被烧坏的设备，冷板烧损应闭水，采取相应的安全措施。

④关小各进水阀门，分段通水。通水时由小到大，避免冷却设备急冷或猛然产生大量蒸汽而炸裂。

⑤待逐步送水正常，经检查后送风。

4. 高炉炉缸烧穿事故处理

高炉炉缸烧穿时，应立即休风。

5. 高炉炉缸和炉底烧穿事故处理

(1) 炉缸和炉底烧穿原因：设计不合理，耐火材料质量低劣或砌筑施工质量不佳；冷却强度不足，水压过低，水质不好，水管结垢；长期冶炼不易生成石墨碳的铁种（如低硅高硫或含锰较高）；频繁洗炉，尤其是萤石洗炉；使用含铅或碱金属的原料；冷却器件漏水入炉缸；长期铁口过浅或出铁操作及铁口维护不当。

(2) 炉缸和炉底烧穿征兆：冷却壁水温差超过规定值（黏土砖炉缸和炉底规定值为2℃，碳砖炉缸炉底（包括综合炉底）规定值为3~4℃）；炉基温度超过限值（强制风冷炉底限值250℃；自然通风炉底限值400℃；黏土砖无冷却炉底，炉基表面700~800℃）；冷却壁出水温度突然升高或出水量减少；炉壳发红或炉裂缝冒气；出铁时经常见下渣后铁量增多，甚至先见下渣后见铁。

(3) 炉缸和炉底烧穿预防：开炉初期安排冶炼利于在炉缸内沉积石墨碳的铁种；平日不轻易洗炉；根据水温差增大及其他征兆，改炼铸造铁或提高碱度，在水温差增大的方位，风口减风，甚至堵塞风口；改变装料制度，减少边缘气流，适当降低冶炼强度；在炉底和周围形成难熔保护层；重视出铁和铁口维护工作；重视冷却系统检查，避免漏水，定期清洗冷却器；水温差增大时，提高炉缸和炉底的冷却强度。

6. 炉前作业应遵守的规定

(1) 渣口装配不严或卡子不紧、渣口破损时，不应放渣。更换渣口应出净渣、铁，且高炉应放风减压或休风。渣口各套漏煤气时，应先点燃煤气，然后再拆、做泥套或更换渣口。做泥套或更换渣口时，应挂好堵渣机的安全钩。

(2) 渣口各套水压低于安全压力时不应放渣，要适量减风降压。

(3) 高炉炉缸储铁量接近或超过安全容铁量（包括铁水面接近渣口或渣口冷却水压不足）时，应停止放渣，减风减压降低冶炼速度，强化出铁组织，尽快打开铁口，防止发生渣口烧坏和风口灌渣、烧穿等事故。

(4) 风口、渣口发生爆炸，风口、吹管烧穿，或渣口因误操作被拔出，均应首先减风改为常压操作，同时防止高炉发生灌渣等事故，出净渣、铁休风。情况危急时，应立即休风，防止事故扩大。

(5) 按时排放渣、铁，须制定出铁进度表。进度表规定了出铁次数、出铁时刻、每次出铁所用时间、铁口深度和角度、打进铁口泥的数量等。

(6) 要避免出现以下情况：

①铁口过浅。铁口过浅使铁水流未经缓冲即从铁口在高压状态下冲出，铁水流不稳定，且由于铁口过浅铁口直径随时间的延长而增大，最后失去控制造成"跑大流"，以致流到炉台、炉下，难以保证人身与设备安全。铁口长期过浅，可能烧坏冷却壁。

②潮铁口出铁。铁口孔道必须烘干，严禁潮铁口出铁。潮铁口出铁时，由于被铁水急剧加热，急剧蒸发大量蒸汽，发生铁口"打火箭"，破坏铁口，最后导致"跑大流"。采用无水泥堵铁口后，这类事故已大量减少。但中、小高炉目前仍在使用水泥堵铁口，在操作中应加以注意。

③下渣带铁量应满足冲渣条件，不能超过允许渣中含铁量。

(7) 退炮时渣铁跟出。铁口过浅时，渣铁出不好。打入的炮泥被渣铁漂浮不能形成泥包，可能使铁水窜入炮膛，以至于不能重新堵炮，或在退炮时铁水跟出来，造成严重的事故，主要是铁口过浅或泥质不达标造成的。一旦出现过浅铁口，应首先减风，并配足铁、渣罐，出尽渣、铁，尽快恢复铁口的正常深度。

（8）泥套破损后堵不上铁口。铁口泥套损坏以后，泥炮炮嘴与泥套之间接触不严，铁口封不住就会造成事故。因此，在每次出铁前应检查泥套，不符合标准的应立即修补。

（9）铁口钻漏，铁流过小。钻铁口时，铁水从铁口泥包裂缝中漏出，铁流又细又小，难于用正常的操作方法使铁流变大，若任其自然流出，则会影响出铁时间。渣铁生成速度大于排放速度时，可能使炉缸内渣铁量大量增加，产生憋风后患。此时既无法使用氧气，也不能用开口机扩大铁口孔道，为了避免发生更大的事故，应及时堵口后重开铁口或转场出铁。

（10）撇渣器处理。修补砂口后，防止由于未烘干，砂口内壁的水分急剧蒸发，体积膨胀，发生爆炸。防止由于残铁未抠净，出铁时使残铁熔化发生烧漏事故。防止因铁水温度过低，或出铁间隙过长时发生凝铁事故，新砌砂口或新修补的砂口第一次使用时可将残铁放出。

7. 炉内作业

1）低料线

由于各种原因影响，不能按时上料，以致高炉料线较正常规定料线低 0.5m 以上的称低料线。出现低料线时矿石不能正常预热和还原，煤气流分布紊乱，是造成炉凉及顺行变差的重要原因。如长期不能恢复正常还会使炉顶温度过高，烧坏炉顶设备，因此应及时进行处理。产生低料线的原因有：装料系统（包括槽下、上料及炉顶设备）发生故障；原料（包括矿石、焦炭）供应系统发生故障；其他原因，如崩料、悬料也会引起低料线。

（1）出现低料线的时间不能超过 1h。若不能马上上料，应果断减风。由于冶炼原因（崩料、悬料）造成低料线时，应根据情况，适当减小风量，以防其他冶炼事故发生。

（2）低料线存在 1h 以上时，应适当补充焦炭，防止低料线热量损失造成炉凉事故。

（3）由于槽下系统故障产生的低料线，可以灵活地适量先装焦炭。在没有把握的情况下，严禁先装矿石后补焦。

（4）为避免由于低料线带来的炉况不顺，可以改变装料顺序，疏松边缘气流，并适当减风，回风时不宜过急。

2）连续崩料

高炉崩料如同低料线一样影响矿石的预热和还原。特别是高炉下部的连续崩料，能促使炉缸急剧向凉，甚至造成风口灌渣、烧穿冻结等事故，并由此造成人身伤亡。

一旦发生连续崩料，必须果断地大量减风（这期间必须观察风口工作状况，避免因减风引起烧穿事故）至不崩料的最低水平；同时要减轻负荷，以尽快提高炉温，改善渣铁流动性；加强出铁，适当增加出铁次数，将凉渣迅速排出，千方百计避免风管烧穿事故发生。

3）悬料

炉料停止下降即为悬料；经 3 次坐料仍未能消除者谓之顽固悬料。发生悬料的主要原因是由于气流分布失常，软熔带不稳定而导致炉料悬挂，处理不当则成为顽固悬料。长期休风期间，炉内原燃料质量变化，送风后操作不当，也可引起悬料。

悬料也可能是由于低料线下达、原料粉末太多、炉温太高或太低等原因造成的气流紊乱和炉型不合理。但根本原因是高炉操作制度不正确。

处理悬料一般是在放风后，依靠炉料的自重使炉料崩下（称之为坐料）。冶炼时应密切注视，尽早发现悬料征兆（称之为难行），并采取相应措施坐料，如炉温太热可以采取减煤量、减氧量、减风温、改常压等措施，力争炉料不坐自崩。处理坐料时应注意：

(1) 必须和高炉鼓风机站联系，防止坐料时鼓风机发生事故。

(2) 必须和热风炉操作密切配合，风压很低（如有的厂规定50kPa）或料坐下之前，应将冷风闸板关死，以防料坐下的瞬间煤气窜入冷风管道，引起爆炸。

(3) 坐料前，有渣口的应尽量放渣，炉前应积极组织出铁。

(4) 坐料前，炉顶煤气系统要通入保安气体（蒸汽或氮气），防止空气吸入发生爆炸。

(5) 坐料前要停止炉顶打水，停煤、停氧。

(6) 坐料时，无关人员不得进入风口平台，其他人员不可在炉身、炉缸、炉顶等处作业。料一旦坐下后，应积极慎重恢复冶炼，避免再次悬料。

4) 大凉及炉缸冻结

大凉和炉缸冻结是严重的冶炼事故。所谓大凉，即渣、铁物理热不足，流动性差；严重时，则为炉缸冻结。产生的原因有：

(1) 连续崩料未能及时有效地得到控制。

(2) 长期低料线处理不当。

(3) 冷却设备大量漏水未能及时发现、制止。

(4) 开炉、长期休风之后准备不充分便送风。

(5) 原料品质恶化，特别是粉末料过多。

(6) 上错料未及时纠正。

处理这一事故的基本原则是尽一切努力保持高炉不断下料，以待净焦或轻料下达炉缸，解除炉凉的威胁，并努力避免发生其他事故（如风口灌渣、风管烧穿）。处理这类事故，视其严重程度的不同，手段也不同。最严重时，铁口不能出铁，渣口不能放渣，可将风口中的一个改为临时出铁口，另一个送风，其余全部堵死。先利用一个风口工作，然后逐步扩展，待炉温上升后，渣、铁口能正常出铁、放渣时，将所有风口逐个打开。较为先进的方法是用专用氧枪把铁口和上方风口烧通，逐步增加风口数量。这种方法损失较小、安全性较高、恢复速度较快。

处理大凉及炉缸冻结过程极易发生不安全事件，应从操作上竭力避免。

5) 炉缸严重堆积

冶炼条件恶化，操作发生严重错误时，可能导致炉缸严重堆积，炉况失常。造成炉缸堆积的原因是：

(1) 经常采用高炉温（如炼铸造铁）、高碱度的操作制度，使炉缸石墨碳沉积过多或炉缸周围渣壁过厚。

(2) 冷却壁长期漏水，引起局部严重堆积。

(3) 原料粉末过多，特别是焦炭强度差，焦粉增多。

(4) 长期风量不足，炉温偏低。

(5) 操作制度长期不合理。

严重的炉缸堆积，往往造成风口大量破损，休风频繁，难以一时恢复正常。改善原料条件、提高原燃料强度、及时调整高炉工作制度，是消灭此类事故的关键。

五、炉前开铁口、防铁水喷溅烫伤作业以及铁水沟、渣沟的安全措施

（1）开铁口前要检查确认开口机、液压炮、摆动流嘴等装置运行可靠，无故障。液压炮空顶泥时，炮口前端严禁站人，防止热泥喷出烧伤。

（2）检查确认渣铁罐兑到罐位，并且渣铁罐内无积水或潮湿的炉渣、耐火材料。

（3）检查大壕、渣铁壕内干燥、无积水，铁口泥套完好、无破损、潮湿现象。

（4）检查撇渣器内外连通（搅动内撇渣器，外撇渣器小方井液面有起伏反应），撇渣器沙坝埋好，渣铁壕分岔口"三角"区切断可靠。

（5）开铁口过程中铁口对面严禁站人，杜绝作业人员跨越大壕，天车吊运物品应远离铁口对面。

（6）钻铁口过程中更换钻杆、铁棍时，开口机要退回零位，防止铁口突然流出伤人。

（7）开口机钻铁口至"红点"后要及时退回开口机，更换铁棍捅开铁口，尽量避免钻透铁口。

（8）如果开口机钻不动，需要用大氧烧铁口，要注意处理好吹氧管与软管的接头，杜绝漏气。开气人员要避免急开、急停氧气阀门，防止供气量忽大忽小烧伤人员。

（9）出铁期间，渣铁壕盖板要盖好，避免冒烟、扬尘或人员滑入。

（10）铁口流铁正常后要注意观察大壕、渣铁壕、撇渣器、摆动流嘴的渣铁流动情况，及时清除大块物料，防止卡堵导致高温液态渣铁溢流。

（11）出铁过程中铁口前方严禁站人、停放车辆或放置物品，任何人严禁跨越渣铁壕。

（12）使用工具接触液态铁水前，必须烘干，防止放炮，人员要放下面罩。

（13）出铁过程中禁止往渣铁壕内抛扔杂物，防止飞溅、爆炸伤人。

第八节 炼铁厂重大事故处理

一、送风系统设备烧坏事故处理

（一）事故现象

高炉正常作业时，送风系统突发烧红跑风或烧穿。

（二）事故原因

冷却设备局部堵塞断水而未及时发现，耐火材料局部裂缝脱落，设备陈旧老化等。

（三）处理措施

（1）轻度：高炉本体炉皮局部小面积发红，送风系统局部小面积发红，（听到跑风声音）可用压缩空气或冷却水控制，不致引起立即减休风。

发现送风系统轻度事故：值班工长指令看水工采取加装压缩空气或喷水管冷却，并派维修人员确认，或经专业技术人员确认，若可控，则不需要减风减压操作。做好记录，汇报作业区领导。

(2) 中度：炉本体局部烧红面积大，通过喷水冷却可临时控制不再发展，送风系统发现跑风响声较大（出现明显裂缝），通过压缩空气或喷水冷却可临时控制。

发现上述情况，值班工长：

①立即指令看水工及维护人员等对事故区域进行压缩空气或喷水冷却并留专人密切监视现场情况。

②立即通知炉前开铁口出铁（大型高炉做好第二个铁口重叠出铁准备）。

③立即通知相关岗位做休风准备工作。

④向厂调通报情况并汇报相关厂领导。

⑤通知维护和专业技术人员到现场进行休风前确认。

⑥必要时根据情况进行减风减压操作。

⑦出尽渣铁后休风处理。

(3) 重度：炉皮突出性烧红（烧穿）喷水冷却无法控制，或送风系统突发跑风（烧穿）压缩空气和喷水无法控制时，必须进行紧急减风、休风处理。

发生炉皮（吹管等送风设备）烧穿事故，一次性快速减风50%以上（以不灌风口为好），同时组织看水等岗位人员喷水冷却并按中度处理方法迅速组织出铁等。若大量减风并外部冷却能控制住不再扩大，可适当延缓休风，尽量使炉内渣铁排尽。若烧穿面积大，且发展迅速或伴有炽热渣铁（焦炭）吹出，应紧急休风处理，防止事故扩大。

发生烧穿事故后，值班工长一人组织紧急休风，一人汇报厂调等部门，同时现场组织人员抢修。若现场危险程度加剧，迅速组织人员撤至安全地带，防止引发人身伤害。休风后迅速组织人员抢修（更换）损坏设备，并逐级汇报事故情况。

二、铁水罐（鱼雷罐）结盖、冻结事故处理

(一) 事故现象

出铁后由于长时间未倒铁或铁水温度不足等，造成罐体上部结盖，铁水不能顺利倒出。

(二) 事故危害

铁水不能顺利倒出，严重时造成铁水冻结甚至导致罐体损坏，处理中引发其他安全事故。

(三) 处理措施

1. 敞口罐结盖（冻结）

由于各种原因导致敞口罐结盖时，大致分为轻微结盖、较严重结盖和严重结盖三种情况：

1) 轻微结盖

结盖时间较短且结盖较薄，但铁水不能顺利倒出时，若罐在炼钢作业区，可求助炼钢厂人员，利用已倒空的罐对结盖罐进行压制作业，直至将盖子压开，将铁水倒出之后回罐库清理恢复使用。

2) 较严重结盖

敞口罐结盖后按上述方法不能奏效时，将结盖罐送铸铁机平台，采用大氧烧的办法将结盖部位靠近铸铁流嘴一侧烧一 $\phi 200mm$ 左右口子，直至液体流出。待罐中铁水全部倒出后，送罐库清理恢复使用。

3）严重结盖

若经过长时间烧罐，铁水仍流不出，则说明此罐铁水已完全冷凝，将此罐送罐库打水冷却解体，翻罐大修。

2. 鱼雷罐（结盖、冻结）

鱼雷罐因其容铁量大，一旦形成结盖或冻结，将很难处理。

1）轻微结盖

鱼雷罐轻微结盖认定：进入炼钢区域进行正常倾倒作业时，经3次以上不同角度倾翻而铁水无法流出，即确认已形成结盖或轻度冻结。

铁厂调度接到炼钢厂（跟罐工）鱼雷罐结盖（冻结）信息后：立即汇报总调，并要求炼钢厂做好配合准备工作。立即通知当班炉前工准备烧大氧的工具（胶管、接头、$\phi 4mm$ 或 $\phi 6mm$ 铁管等）及3~4人，并派值班车到炉前拉运工具（白班时通知炉前技师及炉前作业长）到炼钢倒罐作业区。通过总调通知运输部门将已冻结的罐拉运至炼钢厂房外靠近公路的一侧待命。必要时要求路灯安装车到现场配合工作。要求炼钢厂提供大氧气源，并配合烧罐后及时优先倾倒铁水。

炉前工到达事故现场后，在调度（夜间）或专业人员指挥下进行烧盖作业，将靠近倾翻一侧烧开即可。烧鱼雷罐盖时注意下列安全事项：①劳保用品穿戴齐全，戴好防护镜。②站在路灯车上作业，必须系安全带，路灯车升降过程不许作业；作业前观察好附近高空环境情况，防止触电及碰坏其他设施。③需上鱼雷罐口周边工作时，必须两人以上，一人监护。鱼雷罐盖烧开后，立即将其拉入倒罐间及时将铁水倒出，空罐送倒渣间处理后恢复使用。

2）鱼雷罐严重结盖（冻结）

鱼雷罐严重结盖（冻结）认定：经过反复烧盖作业，深度 $>500~600mm$，时间 $>16h$ 也无法流出时，说明此罐罐口处已冻结。确认罐口冻结后，应立即采取以下措施：

（1）将鱼雷罐保温盖盖好，先行保温。

（2）临时制作一出铁T型槽，上口800mm，下口500mm，长6m，钢板厚10~12mm。现场临时倒耐火材料，烘烤。

（3）将结盖鱼雷罐拉到一较为开阔地。

（4）准备河砂（或返矿）若干（平铺100mm，能容铁200t以上）及相应烧大氧工具。

（5）以上工作就绪后，将鱼雷罐中残铁放出。

处理鱼雷罐严重结盖（冻结）时应注意：放残铁周边一定范围设好安全警戒，需安全消防运输部门配合。

3）鱼雷罐下部冻结

鱼雷罐下部倒不出，铁量不大于50t为轻微冻结，铁量80~100t为中度冻结，铁量大于100t为重度冻结。

（1）轻微冻结发生后，一般不需要采取特别措施，在自行的正常循环使用中可消除，但此罐不要用作过渡罐。

（2）中度冻结后要采取化罐措施，即此罐优先受铁（1天不少于3次），优先送炼钢厂倒铁，必要时3座高炉均可优先安排。一般受铁5次左右，可基本消除。

（3）重度冻结。若受铁后可自行倾翻，则采取中度处理办法即可；若受铁后不能自动倾翻，则需采用给鱼雷罐加配重或采用在倒罐站安装卷扬设备协助翻罐。

（四）要求

1. 炼铁厂

（1）保证铁水热量充沛，铁水炉前测温大于1460℃。

（2）管理好撇渣器，做到不带渣、少带渣，及时处理铁水罐残渣并勤翻罐。

（3）炉况失常，出现低温铁水时及时告知炼钢厂，优先处理。

（4）铁水温度小于1450℃时，原则上不入鱼雷罐，改出敞口罐。Si含量大于2.5%原则上不入鱼雷罐，或出半罐送炼钢厂进行混铁使用。

（5）鱼雷罐在同一铁口作过渡罐不能超2次，即第二炉作过渡罐后必须出满拉走。

（6）冻罐优先受铁，受铁后优先送炼钢厂，尾罐优先受铁。

（7）高炉放撇渣器前，炉前先将该罐受铁至100t左右，撇渣器放完后此罐优先送炼钢厂倒铁。

2. 炼钢厂

（1）接到炼铁厂要优先倒铁的信息后，应积极配合，该罐进入作业区后及时倒铁。

（2）若因突发故障等造成鱼雷罐长时间停留而不能倒铁时，及时告知炼铁厂调度，炼铁厂调度接到信息后安排，对受铁后>10h的罐依次在砌筑间重新加覆盖剂后加盖保温。

（3）若重罐积压16h仍未能倒铁，在倒罐站将鱼雷罐内铁倒翻至敞口罐送炼钢旧区或铸铁，否则只能考虑执行放残铁预案。

（4）在没有建鱼雷罐铸铁机前，炼钢厂应有防冻罐预案，恢复具备鱼雷罐中铁水翻入敞口罐的设施。

3. 公司总调度

严密监控炼铁厂和炼钢厂铁水平衡情况，严格遵守重鱼雷罐不大于6个的原则，确认放残铁场地位置等。

三、高炉突然停风事故处理

（一）事故现象

高炉正常运行中突然停止供风，轻者导致风口、吹管等送风设备灌渣，甚至烧坏送风设备；重者导致煤气回流，引发送风系统爆炸。

（二）事故原因

（1）风机突发故障停机。

（2）突然断电风机停机。

（3）高炉操作不当顶风机。

（4）其他意外事故（如送风管道断裂等）引发风机停机。

（三）处理措施

某厂的3座高炉均装有拔风装置，3号（1800m^3）、4号（1650m^3）高炉可互拔，3号、4号高炉均可给5号（4350m^3）高炉拔风。

1. 风机突然停风，拔风装置及时投入，高炉处于低压慢风作业

若发生在 3 号（1800m³）、4 号（1650m³）高炉之间，风压可能降至正常作业时 50% 以下，此时应采取以下措施。

（1）将高炉排风阀全关，了解风机停机原因，汇报调度。

（2）停喷煤、停富氧、停加湿、停止上料（适当退矿批、负荷），待风量稳定后适量恢复。

（3）组织炉前尽快打开铁口出铁。

（4）组织看水工、喷煤工检查风口工作情况，有无灌渣等。

（5）若出净渣铁后风机仍不能恢复供风，故障风机高炉立即休风，恢复另一座高炉正常用风。

（6）发现风口有灌渣现象时应进行清理（更换），待风机正常后复风，若休风时间大于 8h，复风后注意补焦或堵部分风口恢复。

2. 5 号（4350m³）高炉风机停机、3 号（1800m³）或 4 号（1650m³）高炉拔风给 5 号（4350m³）高炉

当 3 号（1800m³）或 4 号（1650m³）高炉拔风给 5 号（4350m³）高炉后：

（1）3 号（1800m³）、4 号（1650m³）高炉除采取相互拔风操作步骤外，只要情况允许（风口不灌渣）应立即休风，将全部风量尽早供给 5 号（4350m³）高炉。

（2）5 号（4350m³）高炉发生风机停风后，也应采取相应操作，同时通知炉前打开第二个铁口重叠出铁（钻头增大）。

（3）风机突然停风，拔风装置未启动，各高炉均应按照紧急休风处理：

①应立即通知炉前开铁口出铁，5 号（4350m³）高炉开第二个铁口（铁头均应加到最大）尽量多出铁。

②组织看水工等检查送风装置，不确认已休风不准打开风口盖等。

③休风后打开倒流阀，或将一座热风炉烟道阀、冷风阀打开，防止高温气倒入风机。

④发现灌渣或冷却设备损坏，休风后更换。

⑤待风机正常后复风，视休风时间采取相应恢复措施。

四、风口曲损更换

（一）事故现象

正常生产过程中由于炉内局部塌料或不明原因风口突然弯曲，严重时风口局部掉入二套，直吹管跑风。

（二）事故后果

轻微弯曲变形，导致本区域进风状态变化，不能喷煤，影响本区域炉缸工作；严重时发生炉缸焦炭吹出，烧坏送风装置，导致事故休风。

（三）处理措施

（1）常规休风更换。由于风口变形无法用常规方法正常卸下，耗时长，体力消耗大，若采取大氧烧的办法不仅耗时长，还有烧漏二套的可能，环境污染也大。

（2）休风过程中采用低压熔损作业。这样做可以缩短休风时间，减轻工人劳动强度。

①休风前要制定详细作业标准和安全措施，明确人员分工，并得到上级部门批准。

②休风前要在作业的风口区接好临时打水管3根（风口进出水管处各固定一根，另一根应急）。

③现场作业人员要配备煤气检测仪、手电筒、风口镜等，并穿戴齐全相关劳保用品。

④每个作业点由2人组成，指挥1人，操作1人，现场设总指挥1人。

⑤休风作业开始，现场总指挥下作业指令逐步减少水量，第一次可关减水量的30%，（5号高炉）风量减至5000m^3/min时，水量控制到300L/min，注意观察风口，须保持明亮。高炉风压减至常压，风量为3000~3500m^3/min时，将风口给排水切换到旁通状态（提前做开关门预案），此时将风口外部固定冷却水管打开对风口进行外部冷却。

当高炉风压降至80kPa时，风口进行停水作业关闭进水门，外部冷却水开大。注意观察风口排水管，发现排水管有煤气排出时（也可用煤气检测仪判定）关闭排水阀，直至休风。休风后停止外部打水，作业结束（3号、4号高炉依据不同情况而定）。

（四）注意事项

（1）各作业过程中，风口正面严禁站人或逗留。

（2）严密监视风口状况及排水状况，严禁风压未降到指定值前出现断水。

（3）防止风口进出水金属软管烧穿伤人。

（4）上风口前检查风口进退水管通水情况。

五、高炉停水、冷却设备（风口）烧坏事故处理

高炉停水（包括软化水）涉及高炉本体、热风炉冷却系统、水渣系统、高炉煤气清洗系统。

（一）事故危害

可能烧坏冷却设备，导致高温渣铁、焦炭喷出，造成高炉停产和人员伤害。

（二）事故原因

（1）供电设备事故，全部停电或部分停电。

（2）供水系统管路爆裂或严重泄漏等其他因素。

（3）内燃机应急系统不能投入或部分不能投入运行。

（三）处理措施

1. 水压降维持在正常水压的50%以上

值班工长：发现水压仪表显示值下降，立即与供水厂泵房联系确认，同时向看水工、炉前工、热风炉工、净化操作工等岗位发出预警指令。确认水压下降信息后，进行减风减压操作（减幅根据情况而定，一般在30%），并令看水工等涉水岗位密切关注冷却设备情况；炉前紧急开铁口出铁（5号高炉第二个铁口重叠出铁），汇报厂调度。若较长时间不能恢复正常（>1h），要进行休风操作，水压正常后复风。

炉前工：接到值班工长指令，立即打开铁口出铁（5号高炉开第二个铁口重叠出铁），并关注炉前冷却设备通水情况，没有指令前尽量远离风口区域。

看水工：发现低水压报警（接到中控水压低报警指令）立即到炉台进行确认，并将风口退水情况汇报中控。水压恢复前密切观察炉台水压情况；水压恢复后，再确认风口水量情况。若软水系统水压低，正常后应进行人工排气。

其他涉水岗位听从值班工长指令。

2. 水压降（全部断水）

值班工长：发现水压持续下降，立即进行减风、休风作业；若水压降至零，要进行紧急休风作业。同时汇报厂调度（或公司总调度）并立即与供水泵站联系启动内燃机事宜，确认相关事故情况。确认停水后，立即通知炉前开铁口出铁（5号高炉开第二个铁口重叠出铁）。看水工到炉台检查确认供水系统情况。通知热风炉停烧，要求其他涉水岗位按紧急断水预案进行操作；供水恢复正常，检查确认无冷却设备损坏，进行复风。

炉前工：接到中控指令，立即打开铁口出铁（5号高炉第二铁口重叠出铁）。若水渣系统也断水，立即倒出干渣。在值班工长指挥下，积极协助看水工进行打水等临时抢险工作，并做好休风后更换风口准备工作。

看水工：发现系统全部停水（包括软水），立即检查系统压力、流量和柴油泵的情况，与软水泵房联系确认并随时将炉台情况汇报值班工长。

①停水后，应急内燃机能全部正常启动或部分启动，密切观察风口水量情况，并汇报工长。

②应急内燃机未启动，而事故水塔供水时，要尽量控制风口水量，以不断水为前提，尽量延长供水时间，减少风口烧坏、烧穿概率。

高炉紧急休风过程中，检查风口吹管有无涌渣，软水系统（5号高炉）停氮气，开溢流阀，改自然循环。同时准备好外部打水管，以备局部区域烧红或烧穿时使用。恢复供水后，要逐个缓慢送水并逐个检查，发现损坏控制水量（休风状态停止供水），休风后更换损坏的冷却设备。

六、铁水罐（敞口罐、鱼雷罐）渗漏铁水事故处理

（一）事故现象

出铁期间（或关门后）铁罐渗（漏）铁。

（二）事故后果

造成铁水漫道，慢风、休风，引发其他安全事故。

（三）处理措施

发生渗铁或漏铁都应立即采取以下措施，防止事故进一步扩大，必要时高炉立即堵口。

1. 事故罐症状

若炉前人员发现罐有渗（漏）症状，烟气突然增大，或有明显的渗漏部位，应立即将摆动流嘴摆入另侧受铁，同时通知运输部人员做拉罐准备，并将情况汇报厂调度（对讲机）到事故现场进一步了解情况。

①运输调车人员接到炉前渗（漏）铁事故指令后，立即进入应急状态，并汇报运输部请求支援等待指令；或听从铁厂现场人员指挥。

②若主线渗（漏）铁，运输部人员确认摆动流嘴已摆入辅线后，立即将事故罐拉离摆动流嘴下（若不是尾罐，将后面的罐配好），且尽量远离炉台或撤至自认为较为安全的地带（同时告知炉前机车已离开主线的信息）。在运输过程中听候上级指令进一步确认事故罐去向。

③若辅线罐发生渗（漏）铁又无备用罐，炉前立即将摆动流嘴摆入主线，用对讲机通知运输作业人员做应急准备，并通知调度。若确认炉台附近有其他机车可救援，主线机车可待命；否则，要求主线机车应急作业，且按紧急堵口预案做好堵口准备。

④无论事故罐发生在主线还是辅线，都要尽可能将其拉到远离炉台或不易发生危险的区域（建议运输部制订此类事故应急预案）。

⑤若运输部机车人员首先发现渗（漏）罐事故，立即用对讲机通知炉前人员。炉前接到通知应立即按（②或③条执行）。

⑥炉前：除上述紧急操作外，要对事故进行确认；无论何种原因，若事故罐不能及时拉离摆动流嘴下（危及下次对罐或因漏铁大事故罐已难以拉动），应立即堵口，并汇报中控、厂调度。

⑦中控操作人员接到炉前事故汇报后立即到现场进行确认，若判断事故影响危及安全生产，立即通知炉前堵口，并根据情况进行临时减风或慢风作业，防止事故扩大。

⑧厂调度人员接到事故报告后立即汇报总调度，并通知炼钢厂、运输部、铸铁机等做好应急准备；值班班长立即赶赴现场指挥（必要时通知安全部门到场）。

2. 事故罐处理

（1）若事故罐发生轻微渗（漏）（敞口罐不影响炼钢东侧挂钩），将事故罐拉至炼钢厂紧急倒出。

（2）若事故罐渗（漏）较为严重，炼钢厂无法接受，甚至危及安全生产时，若渗（漏）发生在罐体上部，可将事故罐拉至指定线路来回拉运，直至不再渗（漏）后运炼钢厂或铸铁机（期间可要求消防支援以免引发火灾等）。

（3）若渗（漏）发生在较低部位，炼钢厂又无法接受时，应将事故罐拉至指定地点进行处理（必要时安排消防配合）。

3. 相关部门职责

（1）总调度室：通知炼钢厂做好事故罐的处理准备工作；视情况做好其他应急准备工作。

（2）炼铁厂调度：接到事故通报应立即汇报总调度，并通知运输部、炼钢厂做好相应准备，立即到现场指挥协调；根据情况决定罐的去向，根据线路情况决定是否正常组织生产，及时汇报。

（3）运输部：接到炼铁厂指令后，相关人员应到现场协调指挥，并做好运送事故罐沿途人员疏散及运输安全工作，派员对铁路受损情况进行确认。

（4）炼钢厂：接到总调度指令或炼铁厂要求后，应立即做好处理事故应急准备工作，保证事故罐到达后在最短时间内安全处理。

备注：炼钢厂、运输部应有相应预案。

第九节　高炉维修安全

高炉生产是一个连续作业的过程，设备维修分为日常维修及定检。日常维修是指在高炉不休风的情况下，对设备进行维护和检修，通常由岗位人员及功能承包单位实施；定检是根据设备检修周期，结合高炉的生产运行情况对高炉有计划地定期检修。

一、高炉维修管理规定

(1) 设备管理分为三级：作业区岗位工人的日常管理；机、电两点检站专职管理；设备能源科专业管理。各作业区分别配备机、电专职点检员，对设备的点检维护、检修进行全面管理。

(2) 制定检修四大标准，即点检标准、给油脂标准、维修技术标准、检修作业标准。

(3) 高炉维修或检修往往是多工种交叉作业，因此，事先制订好检修安全工作计划和切实可行的安全措施，对保证维修安全是十分重要的。以上设备管理人员均应对维修安全分级负责。

二、高炉维修、检修过程中的危险、有害因素分析

1. 煤气发生火灾或爆炸

(1) 煤气设备、设施、管道检修，未按要求进行隔断、吹扫、置换，并化验煤气浓度，发生爆炸。

(2) 煤气泄漏导致火灾或爆炸。

2. 灼烫或重大设备烧损

(1) 高炉为高温高压设备，且需频繁进行出铁、出渣等操作，开堵铁口等作业过程中可能造成灼烫事故。

(2) 渣铁流到地上，可能将机车烧坏、焊住铁罐、烫伤作业人员等。

3. 中毒

(1) 对煤气系统（如高炉炉顶、热风炉、除尘装置、TRT、煤气管道等）进行检修过程中，未按要求进行隔断、吹扫、置换，并化验煤气浓度，且未正确使用防护用具，发生煤气中毒。

(2) 高炉生产过程中产生的高炉煤气及热风炉加热使用的焦炉煤气含 CO 浓度较高，一旦发生泄漏可能导致维修或点检人员中毒。

(3) 膨胀器、法兰、轴封、管道等破损，煤气泄漏造成煤气中毒。

4. 起重伤害

起重设备在检修作业过程中发生断绳、冲顶等事故对人体的伤害。

5. 机械伤害

(1) 各种机械设备运转和处理故障时可能对人体造成卷入、夹碾、挤压、碰撞等伤害。

(2) 处理卡料等故障过程中，与机械运动部位接触的工具等反弹造成伤害。

6. 触电

(1) 带电作业，不小心触电。

(2) 电工技术不熟练或非电工乱接线造成作业人员触电。

(3) 电气装置外壳破损，不小心触及造成触电。

(4) 移动式用电设备未采取保护接地措施，碰壳后发生触电事故。

(5) 电气设备维修时未停电造成触电。

(6) 电气设备维修时，因误送电伤人。

(7) 电机试运转时，工具或零件未放好，飞溅伤人。

7. 物体打击

在高炉出铁场、热风炉等所有架空平台作业过程中，工具、物料等不慎坠落击伤下层作业人员。

8. 坍塌

处理矿槽堵料过程中，操作及站位不当，物料垮塌砸埋作业人员。

9. 高处坠落

处于 2m 以上高处作业的人员，未佩戴安全带发生坠落导致伤害。

10. 车辆伤害

厂内车辆（含汽车及火车）运行可能造成人员撞伤。

11. 窒息

生产过程中使用氮气，如发生泄漏，人员处于高浓度氮气环境中会导致窒息事故。

三、检修作业中的危险、有害因素及主要防范措施

1. 煤气伤害的防范措施

(1) 煤气区域配置一定数量的便携式可燃气体测爆仪、氧气呼吸器等救护设备。煤气设施、氧气设施设有明显标志和警示牌。

(2) TRT 主厂房设有 CO 浓度检测和报警装置，主厂房内配置电气防爆设备。

(3) 热风炉煤气预热器设有煤气放散管、放散阀及蒸汽吹扫系统，预热器两侧设有盲板，防止检修人员进入装置时发生煤气中毒事故。煤气区域动火，除煤气技师确认外，还须办理动火手续。爆炸危险场所电气设备选用防爆产品。

2. 高温伤害防范措施

高温渣铁区域施工，需确认渣铁口封堵好，不在喷溅范围内，必要时需穿高温防护服。在高温渣铁区域的设备，要设置隔热板或挡渣墙。

3. 起重伤害防范措施

起重设备运行或检修时，要提前确认制动器是否完好，钢丝绳有无断丝，大小车行走传动及限位有无问题，小车主副钩起升及限位有无问题。

4. 防止机械伤害与人体坠落措施

(1) 炉前机械化程度高，可靠性、安全性较高，操作性较好。检修作业时，必须拉闸挂牌，切断设备总电源、液压系统总阀门。

(2) 喷吹站各平台及走梯设有栏杆。喷吹系统全自动操作，系统故障时喷吹系统自动向安全方向切换。

(3) 鱼雷罐修理砌筑间设置防护栏杆，地沟加盖板，传动部位设有防护罩。车间设有安全人行通道，设备之间留有足够的操作距离。

(4) 煤气设施、氧气设施平台设置栏杆，走梯设置护栏，室内留应急通道。

(5) 所有除尘设备各层平台均设置安全护栏。各除尘系统的风量测定孔、检查人孔、阀门处设置检修平台，平台四周设置安全护栏。各除尘系统风机的传动轴处均设置防护罩。

(6) 电动鼓风站吊装孔周围设有栏杆。

(7) 中级及中级以上工作制的吊车设置双面安全走台,且在山墙处连通。

(8) 各生产构筑物均设有便于行走的操作平台、走道板、安全护栏和扶手,栏杆高度和强度符合国家劳动保护规定;屋面设置女儿墙和防护栏杆,高度及强度符合有关规定;登高设施均设防护栏杆(高度≥1050mm)。

(9) 所有矿槽、受料槽均设算条及安全走道,带式输送机的驱动部位、各种滚筒均考虑设安全罩。带式输送机通廊、转运站等均设置安全防护栏杆,在重锤拉紧装置下部设有防护栏杆。

带式输送机系统设有紧急停止开关,通廊沿线设有拉绳开关,系统启动时有铃声预警;带式输送机上设有各种检测及保护装置,使带式输送机系统运行更安全。

5. 电气作业防范措施

(1) 电气作业首先要拉闸挂牌,不许电工技术不熟练或非电工乱接线。

(2) 移动式用电设备应采取保护接地措施。电气设备维修时,严格执行用电程序,避免因误送电伤人。电机试运转时,工具或零件要放好,避免飞溅伤人。

6. 高空作业防范措施

高空作业要系安全带,并设安全防护平台及栏杆。交叉作业要设隔离平台或保护篷,专人监护,防止工具、物料等不慎坠落击伤下层作业人员。

7. 拆除作业防范措施

拆除有可能坍塌的设施,要确认避开坍塌方向,必要时先加固、后拆除。

8. 其他措施

(1) 热风炉系统各种介质管道采取强制保温措施,防止酸性冷凝水析出腐蚀管道。

(2) 喷吹站走道口应设照明设施。

(3) 鼓风机送风管、放风管及送风主管均应采取保温措施。

(4) 监控室、配电室及电气室按规范要求设置操作通道、检修通道和出口。

(5) 油浸式电力变压器设温度、瓦斯等保护,干式电力变压器设温度保护。

(6) 电气室、控制室等设事故照明。

(7) 安全疏散出口和通道等设疏散照明。

(8) 高炉本体、热风炉烟囱按有关规定设置航空障碍灯。

(9) 煤气管道符合 GB 6222—2005《工业企业煤气安全规程》的要求。

四、烧伤的抢救措施

烧伤一般发生在爆炸火灾现场。发生事故后,应立即组织现场急救,迅速使受伤者脱离烧伤现场,去除烧伤源,去除燃烧或热液浸湿的衣服,同时立即通过电话或其他形式与医务室联系,进行现场初步救治。严重烧伤者应使之静卧,保持呼吸通畅,保护创面,防止污染和再创伤,然后根据伤情送厂内医疗室或附近医院救治。

五、其他应急措施

检修时,在易发生事故的生产场所设置相应的事故应急照明设施,并建议设置必备的防毒面具、防护手套、防护服、空气呼吸器、急救药品与器械等事故应急器具。

第六章 炼钢安全技术

第一节 工艺概述

一、概述

炼钢的过程,就是在高温下液体金属发生物理化学反应的过程,即通过炼钢炉提升温度,去除杂质,出钢过程加入合金调整成分,再通过二次精炼,微调钢液成分,去除钢中气体和夹杂物,得到成分和温度合格的钢水,再通过铸机铸成钢坯的高温冶金物理化学过程。常见的炼钢方法有平炉炼钢法、转炉炼钢法、电(弧)炉炼钢法。平炉炼钢由于生产周期长、生产率低,现已淘汰。现国内主要使用转炉炼钢和电(弧)炉炼钢。目前炼钢正朝着冶炼高效化、控制自动化、管理标准化和生产绿色化的方向发展。

由于炼钢生产过程中温度高、工艺复杂、环境恶劣且设备持续运行,容易发生安全事故。

二、炼钢工艺流程

现在的炼钢工艺主要有两种:长流程炼钢工艺和短流程炼钢工艺,分别如图6-1和图6-2所示。

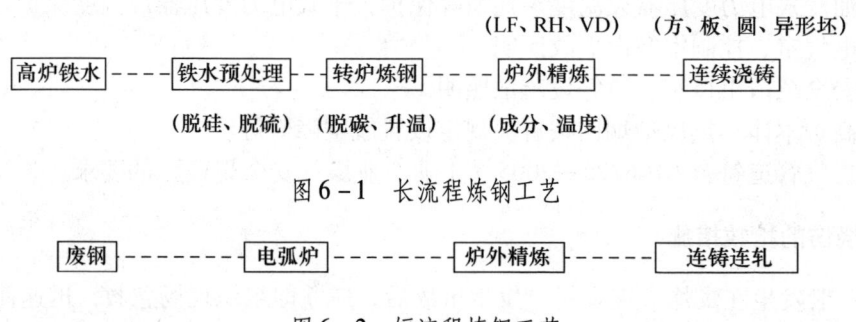

图6-1 长流程炼钢工艺

图6-2 短流程炼钢工艺

长流程炼钢采用转炉炼钢,需要配套烧结、焦化、高炉等大型厂矿和设备,同时还要辅以制氧、原料、耐火材料等辅助厂,后续热轧、冷轧、轨梁等。其特点是生产效率高,但工序长,占地面积广。长流程炼钢工艺流程如图6-3所示。

短流程炼钢采用电炉炼钢,使用回收废钢为原料,配备LF精炼炉、连铸连轧的近终型连铸机。短流程炼钢的钢厂往往要建在有水电、火电,废钢资源丰富的地方,其生产流程短,占地面积小。与长流程炼钢相比,短流程炼钢轧制后直接出成品或比较接近成品的铸坯,免去或减少了后部轧制的工序。

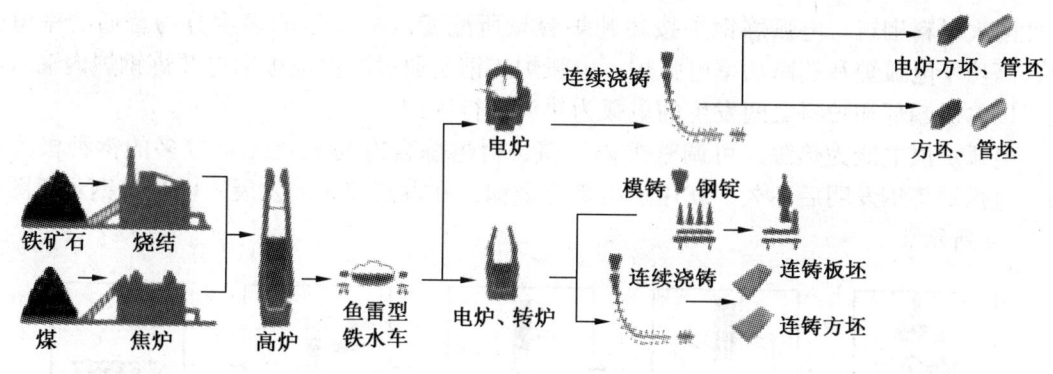

图 6-3 长流程炼钢工艺流程

三、转炉炼钢

转炉炼钢就是以铁水为原料，吹入高压氧气作为氧化剂来氧化铁水中的元素及杂质，利用铁水中碳、硅、锰、磷等元素氧化产生的化学热及铁水物理热作为热源完成炼钢的过程。转炉炼钢一般不需要外加热源，经常辅以废钢、矿石等冷却剂来降温。

当氧气吹入铁水时，铁水中易氧化元素就开始氧化，产生的氧化物和加入的石灰形成炉渣。各项元素按其与氧结合能力大小的顺序依次氧化。首先氧化的是硅、锰和少量的铁。开始时因温度较低（1200~1300℃），而且石灰溶解很慢，组成低氧化钙的铁-锰-硅酸渣。随着温度的升高，碳开始剧烈氧化，石灰也逐渐溶解，炉渣转变为硅酸钙渣或磷酸钙渣，磷和硫亦被脱除。

转炉吹炼终了时，钢液中存在着少量过剩的溶解氧，一般为 0.01%~0.08%，其含量主要取决于终点钢水的碳含量。但在固体钢中氧的溶解度很低，仅为 0.002%~0.003%。因此，在浇铸后的钢水凝固过程中，氧便以 FeO 形式析出，影响钢的质量。所以，要炼成合格的钢，就必须进行脱氧。脱氧是将与氧亲和力较大的元素及其合金作为脱氧剂加入钢液中，利用脱氧产物不溶于钢液而析出上浮脱离钢液的原理，使钢中的氧含量降到规定限度之下。在生产中常用的脱氧元素有锰、硅、铝，它们的脱氧能力依次递增。

由于转炉炼钢过程中涉及高温金属液体、各种冷却水、各种能源介质、各种原材料、高温炉渣、转炉煤气，以及人工取样、罐车运行、渣态控制、挡渣出钢、钢水强脱氧和渣洗、炉后喂线、修补炉体等作业，工作环境复杂，事故频发，是炼钢厂主要的危险源。

四、电炉炼钢

电炉炼钢所使用的电炉有电弧炉、感应电炉、真空感应炉三种，其中，电弧炉是最常用的炼钢电炉。电弧炉是利用电极电弧产生的高温熔炼矿石和金属的一种冶金设备。气体放电形成电弧时能量很集中，弧区温度在3000℃以上。对于熔炼金属，电弧炉比其他炼钢炉灵活性大，能有效地除去硫、磷等杂质，炉温容易控制，设备占地面积小，适于优质合金钢的熔炼。

电弧炉按电弧形式可分为三相电弧炉、自耗电弧炉、单相电弧炉和电阻电弧炉等类型。电弧炼钢炉的炉体由炉盖、炉门、炉身和出钢槽组成，炉底和炉壁用碱性耐火材料或酸性耐火材料砌筑。电弧炼钢炉按每吨炉容量所配变压器容量的多少分为普通功率电弧炉、高功率电弧炉和超高功率电弧炉。电弧炉炼钢是通过石墨电极向电弧炼钢炉内输入电能，以电极端部和炉料之间发生的电弧为热源进行炼钢。

电弧炉以电能为热源，可调整炉内气氛，对熔炼含有易氧化元素较多的钢种极为有利。电弧炉炼钢发明后不久，就用于冶炼合金钢，并得到较大的发展。电炉炼钢示意图如图6-4所示。

图6-4 电炉炼钢示意图

目前电弧炉正在向大型、超高功率以及电子计算机自动控制等方向发展。由于我国废钢资源紧缺，电力供需不平衡，造成电炉炼钢成本较高，从而导致长流程炼钢发展过快，而电炉主要用于冶炼优质钢和合金钢。

电弧炉炼钢从整体上可分为原材料的收集、冶炼前的准备工作、熔化期、氧化期和还原期五大阶段。

五、炉外精炼

炉外精炼是将在转炉或电炉中初炼过的钢液移至另一个容器（钢包）进行精炼的冶金过程，也称"钢包冶金"或"二次冶金"，即把传统的炼钢过程分为初炼和精炼两步进行。初炼时，炉料在氧化性气氛的炉内进行熔化、脱磷、脱碳、去除杂质和主合金化，获得初炼钢液；精炼则是将初炼的钢液在真空、惰性气体或还原性气氛的容器中进行脱气、脱氧、脱硫，去除夹杂物和成分微调等。使用炉外精炼可提高钢的质量，缩短冶炼时间，优化工艺过程并降低生产成本。

炉外精炼是设置在转炉和连铸之间的中间工序，它顺畅地连接了这两个工序，同时提高了转炉和连铸两个过程的生产率，提高了钢的质量。在现代生产多品种、高质量钢的大生产模式中，炉外精炼所起的作用越来越重要，其主要设备如图6-5所示。

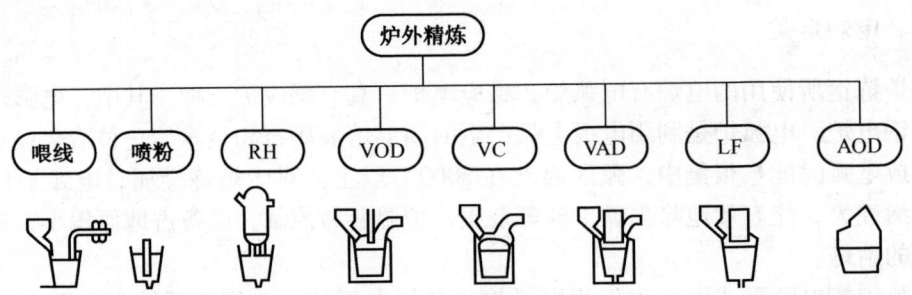

图6-5 炉外精炼的主要设备

常用的炉外精炼方法可分为钢包处理型和钢包精炼型两类。钢包处理型的特点是精炼时间短（10~30min），精炼任务单一，没有补偿加热装置，可进行钢液脱气、脱硫、成分控制和改变夹杂物形态等。真空循环和真空提升脱气法（RH、DH）、钢包真空吹氩法（Gazid）、钢包喷粉处理法（TN、SL）等均属此类。钢包精炼型的特点是精炼时间长（60~180min），具有多种精炼功能，有补偿钢水温度的加热装置，适用于各类高合金钢和特殊性能钢种（如超纯钢种）的精炼生产。真空吹氧脱碳炉（VOD）、真空电弧加热脱气炉（VAD）和钢包精炼炉（ASEA－SKF）等均属此类。与此类似的还有氩氧炉（AOD）以及钢包加热炉（LF）。

我国炉外精炼设备配置的特点是：以转炉炼钢为主的大型钢铁企业主要应用钢包吹氩、钢包加合成渣吹氩、钢包喷粉和真空处理技术；以电炉炼钢为主的中型钢铁企业则多采用 VOD、VAD、AOD、LF 和钢包喷粉等炉外精炼技术。

各种炉外精炼方法各有所长。LF 炉由于工艺流程简便，精炼成本相对较低，已成为开发品种、提高质量的主要精炼设备之一。国内大量采用转炉－LF－连铸的生产工艺路线。我国于 1957 年开始研究钢液真空处理技术，建立了钢液真空脱气、真空铸锭装置，70 年代又建立了 AOD 炉、VOD 炉、ASEA－SKF 精炼炉、VAD 炉、LF 炉和钢包喷粉等炉外精炼装置，至 90 年代得到了广泛的应用。

炉外精炼技术能使传统炼钢法难以生产的许多高质量钢种、各种特殊用途钢都可以以非常经济的方法大量生产，并使钢中气体含量、夹杂物含量与形态、成分偏差等影响质量的因素均达到前所未有的水平，进而大大改善了钢的化学与机械性能，取得巨大的经济效益，发展极为迅速。

六、连铸

转炉炼钢和连续铸钢的出现，推动了 20 世纪后的炼钢技术的发展，使生产率大幅度提高。至 2007 年，我国钢铁工业连铸比已达到 98.86%。

连铸即为连续铸钢（Continuous Steel Casting）的简称。在钢铁厂生产各类钢铁产品过程中，使钢水凝固成型有两种方法：传统的模铸法和连续铸钢法。而于 20 世纪 50 年代在欧美国家出现的连铸技术是一项把钢水直接浇铸成型的先进技术。与传统方法相比，连铸技术具有大幅度提高金属收得率和铸坯质量，节约能源等显著优势。

连铸的具体流程为：钢水不断地通过水冷结晶器，凝成硬壳后从结晶器下方出口连续拉出，经喷水冷却，全部凝固后切成坯料的铸造工艺过程，如图 6－6 所示。

20 世纪 80 年代，连铸技术作为主导技术逐步完善，并在世界各主要产钢国得到大量应用。到了 20 世纪 90 年代初，世界各主要产钢国已经实现了 90% 以上的连铸比。我国则在改革开放后才真正开始了对国外连铸技术的消化和移植，到 90 年代初我国的连铸比仅为 30%。

近年来我国连铸生产飞速发展，而且连铸生产技术的发展仍然是今后相当长一段时间内推动钢铁科技进步最重要的动力。其发展趋势是：努力发展电磁连铸技术，开发接近凝固温度、高均质、高等轴晶比的优化浇铸技术，全面推进全数字化控制技术和大力改进薄板坯连铸、实现薄带连铸产业化共 4 个方面。

我国连铸的发展呈现出以板坯、圆坯、异形坯及薄板坯连铸快速发展为特点的结构变

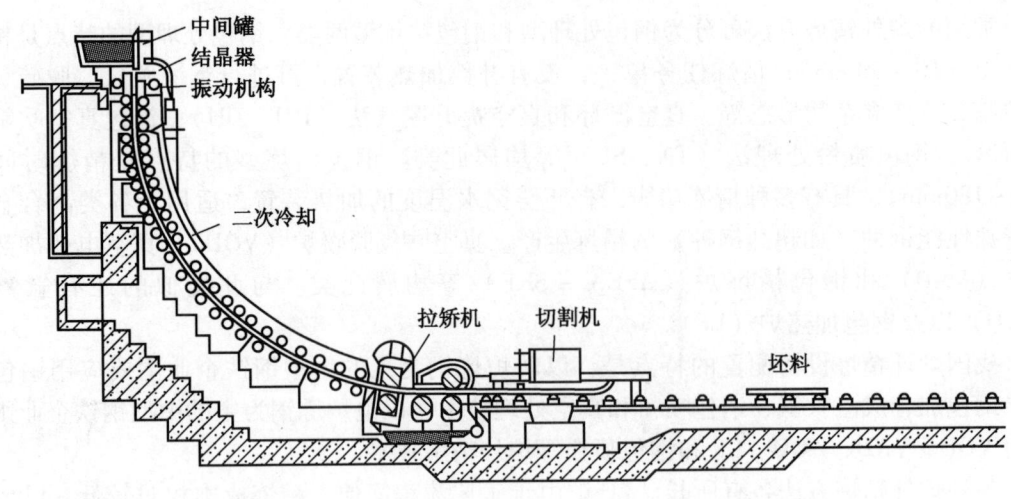

图 6-6 弧形连铸机示意图

化,自主设计、自主制造的国产化连铸机的比例越来越高。连铸的发展促进了炼铁、炼钢设备大型化,铁水预处理,炼钢过程控制,长寿复吹技术,二次精炼特别是真空处理技术,洁净钢技术,以及连铸坯热送热装等相关联技术的发展,推动了我国钢铁工业的整体技术进步,形成了以"稳定拉速、高效率生产"为目标,强化连铸机专业化分工,大力推进热送热装工艺,降低企业能耗,继续推动薄板坯连铸等近终形连铸技术的开发与研究。

第二节 炼钢安全生产的特点及主要危险有害因素分析

炼钢生产过程既有冶金工艺所决定的高热能、高势能的危险,又有化工生产具有的有毒有害、易燃易爆和高温高压危险。同时,还有机具、车辆、高处坠落等伤害,特别是生产中易发生的钢水喷溅爆炸,煤气中毒或着火、爆炸等事故,其危害程度极为严重。此外,炼钢生产的主体工艺和设备对辅助系统的依赖程度很高,如突然停电等可能造成钢水在炉内凝固,突然停水造成冶炼设备无冷却水,煤气管网压力突然骤降等而引发重大事故。因此,炼钢工厂具有危险因素复杂、相互影响大、波及范围广、伤害严重等特点。

一、炼钢安全生产的特点

炼钢生产中高温作业线长,设备和作业种类多,起重作业和运输作业频繁。炼钢生产的主要事故类别有高温辐射,钢水和熔渣喷溅等引起的灼烫、爆炸,氧枪回火燃烧爆炸,起重伤害,车辆伤害,机具伤害,物体打击,高处坠落,以及触电与煤气中毒等事故。统计表明,炼钢生产安全事故的主要原因有人的违章作业、误操作,作业环境不良,设备有缺陷,操作技术不熟悉,作业现场缺乏督促检查和指导,安全规程不健全或执行不严格,操作技术不熟悉,个体防护措施和用品有缺陷或缺乏等。

炼钢生产工伤事故在钢铁工厂中最为严重,一般居钢铁厂职工伤亡率的首位,伤亡严重程度也较高。据 20 世纪 80 年代初统计,转炉炼钢厂平均死亡为 1.2~1.5 人/(a·

厂），电炉炼钢厂平均死亡为0.5人/（a·厂），死亡、重伤、轻伤比例约为1:3:138。按事故类别，转炉炼钢主要是灼烫，占20%，车辆伤害18%，物体打击15%，机具伤害10%；电炉炼钢主要是灼烫，占28%，起重伤害28%，物体打击19%，触电9.5%，机具伤害9.5%。按工种，主要是炼钢工，占27%，注锭工、整模工、吊车司机和修炉、修罐工各占10%。国外炼钢伤亡率在钢铁工厂中也是占第一位。据西欧6个国家统计，炼钢伤亡率比炼铁高51%，比轧钢高19%，死亡事故与非死亡事故的比例为1:519。日本炼钢伤亡率比钢铁工业平均伤亡率高一倍多。转炉炼钢的生产设备事故，主要是炉子故障，钢液、渣喷溅爆炸，氧枪与供氧系统故障，注锭或连铸漏钢，吊车故障和除尘系统故障。而电炉炼钢则电气故障事故较多，占电炉炼钢生产设备事故总数的1/3以上。

某炼钢厂2002—2008年微伤及以上事故伤害类别见表6-1。由表6-1可以看出，炼钢厂发生的各类事故中，物体打击、灼烫和起重伤害排在前列，分别占到伤害事故总数的34%、33%和15%，这与炼钢厂的生产、检修特点相符。其他炼钢厂事故统计也是如此。同样，机械伤害、车辆伤害和其他伤害事故也不容忽视。而作为其他伤害事故，大多是由行走确认不到位造成的，说明职工注意力不集中，思想麻痹，在任何危险因素上稍有忽视就有可能酿成事故。

表6-1 某炼钢厂2002—2008年微伤及以上事故伤害类别

事故类别	灼烫	物体打击	起重伤害	机械伤害	车辆伤害	其他伤害
事故数	45	46	20	11	5	7

二、炼钢生产主要危险因素

1. 高温熔融物爆炸

铁水、钢水、钢渣以及烧结炉底的熔渣都是高温熔融物，与水接触就会发生喷溅与爆炸。这主要是物理反应，有时也伴随着化学反应。

造成高温熔融液体遇水爆炸的原因是：当水遇高温熔融液体金属时，会发生急剧汽化膨胀，1kg水完全变成蒸汽后，其体积要增大约1500倍，破坏力极大。炼钢厂因为熔融物遇水爆炸的情况主要有：转炉、转炉氧枪、转炉的烟罩、锅炉、连铸机的结晶器的冷却水大漏，穿透熔融物而爆炸；炼钢炉、精炼炉、连铸结晶器的水冷件因为回水堵塞，造成继续受热而引起爆炸；炼钢炉、钢水罐、铁水罐、中间罐、渣罐漏钢、漏渣及倾翻时发生爆炸；往潮湿的钢水罐、铁水罐、中间罐、渣罐中盛装钢水、铁水、液渣时发生爆炸；向有潮湿废物及积水的罐坑、渣坑中放热罐、放渣、翻渣时引起爆炸；向炼钢炉内加入潮湿料时引起爆炸；铸钢系统漏钢与潮湿地面接触发生爆炸。

炼钢厂重大生产设备事故和重大伤亡事故主要是钢液、渣喷溅爆炸。该类事故往往造成重大损失，且事故发生概率高，属于较常发生的事故。据13个企业20世纪80年代初的统计，平均每个厂发生大喷溅15.7次、爆炸23.6次。钢液、渣喷溅爆炸类重大生产设备事故，会导致重大伤亡事故发生的几率升高，大喷溅为0.69人/次，爆炸为0.61人/次；且发生伤亡事故的严重程度也较高，大喷溅平均伤亡2.2人/次，其中死亡、重伤

0.64人/次;爆炸平均伤亡2.1人/次,其中死亡、重伤0.7人/次。炼钢厂喷溅爆炸事故的特点是容易发生特大恶性伤亡事故。譬如,某炼钢厂转炉大喷溅伤亡55人(死亡4人,重伤1人,轻伤50人);某炼钢厂转炉爆炸伤亡15人(死亡6人,重伤3人,轻伤6人)。

2. 化学反应引起的喷溅与爆炸

炼钢炉、钢水罐、钢锭模内的钢水因化学反应引起的喷溅与爆炸危害极大。处理这类喷溅与爆炸事故时,有可能出现新的伤害。

造成喷溅与爆炸的原因有:冷料加热不好(根本原因);精炼期的操作温度过低或过高;炉膛压力大或瞬时性烟道吸力低;碳化钙水解;钢液过氧化增碳;留钢留渣操作;炉料含油、水、雪、湿料、密闭容器和雷管炸药等爆炸物,以及其他引起突然剧烈碳氧反应等,引起喷溅与爆炸。

3. 铁、钢、渣灼烫伤

铁、钢、渣的温度高达1250~1670℃时,热辐射很强,易于喷溅,加上设备及环境温度高,起重吊运、倾倒作业频繁,作业人员极易发生灼烫事故。炼钢厂因为铁、钢、渣灼烫的情况主要有:设备溢漏,如炼钢炉、钢水罐、铁水罐、混铁炉等漏钢;铁、钢、渣液遇水发生的物理化学爆炸及二次爆炸;过热蒸汽管线穿漏或裸露;违反操作规程等。

4. 起重运输作业

炼钢过程中所需的原材料、半成品、成品都需要起重设备和机车进行运输,运输过程中有很多危险因素。存在的危险有:起吊物坠落伤人;起吊物相互碰撞;铁水和钢水罐倾翻伤人;车辆撞人;人员被挤在吊车与厂房立柱间;人员从吊车上高处坠落伤害等。

5. 氧枪系统燃爆

转炉通过氧枪向熔池供氧来强化冶炼,氧枪系统容易发生燃爆事故。燃爆事故的种类及原因如下:

(1) 弯头或变径管燃爆事故。氧枪上部的氧管弯道或变径管由于流速大,局部阻力损失大,如管内有渣或脱脂不干净时,容易诱发高纯、高压、高速氧气燃爆。

(2) 回火燃爆事故。低压用氧导致氧管负压、氧枪喷孔堵塞,都易使由高温熔池产生的燃气倒罐回火,发生燃爆事故。

(3) 汽阻爆炸事故。因操作失误造成氧枪回水不通,氧枪积水在熔池高温中汽化,阻止高压水进入,当氧枪内的蒸汽压力高于枪壁强度极限时便发生爆炸。

6. 废钢与拆炉爆破

部分钢厂采用废钢与拆炉爆破工艺,爆破可能出现的危害有:爆炸地震波,爆炸冲击波,碎片和飞石的危害,噪声。

7. 其他伤害

炼钢职工从事高低压电气作业多,易发生触电、电弧灼伤、火灾等事故;广泛使用一氧化碳、氮气、氧气、蒸汽等能源介质,易发生中毒、窒息、火灾、爆炸等事故;因工艺复杂,设备多,检修频繁,多工种配合作业多,立体交叉作业多,危险源和危险作业方式多。另外,不少炼钢厂都是20世纪五六十年代建设起来的,且大多几经扩大规模,提高产量,因此较普遍存在车间布置过分拥挤、设备陈旧、事故隐患多等问题,都对职工生命安全构成威胁。

三、炼钢生产的主要有害因素

1. 烟尘

炼钢厂烟尘危害大，接尘工人占职工总数的 39%～43%。主要尘源是吹氧烟尘，其次是出钢、出渣、浇铸、整脱模和混铁炉倾倒铁水作业，电加热作业，连铸中钢包倾翻作业，修炉、拆炉和修罐作业，以及普遍使用压缩空气吹扫积尘所引起的二次扬尘。炼钢厂烟尘是含有大量氧化铁粉和约 20% 游离二氧化硅、粒度绝大部分小于 $10\mu m$ 的混合粉尘。其特点是量大，使用吹氧的电炉比不吹氧的烟尘量大 10～15 倍。据测定，炼钢车间粉尘浓度平均为 $70mg/m^3$ 左右，最高可达 $1000mg/m^3$ 以上，其中修炉 $100mg/m^3$，炉下清渣 $125mg/m^3$，注锭平台 $114mg/m^3$，铸锭吊车司机室 $36mg/m^3$。自 20 世纪 80 年代以来，炼钢厂已开始陆续发现矽肺（属混合尘肺）患者。据某炼钢厂 649 例炼钢工人胸部 X 线摄片检查，矽肺检出率为 0.3%，可疑矽肺 5.6%，出现网影（矽肺早期 X 线表现）12.6%。其中主要是修炉、修罐工、炉前工、原料工和吊车工。

2. 高温辐射热

炼钢生产是钢铁工厂中高温辐射热危害最为严重的系统，高温作业的工人占工人总数的 56%～70%，有 87% 的作业点夏季超过 35℃，其他季节超过 35℃ 的作业点达 31% 以上，高温岗位占岗位总数 34% 以上，炉前温度高达 57℃。自 20 世纪 70 年代以来，尽管已消灭中暑，但头昏、心慌、恶心等中暑前兆仍屡有发生，尤其是高温作业引起呼吸和消化系统疾病，以及风湿性关节炎和眼结膜炎等多发病较多。据某炼钢厂 968 个慢性病例分析，胃病、关节炎和眼病约占 75%，而秋冬两季门诊病例分析则以感冒较为突出，约为 65%。

3. 放射源辐射

现代炼钢过程全部用电子计算机控制，需使用 ^{137}Cs、^{60}Co 等放射性同位素仪表进行测液位等，故部分生产环境中有放射线存在。

4. 其他职业危害

炼钢生产噪声污染较严重，转炉炼钢主要是气流噪声，电炉炼钢主要是振动和电磁噪声。此外，炼钢修炉和补炉用沥青焦油，整修钢锭模喷涂焦油，以及滑动水口板制作与保温产生的沥青烟气等，均含有多环芳烃类致癌物。其他如注锭和电渣熔炼烟气含氟化物，铁水预脱硫烟气含二氧化硫，混铁炉含钠离子烟尘，以及整脱模绝热板粉化产生含酚醛树脂等有机物的烟尘，等等。

第三节 原材料准备和耐火材料安全技术

原材料是炼钢的基础。没有原材料的保证，炼钢就无法进行。但炼钢用原材料在一定的条件下，其使用、储存过程中具有易燃、易爆特性，因此做好原材料的安全准备工作，是实现炼钢安全生产的前提。

转炉炼钢用原材料分为金属料、非金属料两种。金属料包括铁水、废钢、铁合金；非金属料包括造渣剂（石灰、萤石）、冷却剂（废钢、铁矿石、氧化铁、烧结矿、球团矿）、增碳剂等。

一、金属料

1. 废钢准备安全要求

（1）可能存在放射性危害的废钢，不应进厂。进厂的社会废钢，应进行分选，拣出有色金属件、易燃易爆及有毒等物品；对密闭容器应进行切割处理；废武器和弹药应由相关专业部门严格鉴定，并进行妥善的处置。

（2）废钢应按来源、形态、成分等分类、分堆存放；人工堆料时，地面以上料堆高度不应超过1.5m。

（3）炼钢厂一般应设废钢配料间与废钢堆场，废钢配料作业直接在废钢堆场进行，废钢堆场应部分带有房盖，以供雨、雪天配料。混有冰雪与积水的废钢，不应入炉。

（4）废钢配料间与废钢堆场，应设置必要的纵向与横向贯通的人行安全走道。

（5）废钢坑沿应高出地面0.5~1.0m，露天废钢坑应设集、排水设施，地面废钢料堆应距运输轨道外侧1.5m以上。

（6）废钢配料间或废钢堆场进料火车线与横向废钢运输渡车线相交时，火车线入口应设允许进车的信号装置，当渡车在废钢区运行时，火车不应进入。

（7）废钢装卸作业时，电磁盘或液压抓斗下不应有人，起重机的大车或小车启动、移动时，应发出蜂鸣或灯光警示信号，以警告地面人员与相邻起重机避让；起重机司机室应视野良好，能清楚观察废钢装卸作业点与相邻起重机作业情况。

（8）废钢的外形尺寸和块度应保证能从炉口顺利加入转炉。废钢的长度应小于转炉口直径的1/2，废钢单重一般不应超过300kg。国标要求废钢的长度不大于1000mm，最大单件质量不大于800kg。

2. 铁合金准备安全要求

铁合金在装卸过程中易产生大量粉尘，如处于不良通风环境中，铝、镁、锗等或含有这些金属的粉末与铁合金相互摩擦、碰撞产生的火花是特别危险的点火源。当存在上述金属或铁合金的粉末时，必须防止产生摩擦火花，同时应加强储存、运输环境的通风，防止燃烧和爆炸。

铁合金在准备过程中应保持干燥、干净，有条件时对铁合金进行烘烤，锰铁、铬铁、硅铁应加热至不低于800℃，烘烤时间应大于2h；钛铁、钒铁、钨铁加热近200℃，烘烤时间大于1h。

二、非金属料

1. 造渣料准备安全要求

造渣料一般包括石灰、萤石、复合造渣剂等，粒度一般在5~100mm之间，呈散状物态，通过斗式提升机、带式输送机运输至高位料仓，其准备过程应满足以下要求：

（1）物料应保持干燥并处于室温状态下。石灰主要成分为CaO，由石灰石煅烧而成，是脱磷、脱硫不可缺少的材料，用量比较大，但在潮湿环境或遇水会产生化学反应，生成氢氧化钙并放出大量热 $[CaO + H_2O = Ca(OH)_2]$，对储存石灰的设备、环境造成安全隐患，同时石灰的使用也达不到冶金效果；利用转炉除尘污泥为原料生产的冷却材料，在准备过程中应保持干燥和处于室温状态下，如潮湿水分含量大于2%时，未保持在室温状态下，堆积储存（堆积在料仓内，通风条件差）会造成冷却材料自燃或温度升高。

（2）采用有轨运输时，轨道外侧距料堆应大于 1.5m。

（3）具有爆炸和自燃危险的物料，如 CaC_2 粉剂、镁粉、煤粉、直接还原铁（DRI）等应储存于密闭储仓内，必要时用氮气保护；存放设施应按防爆要求设计，并禁火、禁水。

（4）地下料仓的受料口应设置格栅板，防止尖锐异物对运输设备造成破坏。

2. 冷却剂准备安全要求

冷却剂在储存过程中应保持干燥，无有害杂质、异物。

3. 增碳剂准备安全要求

在冶炼过程中，由于配料或装料不当以及脱碳过量等原因，有时会造成钢中碳含量没有达到预期的要求，这时要向钢液中增碳。常用的增碳剂有增碳生铁、电极粉、石油焦粉、木炭粉和焦炭粉。顶吹转炉炼钢用增碳剂要求固定碳含量要高，灰分、挥发分和硫、磷、氮等杂质含量要低，且干燥、干净、粒度适中。其固定碳不小于 96%，挥发分不大于 1.0%，S 不大于 0.5%，水分不大于 0.5%，粒度为 5~20mm。如挥发分过高，在加入过程中会产生较大的火焰，对设备、作业环境产生安全隐患。

三、耐火材料

凡具有耐高温（耐火度不低于 1580℃）和抵抗高温及在高温下能够抵抗所产生的物理化学作用的材料统称耐火材料。耐火材料一般是无机非金属材料和制品，也包括天然矿物和岩石等。

1. 耐火材料准备安全要求

（1）进厂耐火材料和制品的品种、牌号，泥浆的品种、牌号、配合比、稠度必须符合标准、技术条件及设计要求。

（2）耐火材料制品，均应存放在防潮仓库内，部分标准砖可堆存在露天，但不得受潮。

（3）耐火材料和制品应按品种、牌号分别进行堆放，并标明牌号、批号、砖号、日期及其他应记事项；标准砖、楔形砖、直角形砖单重小于 12kg 的制品，用侧面排列法每层 12 块、16 块或 20 块，每垛高度不得超 1.9m；单重在 12kg 以上的直角形砖或特异型砖堆垛时，垛的式样和每层数量均须一致，高度不得超 1.8m；由箱或板包装的耐火制品，箱或板叠放时，最高不得超过 4.8m；每一批内、每一砖号只允许有一个不完整的砖垛。

（4）耐火材料和制品装卸作业时，起重机的大车或小车启动、移动时，应发出蜂鸣或灯光警示信号，以警告地面人员与相邻起重机避让；起重机司机室应视野良好，能清楚观察耐火材料和制品装卸作业点与相邻起重机作业情况。

2. 耐火材料砌筑安全要求

（1）砌体应错缝砌筑，缝内泥浆应饱满，表面应勾缝；干砌时，除设计规定外，一般应以干耐火粉填满。

（2）不得在砌体上任意砍凿。砌砖时，应用木槌或橡胶垫锤找正。泥浆干涸后，不得敲打砌体。

（3）耐火砌体的加工砖，不得使用加工成宽度小于 1/2 或厚度小于 2/3 的砖。

(4) 砌体的等级划分原则。特类砌体：重要的温度很高或有特别工艺要求的部位；Ⅰ类砌体：直接接触钢水、熔渣或气体压力很大的高温部位；Ⅱ类砌体：温度1200℃以上，但不直接接触铁水、钢水或熔渣的部位；Ⅲ类砌体：温度1200℃以下，但不直接接触铁水、钢水或熔渣的部位；Ⅳ类砌体：不直接接触铁水、钢水或熔渣的部位。

(5) 各类砌体砖缝厚度要求见表6-2。

表6-2 各类砌体砖缝厚度要求

砌体类别	厚度要求（不大于）/mm	砌体类别	厚度要求（不大于）/mm	砌体类别	厚度要求（不大于）/mm
特类砌体	0.5	Ⅱ类砌体	2	Ⅳ类砌体	3
Ⅰ类砌体	1	Ⅲ类砌体	3		

(6) 工业炉砌筑允许误差要求见表6-3。

表6-3 工业炉砌筑允许误差要求

项次	误差名称			允许误差/mm
1	垂直误差	墙高	每米高	3
			全高	15
		基础墩高	每米高	3
			全高	10
2	表面平整误差（用2m长靠尺检查，靠尺与砌体之间的间隙）	墙面		5
		挂砖墙面		7
		拱脚砖下的炉墙上表面		5
		底面		5
3	线尺寸误差	矩（方）形炉膛的长度和宽度		±10
		矩（方）形炉膛的对角线长度差		±15
		圆形炉膛内半径误差	内半径≥2m	±15
			内半径<2m	±10
		拱和拱顶的跨度		±10
		烟道的高度和宽度		±15

第四节 转炉炼钢安全技术

炼钢过程是一个极其复杂的过程，工序多，步骤复杂，是重工业的典型代表。从事转炉炼钢的作业人员往往面临着高温、高强度、高粉尘的作业环境，加上作业人员的防范意识差，管理措施未严格落实到位，常常成为事故的多发地。目前，国内大部分炼钢厂都对作业环境和冶炼控制技术进行了改进，大大提高了安全生产水平。

一、转炉冶炼过程概述

转炉炼钢的冶炼过程包括装料、吹炼、脱氧出钢、溅渣护炉和倒渣几个阶段,一炉钢的吹氧时间通常为 12~18min,冶炼周期为 30min 左右。上炉钢出完钢后,倒净炉渣,堵出钢口,兑铁水和加废钢,降枪供氧,开始吹炼。吹炼过程中的供氧强度:小型转炉为 2.5~4.5m^3/(t·min);120t 以上的转炉一般为 2.8~3.6m^3/(t·min)。吹炼临近终点,温度和成分达到要求时,则提枪倒炉放渣,放渣取样后,待成分合格,摇炉出钢,出钢过程中加入合金,出钢完毕炉子回零位溅渣护炉。

二、转炉炼钢生产工艺

炼钢厂工艺流程如图 6-7 所示。铁水从炼铁厂用铁水罐车运入炼钢厂房后,用起重机将铁水装入混铁炉,混铁炉所出铁水吊运兑入氧气转炉。铁水的初始温度一般为 1200~1250℃,经顶吹氧气、底吹惰性气体,在自控系统严格控制条件下冶炼,至终点温度 1680℃ 左右,得到所需工艺目标的钢水。钢水再吊运至厂房内的精炼工序,精炼处理后送到连铸机,经铸造得到所需规格的连铸钢坯。

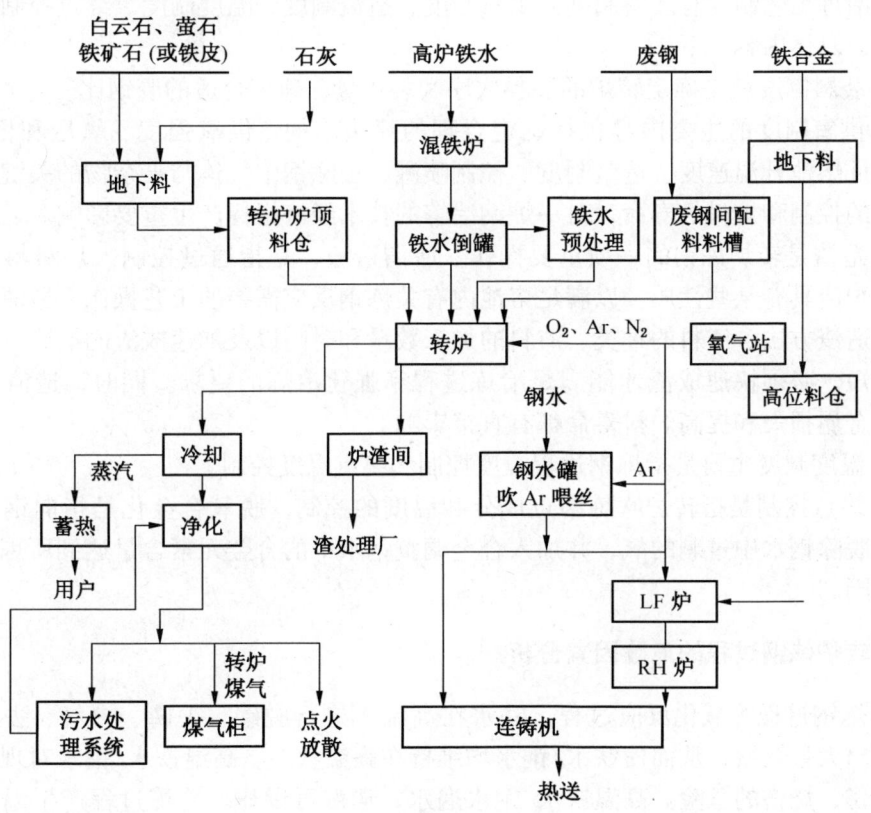

图 6-7 炼钢厂工艺流程

氧气顶吹转炉(图 6-8)布置在转炉跨内,主要由转炉及其倾动机构、氧枪和副枪的升降及更换系统、散装材料供应系统、铁合金的供应和烘烤、烟气净化回收系统、出钢

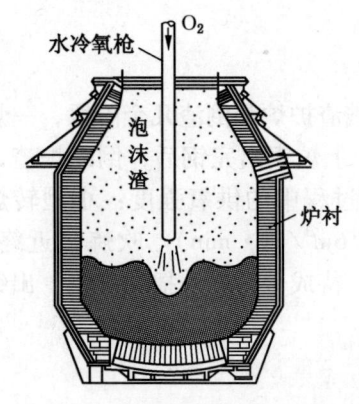

图6-8 氧气顶吹转炉炼钢示意图

及出渣以及转炉内拆修等设备和设施组成。转炉跨主要由原料供应系统、供氧系统、烟气净化系统和煤气回收系统构成，其中原料供应系统包含铁水、废钢、铁合金以及各种原辅料的储备和运输系统。供氧系统由制氧机、加压机、中压储气罐、输氧管、控制闸阀、测量计（器）、氧枪等主要设备组成。

氧枪是转炉炼钢的关键部件，由喷嘴和枪身组成，喷嘴是典型的拉瓦尔结构，由收缩段、喉口和扩张段组成。氧气从拉瓦尔型喷嘴喷出，具有较高的动能，转化为金属熔池的动能。由于氧枪的工况恶劣，需采用高压水冷却，枪身由三层套管组成，外层、中层通高压水冷却，最内层通氧气。

三、转炉冶炼工艺制度

转炉冶炼工艺制度有装料制度、供氧制度、造渣制度、温度制度、终点控制及脱氧合金化制度，具体内容如下：

（1）装料制度就是确定转炉的装料次序和装入量，确定合适的废钢比。

（2）供氧制度的主要内容包括确定合理的喷头结构、供氧强度、氧压和枪位控制。供氧是保证熔池升温速度、造渣制度、控制喷溅、去除钢中气体与夹杂物的关键操作，关系到终点的控制和炉衬的寿命，对一炉钢冶炼的技术经济指标产生重要影响。

（3）造渣是转炉炼钢的一项重要操作。所谓造渣，是指通过控制入炉渣料的种类和数量，使炉渣具有某些性质，以满足熔池内有关炼钢反应需要的工艺操作。造渣制度是确定合适的造渣方法、渣料的种类、渣料的加入数量和时间以及加速成渣的措施。由于转炉冶炼时间短，必须快速成渣才能满足冶炼进程和强化冶炼的要求。同时，造渣对避免喷溅、减少金属损失和提高炉衬寿命都有直接影响。

（4）温度制度主要是指炼钢过程温度控制和终点温度控制。

（5）终点控制是指转炉吹炼终点成分和温度的控制，脱氧合金化是指向钢水中加入脱氧材料脱除钢水中过剩的氧，并加入合金调整钢水中的合金元素含量达到所炼钢种规格的成分范围。

四、转炉炼钢过程的危险因素分析

（1）炼钢过程为氧化反应过程，铁水在高温下进行脱碳、去磷、去气、去杂质。冶炼过程放出大量热量，从而使铁水/钢水均维持在高温状态。高温铁水/钢水对现场工人始终具有烫伤、烧伤的危险。高温铁水/钢水遇水、遇湿可爆炸。冶炼过程产生温度很高的废渣，高温废渣遇水、遇湿可发生爆炸。

（2）冶炼过程产生转炉煤气，主要成分为一氧化碳。一氧化碳为高毒类物质，如发生泄漏易引发急性中毒事故。冶炼过程不间断地喷吹具有一定压力要求（大于0.6MPa）的氧气，高温、高压条件下的氧气氧化能力更强，若管线上更换的管件没有按安全要求严格脱脂,残存的脂肪类可燃物可发生燃爆,造成人员伤亡。

(3) 高温铁水/钢水(爆炸、灼烫伤)与煤气(爆炸火灾、中毒)为炼钢厂主要危险物质。其他危险物质为氧气(爆炸)、乙炔(爆炸)、氮气(窒息)等。

(4) 对转炉等大型设备的操作、维护有特殊的安全要求:

①由于转炉内容物为高温铁水/钢水,对炉衬不断侵蚀,冶炼间歇需补炉。

②氧枪需不断有效地给水冷却,以保护氧枪。

③氧枪冷却水系统一旦有水渗入转炉,接触高温铁水/钢水可爆炸,严重者造成人员伤亡及转炉损坏。

④冶炼过程可由于转炉的设计、冶炼工艺控制等方面的原因造成"大喷",严重的"大喷"可造成人员伤亡及转炉损坏。

⑤出铁水过程、冶炼过程若发生停电,如装置的安全控制设施不完善,可发生铁水罐倾覆等安全事故,易引起周围人员伤亡。因而,对转炉的进铁、运行、出钢过程都应严格制定合理的安全操作规程并认真执行,采取必要的安全措施,否则易出现铁水/钢水喷溅、爆炸、烫伤人员的事故。

(5) 转炉、混铁炉、合金炉为大型设备,由于高温的铁水/钢水在厂房内的工艺连接采用起重机吊运,厂房内因工艺与运输的要求对这些设备布置的净高度较高,设备立体布置,钢包罐和铁水罐立体转运。因而,应非常注意高温金属液体转运、操作过程引起烫伤、烧伤等安全事故的防范,对炼钢厂房内各项作业应有严格的安全要求。

五、高温熔融液体金属遇水爆炸及防护措施

钢水、铁水、钢渣以及炉底的残渣都是高温熔融物,遇水会发生喷溅和爆炸,破坏力极大。1kg 水完全变成蒸汽后,体积约要增大 1500 倍,同时还要发生下列化学反应:

$$2Fe(液) + 2H_2O = 2FeO + 2H_2(气)$$

$$2H_2 + O_2 = 2H_2O(氢气发生爆炸)$$

转炉的炉体、汽化烟罩、锅炉、氧枪等都是水冷件,在发生漏水的情况下,极易发生爆炸和喷溅。冶炼过程中要严格监控各个设备的运行情况,有炉气分析的单位,要随时监控烟气中的氢含量,当氢含量大于 10% 时,要立即停止吹炼,找出引发烟气氢含量高的原因。如果炉内在有高温熔融液体的情况下进水,应立即停止吹炼,通知相应单位停水,监护转炉停止摇炉,立即停止转炉的底吹,禁止一切可能引发炉内剧烈反应的操作。等到炉内水挥发干净后方可进行操作。

转炉出钢和倒渣过程中也易引起爆炸。当转炉出钢过程中加入水分含量高的合金或材料时,容易发生爆炸。为了避免出钢过程发生的爆炸,转炉车间应增设相应的合金烘烤装置,使用干燥的脱氧剂及钢水精炼渣、覆盖材料。脱氧合金化用合金应在出钢量达到 1/3 时开始加入,出钢量达到 3/4 时全部加完,严禁合金先加入钢包后再出钢。转炉倒渣过程中也容易引发爆炸。在渣罐潮湿或有水的情况下,倒入熔融的炉渣,水立即汽化,发生爆炸,可将炉渣推至百米以外,威力很大。在使用有水或潮湿的渣罐时,必须将水翻净,倒渣时小心操作,从渣罐罐壁缓缓将炉渣倒入,这个过程类似于将浓硫酸兑入水中一样,只要缓慢,安全是有保障的。

转炉炉渣喷溅到潮湿的地面或环境中,也容易引起爆炸,因此要加强转炉的操作,防止喷溅引发的爆炸。

熔化的铁水、钢水不能用水扑救,因为铁水、钢水温度高达1200~1600℃,水立即汽化膨胀,水蒸气在1000℃以上时能分解出氢和氧,有引起爆炸的危险。

六、冶炼过程中的喷溅及防护措施

转炉喷溅会带来种种危害,威胁炼钢安全。熔池内碳氧反应不均衡发展,瞬时产生大量的 CO 气体,这是发生爆发性喷溅的根本原因。

碳氧反应:$[C]+(FeO)=\{CO\}+[Fe]$ 是吸热反应,反应速度受熔池碳含量、渣中(TFe)含量和温度的共同影响。由于操作上的原因,熔池骤然受到冷却,抑制了正在激烈进行的碳氧反应;供入的氧气生成了大量(TFe)并聚积;当熔池温度再度升高到一定程度(一般在1470℃以上),(TFe)聚积到20%以上时,碳氧反应重新以更猛烈的速度进行,瞬间排出大量具有巨大能量的 CO 气体从炉口喷出,同时还挟带着一定量的钢水和熔渣,形成了较大的喷溅。例如因二批渣料加入时间不当,在加入二批渣料之后不久,随之而来的大喷溅,就是由于上述原因造成的。

喷溅可以从以下几方面预防:

(1)控制好熔池温度。前期温度不要过低,中后期温度不要过高,均匀升温,使碳氧反应得以均衡进行;严禁突然冷却熔池,消除爆发性碳氧反应的条件。

(2)控制(TFe)不出现聚积现象,以避免熔渣过分发泡或引起爆发性的碳氧反应。具体应注意以下情况:

①若初期渣形成过早,应及时降枪以控制渣中(TFe);同时促进熔池升温,使碳得以均衡地氧化,避免碳焰上来后的大喷。

②适时加入二批渣料,这样熔池温度不会明显降低,有利于消除因二批渣料的加入过分冷却熔池而造成的大喷。

③在处理炉渣"返干"或加速终点渣形成时,不要加入过量的萤石,或用过高的枪位吹炼,避免(TFe)积聚。

④终点适时降枪,降枪过早熔池碳含量还较高,碳的氧化速度猛增,也会产生大喷。

⑤炉役前期炉膛小,同时温度又低,要注意适时降枪,避免(TFe)含量过高,引起喷溅。

⑥补炉后炉衬温度偏低,前期温度随之降低,要注意及时降枪,控制渣中(TFe)含量,以免喷溅。

⑦若采用留渣操作时,兑铁前必须采取冷凝熔渣的措施,防止产生爆发性喷溅。

(3)吹炼过程中一旦发生喷溅就不要轻易降枪,因为降枪以后,碳氧反应更加激烈,反而会加剧喷溅。此时可适当提枪,这样一方面可以缓和碳氧反应和降低熔池升温速度,另一方面也可以借助于氧气射流的冲击作用吹开熔渣,利于气体的排出。

(4)在炉温很高时,可以在提枪的同时适当加一些石灰,稠化熔渣,抑制喷溅,但加入量不宜过多。也可以用废绝热板、小木块等密度较小的防喷剂,降低渣中(TFe)含量,达到减少喷溅的目的。此外,适当降低氧流量也可以减弱喷溅强度。

七、各类能源介质、煤气的危害及防护措施

转炉使用的能源介质水(爆炸)、电(触电)、氧气(爆炸)、乙炔(爆炸)、氮气

（窒息）等也容易产生危害。转炉煤气是一种无色、无味、有剧毒的易燃易爆气体，如果使用不当或管理不善，一旦泄漏，极易引起人员中毒、爆炸、火灾等事故。

1. 设备、设施方面的安全保证

（1）做好全系统的密封。氧枪口、下料口等处要注意密封用气体的压力，以保证良好的密封效果，严格执行《工业企业煤气安全规程》。

（2）设置旁通放散阀。在三通阀处设一旁通阀，煤气回收操作中三通阀在事故状态下或煤气柜阻力异常增高时，可自动开启旁通阀使其由回收态改为放散态，旁通阀的开启与进煤气柜的煤气压力值连锁控制，实际运行中旁通阀起到了应急作用。

（3）设置防爆板或防爆阀。回收煤气操作时若发生爆炸应能迅速泄压，以达到保护回收系统设备，减少爆炸导致的损失。某炼钢厂转炉煤气净化系统溢流文氏管部位发生过3次煤气爆炸，其原因是转炉喷溅，红渣喷入文氏管，残留火种，而吹氧管切断阀不严，氧气漏入烟道所造成，由于有防爆板而未造成大的损失。

（4）全系统的水封箱。水封箱是湿法除尘与煤气使用中不可缺少的设备，不同的水封箱起着不同的作用。要保证水封箱在正常状态下运行，水封箱的设计安装要规范合理，排污管路畅通并及时进行排污操作。生产运行中确保负压水封箱不抽空，正压水封箱不击穿。

（5）防护用具及报警装置。煤气的报警设备及防护用具的使用在煤气操作规程中均有详细的规定及要求，在生产过程中要加强管理，确保报警仪及防护设备的完好，如氧气呼吸器的气体压力保持在规定值范围内，煤气报警仪应及时校核等。

2. 检修运行中的安全保证

（1）检修结束后关键部位需清理干净。某炼钢厂转炉煤气净化系统风机发生过爆炸，严重损坏风机，其原因是净化系统不严密，漏入空气，与一氧化碳混合形成爆炸性气体，风机内因检修留有金属屑，高速运转产生火花引起爆炸。

（2）检修前要做好各项确认工作。风机房部位检修前要把V形水封注满水，确认溢流管有水溢流，保证煤气可靠地切断，吹扫管路，定时对水封进行巡检。进入除尘烟道检修时，应保证冶炼结束后风机运转30min以上，经用煤气报警仪检查确认CO含量符合安全要求后，人员方可进入作业，检修过程中要随时用煤气报警仪检定。

（3）转炉煤气回收运行中的巡检要保证两人同行，要在冶炼间隙进行负压水封箱的排污操作，并站在上风向。定时地检查各处水封状况，保证水封箱水位的正常。与转炉煤气回收系统相关的各岗位人员，必须严格按照《转炉煤气回收安全规程》和《转炉煤气回收技术操作规程》进行操作。

八、机械伤害

炼钢过程中所需的原材料、半成品、成品都需要用起重设备和机车进行运输，运输过程中存在很多危险因素：起吊物坠落伤人，起吊物相互碰触，铁水、钢水罐倾翻伤人，车辆撞人等。

大型钢铁厂有许多机车和轨道，由于报警和信号系统失灵（特别是在分轨时）而撞车、人陷在两车之间、挂钩失灵、货车或搬运小车倾翻等，都可能引起严重伤亡事故。在铁轨上移动的装料机可能把人撞倒或拖住。

行车部件、起重滑车、吊索和吊钩等的断裂或失灵，可使铁水包、盛钢桶、渣桶或钢锭倾侧或脱落；错误起吊或行车驾驶员与指吊人员之间缺乏联系，可能产生同样后果。行车的走道上，或行车传动机构缠住，也可能发生事故。如果通向驾驶室的梯子不安全，行车驾驶员就易遭危险。

地坪和走道被材料和工器具所堵塞，会增加人员安全通行的危险。工具因磨损而产生缺陷，使用时可能发生危险。机械化虽可大大减轻人工搬运量，但在很多场合，工人仍然会扭伤。

九、安全生产管理措施

（1）炉前、炉后平台不应堆放障碍物。转炉炉帽、炉壳、溜渣板和炉下挡渣板、基础墙上的粘渣，应经常清理，确保其厚度不超过 0.1m。

（2）废钢配料，应防止带入爆炸物、有毒物或密闭容器。废钢料高不应超过料槽上口。转炉留渣操作时，应采取措施防止喷渣。转炉生产示意图如图 6－9 所示。

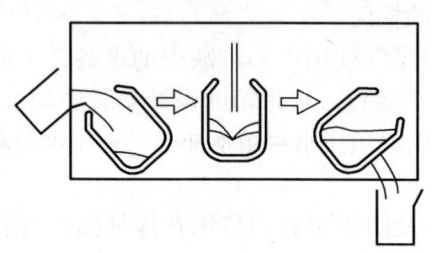

图 6－9 转炉生产示意图（兑铁、吹炼、出钢）

（3）兑铁水用的起重机，吊运重罐铁水之前应验证制动器是否可靠；不应在兑铁水作业开始之前先挂上倾翻铁水罐的小钩；兑铁水时炉口不应上倾，人员应处于安全位置，以防铁水罐脱钩伤人。

（4）新炉、停炉进行维修后开炉及停吹 8h 后的转炉，开始生产前均应按新炉开炉的要求进行准备；应认真检验各系统设备与连锁装置、仪表、介质参数是否符合工作要求，出现异常应及时处理。若需烘炉，应严格执行烘炉操作规程。

（5）炉下钢水罐车及渣车轨道区域（包括漏钢坑），不应有水和堆积物。转炉生产期间需到炉下区域作业时，应通知转炉控制室停止吹炼，并不得倾动转炉。无关人员不应在炉下通行或停留。

（6）转炉吹氧期间发生以下情况，应及时提枪停吹：氧枪冷却水流量、氧压低于规定值，出水温度高于规定值，氧枪漏水，水冷炉口、烟罩和加料溜槽口等水冷件漏水，停电。

（7）吹炼期间发现冷却水漏入炉内，应立即停吹，并切断漏水件的水源；转炉应停在原始位置不动，待确认漏入的冷却水完全蒸发后，方可动炉。

（8）转炉修炉、停炉时，各传动系统应断电，氧气、煤气、氮气管道应堵盲板隔离，煤气、重油管道应用蒸汽（或氮气）吹扫；更换吹氧管时，应预先检查氧气管道，如有油污，应清洗并脱脂干净方可使用。

（9）安装转炉小炉底时，接缝处泥料应铺垫均匀，炉底车顶紧力应足够，均匀挤出接缝处泥料；应认真检查接缝质量是否可靠，否则应予处理。

（10）倾动转炉时，操作人员应检查确认各相关系统与设备无误，并遵守下列规定：测温取样倒炉时，不应快速摇炉；倾动机构出现故障时，不应强行摇炉。

（11）倒炉测温取样和出钢时，人员应避免正对炉口；采用氧气烧出钢口时，手不应握在胶管接口处。

（12）火源不应接近氧气阀门站。进入氧气阀门站不应穿钉鞋。油污或其他易燃物不应接触氧气阀及管道。

（13）有窒息性气体的底吹阀门站，应加强检查，发现泄漏及时处理。进入阀门站应预先打开门窗与排风扇，确认安全后方可入内，维修设备时应始终打开门窗与排风扇。

第五节　电炉炼钢安全技术

电炉炼钢是以电能作为主要热源的各类炼钢方法的统称。由于电能转化为热能的途径是多种多样的，所以电炉炼钢所包含的炼钢设备和炼钢方法也是多样的。电炉炼钢主要是指电弧炉炼钢，是靠电极和炉料间气体放电产生的电弧，加热并熔化金属和炉渣。

一、电弧炉的基本结构

炼钢电弧炉主要由炉体、电极夹持器及电极升降装置、炉体倾动装置、炉盖提升或旋转装置等几部分组成，如图 6-10 所示。

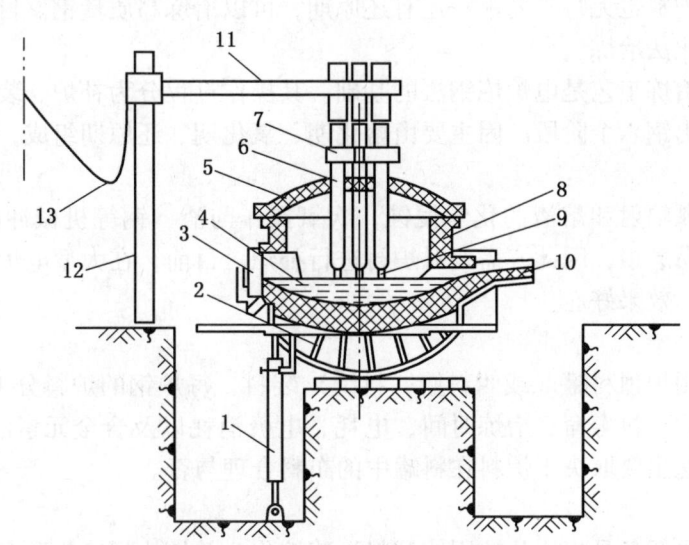

1—倾炉液压缸；2—倾炉摇架；3—炉门；4—熔池；5—炉盖；6—电极；7—电极夹持器；
8—炉体；9—电弧；10—出钢槽；11—横臂；12—立柱；13—短网

图 6-10　炼钢电弧炉结构

炉体是电弧炉最主要的装置，它用来熔化炉料和进行各种冶金反应。炉体由金属构件和耐火材料砌筑成的炉衬两部分组成。炉体的金属构件包括炉壳、炉门、出钢槽、炉盖和电极密封圈。炉壳、炉门、炉盖大多通水冷却，炉盖上有 3 个电极孔，在电极孔之间设有密封圈。

电极夹持器可以夹紧和松放电极，电极通过电极夹持器装在电极升降装置上，电极升降装置由横臂、立柱和传动机构组成，电极的升降受电极自动调节装置控制。

炉体倾动装置的作用：电弧炉出钢时需要向出钢槽侧倾动，使钢液从出钢槽流出；在熔炼过程中，为了便于扒渣，需要把炉体向炉门侧倾动。

电弧炉的装料方式有炉门手工装料和炉顶装料。炉门手工装料只适用于很小的电炉。绝大多数电弧炉都采用炉顶装料。按装料时炉体和炉盖位置变动情况的不同，炉顶装料又可分为炉体开出式、炉盖旋转式和炉盖开出式3种类型。

二、电弧炉炼钢工艺

电弧炉炼钢一般是按造渣工艺特点来划分的，有单渣氧化法、单渣还原法、双渣还原法与双渣氧化法，目前普遍采用后两种。

双渣还原法又称返回吹氧法，其特点是冶炼过程中有较短的氧化期（≤10min），既造氧化渣，又造还原渣，能吹氧脱碳、去气、去夹杂。但由于这种方法脱磷较难，故要求炉料应由含低磷的返回废钢组成。由于它采取了小脱碳量、短氧化期，不但能去除有害元素，还可以回收返回废钢中大量的合金元素，因此，此法适合冶炼不锈钢、高速钢等含Cr、W高的钢种。

双渣氧化法又称氧化法，它的特点是冶炼过程有正常的氧化期，能脱碳、脱磷，去气、去夹杂，对炉料也无特殊要求；还有还原期，可以冶炼高质量钢。目前，几乎所有的钢种都可以用氧化法冶炼。

传统氧化法冶炼工艺是电炉炼钢法的基础。其操作过程分为补炉、装料、熔化期、氧化期、还原期与出钢六个阶段。因主要由熔化期、氧化期、还原期组成，俗称老三期。

1. 补炉

由于高温电弧辐射和熔渣的化学侵蚀，吹氧操作与渣、钢等机械冲刷以及装料的冲击，电炉炉衬容易磨损，因此，需要对炉衬进行补炉。目前，在大型电炉上多采用机械喷补，补炉速度快、效果好。

2. 装料

目前广泛采用炉顶料罐（或叫料篮、料筐）装料，每炉钢的炉料分1～3次加入。装料的好坏直接影响炉衬寿命、冶炼时间、电耗、电极消耗以及合金元素的烧损等。因此，要求合理装料，这主要取决于炉料在料罐中的布料合理与否。

3. 熔化期

熔化期的主要任务是将块状的固体炉料快速熔化，并加热到氧化温度；提前造渣，早期去磷，减少钢液吸气与挥发。传统冶炼工艺的熔化期占整个冶炼时间的50%～70%，电耗占70%～80%。现普遍采用吹氧助熔来缩短熔化期。

4. 氧化期

氧化期的主要任务是继续脱磷、脱碳，去气、去夹杂，提高钢液温度。氧化期是氧化法冶炼的主要过程，能够去除钢中的磷、气体和夹杂物。当废钢料完全熔化，并达到氧化温度，磷脱除70%～80%以上即进入氧化期。为保证冶金反应的进行，氧化开始温度高于钢液熔点50～80℃。

5. 还原期

还原期的主要任务是脱氧、脱硫、调整成分、调整温度，其中脱氧是核心，温度是条件，造渣是保证。

6. 出钢

出钢是炉前冶炼的最后一项操作,但必须具备出钢条件才能出钢,否则将会影响钢的质量和产量。传统电炉的出钢不包括留钢、留渣操作。

出钢条件如下:化学成分全部进入控制规格;出钢温度合乎要求;钢液脱氧必须良好;熔渣的流动性和碱度要合适;渣量和渣色要正常。

三、电弧炉安全

电弧炉炼钢是一个在高温下进行的复杂的物理化学过程。电弧高温在3000℃以上,弧光除具有很强的可见光以外,还含有很强的紫外线,它对眼睛、皮肤有较强的烧伤能力,因此在炉前操作时必须戴好蓝平镜。电弧炉炼钢过程中,由于电弧高温和加料,将产生大量的烟尘,因此必须投资安装电弧炉除尘系统;电弧炉从通电初期直到穿井结束,产生的噪声超过115dB;电弧炉炼钢的自动控制水平大多要比转炉炼钢低一些,发展要缓慢些。不过,1993年以后,我国电弧炉炼钢在自动控制和环保方面投入较大,淘汰了一批装备水平落后的小电炉,在设备本质化安全方面进步很大。

电弧炉炼钢的安全问题主要是电气系统安全、用水安全、用氧安全、冶炼过程事故等。

(一)电气系统安全

1. 三相电炉供电系统主电路简介

三相电炉供电系统主电路由高压电缆、隔离开关、断路器、电抗器、变压器、短网等设备及相应控制系统组成,如图6-11所示。

(1)电炉通过高压电缆供电,电压在3000V以上。

(2)隔离开关主要用于电炉设备检修时断开高压电源,它只有在没有负载时才能进行开或合,否则会产生电弧而使闸刀熔化,并极易造成相间及对地短路。

(3)断路器的作用是使高压电路在负载下接通或断开,并作为保护开关,在电气设备发生故障时自动切断高压电路。电弧炉停、送电时,开关操作顺序:送电时,先合上隔离开关,后合上断路器;停电时,先断开断路器,后断开隔离开关。

(4)电抗器的作用是使电路中感抗增加,以达到稳定电弧和限制短路电流的目的,避免熔化期因塌料而引起断路器频繁跳闸。

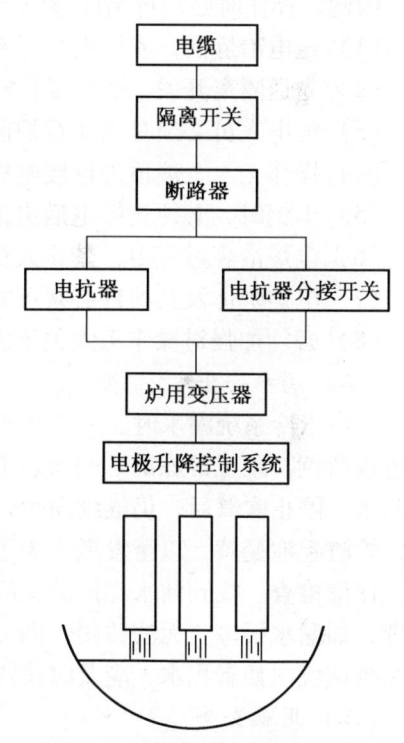

图6-11 三相电炉供电系统主回路

(5)变压器是电弧炉的关键设备,其作用是降低输入电压,产生大电流(可达数万安培)供给电弧炉。变压器不得长时间超负荷运行,以避免线圈和油面温升超过允许值;变压器运行过程中,必须加强监控和维护,以避免损坏。

(6)短网是指变压器低压侧的引出线至电极这一段传导大电流的导体。短网的布置对三相电弧功率不平衡影响很大，三相电弧功率不平衡会造成局部炉墙损坏严重，甚至造成穿钢事故。

2. 保护装置

在电弧炉运行过程中出现故障时，为防止事故扩大，必须迅速地使设备断电，但是在短时间内，操作人员是不能及时发现和消除故障的，因此电气设备均备有专用的继电保护装置。常用的保护装置有过电流保护、瓦斯保护、油温保护等。为防止人为误操作，一般还安装下述连锁保护装置：隔离开关连锁装置、换电压连锁装置、炉体倾斜连锁装置、炉体倾斜及炉体移出与炉盖提升相互的连锁装置。电炉液压站，应在断电事故情况下仍能完成一次出钢动作。

3. 信号装置

信号装置的作用：一是指示电气设备的工作状态，操作人员根据指示信号进行操作，避免误操作；二是当设备发生不正常运行状态时发出声光报警，通知相关人员采取措施及时处理。

4. 操作注意事项

电弧炉炼钢的电气设备既有高压系统，也有大电流系统，两个系统都能使人触电致死。因此，操作时必须特别注意以下事项：

（1）送电冶炼前，应检查高压系统是否在断开位置，变压器应处于无负荷状态。
（2）先送隔离开关，然后操作转换开关，合上断路器。
（3）配电人员必须时刻注意炉前工人操作动向，加强与炉前工的联系。
（4）操作工人上炉顶进行接电极等作业时，必须切断电源。
（5）出钢时，必须先停电后出钢。
（6）电炉冶炼过程中，禁止人员通过短网。
（7）电炉炉体及其构件必须可靠接地。
（8）必须加强对操作工人关于触电急救的培训。

（二）用水安全

炉内水冷系统漏水时，一般在3个电极孔和炉门处会冒出很长的火焰，有时火焰带有蓝色或黄色，跟正常炼钢时的火焰不同；发出的电弧声很响，也不正常。如在氧化期吹氧时漏水，停止吹氧后，仍继续向炉外冒黄而长的火焰；如还原期漏水，也是不断冒黄色火焰，炉渣起泡变黄，以至发黑。为了确定漏水部位，可停电，提高电极，必要时可升起炉盖，仔细检查。找到漏水部位后，应立即关闭漏水部件的进水管，一般可待出钢后调换或修理；如漏水很多，无法关闭，则立即停止冶炼（不得动炉），以免发生爆炸事故。出钢坑和机械坑内如有积水，应及时排除，未经处理，不得冒险出钢。

（三）用氧安全

氧气能加速炉料熔化、脱碳、升温，大大缩短熔炼时间，因此吹氧助熔的运用越来越普遍。但应严防氧气泄漏，要检查好阀门、压力表、氧管（带），卡头要把好、卡紧。氧气开关应有专人操作，不能戴有油污的手套操纵氧气开关；操作时严禁将手放在卡子上，以防回火伤人；吹氧不能过猛过急，并选择好站位，以免炉内大沸腾跑钢或喷溅伤人。

（四）冶炼过程事故

正常的电弧炉炼钢过程是相对安全的，在操作、设备事故情况下是不安全的。电弧炉炼钢常见的事故有电极折断、炉盖崩塌、炉内大沸腾、炉体漏钢等。

1. 电极折断及安全措施

电极折断的原因：石墨电极属脆性材料，其机械强度仅相当于普通钢材的 1/20，电极处于 1000℃以上的高温环境中，承受机械力、电磁力、惯性以及突发的塌料的冲击力，裂断和塌料砸断电极占事故性损耗的 70%，电极自身的强度优劣仅是其中的一个因素。

预防电极折断需采取以下措施：

（1）加大余留钢水的量；合理布料，控制加料速度，使刚进入炉内的废钢很快地滑到 2 号电极的下部，避免在 1 号和 3 号电极下形成堆积而使 1 号或 3 号电极被顶断或撞断。

（2）电极孔和电极接头须吹灰；电极接长装置要处于良好状态，接头螺纹要拧紧；上、下两根电极要在一条垂直线上，电极夹持器应夹在电极上标注的安全线内。

（3）注意监控加料情况，发现有较大的料块时立即采取措施。

（4）及时清理炉盖上的钢渣。如果炉盖上的钢渣积得过多，就会堵塞炉盖上的电极孔，在炉盖上方形成电流回炉起弧，也会导致电极折断。

2. 炉盖崩塌及安全措施

炉盖崩塌是炉内爆炸事故的二次事故，是由于炉内突然发生爆炸时产生的强大压力，超过了炉内所能承受的力，冲垮炉盖，造成崩塌事故。炉盖崩塌是电弧炉冶炼过程中的恶性事故。炉盖崩塌时，几吨重的耐火砖落入炉内，钢渣四溅，常常引起火灾，对炉体附近 20 余米内人员、设备安全造成极大威胁。

炉盖发生崩塌事故的主要原因：炉料内混有密封容器或炸弹等易炸物是外界因素；炉内瞬间产生了大量的 CO 达到了爆炸极限是条件因素；炉墙（炉盖）漏水且钢水淹没漏水点是设备因素。由于氧化法多采用含有铁锈、泥沙等的普通废钢，冶炼的钢种配碳较高，其 [C]—[O] 反应比双渣还原法和装入法要激烈些，因此炉盖崩塌事故多发生在氧化法冶炼的钢种，而返回法及装入法冶炼钢种极少发生。为防止炉盖崩塌，必须把好钢铁料配料关，避免炉料中混入易炸物；从工艺、操作入手，避免 CO 达到爆炸极限；把好设备维护使用关，发现漏水点及时处理。

3. 炉内大沸腾及安全措施

炉料未熔清、加矿温度低、加矿过量、加矿速度快或炉渣过黏等原因，都可能使熔池内 [C]—[O] 反应过于剧烈，造成炉内大沸腾，压力猛增，火焰、钢渣剧烈喷吐，而发生安全事故。

炉内发生大沸腾时应采取以下措施：

（1）立即切断电源，抬起电极，停止加矿和吹氧等操作。

（2）立即向后摇动炉体，减少和防止钢渣从炉门溢出。

（3）炉前平车应移开，以避免钢渣溢到平车上。

（4）操作人员应靠两侧避开，防止被火焰及钢渣烫伤。

（5）万不得已时，可适当提升炉盖，甚至加入硅铁，以抑制沸腾。

4. 炉体漏钢及安全措施

电炉冶炼过程中，炉衬一般在 1500℃以上的高温下工作，炉渣对炉衬有侵蚀作用，出完钢后炉衬温度又要突然下降，装料过程中炉衬还要受到炉料的机械冲击，电炉炉衬的工作条件是相当恶劣的,因此电炉炉衬寿命较转炉炉衬寿命短,也易发生漏钢事故。

为防止炉体漏钢,要注意在装料、补炉时仔细观察炉体情况,一定要补好炉,对炉体情况要做到心中有数。在冶炼过程中,要注意维护炉体,造渣时防止炉渣过稀,供电时防止后期用大电压,防止脱碳时大沸腾等。

漏钢一般多发生在炉体出钢口两侧、炉门口两侧、出钢口下部、炉门口下部、2号电极渣线处及炉龄后期的炉底。发生漏钢时,首先要冷静迅速地判断情况,然后针对不同情况,做出果断处理:

(1)出钢口漏钢。此时应迅速把炉体向前倾斜,然后用沥青镁砂或白云石补漏钢的部位,补好后需将一些渣子推到补好的漏钢处,让它烧结好,再进行冶炼。

(2)炉门口漏钢。应迅速把炉体向后倾斜,然后用沥青镁砂或白云石补漏钢的部位,待烧结良好,再进行冶炼。

(3)2号电极渣线处漏钢。在保证钢水不流出的情况下,尽量将炉体倾斜,以便于用铁锹把镁砂或白云石从炉门口投向漏钢处进行堵塞。

(4)炉底漏钢。如发现炉内钢水大沸腾,炉衬大块上浮,炉渣变稀,这些迹象表明炉底要漏钢了,必须及时采取措施,抓紧冶炼,及早出钢,待出钢后再仔细处理炉底。万一发生炉底漏钢,应先切断电源,打开出钢口,将钢水倒进盛钢桶。

炉体漏钢是电弧炉炼钢的恶性事故,为此,所有操作人员应加强责任心,坚持按规程操作,认真维护炉体,及时更换炉壳,避免这种事故发生。

第六节 精炼安全技术

钢液的炉外精炼是指将经转炉初炼的钢水移到钢包中进行精炼的过程,其目的是脱硫、脱氧、脱气,去除非金属夹杂物、调整钢液成分和均匀钢液温度等。炉外精炼能够大大提高钢的产量和质量。

一、炉外精炼工艺流程

炉外精炼主要包括钢包吹氩、LF处理、真空处理三大部分,其工艺流程如图6-12所示。

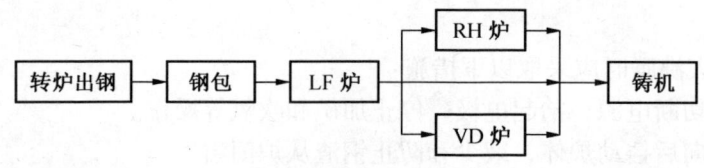

图6-12 精炼工艺流程

在炉外精炼发展过程中,综合运用各种新技术,产生了不同方式的多种精炼方法。常见的精炼方法主要包括常压下的氩气精炼法、合成渣洗法、LF炉钢包精炼法、喂丝精炼法,以及真空脱气、脱碳、合金化等方法。

(一) 氩气精炼法

通过向钢包内进行吹氩，利用氩气泡上浮的动力学条件均匀钢水成分和温度，加速夹杂物上浮从而达到净化钢水的目的。

1. 钢包吹氩主要工艺参数

钢包吹氩应根据钢种性质、钢水状态、精炼目的，来选择合适的气体参数（耗氩量、氩气压力、流量、吹氩时间、氩气泡尺寸），这些参数决定了吹氩强度的大小及精炼的效果。一般情况下，耗氩量应控制在 $1.64 \sim 3.82 m^3/t$ 之间；吹氩压力控制在 $0.098 \sim 0.49MPa$ 之间；氩气流量控制在 $20 \sim 30Nm^3/(min \cdot t)$ 之间；吹氩时间控制在 $4 \sim 5min$ 之间；氩气孔直径控制在 $0.1 \sim 0.26mm$ 之间。

2. 冶金效果

1) 降低钢水中气体含量

钢包吹氩对气体的去除效果一般为：氢的质量分数降低 $15\% \sim 40\%$；氧的质量分数降低 $10\% \sim 30\%$；氮的质量分数降低 $10\% \sim 25\%$。

2) 降低钢中夹杂

不同吹氩方式降低钢中夹杂效果不同，顶吹氩方式夹杂降低率 $20\% \sim 40\%$；底侧吹氩方式夹杂降低率 $40\% \sim 60\%$；底吹氩方式夹杂降低率 $50\% \sim 60\%$。

3) 均匀钢水成分和温度

氩气吹入钢水中，氩气通过"发泡"对钢水产生强烈的搅拌作用，达到均匀钢水成分和温度的目的。

(二) 合成渣洗法

转炉出钢后，向钢包内加入适量的渣料，调节钢包渣成分，从而达到脱硫和去夹杂的目的。炉渣的成分对脱硫和去除夹杂起到决定性的作用，根据钢种性质、钢水状态、精炼目的选择不同的合成渣系，一般的合成渣系主要有 $CaO - CaF_2$、$CaO - Al_2O_3$、$CaO - Al_2O_3 - SiO_2$、$CaO - Al_2O_3 - CaF_2$。

1. 合成渣洗工艺

合成渣洗工艺主要是通过挡渣出钢后向钢包加入渣料，通过吹氩（喂丝）过程起到脱硫、去夹杂的作用。

1) 合成渣料的加入量

实践证明，合成渣料加入量控制在金属量的 $5 \sim 15kg/t$ 较好，既能保证一定的脱硫效率，又能保证不因合成渣的大量加入而使钢水温降过大，确保浇铸顺行。

2) 渣洗工艺操作要点

(1) 合成渣应预热以去除渣中水分。

(2) 采用挡渣出钢技术，减少出钢过程下渣量。

(3) 钢包应干净，无残钢、残渣，并做到红包出钢。

(4) 出钢后采用吹氩处理。

2. 冶金效果

1) 脱硫率

试验结果表明，对各钢种采用合成渣洗均能得到较好的脱硫效果，脱硫率能达到 $20\% \sim 50\%$。在相同条件下，高碳钢、低合金锰钢的脱硫率高于低碳钢。

脱硫反应式 $[S]+(CaO)=[O]+(CaS)$
平衡常数 $K=[O](CaS)/[S](CaO)$

从上式可以看出，由于合成渣中含有较高的 CaO，出钢过程深度脱氧，同时采用挡渣出钢技术，都能有效地提高脱硫率。硫由金属向渣—金属界面的迁移是脱硫过程的限制性环节，采用合成渣洗工艺脱硫单靠渣的性能远不足以保证脱硫效果，脱硫反应的动力学条件也是十分重要的。因而，保证出钢过程钢液的充分搅拌以及出钢后足够的吹氩时间是提高脱硫率的重要条件。

2）降低钢中夹杂

实践证明，采用合成渣洗工艺使钢中夹杂物大幅度降低，净化了钢水，提高了钢质。采用合成渣洗工艺能降低钢水夹杂 30%~60%。

（三）LF 炉钢包精炼法

LF 炉是以交流或直流电通过石墨电极与钢包液面的钢渣之间产生高温电弧作为热源加热钢水。

1. LF 炉的主要设备

LF 炉的主要设备有钢包、钢包车、变压器、短网、电极升降机构、水冷炉盖、取样测温枪、物料添加系统等，其结构简图如图 6-13 所示。

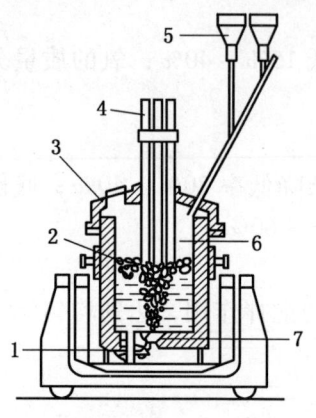

1—滑动水口；2—精炼渣；3—水冷炉盖；4—电极；5—合金储料斗；6—惰性气体气氛；7—透气塞

图 6-13 LF 炉结构简图

2. LF 炉工艺

1）电弧加热工艺

钢水的温度是连铸的"生命线"。不同的钢种选用不同的浇铸温度，既是保证铸坯良好质量，又是保证浇铸操作顺利进行的必要条件。因此，LF 炉通过石墨电极的交流或直流电与钢包钢渣之间产生高温电弧加热来调节钢水温度就成为 LF 炉的一项重要功能。

在精炼的不同阶段，采用不同的供电制度。一般在精炼初期，要加入一些渣料或合金，为了使加入的渣料或合金尽快熔化，应采用较高的电弧电压。在精炼的中后期，电弧燃烧稳定后，为了达到快速升温的目的，应采用较大的电弧电流进行加热。加热升温速度与钢种、出钢量、渣量等因素有关，加热时间越长升温速度越快。

2）造渣工艺

根据自身特点，各钢厂均有各自不同的造渣制度。通常根据钢种性质、钢水状态、精炼目的选择不同的合成渣系，大体分为两类：一类是造碱性白渣；另一类是造泡沫渣。

3）合金微调工艺

转炉出钢合金化时，合金配加量一般按钢种成分的中下限控制。到 LF 炉时取样分析，若钢中合金元素含量低，可在 LF 炉进行合金元素微调。LF 炉配加锰时回收率一般可达到 95% 以上，配加硅时回收率一般可达到 90% 以上。

（四）喂丝精炼工艺及冶金效果

1. 喂丝设备

喂丝设备主要是喂丝机。不同型号喂丝机组成大体相近，主要由线盘驱动机、喂丝驱动机和电气控制三部分组成。

喂丝机的喂丝速度必须保证喂入的丝线能在钢水中均匀分布。这要求丝线在钢水中熔化有一定的深度，丝线有一定的动能，使之能冲到钢包底部，且使钢水产生紊流。

2. 喂丝工艺

根据钢种性质、钢水状态、喂丝目的，来选择不同丝线种类和使用量，不同的丝线种类采用不同的喂丝速度。

3. 冶金效果

通过向钢包内喂丝能够降低钢水氧活度、改变钢水中夹杂物形态，同时提高钢水合金收得率以及提高合成渣脱硫能力。

（五）真空处理工艺

真空处理方法较多，主要包括：钢包脱气法（VD法）、真空提升气体法（DH法）、循环脱气法（RH法）、真空吹氧脱碳法（VOD法）。

1. 真空设备

真空处理的主要设备有钢包、钢包车、真空室、气体提升系统、顶枪系统、冷却系统、取样测温枪、物料添加系统等。RH炉结构简图如图6-14所示。

2. 真空工艺及冶金效果

1）脱气

根据钢种要求进行真空脱气处理，使钢水中的N、H、O等气体元素达到钢种要求。

2）脱碳

部分低碳钢和超低碳钢需利用钢水在真空室的循环过程中钢水的残氧或在真空室内吹氧进行钢水脱碳，使其钢水的碳达到钢种的要求。

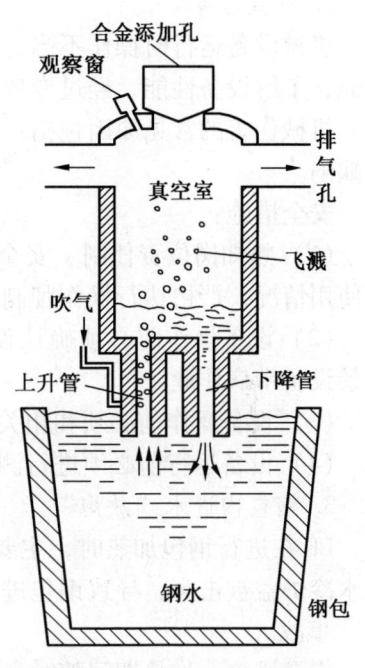

图6-14 RH炉结构简图

3）合金化

转炉出钢合金化时，合金配加量一般按钢种成分的中下限控制，到RH炉时取样分析，若钢中合金元素含量低，可在RH炉进行合金元素微调。RH炉配加锰时回收率一般可达到95%以上，配加硅时回收率一般可达到90%以上。

合金化的影响因素包括：合金添加速度、合金添加角度和合金粒度。

二、精炼常见事故及安全措施

（一）精炼操作安全事故

常见的精炼操作安全事故有钢水喷溅或洒出灼烫伤、机械伤害、钢包内进水"放炮"、高空坠物伤害、煤气中毒伤害等。

1. 钢水喷溅或洒出灼烫伤

转炉出钢后钢水温度达到1550℃以上，钢包在吊运、吹氩喂丝、LF加热、真空处理及测温取样过程易出现喷溅或洒出，造成灼烫伤。

安全措施：

（1）出钢前确认钢包内无杂物，无上、下渣盖，无桶底，做到红包出钢。

（2）禁止向钢包内投潮湿物料、密闭和半密闭容器。

（3）钢水在运输过程中，指挥人员应站在司机能看清指挥信号的安全位置，指挥人员发出的指挥信号必须清晰、准确，必要时由指挥人员与司机共同确定指挥位置。指挥人员不能同时看见司机和负载时，必须增设中间指挥人员。

（4）吊运铁水罐、钢水罐、半钢罐、渣罐等，必须确认两边吊耳挂吊无误后方能指挥起吊，如铁水（半钢）罐、钢水罐或渣罐过满、偏重，必须采取安全措施后方可指挥吊运。

2. 机械伤害

机械设备运行时操作不当，易造成机械伤害。因此，操作岗位人员必须熟练掌握操作技能，了解设备性能，经过专项培训，方可操作机械。

机械伤害的常见原因包括：设备带病作业、操作者盲目操作，以及设备本身存在一定的缺陷。

安全措施：

（1）熟知岗位责任制、安全环保操作规程、技术操作规程，熟悉本岗位的设备性能和使用情况，严格执行操作牌制度。

（2）设备操作前必须确认设备是否处于正常运转状态，发现异常应立即停机处理，严禁设备带病作业。

（3）设备操作前必须和相关岗位操作人员联系好，确认无误后方可按程序作业。

（4）设备运行前必须进行测试，针对设备缺陷及时整改。

3. 钢包内进水"放炮"

LF 在进行钢包加热时，主要采用电弧加热。如果在加热过程中埋弧效果不好，易造成水冷炉盖被击穿，导致钢包进水，由于钢包采用了底吹氩，钢水翻腾会造成钢包"放炮"事故。

安全措施：加热期间随时观察炉盖有无漏水现象（异常响声和冒大量白烟）。如发现炉盖漏水，应立即停止吹氩和加热，迅速将炉盖和三相电极升到高位，及时汇报调度室。若钢包液面有积水，必须待积水完全蒸发后方可开动钢包车，防止"放炮"伤人。

4. 高空坠物伤害

钢水精炼跨吊车作业频繁，精炼过程中所需的钢水、废钢、喂丝工序的丝线、LF 废钢使用都需要起重设备和机车进行运输，运输过程中有很多危险因素。存在的危险有起吊物坠落伤人、起吊物相互碰撞、铁水和钢水罐倾翻伤人、车辆撞人、人员被挤在吊车与厂房立柱间，以及人员从吊车上高处坠落伤害等。

安全措施：操作工指吊过程中的站位要严格遵守安全操作规程，严格执行标准化作业。吊车作业时，严禁操作人员在吊车下作业或经过，避免安全事故的发生。

5. 煤气中毒伤害

钢水真空处理作业由于强制用氧脱碳，工艺自身产生的煤气进入密封水池；化渣作业使用煤氧枪，若工器具存在隐患会导致煤气泄漏，人员中毒；真空点火或烘烤也会产生煤气中毒事故。

安全措施：

（1）生产期间严禁进入密封水池；因检修需进入时，必须启动风机通风并携带煤气和氧气报警器，符合要求方可进入。

（2）加强设备检查和隐患处理，严禁使用不安全的煤氧枪，对老化、锈蚀的煤气管道及时更换。

（3）严格招待煤气点火先点火后开气原则，加强职工操作技能培训，防止中毒事故发生。

（4）检修料仓时不能生产，防止通过真空下料管使煤气窜入料仓；若确需同时作业，必须堵好盲板。

（5）有条件情况下在精炼真空区域配置氧气、空气呼吸器。

（二）钢水精炼操作安全要求

（1）上岗前，检查确认所使用的工器具、专用吊具、钢丝绳等是否具备安全条件，检查确认各介质的管道、阀门有无泄漏，冷却部件的冷却水是否正常。

（2）与室内操作人员联系配合，检查设备是否具备安全条件，特别是设备的极限保护功能和一些重要连锁条件是否正常。

（3）开动钢包车前，必须确认炉盖及三相电极位置和轨道上有无障碍物，严禁碰撞车道两头的挡车装置。

（4）进行测温取样、定氧、磨样、烧氧、喷补等对双眼有伤害的作业时，应戴好防护面罩。保持测温枪体、纸管及偶头等干燥。

（5）喂丝机工作时，周围严禁站人，防止丝线弹出伤人。喂丝机穿线或处理卡线时，需将喂丝机停电。

（6）加长、下放电极和事故状态下打捞电极，必须停高压电，并做好行走、（高空）作业、联系呼应确认，防止发生滑跌和坠落事故。

（7）炉盖清渣，必须停高压电，做好安全确认和选择安全站位，系好安全带，防止滑跌和跨渣伤人事故发生。

（8）钢包渣线漏钢，通知室内操作工停止加热和吹氩，提升炉盖、电极，迅速将钢包车开出加热（钢水处理）位，及时采取措施和灭火，防止事故扩大。

（9）炉盖漏水，通知操作工停止加热和吹氩，迅速撤离到安全位置，待钢包内水分完全蒸发后方可开动钢包车，防止"放炮"事故发生。

（10）起落重罐时，加强挂罐确认、停钩试闸（起高500mm，落位500mm），严禁一次起落到位。同时，人应站在地面安全位置，做到手势明确、哨音响亮。

（11）翻渣时，人应站在地面安全位置，渣罐及四周地面要保持干燥，防止"放炮"事故发生。翻完渣后必须确认自动翻渣机构已到位、挂牢。

（12）接氩管时，确认吊车板钩脱离罐体后，罐沿无悬渣（钢）；取氩管时，确认吹氩停止和罐内已平静，防止钢水喷溅伤人。

（13）喷补插入管，应穿好防热服、戴好面罩，严禁喷枪对着人和设备。整个工作期间，加强对周围环境观察，做好安全确认和自我防护工作，发现危险要立即躲开。

（14）生产期间严禁进入密封水池，在检修期间需进入时，必须启动风机通风并携带煤气报警器检测 CO 和 O_2 浓度，达到规定要求后方可进入。

（15）进入煤气区域作业时，严禁生火取暖和吸烟，防止火灾和爆炸事故发生。

（16）加强岗位间的协作联系，生产中出现的所有事故均应报告值班班长及调度室，在调度室的统一指挥下解决。

第七节 连铸安全技术

钢水浇铸是把温度和成分合格的钢水浇成钢锭（模铸）或铸坯（连铸）的一种工艺方法，浇铸过程就是控制钢水凝固而获得良好铸态组织的过程，通俗地说，就是把钢从液态变成固态的过程。浇铸分为模铸和连铸两种方式。液态钢水温度一般大于1400℃，无论是模铸还是连铸都要与钢水打交道，都存在安全问题。

模铸又分为上铸法和下铸法两种。上铸法是将钢水从钢包通过钢锭模的上口直接注入模内形成钢锭。下铸法是将钢包中的钢水浇入中注管、流钢砖，钢水从钢锭模的下口进入模内，钢水在钢锭模内凝固，即得到钢锭。模铸法生产钢锭已有100多年的历史，目前在炼钢生产中仍然占有一定的位置，特别是一些特殊钢的生产仍在采用模铸法。但是，随着我国钢铁工业的不断发展，新技术的应用，连铸法取代模铸法已经成为必然趋势。

一、连铸工艺及设备

连铸机是连铸的主体设备，其类型很多。按结晶器断面形状不同，可分为方坯、板坯、圆坯、异形坯连铸机等；按铸机布置形式不同，可分为立式、立弯式、弧形、水平连铸机等。目前，连铸机以弧形居多，发展趋势是设备高度越来越低。

连铸设备主要由钢包及其回转台、中包及中包车、结晶器及其振动装置、二冷装置、扇形段、拉矫设备、火焰切割装置、打号或喷印装置、铸坯输送辊道等组成。连铸工艺流程如图6-15所示。

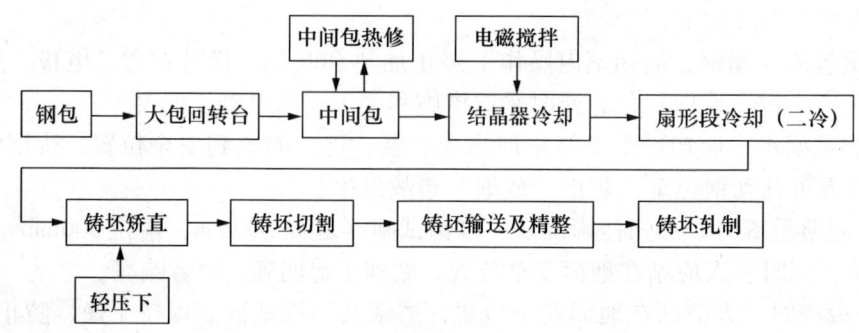

图6-15 连铸工艺流程

盛钢桶被放到连铸机上方，通过盛钢桶底部的长水口把钢水注入中间包，中间包水口的位置被预先调好对准下面的结晶器。当打开塞棒后，钢水就注入水冷的结晶器内。结晶器在注入钢水以前，底部用引锭头堵住，钢水进入结晶器后，四周在水冷结晶器壁的冷却下逐渐凝固成坯壳，底部与引锭头"咬合"在一起，当坯壳凝固到一定的厚度时，拉矫机开始将引锭头连同坯壳一起从结晶器内拉出。钢水从中间包不断地注入结晶器，结晶器四周不断地被冷凝成坯壳，坯壳在结晶器内向下运动时不断增厚，而后被拉出结晶器。当铸坯从结晶器内进入二次冷却段时，铸坯中心部分是液体，受到二次冷却段喷嘴喷出的冷却水继续冷却，使中心部分的液体逐渐减少，坯壳厚度逐渐增加，铸坯从二次冷却段运行到拉矫机时，液芯基本上完全凝固了。若采用弧形结晶器，铸坯从结晶器到二次冷却段保持弧形，进入拉矫机后被矫直。矫直后的铸坯，被同步运行的切割机切成一定长度的铸坯，而后通过辊道输出。铸坯切成定尺后，还必须进行精整操作，以消除铸坯缺陷。铸坯的精整操作包括铸坯的冷却、标识、清理等。

二、连铸常见事故及安全措施

模铸需经过整、脱模等复杂的工序，工作环境温度高、灰尘大，工人劳动强度大，是炼钢生产中机械化、自动化程度最低的环节，工人长期在这样的环境中工作，易发生安全事故。

连铸把复杂的工序简化到一套机械设备上进行，这就为采用自动控制创造了条件，将工人从繁重的体力劳动中解脱出来，从而减少了发生安全事故的危险性。

正常的连铸过程是比较安全的，但生产过程往往会出现这样或那样的事故，事故情况下，连铸过程是不安全的。因此，连铸安全技术的关键是控制各种事故。

1. 盛钢桶系统漏钢及安全措施

盛钢桶系统漏钢以滑板系统漏钢居多，其次是透气砖部位漏钢和桶壁穿漏。盛钢桶系统漏钢，不仅影响生产，往往还损坏设备，工人劳动强度也大，在处理这些故障的过程中极易发生较大的安全事故。

1）滑板系统漏钢及安全措施

滑板系统漏钢主要出现于上水口与上滑板间、上滑板与下滑板间，以及下滑板与下水口间等。主要原因有：水口、滑板质量差，装配质量差；滑板侵蚀严重，出现沟槽，或大面积侵蚀，出现间隙；滑板使用次数多，磨损严重。

浇铸过程中，如果发生滑板系统漏钢，应视具体情况决定是否立即将盛钢桶旋转到事故罐上（未损坏滑板机械系统，可维持浇完；否则，立即停浇）。

防止盛钢桶滑板系统漏钢的安全对策：提高滑板、水口的材质，针对不同的钢种选用合适的滑板材料；严格保证滑板与水口、滑板间的装配质量；加强滑板的连用确认制度，针对不同材质滑板，根据钢种特点制定出合理的连用次数标准，确保滑板不超标使用；在进行烧氧引流操作时，要特别小心，切不可烧坏水口或滑板。

2）透气砖部位漏钢及安全措施

透气砖座砖周围泥料打结不实，透气砖外包皮间隙大或包皮被熔化，以致透气砖被"吹飞"，这些都可能造成透气砖部位漏钢。

浇铸过程中，如果发生透气砖漏钢，应立即将盛钢桶旋转到事故罐上。

为防止透气砖部位漏钢，应选用高质量透气砖，保证透气砖的装配质量，加强透气管路的维护与检修。

3）盛钢桶桶壁漏钢及安全措施

盛钢桶桶壁穿漏一般出现在盛钢桶使用后期，渣线处桶衬侵蚀速度快，易漏钢；长时间电弧加热，也易造成渣线漏钢；出钢过程中，钢流注入点附近冲刷严重，桶底易漏钢。

浇铸过程中,如发现桶壳发红,应立即停浇,将盛钢桶旋转到事故罐上方。

盛钢桶桶壁漏钢的主要原因是钢包超期服役使内衬(耐火砖)减薄到难以承受钢水的程度,或者钢包内衬(耐火砖)质量太差,或者内衬(耐火砖)不结实。为防止桶壁漏钢,应提高盛钢桶内衬耐火材料质量和修砌质量;盛钢桶使用后期,加强检查。

2. 中间包漏钢及安全措施

中间包漏钢的可能原因包括:耐火材料质量不高,包衬砌筑或打结质量差;大包注流冲击区的冲击板质量差或未安好;座砖周围填料不实;水口与座砖间隙大;连浇炉数过多,包衬耐火材料侵蚀严重。一旦出现中间包漏钢应立即更换中间包或停浇处理。

为防止中间包漏钢,应保证包衬的砌筑或打结质量;加强冲击板、座砖与水口等关键部位的操作;确定中间包的安全使用次数,接近使用后期更要加强检查。

3. 铸机漏钢及安全措施

铸机漏钢是指凝固坯壳出结晶器后,抵抗不住钢水静压力的作用,坯壳薄弱处断裂而使钢水流出。铸机漏钢可分为五大类型:开浇漏钢、悬挂漏钢、卷渣漏钢、裂纹漏钢和黏结漏钢。其中黏结漏钢影响因素最复杂,控制难度较大,占所有漏钢事故的60%~70%,其余四大类漏钢事故影响因素比较单一,控制相对容易些。

铸机漏钢是生产中的恶性事故,它损伤设备,增加工人的劳动强度。导致铸机漏钢的原因主要有操作不当、设备故障、原辅材料质量差等。漏钢处理是一种危险作业方式,发生漏钢时一定要沉着、冷静地处理事故,做到忙而不乱,一般要立即关棒,降速拉坯,以免形成滞坯,增加扇形段或拉矫机内残钢处理的难度。

4. 铸机溢钢及安全措施

铸机溢钢是指中间包内钢水由于塞棒头侵蚀或断裂等原因,使流入结晶器内的钢流失控,适当增加拉坯速度,也不能控制结晶器内钢液上涨,造成钢液从结晶器上口溢出。

铸机溢钢时,立即启动事故闸板,闸断浸入式水口,快速中断该流浇铸,断浇的一流转为拉尾坯模式,尽快将尾坯拉出拉矫机,以免形成滞坯。当中包塞棒和事故闸板均不能关闭钢流时,则紧急打走中包车,中断浇次,迅速把中包车开至放渣位。

5. 铸机滞坯及安全措施

铸机"滞坯"是指铸坯滞留在二冷区内,而无法将其拉出来进行正常切割、输出的现象。铸机溢(漏)钢后处理不及时或拉矫机故障等原因使停拉时间过长,铸坯拉不动,就会形成滞坯。滞坯处理的作业环境非常恶劣,劳动强度大,易诱发安全事故,因此要尽可能避免形成滞坯。

1)防止滞坯的措施

一是尽量缩短停拉时间;二是减少二冷区水量(二冷区内的铸坯表面温度<850℃,会因铸坯过冷增加矫直及拉坯阻力),但水量不能立即全部关闭,否则会因鼓肚使铸坯表面成"波浪形",反而增加了拉坯阻力,造成滞坯。

2)滞坯的处理

要抓紧时间在扇形段合适的位置将铸坯割断,把尽可能长的"红坯"从连铸机中拉出,以缩短处理时间。

6. 关键设备故障及安全措施

1)大包回转台故障及安全措施

连铸过程中，为了使盛钢桶稳定地向中间包注入钢水，就需要把盛钢桶固定在一定位置上。早期连铸使用的盛钢桶支撑装置是桥式起重机和浇铸小车，现在广泛使用的是大包回转台。

大包回转台由支撑台架、驱动装置和底座组成。大包回转台在多炉连浇过程中，一会儿是单臂承重，一会儿又是双臂承重，长期在不对称冲击负载的作用下，容易损坏，但若钢水从回转台上倾翻下来，将发生机毁人亡的事故。

为保证大包回转台安全有效地长期运行，必须从设计制造开始，充分考虑大包回转台抗不对称冲击负载的能力，要求回转台的动态冲击系数大于等于 1.5。在日常运行过程中，必须加强大包回转台的点检（岗位点检、专业点检、精密点检）和维护，定期对大包回转台事故回转功能进行测试。

2）大包滑板开闭故障及安全措施

（1）大包滑板打开故障：

①钢包滑动水口不能打开（电气、机械或液压故障）。

②滑动水口打开，但却无钢流，这是由于引流砂质量太差（被烧结成块）或由于冷钢的原因使水口堵塞。

采取措施：

①检查液压系统和液压缸。若在规定时间内不能排除故障，则由回转台旋转运走钢包，查看 PLC 系统的报警表。

②反复开关几次滑动水口，若 20~30s 后仍无钢流，摘下长水口，烧氧引流。烧氧引流时两人要配合好，一人烧氧、一人开氧，并检查好氧管接头处是否漏气，一有钢流立刻停止烧氧。应注意穿好阻燃的防护服，防止钢水飞溅烫伤人。

（2）大包滑板关闭故障：

①钢包滑动水口不能关闭，使得流入中包的钢流太大。

②滑板液压系统发生泄漏、液压力不足或管路堵塞或电气故障可能导致滑板失控。

③大包滑板与液压系统采用快速接头连接时，如接头未上紧或接头处有异物或接头磨损严重，使接头发生脱落，也可能导致滑板失控。

采取措施：

①在保证连铸机浇铸质量及其他条件允许的前提下，可适当提高拉速。

②通过反复的开关动作，努力控制水口滑板。

③若仍不能恢复正常，就让钢水流入中包，再溢流到溢流罐。如溢流的钢水太多或有烧中包车、大包回转台设备的危险时，则停止浇注并将钢包旋转到事故钢包上方。

④如果下一包已准备好，则换罐浇铸。

3）结晶器冷却水中断及安全措施

结晶器是连铸机的"心脏"，主控室人员应加强对结晶器冷却水的监控。结晶器冷却供水故障时，一般设有声光报警。出现断水的原因有供水管破漏或堵塞、供水泵故障、突然停电，安全水塔的事故水又因故未下来。出现此类情况，应无条件停浇，千万不能重新供水；否则，会造成机毁人亡的结晶器爆炸事故。

4）结晶器液位检测放射源泄漏及安全措施

结晶器液位检测常用的方法有电涡流法、电磁感应法、热电偶法、红外线法、放射源法等。目前，采用最多的方法是^{60}Co 或^{137}Cs 放射源检测法。

射源型结晶器液面检测装置是根据放射性物质（^{60}Co 或^{137}Cs）穿过结晶器后被吸收量的不同，来检测结晶器内钢液面高度。棒状放射源被装在一个屏蔽装置里，射线通过一个旋转阀门来开关。

处理结晶器溢钢时，如果不慎损坏了开启放射源的旋转阀门或放射源在移动过程中保护屏不慎被摔坏，就可能引起放射性物质泄漏，对进入该区域一定距离内的人员将造成辐射伤害：使人体细胞发生变异，甚至死亡。如果出现上述情况，应及时汇报相关部门，将人员撤到安全区域，等待经过专门培训的人员采取必要的防护措施后，才能进入该区域进行处理。

第八节 起重与运输安全技术

起重机是用来进行物料搬运作业的机械设备。起重机械通过工作机构的组合运动，把物料提升，在空间一定范围内移动，然后按要求将物料安放到指定位置，空载回到原处，准备再次作业，从而完成一次物料搬运的工作循环。起重机械的搬运作业是周期性的间歇作业，广泛用于输送、装卸和仓储等作业场所。在现代生产中，起重机不仅在物料运输领域起着重要作用，而且有些起重机直接参与生产工艺过程，成为工艺设备的主要组成部分，大大提高了劳动效率，减轻了劳动强度。起重设备还进入人们的工作和生活领域，例如公共场所的电梯、娱乐场所的大型升降游艺机等，提高了人们的生活和生存质量。

一、起重机与起重事故

（一）起重机械概述

1. 起重机械分类

起重机械按其构造类型可分为轻小起重设备、升降机和起重机。

（1）轻小起重设备，包括：千斤顶、电动或手拉葫芦、绞车、滑车等。

（2）升降机，包括：垂直升降机、电梯等。

（3）起重机，包括：桥架类型起重机、臂架类型起重机以及桥架与臂架类型综合的起重机。例如，在装卸桥上装有可旋转臂架的起重机，在冶金桥式起重机上装有可旋转小车等。

2. 起重机的组成

如图 6-16 所示，起重机由驱动装置、工作机构、取物装置、操纵控制系统和金属结构组成。通过对控制系统的操纵，驱动装置将动力能量输入，转变为机械能（即适宜的力或运动速度），再传递给取物装置。取物装置将被搬运物料与起重机联系起来，通过工作机构单独或组合运动，完成物料搬运任务。可移动的金属结构将各组成部分连接成一个整体，并承载起重机的自重和吊重。

起重机与其他一般机器的显著区别是庞大、可移动的金属结构和多机构的组合工作。间歇式的循环作业、起重载荷的不均匀性、各机构运动循环的不一致性、机构负载的不等时性、多人参与的配合作业等特点，又增加了起重机的作业复杂性，导致其安全隐患多、危险范围大、事故易发点多、事故后果严重，因而起重机的安全格外重要。

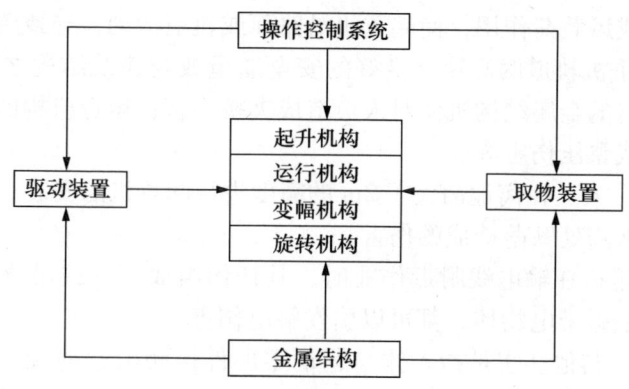

图 6-16 起重机的组成

(二) 起重作业及起重事故情况

1. 起重作业特点

(1) 吊物具有很高的势能。被搬运的物料个大体重（一般物料均上吨重）、种类繁多、形态各异（包括成件、散料、液体、固液混合等物料），起重搬运过程是重物在高空中的悬吊运动。

(2) 起重作业是多种运动的组合。速度多变的可动零部件，形成了起重机械危险点多且分散的特点，给安全防护增加了难度。

(3) 作业范围大。金属结构横跨车间或作业场地，高居其他设备、设施和施工人群之上，起重机带载可以部分或整体在较大范围内移动运行，使危险的影响范围加大。

(4) 多人配合的群体作业。起重作业的程序是地面司索工捆绑吊物、挂钩；起重司机操纵起重机将物料吊起，按地面指挥，通过空间运行，将吊物放到指定位置摘钩、卸料。每一次吊运循环，都必须是多人合作完成，无论哪个环节出问题，都可能发生意外。

(5) 作业条件复杂多变。在车间内，地面设备多，人员集中；在室外，受气候、气象条件和场地限制的影响，特别是流动式起重机还受到地形和周围环境等多因素的影响。

总之，重物在空间的吊运、起重机的多机构组合运动、庞大金属结构整机移动，以及大范围、多环节的群体运作，使起重作业的安全问题尤其突出。

2. 起重伤害事故形式

起重伤害事故是指在进行各种起重作业（包括吊运、安装、检修、试验）中发生的重物（包括吊具、吊重或吊臂）坠落、夹挤、物体打击、起重机倾翻、触电等事故。起重伤害事故可造成重大的人员伤亡或财产损失。根据不完全统计，在事故多发的特殊工种作业中，起重作业事故的起数多，事故后果严重，重伤、死亡人数比例较大。

(1) 重物坠落。吊具或吊装容器损坏、物件捆绑不牢、挂钩不当、电磁吸盘突然失电、起升机构的零件故障（特别是制动器失灵、钢丝绳断裂）等都会引发重物坠落。处于高位置的物体具有势能，当坠落时，势能迅速转化为动能，上吨重的吊载意外坠落，或起重机的金属结构件破坏、坠落，都可能造成严重后果。

(2) 起重机失稳倾翻。起重机失稳有两种类型：一是由于操作不当（例如超载、臂架变幅或旋转过快等）、支腿未找平或地基沉陷等原因使倾翻力矩增大，导致起重机倾翻；二是由于坡度或风载荷作用，使起重机沿路面或轨道滑动，导致脱轨翻倒。

（3）挤压。起重机轨道两侧缺乏良好的安全通道或与建筑结构之间缺少足够的安全距离，使运行或回转的金属结构机体对人员造成夹挤伤害；运行机构的操作失误或制动器失灵引起溜车，造成碾压伤害等。

（4）高处跌落。人员在离地面大于2m的高度进行起重机的安装、拆卸、检查、维修或操作等作业时，从高处跌落造成的伤害。

（5）触电。起重机在输电线附近作业时，其任何组成部分或吊物与高压带电体距离过近、感应带电或触碰带电物体，都可以引发触电伤害。

（6）其他伤害。其他伤害是指人体与运动零部件接触引起的绞、碾、戳等伤害；液压起重机的液压元件破坏造成高压液体的喷射伤害；飞出物件的打击伤害；装卸高温液体金属，易燃易爆、有毒、腐蚀等危险品，由于坠落或包装捆绑不牢破损引起的伤害等。

3. 起重伤害的事故特点

（1）事故大型化、群体化，一起事故有时涉及多人，并可能伴随大面积设备设施的损坏。

（2）事故类型集中，一台设备可能发生多起不同性质的事故是不常见的。

（3）事故后果严重，只要是伤及人，往往是恶性事故，一般不是重伤就是死亡。

（4）伤害涉及的人员可能是司机、司索工和作业范围内的其他人员，其中司索工被伤害的比例最高。

（5）在安装、维修和正常起重作业中都可能发生事故。其中，起重作业中发生的事故最多。

（6）事故高发行业中，建筑、冶金、机械制造和交通运输等部门较多，与这些部门起重设备数量多、使用频率高、作业条件复杂有关。

（7）起重事故类别与机种有关，重物坠落是各种起重机共同的易发事故，此外还有桥架式起重机的夹挤事故、汽车起重机的倾翻事故、塔式起重机的倒塔折臂事故、室外轨道起重机在风载作用下的脱轨翻倒事故，以及大型起重机的安装事故等。

4. 事故原因分析

（1）起重机的不安全状态。首先是设计不规范带来的风险；其次是制造缺陷，诸如选材不当、加工质量问题、安装缺陷等，使带有隐患的设备投入使用。大量问题存在于使用环节，例如不及时更换报废零件、缺乏必要的安全防护、保养不良带病运转，以至造成运动失控、零件或结构破坏等。总之，设计、制造、安装、使用等任何环节的安全隐患都可能带来严重后果。起重机的安全状态是保证起重安全的重要前提和物质基础。

（2）人的不安全行为。人的行为受到生理、心理和综合素质等多种因素的影响，其表现是多种多样的：操作技能不熟练，缺少必要的安全教育和培训；无证上岗；违章违纪蛮干，不良操作习惯；判断操作失误，指挥信号不明确，起重司机和起重工配合不协调等。总之，安全意识差和安全技能低下是引发事故主要的人为原因。

（3）环境因素。超过安全极限或卫生标准的不良环境，冶金起重机受到气候条件的影响，直接影响人的操作意识水平，使失误机会增多，身体健康受到损伤。另外，不良环境还会造成起重机系统功能降低甚至加速零、部、构件的失效，造成安全隐患。

（4）安全管理缺陷。安全管理包括领导的安全意识水平；对起重设备的管理和检查实施；对人员的安全教育和培训；安全操作规章制度的建立等。管理上的任何疏忽和不到位，都会给起重安全埋下隐患。

起重机的不安全状态和操作人员的不安全行为是事故的直接原因，环境因素和安全管理缺陷是事故发生的间接条件。事故的发生往往是多种因素综合作用的结果，只有加强对相关人员、起重机、环境及安全制度整个系统的综合管理，才能从根本上解决问题。

二、起重机的安全防护

起重机的安全防护是指对起重机在作业时产生的各种危险进行预防的安全技术措施。

（一）起重机的安全防护装置

不同种类的起重机应根据不同需要安装相应的安全防护装置，大致可分为安全装置、防护装置、指示报警装置及其他安全防护措施几类。

1. 安全装置

安全装置是指通过自身的结构功能，可以限制或防止起重作业的某种危险发生的装置。安全装置可以是单一功能装置，也可以是与防护装置联用的组合装置。安全装置还可以进一步分为：

（1）限制载荷的装置。例如，超载限制器、力矩限制器、缓冲器、极限力矩限制器等。

（2）限定行程位置的装置。例如，上升极限位置限制器、下降极限位置限制器、运行极限位置限制器、防止吊臂后倾装置、轨道端部止挡等。

（3）定位装置。例如，支腿回缩锁定装置、回转定位装置、夹轨钳和锁定装置或铁鞋等。

（4）其他安全装置。例如，连锁保护装置、安全钩、扫轨板等。

2. 防护装置

防护装置是指通过设置实体障碍，将人与危险隔离。例如，走台栏杆、暴露的活动零部件的防护罩、导电滑线防护板、电气设备的防雨罩，以及起重作业范围内临时设置的安全栅栏等。

3. 指示报警装置

指示报警装置是用来显示起重机工作状态的装置，是人们用以观察和监控系统过程的手段，有些装置与控制调整连锁，有些装置兼有报警功能。属于此类装置的有：偏斜调整和显示装置、幅度指示计、水平仪、风速风级报警器、登机信号按钮、倒退报警装置、危险电压报警器等。

4. 其他安全防护措施

其他安全防护措施包括照明、信号、通信、安全色标等。

各种类型的起重机应按《起重机械安全规程》的规定装设安全防护装置，并须在使用中及时检查、维护，使其保持正常工作性能。如发现性能异常，应立即进行修理或更换。

（二）高处作业的安全防护

起重机金属结构高大，一般桥式起重机的主梁高度都在10m以上，塔式起重机甚至高达几十米。为了获得作业现场清楚的观察视野，司机室往往设在高处，很多设备也安装在高处结构上。这样，起重司机正常操作、高处设备的维护和检修以及安全检查，都需要登高作业。为防止人员从高处坠落、高空坠物伤人，在起重机上凡是高度超过 2m 的作业点，包括进入作业点的配套设施，如高处的通行走台、休息平台、转向用的中间平台，以及高处作业平台等，都应予以防护。安全防护的结构和尺寸应根据人体参数确定，其强度、刚度要求应根据走道、平台、楼梯和栏杆可能受到的最不利载荷考虑。

防护栏杆设在可能发生坠落的临边敞开边缘处，防止人员滑跌坠落，防止平台上放置的器具、零件、材料意外坠落伤人。栏杆常采用钢管结构，并应考虑承受 300N 的移动水平载荷。

对防护栏杆的具体要求如下：

(1) 栏杆高度应为 1050mm，并设有间距为 350mm 的水平横杆。栏杆底部应设置高度不小于 70mm 的围护板。

(2) 栏杆上任何一处都应能承受 1kN 来自任何方向的载荷而不产生塑性变形。

(3) 为在空中润滑或维修而在臂架上所设栏杆的扶手，应能悬挂安全带挂钩，并能承受 4.5kN 的载荷而不被破坏。

(三) 起重机安全信息使用

1. 信号指示

起重机总电源开合状态在司机室内应有明显的信号指示，根据需要设置故障信号或报警信号。信号装置应设置在司机室或有关人员视力、听力可及之处。

2. 障碍信号

室外总高在 30m 以上有相碰可能的起重机，在最高点应设置红色障碍灯。塔式起重机臂端、港口用的起重机臂端和装卸桥桥架端也应设置障碍灯。要保证障碍灯电源线路不受起重机停机的影响。

三、桥架起重机安全技术

(一) 概述

桥架类型起重机都是以桥形主梁的金属结构作为主要承载构件，通过起升机构、小车运行机构、大车运行机构等三个主要工作机构的组合运动，使起重机在固定跨度的盒形空间内完成物料搬运作业任务。

桥架类型起重机主要机种有桥式起重机、门式起重机和装卸桥。桥式起重机的桥形主梁通过两个端梁直接支承在固定于建筑物的轨道上，常见的有单梁电动葫芦起重机和双梁桥式起重机，广泛用于车间、仓库或露天堆料场地。

(二) 桥架起重机金属结构

桥架类型起重机是一种工作任务十分繁重的重型机械设备，其载荷复杂多变，作为整台起重机承载和连接骨架的金属结构，只有满足强度、刚度和稳定性的要求，才能保证起重机的使用性能和安全。起重机安全工作的寿命主要取决于金属结构不发生破坏的工作年限，而不是由任何其他装置和零部件的寿命所决定。金属结构的破坏会给起重机带来极其严重的后果。

(三) 桥架起重机安全检验

对起重机这类特种设备实施有效的安全监察，对其性能进行试验鉴定，是保证起重设备安全状态的重要环节。安全技术检验适用于桥架类型起重机的产品制造、安装和使用等各环节，包括技术鉴定和负荷试验。其目的是综合检验起重设备的运转质量，及时发现和消除该设备由于设计、制造、装配和安装等原因造成的缺陷，保证达到设计的技术性能和安全要求。

为了防止机械设备的隐蔽缺陷在检验中造成重大事故，必须遵守先单机后联机、先空载后负载、先低速后高速、运行时间先短时后长时的原则，强化维护检查的安全措施，并建立必要的记录。检查结果应存档。

技术鉴定是负荷试验前的技术检验，目的在于检查起重设备的基本状况是否正常，揭露和消除设备存在的某些隐蔽缺陷，保证后续检查工作的安全。技术鉴定合格后，方能进行负荷试验。

1. 工作机构部分

（1）检查各零部件和装置是否齐备、完好、磨损程度，是否需要报废。重点零部件如制动器、吊钩、钢丝绳、滑轮和卷筒、减速器、车轮等的磨损程度。

（2）检查各部分的安装、连接、配合和固定是否可靠。

（3）检查各机构的运转是否正常、平稳，装置的动作是否灵敏，有无异响和润滑情况。

2. 金属结构部分

（1）检查主要受力构件的变形或失稳情况、结构主梁的刚度变形（下挠度和水平旁弯）、主梁腹板的稳定性（局部翘曲或塌陷）、桥架对角线超差变形等。

（2）检查各结构的高强度螺栓的连接、焊缝是否开裂，主要受力构件断面腐蚀情况，必要时对主梁焊缝进行无损探伤。

（3）检查轨道的平直度、平行度，接头的高度差，与轨道基础的连接，轨道自身的磨损和缺陷。

3. 电气部分

检查电气元件、电气保护装置的性能和可靠性，接地和接地电阻，绝缘和绝缘电阻，电气照明和信号灯等。

4. 安全防护装置和措施

（1）检查安全防护装置是否齐全，装置的动作是否灵敏、可靠。

（2）检查安全标记是否清晰，是否符合标准要求。

第九节 转炉煤气回收安全技术

一、转炉煤气的产生及影响因素

转炉煤气由氧气同铁水中的 C、S、P、Si、Mn、V 元素氧化生成的炉气和炉尘组成。转炉冶炼时，氧气在熔池内与铁水激烈搅拌，铁水中的各种杂质元素及少量铁被氧化并从铁水中分离出来，除碳以外的氧化物大部分留在渣中。铁的氧化物，特别是其中的氧化亚铁，与铁水中的碳化合产生大量的 CO，同时放出大量的热能。在冶炼过程中，从转炉炉口喷出的气体即为转炉炉气。

转炉炉气中,含有 80% 左右的 CO,15% 的 CO_2、NO_x、微量 O_2 及氧化物;未经除尘前,转炉炉气中含尘量高达 $120\sim150mg/Nm^3$,即使经过除尘后,炉气中仍含有一定量炉尘,为简便起见,统称转炉煤气。

转炉冶炼时,当工业氧纯度为 99.6% 以上时,炉气中 N_2 的含量小于 1%;用氧纯度较低时(99.2% 左右),N_2 的含量可达 4% 左右。实际生产中,产生的 N_2 含量常常超过 10%,这多是因烟道泄漏造成。在此情况下,CO 含量偏低,CO_2 和 O_2 的含量偏高;而 O_2 含量增高是转炉煤气安全回收的大敌,当氧含量大于 2% 时,就不准使用,以免造成事故。

转炉煤气中的含硫量很低,经过脱硫处理后的铁水中的硫含量更是控制在了一个很低的范围,炉气中的氢含量一般不大于 1%。

吹炼中炉气发生量及炉气中 CO 浓度,基本上同熔池中铁水脱碳速度成正比;转炉煤气发生可分冶炼前期、冶炼中期、冶炼后期三个不同区间。

由于转炉冶炼的间断性决定了转炉煤气发生的间歇性,而冶炼期内煤气的发生量是不规则的,且含有相当高的炉尘,温度达 1000 多摄氏度,在降温净化的过程中时刻都有发生爆炸的危险,因此对煤气净化降温系统设施的运行要求及转炉煤气条件要求很高。

二、转炉煤气回收工艺流程

转炉煤气净化回收系统的设计通过炉气量 V_e 确定,炉气量一般采用吹炼中期的平均脱碳速度 $\dfrac{d_c}{d_t}$ 下的炉气量,一般不考虑加矿石的影响。

转炉煤气处理方法一般分为燃烧法和未燃法两类。采用燃烧法时不能回收转炉煤气,采用未燃法处理的烟气量比燃烧法减少了 75%~87.5%,相应的除尘降温设备规格减小,耗水耗电量降低。同时,未燃法回收的煤气作为燃料使用后不到两年即可收回整个烟气净化系统的投资,且可为制作合成氨等综合利用创造条件。

当燃烧系数 $\alpha>1$ 时,表示风机抽力足以保证吸入超过化学计算完全燃烧的空气,此时炉气中所有 CO 将在等于炉口直径 10 倍的路途中烧光。当 $\alpha=0.3\sim1$ 时,烟气部分燃烧。理论上当 $\alpha=0$ 时,烟气将完全不燃烧。在实际生产中 $\alpha=0\sim0.15$,平均值 0.07,这就是通常的未燃法。

转炉烟气处理工艺技术发展至今,主流的处理工艺有 OG 法和 LT 法两种;随着时间的推移和科学技术的进步,同一种处理工艺的技术水平和系统设备也在不断地提高和改进。

1. 典型的未燃法工艺流程

比较典型的 OG 法转炉煤气回收系统称为"双文"全湿高压法煤气净化回收系统,近年来奥钢联研制的环缝式可调喉口(分为一体式和分体式两种)因其使用可靠性和净化除尘效果均优于 R-D 渐开式可调喉口而有取代它的趋势。

采用 OG 法除尘时,烟气流向工艺流程为:1400~1500℃ 高温烟气通过汽化冷却系统冷却降温至 900~1000℃ 后进入烟气净化系统,在一级文氏管降温后进入二级文氏管除尘(环缝式可调喉口中仍然存在着烟气降温和除尘两个主要环节),再经脱水器脱水后由风机抽送至煤气柜进行煤气回收(满足煤气回收条件)或燃烧放散(未满足煤气回收条件)。

经净化系统处理后进入风机入口烟气温度为 50~70℃,含尘浓度为 50~150mg/Nm³。

2. 煤气回收系统

氧气转炉未燃法炼钢产生煤气分为前烧期、回收期、后烧期三个工况。

前烧期(吹氧后 3min)炉气量少,CO 含量低,位于炉口的活动烟罩处于上位,从烟罩外侧吸入大量空气将炉气中的 CO 燃烧生成 CO_2 排空,起到清扫管道内部空气、消除爆炸因素的作用;吹氧 3min 后,炉内碳氧反应趋于激烈,炉气量逐渐增多,炉气中 CO 含量也逐渐增多,开始进行煤气回收准备;烟罩下降至下极限位置(与炉口距离一般在 30~50mm),三通切换阀从放空位切换至回收位,符合回收条件的煤气从机后经三通阀、眼镜阀、水封阀(现国内多用旋转水封阀)、V 型水封至煤气柜。

在煤气回收过程中,通过炉口微差压调节除尘喉口开度,煤气风机风量随喉口开度变频调节变化,使炉口一直处于微正压状态,防止炉气大量外逸或吸入大量空气而导致 CO 燃烧损失。

吹炼后期碳氧反应减弱,CO 含量减少,吹氧结束前 3min,停止回收煤气,三通阀从回收位切换至放散位,活动烟罩提升至上极限位置,此时煤气风机处于全风量运行。进入后烧期,炉气燃烧生成的 CO_2 和空气中 N_2 再次对煤气管道内残存 CO 进行吹扫置换,保证系统安全。

由于转炉煤气中的 CO 含量高达 60%~70%,短时甚至超过 80%,当煤气中 O_2 含量大于 5% 时,转炉煤气是带爆炸性的危险气体。因此,转炉煤气回收生产中应将 O_2 含量控制在 5% 以下,当 O_2 含量大于 2% 就必须自动报警,将煤气燃烧放散,所以 O_2 分析仪是煤气回收中安全生产必不可少的仪表。

为了保证煤气回收安全及提高煤气回收率,转炉煤气回收系统设置 CO 和 O_2 分析仪是很重要的,因为 CO 和 O_2 分析仪能连续分析和显示煤气回收中 CO 和 O_2 波动,操作人员通过波动值调节(自动或手动)控制煤气的回收或放空。

三、转炉烟气净化系统及煤气回收主要设备

(一)烟气净化系统主要设备

1. 汽化冷却装置

汽化冷却装置主要由汽化器、汽包、蓄热器及循环管路组成,在国内的汽化器靠近炉口侧由于工作条件恶劣,为保证冷却效果,通常配备有强制循环系统。强制循环系统包括低压强制循环系统和中压强制循环系统。

汽化系统在转炉冶炼过程中存在的影响安全生产的因素主要有以下两方面:

(1)汽包高水位或低水位引起的汽化器冷却循环不畅,严重时可能因汽化器局部憋压而引起爆炸事故。

(2)汽化器受热面因各种原因造成的破损漏水,少量的漏水未至炉内即已蒸发,当出现爆管或其他原因导致的大量漏水进入炉内,若不采取有效措施,将造成炉内铁水与水接触后急剧蒸发膨胀而产生爆炸。

上述两类事故均对安全生产造成重大威胁,需要从规范操作、提高设备维护水平、制订切实可行的预案等方面消除或尽量降低危险因素。

2. 烟气净化系统主要装置

经汽化冷却系统降温至 900~1100℃ 的烟气进入净化系统，经冷却降温和除尘后由风机抽送至放散塔燃烧放散（不符合煤气回收条件）或煤气回收系统回收（符合煤气回收条件）。

目前转炉煤气净化系统分为干法和湿法两类。

干法除尘净化系统的主要设备包括蒸发冷却器、圆筒电除尘器。蒸发冷却器通过雾状喷水直接冷却烟气，烟气在离开蒸发冷却时经过适当调质，占粉尘量 40%~45% 的粗粉尘沉淀在蒸发冷却器里经输灰系统排出外运。电除尘器通过 4 个电场捕集烟气中的细颗粒粉尘，当压力超过 5000Pa，除尘器上的安全泄爆阀打开泄爆。

湿法除尘净化系统的主要设备包括双级文氏管，其中一文的主要作用是蒸发降温增湿，也兼有粗除尘的作用，烟气经一文后温度降至 72℃ 左右；二文的主要作用是细除尘，也兼有降温作用，烟气经二文除尘降温后温度降至 60~65℃、含尘量小于 150mg/Nm³，经煤气风机抽送燃烧放散或进入煤气回收系统。

第四代湿法净化系统中采用的环缝式可调喉口对烟气的处理原理与两级文氏管相同，烟气在环缝式可调喉口中相继完成降温和除尘两个过程，差别在于经环缝式可调喉口处理后的烟气含尘浓度和设备的使用可靠度都优于双文系统。

（二）煤气回收系统主要设备

转炉煤气湿法除尘煤气回收的主要设备有三通阀、水封阀、V 型水封、煤气储柜、加压机，通过各种规格的管道将设备连接成一个完整的系统。干法除尘中三通阀、水封阀、V 型水封由煤气冷却器代替。

三通阀用于煤气的回收与放散。对三通阀的基本要求有二：一是密闭性好；二是动作必须同步，而且迅速灵敏，准确可靠。

煤气回收系统中的水封阀有水封逆止阀和旋转水封阀两种类型，其作用都是防止三通阀关闭不严时煤气倒灌入风机引发安全事故。

V 型水封设在水封阀后，在停炉大修或检修三通阀时，V 型水封内注满水后切断净化系统与回收煤气之间的通路，防止煤气倒流。

四、转炉煤气系统安全运行与操作维护

转炉煤气净化回收系统的正常运行不仅在能源利用、环境保护方面有重大意义，而且与转炉炼钢生产息息相关。净化回收系统的缺陷或操作不当，不仅会中断生产，而且由于存在高温高压和高浓度的 CO，一旦发生事故，其破坏力极其巨大。

（一）汽水冷却系统的安全运行

转炉煤气汽化冷却系统基本上就是一台余热锅炉，其操作运行重点需注意水位与压力、汽化冷却系统的启动（开炉）、汽化系统事故处理 3 个方面。

1. 水位与压力

由于转炉冶炼的间断性，决定了余热锅炉的水位与压力波动较大，因此水位与压力是汽化冷却系统操作监视的主要内容。

汽化冷却系统的水位通过连通汽包的水位表进行监视，并采用中水位操作。高水位或低水位都会对系统的安全运行产生威胁，特别要防止大量补入冷水导致的安全事故。

汽化冷却系统的压力控制设置一般有三道：工作压力、报警压力（分高报和低报两种）、安全压力。

除了压力、水位正常控制之外，还要进行水位表的冲洗、安全阀的定期热校、余热锅炉的定期排污和连续排污控制，以及巡回检查等工作，特别要注意排污时间和排污量的掌控，防止排污不当对余热锅炉的安全运行造成不利影响。

2. 汽化冷却系统的启动

开炉时要检查汽化冷却系统的密闭性、机械仪表、水电供应及各部位参数显示是否正常，具备条件后汇报调度室。严禁在不具备条件的情况下强行开炉。

3. 汽化系统事故处理

遇下列情况，立即采取紧急停炉措施，并按规定程序逐级汇报：

（1）受热面管道损毁，常见的有红管、爆管、严重弯管。

（2）严重满水、缺水，经处理情况仍未好转时。

（3）五大附件之一损坏或失效。

（4）水、电显示异常。

（二）净化系统的安全运行

对于湿法除尘，其安全运行的主要工作是保证烟气冷却除尘水按设计水量供给。

一文氏管进口烟温达 900～1100℃，而一文氏管出口（即二文氏管入口）烟温仅 70℃；显然，烟气的熄火和降温主要是在一文氏管进行，因此一文氏管给水量的保证就特别重要。一文氏管给水量得不到保证，易发生一文氏管管壁烧红、烧穿危险；在转炉喷溅时，若火种不能及时熄灭，还会发生净化系统爆炸的恶性事故。一文氏管上部溢流槽要严格保持水平并经常检查调平，以保证圆周断面均匀溢水。当溢流槽局部不平引起断水时，易被高温烟气烧红、烧穿、烧塌。

采用循环水作为净化除尘反冲水时，水质的恶化不仅会影响烟气和除尘效果，而且可能因为管道结垢堵塞等原因导致净化系统供水量不足而引发安全事故。

净化系统的排水通过水封进行，运行中操作人员需定期进行排污保证足够的水封高度。

（三）煤气回收系统安全运行

煤气回收系统的操作是一项必须十分认真细致的工作，任何微小的疏忽都可能导致不可挽救的爆炸或中毒死亡。

1. 水封器安全操作要点

前面介绍过各种水封实质上是以水控制"通"、"断"，除 V 型水封外，各种水封的"通"与"断"均须满足规定的水位高度，运行中的水封应进水常流、溢流正常，每班至少排污一次，排完污后要检查水封水位。

对于 V 型水封，由于其作用是在检修时阻断煤气柜与转炉回收系统的通道，因此 V 型水封在检修时要注意两点：一是水封充满水，确认有溢流水；二是 V 型水封底部排水小，水封与溢流阀有效关断后才能开始作业。

2. 水封阀安全运行操作要点

以旋转水封阀为例，它由充有一定水位的鼓形筒体和可在其中旋转的扇形阀构成，转炉烟气放散时，扇形阀处于水封阀上方，切断通往煤气柜的通路防止柜内气体倒灌；回收煤气时扇形阀位于水封阀侧部,煤气可进入煤气柜。

旋转水封阀与三通阀连锁,回收煤气时水封阀先开,三通阀随之转向回收;放散烟气时,三通阀先转向放散,水封阀随即关闭。

3. 三通阀及旁通阀

三通阀一般都是根据转炉烟气中的 CO 及 O_2 含量自动控制开闭,运行中需要有计划地对三通阀的密封部位进行检查,防止关闭不严或转向不到位造成事故。

为保证煤气回收系统的安全运行,在三通阀前一般设计安装有切换阀,其主要作用是在三通阀由回收向放散切换出现故障时,紧急开启旁通阀放散烟气。

(四)转炉烟气放散烟囱及点火燃烧装置的安全运行

由于转炉煤气含量高于《十三类有害物质的排放标准》,因此烟囱出口一般均设有点火燃烧装置,将放散烟气中的 CO 燃烧后放散。同时,为防止烟囱底部 CO 聚集,一般设有自动清扫系统,在风机低速时自动清扫。

五、转炉煤气安全常识

转炉煤气是一种易燃易爆有毒气体,含有大量 CO 和少量 H_2,在湿法净化过程中还混入一定量水蒸气,它们的混合物与空气或氧气混合后,在特定条件下会产生爆炸,造成设备破碎甚至人身伤亡事故。

转炉煤气爆炸必须同时具备以下几个条件:

(1)转炉煤气与空气或氧气的混合比在爆炸极限范围以内。

(2)混合气体的温度在最低着火温度以上。

(3)足够能量的火种。

可燃气体同空气或氧气混合的爆炸浓度极限是一个相当复杂的问题,这里只能作一些概略性介绍。CO 在 20℃ 和一个大气压下(101.325kPa)的爆炸浓度极限和最低着火温度分别见表 6-4 和表 6-5。

表 6-4 CO 爆炸浓度极限

	上限/%	下限/%
与空气混合	12.5	75
与氧气混合	13	96

表 6-5 CO 最低着火温度

	与空气混合	与氧气混合
温度/℃	610	590

严格说来,气体爆炸浓度极限随压力、温度的变化和火种的不同而不同,通常在温度低于 100℃ 时不考虑对爆炸极限的影响,温度超过 100℃ 时随着混合物温度的提高,爆炸浓度极限会变宽;而随压力的增高,爆炸浓度下限变化不大,上限会显著提高。从生产实践中看,明火和红渣是产生爆炸的主要火种,一般可燃混合气体从火源接收到的能量越

多，则爆炸浓度极限会变宽，相反会变窄。

转炉煤气生产不仅在整个过程中 CO 含量均处于爆炸浓度范围之内，而且由于自身生产特点，完全具备了其他两个爆炸条件，即温度和火种条件，尤其是温度、压力和火种还扩大了一般状态下的爆炸范围。为此，在工艺操作和设备装置上，需要采用防爆防毒技术措施，如前、后烧期采取升罩操作，使 CO 在炉口充分燃烧后生成废气清扫管道中空气而放空，采取适当的泄爆措施（溢流水封槽的小能量泄爆、一文前后的防爆板等），下料口和氧枪口的氮气密封与稀释等。

总之，防止煤气爆炸的要点是做到在整个净化回收系统中，特别是在低温区域确保消除火种以及控制含氧量≤2%；防止煤气中毒的要点是建立煤气保护机构，健全管理制度和严格执行安全规程。

六、转炉煤气回收的条件

理论上讲，转炉煤气回收需同时具备以下几个条件：
(1) $CO \geq 35\%$，$O_2 \leq 2\%$（实际生产中 $CO \geq 25\%$ 时也可以进行煤气回收）。
(2) 煤气柜柜位不处于高位（一般在最大柜容量的 90% 以下）。
(3) 规定的时间（吹氧 3min 以后及关氧 3min 前）。
(4) 煤气风机在规定的高转速运转。
(5) 三通阀切换到回收位，水封阀打开，旁通阀关闭。

第七章 轧钢安全技术

第一节 工艺概述

一、轧钢生产工艺与特点

轧钢生产工艺是按照一定的生产标准，对各类化学组成的钢锭、钢坯原料，采用不同的压延轧制设备与流程，为用户生产不同用途的型材、板材产品或深加工的过程。不同的产品、不同的压延设备和轧制手段存在着很大的差别，其结果不仅带来了相同品种之间质量、性能、成本的差异，同时也带来了安全生产技术与危害因素控制的差别。

轧钢工序主要由轧前原料准备、轧钢、轧后热处理和精平剪切四个部分组成。

轧钢工序的生产特点是：被轧制原料通过轧机压延产生塑性形变，实现产品成型与力学性能控制；通过均匀坯料温度、实效、退火、脱碳等工艺调质处理，提高钢材的塑性，改变结晶组织，控制钢材的物理性能。

轧钢工序的技术特点是：工艺复杂，控制先进，具有生产高速度、控制高精度、质量高难度的显著特点。

轧钢工序的安全特点是：本质安全融入生产过程控制之中；人身伤害受远程控制、条件连锁影响；事故隐患隐蔽难辨识，潜在事故风险。

二、轧钢基本工艺流程

轧钢是将炼钢厂生产的钢锭与钢坯轧制成钢材的过程。它是一个物态形变与金相改变的物理过程（不过也可通过轧后特殊工艺化学处理环节，诸如脱碳、渗氮等来改善产品的使用性能），是在高温与常温状态下，通过外力的作用，使金属坯料在压延设备的两个可回转孔隙中受压，沿宽展、延展方向产生塑性形变，使其横截面积变小，断面形状成型，获得各种产品的加工方法。

图7-1简单描述了轧钢主要工艺流程和钢材产品。在炼钢到钢坯的流程中，近年来国内已逐步淘汰了铸锭、初轧工序，大都采用了薄板坯连铸连轧生产线——CSP（Compoct Strip Production）和连铸热连轧薄板生产线——ISP（Inline Strip Production）。在此仍保留铸锭、初轧工序，是考虑作为历史过渡及特厚、特殊钢材仍在采用。现代轧钢技术正朝着高效节能、机组一体化的短流程方向发展，如炼钢连铸连轧生产线、棒线材一体化连续生产线、冷轧酸轧联机生产线，以及带清洗及平整功能的冷轧连续退火生产线等。

轧钢的主要工艺流程是从钢锭与钢坯起，沿棒型材和板卷材两个工艺路径延伸的。在棒型材方向，有各种牌号的工字钢、槽钢、角钢，各种型号的钢轨、异型型钢等型材；有各种直径的棒材、线材、螺纹钢建材以及各种规格的有缝、无缝等圆形与异型管材。在板

第七章 轧钢安全技术

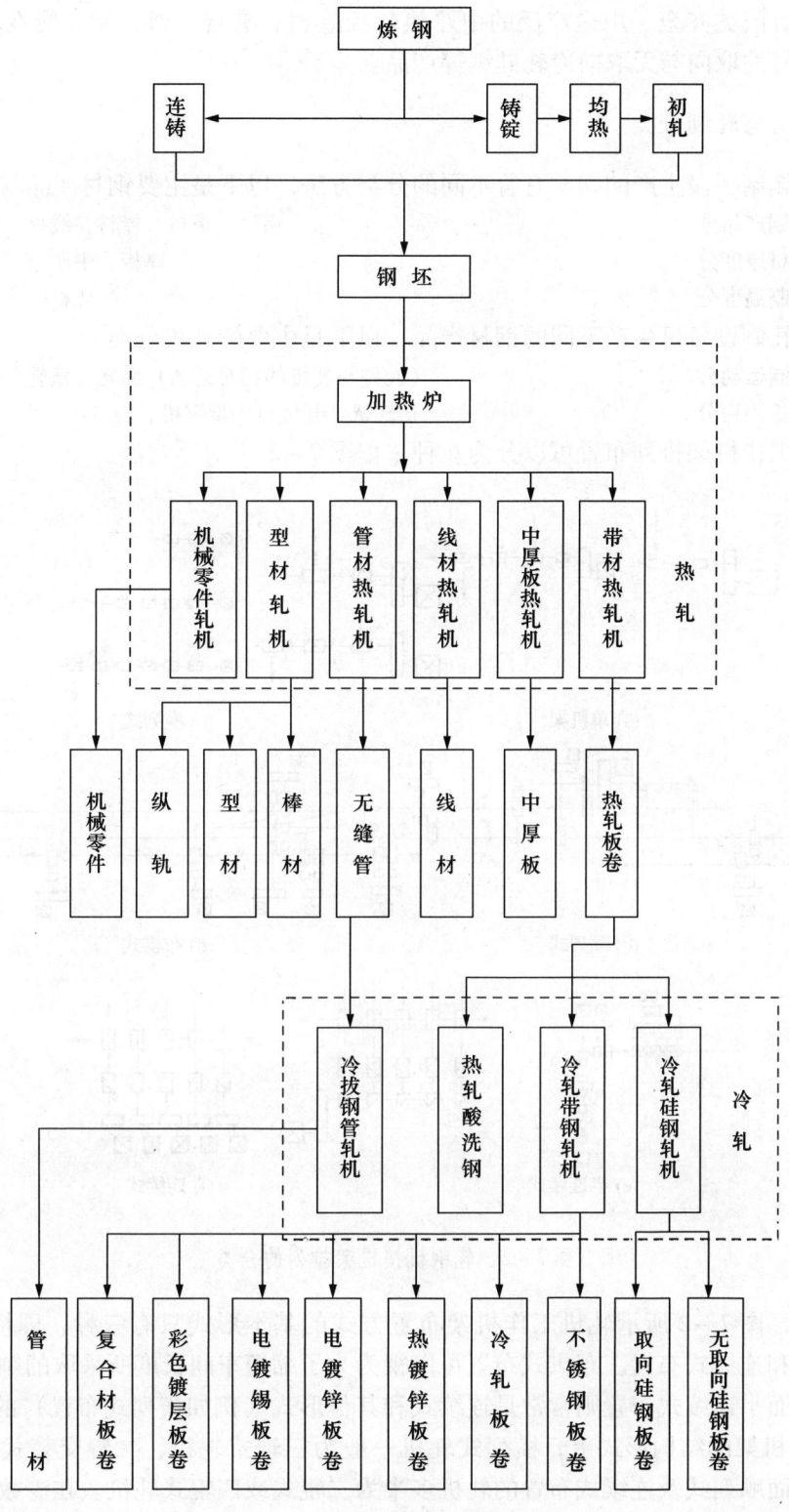

图 7-1 轧钢主要工艺流程

卷材方向，有门类齐全、用途广泛的中厚热轧板卷材；有普、锌、锡、彩在内的冷轧带钢，高低牌号的取向与无取向冷轧硅钢等产品。

三、钢材与轧制分类

用不同轧制手段生产的钢材有着不同的分类方法，以下是主要钢材产品与轧制分类：

  按轧钢产品分   型材，板材，棒材，线材，管材
  按板材厚度分   厚板，中厚板，薄板
  按轧制温度分   热轧材，冷轧材

不同的轧制设备可生产不同的钢材产品，以下是主要的轧机分类：

  按轧制运动分   （轧件与轧辊的相对运动）纵轧、横轧、斜轧
  按轧机用途分   初轧机、开坯机、型钢机、板带机、钢管轧机

按轧机工作机架排列布置可以分为6种，如图7-2所示。

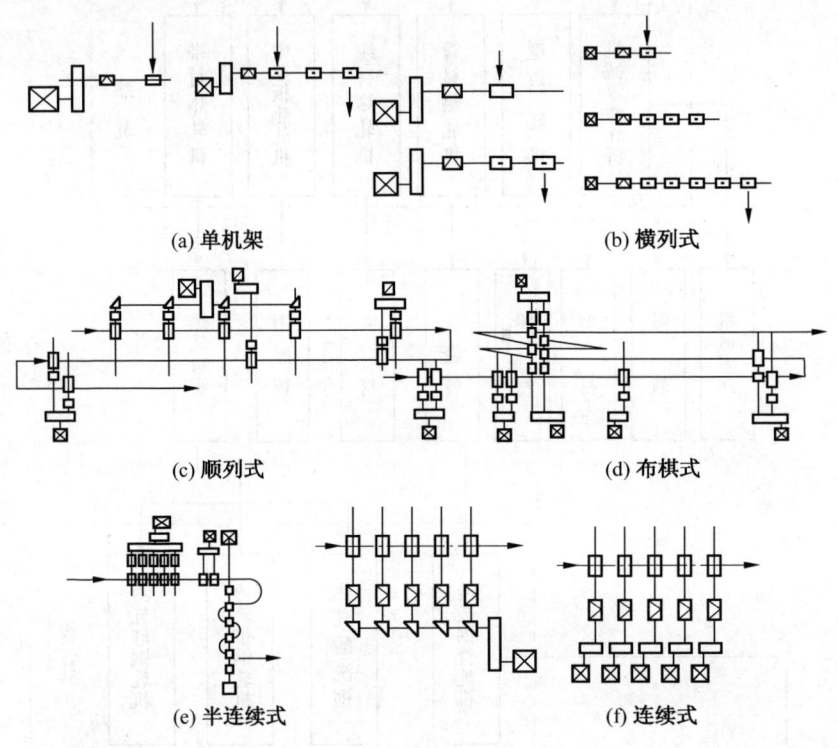

图7-2　轧钢机按机架排列的分类

实际上，图7-2所示轧机工作机架布置方式的基本形式只有三种，即横列式布置、顺列式布置和连续式布置。布棋式布置可以视为为了缩短车间长度所采取的顺列式布置的一种变态，而半连续式布置则常常是连续式和其他形式（例如横列式布置）的组合。

（1）在机架的结构形式上，横列式轧机一般为三辊式轧机、二辊交替式轧机、复二重式轧机，而顺列式及连续式布置的轧机多半为二辊式或四辊式轧机。在少数情况下，个别轧机不管是横列式布置的轧机，还是顺列式、连续式布置的轧机，其结构型式都有用四辊万能轧机的。

（2）标志轧机结构重要特征的 L/D 值，横列式轧机由于要在一架轧机上安排较多的轧制道次，要求轧辊具有足够的辊身长度，所以 L/D 值较大，可达到 3~3.5。顺列式轧机与连续式布置的轧机因每架只轧一道，辊身长度可大大减小，L/D 值一般在 2.0~2.5 之间。L/D 值减小，轧机刚性增加，这就为轧机增加产量、扩大品种和提高产品精确度提供了条件。所以，相同辊径下呈顺列式、连续式布置的轧机的产品范围较横列式布置的轧机为大，其原因即在于此。

（3）顺列式与连续式布置的轧机采用跟踪式或连续轧制方式，每架只轧一道，轧机数目较多，一般情况下架数等于轧制道次。横列式布置轧机多半采用穿梭轧制方式。

第二节 轧钢安全生产的特点及主要危险有害因素分析

一、轧钢安全生产的特点

轧钢设备主要由原料供应设备、轧制设备、冷却设备、热处理设备、精整设备、后步处理（探伤、热处理）设备、控制设备及公辅设备所构成，其危害风险与采用的设备、工艺息息相关。

从轧钢工艺流程来看，轧钢生产主要是以轧机、热处理、剪切为主线展开的。近年来，我国轧钢能力与技术水平得到跨越式发展，世界最先进的轧钢机组和工艺技术纷纷落户中国。由于轧钢生产具有工艺流程长、科技含量高、危害辨识难、恶性事故多的特点，尽管许多本质安全的措施广泛融于工艺设备控制环节之中，但却使一些危害因素由原来的直观变得隐秘，危害的辨识由原来的简单浅显变得复杂难辨，隐患整改需要掌握更多的技术技能，安全工作也从原来以职工行为管理为主，向深层次的安全控制技术与职工行为管理相结合的方向转变。

二、轧钢工序主要事故及特点

表 7-1 所列是某企业轧钢事故分类统计。由表 7-1 可以看出，机械伤害和起重伤害是轧钢工序发生率最高的事故，分别占事故起数的 37.8% 和 26.7%。纵观轧钢作业线，从热轧锭坯到冷轧板卷再到棒线型材，几乎都是从辊道上一路走过，是通过诸如主动辊、被动辊、轧制辊、张紧辊、压紧辊、转向辊、开卷机、卷取机或吊车转运等一系列传送轧制成材的，因此，各类辊组、吊运设备形成了轧钢工序的主要事故根源。

表 7-1 某企业轧钢事故分类统计

事故类别	机械伤害	起重伤害	物体打击	高处坠落	中毒窒息	灼烫	其他	伤害人数
起 数	17	12	7	4	1	1	3	45
占比/%	37.8	26.7	15.6	8.89	2.20	2.2	6.67	

三、轧钢主要危险有害因素分析

轧钢的工序特点是钢锭和钢坯在各类滚动的辊道上有序运行，在轧辊缝隙之间压延成型，所以轧钢的危害因素及事故特点与轧钢的设备特点密切相关。大多数危险有害因素具有共性，但因工序特点不同，某些危险有害因素表现形式与危害程度具有工序突出的个性。

（一）主要危险因素分析

1. 火灾

轧钢生产的火灾事故包括电气火灾、油品火灾、气体火灾和明火作业引起的火灾。

（1）电气火灾。轧钢设备负荷大，高电压、大电流、大电机、大功耗设备使用多，当超温、超负荷运行，变压器爆炸，电气设备开路缺相、短路放炮，电机运行打火时，可能引发火情，酿成火灾。

（2）油品火灾。液压油库、液压泵站、高压油液管线用以传递控制轧钢的重要动力介质，几乎覆盖轧钢所有工序。液压油库、泵站加油换油，设备管件跑、冒、滴、漏（可燃物），为燃烧火情提供了必要条件。虽然大多数液压油都采用了阻燃油，但当维护不到位、处理不及时、超温过闪点或外因引发火源时，可能引发火情。

（3）气体火灾。轧钢常用气体（如 O_2、H_2、C_2H_2、CH_4 等）易燃易爆。气体在储罐容器中积存时，气体异常混合、遇火后容器升温升压、施气使用不当都极可能引起严重的爆燃火灾事故。

（4）明火作业火灾。轧钢各工序生产抢修，设备检修时电、气焊明火作业和现场可燃物清理不彻底是引起火灾的主要原因。

2. 中毒窒息

轧钢工序大量使用一些保护气体如 N_2、H_2、Ar 等，当这些气体在人员活动空间浓度过高，人进入 NOF（No Oxygenation Funace 无氧化）炉内检修，进炉前氧气置换量不够，阀门关闭不严、泄漏或开启时，会引起人员缺氧窒息，轻者会头晕、恶心、呕吐，重者会神志不清、窒息昏迷，救治不及时还会危及生命。此外，还有部分气体（如 CO、高焦混合煤气、O_2）不小心过度吸入体内，会发生中毒伤害。

3. 机械伤害

轧钢流程可以概括成轧制材在一系列辊组中移动的过程，操作维护人员与辊系接触的机会甚多。伤害事故统计证明，辊系对人体挤压伤害是机械伤害的主要构成部分。

4. 高处坠落

轧钢厂房空间高，地下设施下沉空间深，像地下介质管网、开卷取等设备地下运行空间大且深离地面，加之轧钢工序油泥较多，容易造成跌滑及高处坠落。

5. 物体打击

轧钢是在高速运动状态下完成的，旋转部位的零件松动、断裂飞出，高强度、高硬度轧钢辊系"掉肉"飞溅，轧材断带，检修捶击造成的金属飞溅，都极易造成物体打击伤人。

6. 起重伤害

起重设备承担着各类钢材成品、半成品的吊运，检修物件的安装拆除。高空钢丝绳维系的吊具晃动，电磁吊具下的重物意外失磁坠落，以及各类夹吊具的功能丧失，都可能造成起重伤害。

7. 电气事故

检修或操作人员因超越安全距离，靠近超过安全电压的裸露带电体时，可能会遭电击伤害；当电路老化、电机绝缘损坏或保护接地失效时，人体接触带电体，则可发生触电事故；当人体直接位于变压器旁，电气短路所产生的电弧可能造成电弧灼伤，甚至引发火灾。

（二）主要职业危害因素分析

1. 射线辐射

在气体露点测量、钢板厚度检测中，常用 X、γ、α 射线作为一次检测工具。γ、α 射线具有天然放射性，X 射线是在电源激励下产生，操作与检修人员在缺乏保护的情况下进入射线区域，都可能遭到射线辐射伤害。

2. 高温

在高温轧制和热处理过程中，高温区域作业隔热防护不到位，直接暴露在高温环境长期作业会遭受高温有害辐射。

3. 电磁辐射

长期作业在高压变电站（所）、大功率电机及微波站、电磁站区域人员会受到电磁辐射危害。

4. 化学毒害物

轧钢工序大量使用各类化学油脂、化学溶剂、化学物质，在轧钢工序生产时高温引起化学油气分子挥发、冷轧过程中乳化液冷却剂气化和酸洗、清洗、镀锌、镀锡、彩色涂层过程中大量使用强酸、强碱及化学溶剂形成了大量污染物会引起化学毒害物伤害。

5. 粉尘危害

冷轧酸洗拉伸破磷后酥松的氧化铁颗粒，干平整时轧钢铁粉飞扬以及轧钢其他工序的烟尘、粉埃都会对人体形成有害尘埃侵袭。

（三）主要轧钢设备危害辨识

轧钢厂主要轧钢设备与危害辨识见表 7-2。

表 7-2 轧钢厂主要轧钢设备与危害辨识

轧制		设备	功能	主要危害辨识
热轧板卷	原料准备	清理	火焰清理机	表面火焰清理；表面风铲清理；表面砂轮研磨；表面电弧清理；板坯定尺	可燃气体高温灼伤；易爆气体爆燃伤害；高温物体触及灼伤；砂轮、异物飞溅伤害；煤气中毒伤害
			火焰枪		
			磨钢机、砂轮等		
			火焰切割机		
		热处理	步进式加热炉	原料加热；提高塑性；坯料温度均匀；改变结晶组织	可燃气体高温灼伤；易爆气体爆燃伤害；气体窒息伤害；煤气中毒伤害
			推钢式加热炉		
			均热炉		
			室状炉		
		电磁、单钩、夹钳吊车		吊运原料板坯	吊具、吊物起重伤害
	热态轧制	除鳞设备		高压水精除鳞	
		钢锭轧制机［主要用于特厚板（≥60mm）和特殊用途］		初轧后的钢坯，为轧制钢材提供原料	钢锭高温灼伤；除鳞高温异物溅伤与灼伤

表7-2（续）

轧制	设备		功能	主要危害辨识
热轧板卷	热态轧制	二辊可逆式轧机	可轧制钢锭与钢坯	机械伤害；挤压伤害；物体打击；电击伤害；高处坠落伤害；高压液体击伤；交叉作业意外伤害；在线辊道跌滑伤害；吊具、吊物起重伤害；处理轧制事故、断带事故时的高温灼伤
		三辊劳特式轧机	在二辊轧机上增加小直径中辊，可提高轧制精度	
		四辊可逆式轧机	由一对小辊经工作辊和一对大辊经支撑辊组成，变频传动控制，利于板型控制	
		万能式轧机是四辊（两辊）轧机的一侧（或两侧）带有立辊轧机的组合	具有V—H（立辊加平辊）轧制功能的组合轧机	
		六机架连续精轧机	实现带钢多机架不间断连续轧制	
	连铸连轧	薄板坯连铸连轧 CSP（Compoct Strip Production）与薄板连铸热连轧 ISP（Inline Strip Production）	实现炼钢薄板坯与热板轧制之间的不间断，流程短、能耗低轧制	
	轧后冷却	集管层冷却设备	控制性能；改善外观；钢材冷却	在线机械伤害；在线辊道跌滑伤害；设备挤压伤害；处理断带时高温灼伤
		水幕冷却设备		
		喷淋冷却设备		
		气雾冷却设备		
	卷取	导料辊组设备	将轧制后的钢板卷成带卷；钢卷打捆包装；成品打捆、取样检验；成品倒运	起重设备坠物伤害；在线辊道跌滑伤害；设备挤压伤害；高温物体触及灼伤
		卷取设备		
		自动打捆装置		
		成品运输大链		
	矫直	辊式矫直机	消除轧件因冷却温度不均、延展差异造成的波浪、瓢曲	辊组挤压伤害；在线机械伤害
		压力矫直机		
	剪切	斜刀片式剪切机	头、尾、边部剪切；定尺剪切	刃具挤压伤害；物体打击伤害；在线机械伤害
		圆盘式剪切机		
		滚切式剪切机		
	表面清理	火焰切割	清理、消除钢板表面缺陷	易燃气体高温灼伤；易爆气体机械伤害；起重设备坠物伤害；砂轮、异物飞溅伤害
		等离子切割		
		砂带修磨机		
		砂轮机		
	热处理	辊底式炉	实现钢板的回火处理、调质处理、常化处理或球化处理，得到钢板所需的显微组织和性能	高温物体触及灼伤；易燃易爆气体爆燃伤害；有害气体窒息伤害；辊道行走跌滑伤害
		步进式炉		
		大滚盘式炉		
		车底式罩式炉		

表7-2（续）

轧制	设备		功能	主要危害辨识
冷轧板卷	酸洗	酸再生机组	废酸再生后重新用于生产	腐蚀强酸化学灼伤；化学液体高温灼伤；易燃易爆煤气、氢气爆燃伤害；有害气体窒息伤害；高空坠落伤害；煤气中毒伤害；机械、挤压、噪声伤害；焊接弧光伤害
		脱硅机组	减少废酸中的硅含量	
		推拉式酸洗机组	通过一定温度、浓度的盐酸或硫酸借助破磷装置，经酸洗、漂洗、烘干等工艺，除去热轧板面的氧化铁皮。电弧或激光焊机使机组实现连续，活套为机组匀速储存带钢	
		酸洗开卷取设备		
		酸洗焊机设备		
		入、出口活套设备		
		拉伸破磷设备		
		酸洗设备		
		酸罐区供排设备	为机组提供酸洗介质	
	轧钢	乳化液设备	提供轧制冷却、润滑介质	化学液体高温灼伤；化学液体腐蚀伤害；高温气体高温灼伤；有害气体窒息伤害；易爆氢气爆燃伤害
		（化学）电解脱脂机组	缓减张力、清洗轧制表面	
		可逆式轧机	通过对带钢（单、双）多机架（可逆）不间断连续轧制，使钢材轧制成型，力学性能	
		多机架连轧		
		酸轧联机连轧		
	镀层	电镀锌机组	经连续退火或罩式退火的钢卷经过脱脂清洗处理，采用电化学方法，使浸入电解液中的带钢作为阴极，通电后，失去电子的阳极金属锌（锡）向阴极带钢泳动，在阴极带钢上获得直流电源供给的电子后还原沉积结晶到表面获得的电镀产品	化学制剂吸入伤害；化学液体腐蚀伤害；高空坠落伤害；废边缠绕、割划伤害；机械、挤压、焊接弧光伤害；同位素射线伤害；高压液体击伤
		电镀锡机组		
		彩色涂镀机组	以冷轧、镀锌、锌铝合金带钢为基板，经过表面预处理，在一定温度、工艺条件下，用滚涂或覆膜方法，涂覆上一层或多层彩色有机涂层，经烘烤和冷却获得受控的彩色涂层钢板卷	化学制剂吸入伤害；化学液体腐蚀伤害；易燃易爆液体爆燃伤害；进入炉内作业缺氧窒息伤害；机械挤压伤害；高压液体击伤
		复合材机组	将铝、铜等金属通过轧制的方法，在钢基表面，形成单面或双面复合材料产品	机械挤压伤害；高温物体触及灼伤；有害气体窒息伤害；高温液体触及灼伤；燃气中毒伤害；进入炉内作业缺氧窒息伤害；高压液体击伤
型材	棒线连轧	型棒材一体化轧机	通过圆、方菱、椭圆、六角、扁、工、槽、轨形及碟式孔型轧制形成所设的棒型钢材	高温物体触及灼伤；导位缺陷造成挤钢、缠绕、断辊引发机械伤害

表 7-2（续）

轧制	设备		功能	主要危害辨识
型材	棒线连轧	棒线材轧机大辊径 250~290；小辊径 152~210	由棒材到线材形成一条龙生产	甩尾、断辊、堆钢引发机械伤害；高温物体触及灼伤；起重设备坠物伤害；物体打击伤害；焊接弧光伤害；焊接电弧强光与高温伤害；钻孔钢屑高温灼伤；砂轮砂屑伤眼
		高速线材轧机（大于 40m/s）	通过串行多轧次高速轧制成各种直径环状缠绕的线材制品	
	H 型钢	二辊（三辊）式型钢轧机	通过轧制与焊接成为重要的建筑用材	
		一架、多架万能轧机		
		连续 H 型钢焊接机组		
	纵轨	连铸加万能轧机	经过短、长流程轧制和热处理后挖孔成轨	
		万能粗、精轧机		
	管材	离心铸管	通过旋转铸成离心铸管；经过斜轧穿孔设备或限动芯棒等轧机轧成各种冷、热有、无缝钢管	高温切割灼伤；高温物体触及灼伤；在处理断辊、轧卡的等故障时易造成机械挤压伤害
		MPM 连轧管机		
		PQF 高质量 3 辊式 MPM 连轧管机组		
		LG30~200 辊式冷轧管机		
公辅	电控系统	高压供电	为电控设备提供动力；为运转设备提供能量；实现轧钢过程自动化控制；实现板厚、辊缝、张力、压下、对中、跑偏以及压力、温度、流量、位置等一系列在线检测、自动控制	高压电击伤害；电气短路起火灼伤；电磁辐射伤害；射线辐射伤害；化学物品（如多氯联苯变压器）伤害
		低压供电		
		电控、传动系统		
		仪控系统		
		照明系统	为轧钢区域提供光照动力	
	能源介质	固态燃料、石化燃油	为轧钢生产提供固体、液态与气态燃烧能源；生产保护气氛、隔离气体；提供工艺、设备、生活热源；提供轧钢稀释、清洗、冷却液剂；提供气动、仪控设备动力	燃气中毒伤害；易爆气体爆燃伤害；氮气窒息伤害；易燃气体高温灼伤；压力、高温蒸汽灼伤；控制气体失压、失控造成设备失控的机械伤害
		天然气，高、焦炉煤气		
		氢气、氮气、氨分气		
		各压力等级蒸汽		
		软水、脱盐水、循环水、生活水		
		压缩空气、仪表氮气		

第三节 原料准备安全技术

一、轧钢原料的准备

（一）原料仓库与转运

轧钢原料仓库是原料囤积与物流的场所，其容量的大小、堆垛的管理对安全生产影响较大。轧机的产能是决定原料吞吐量大小的主要因素，工艺要求如热轧卷取温度与冷轧酸洗上机温度限制之间的温差平衡耗时，堆垛规范如存放限高、产品分类、生产合理组织等因素共同决定了原料仓库的容积和原料工序生产的安全。

原料转运主要是利用吊车将待轧原料转运到规定的场地进行缺陷处理或转运到火车、汽车和生产步进梁上。

（二）坯料的主要缺陷

轧钢原料来源于炼钢，钢锭与钢坯是炼钢的两大产品，随着CSP、ISP及纵轨连铸连轧等工艺的应用，使钢锭—初轧工艺流程不断萎缩，这种短工艺流程也带来了热轧原料工序场地的缩减及安全事故的降低。为轧钢供料的钢锭、钢坯、连铸坯和其他坯料的质量缺陷，为冷轧供料的热轧板卷的质量缺陷，是原料准备工序主要的安全隐患，缺陷原料的生产与处理往往是引发安全事故的重要诱因。表7-3列出了轧钢原料缺陷与事故防范措施。

表7-3 轧钢原料缺陷与事故防范措施

	缺陷名称	产生的原因	可能造成的事故	防范措施
热轧	严重结疤	铸锭时造成的竹节状	坯料断裂或断辊	缺陷处理做到消除隐患；处理缺陷要防止次生事故；质量检查做到预知防范；设备监测做到控制防范
	端部裂纹	初轧剪机造成	轧制串辊或断辊	
	严重耳子	初轧或炼钢造成	轧制串辊或断辊	
	尺寸超标	初轧调整造成	影响咬入或断辊	
	弯曲超标	初轧或炼钢造成	加热时翻炉或影响轧制	
	钢坯脱方	炼钢造成	坯料扭曲导致其他事故	
冷轧	边裂	热轧轧制、剪边所致	酸洗或轧钢撕裂断带	质量检查做到预知防范；设备识别做到控制防范；酸槽处理断带，做好劳动保护；处理断带防止割划伤害
	瓢曲	热轧辊形、原料板型	轧钢跑偏断带	
	镰刀弯	精轧时弯辊失控，造成压下偏斜原料缺陷	酸洗或轧钢跑偏断带	
	折叠	精轧卷取不当造成中间甩尾折叠	酸洗前处理折叠板带会造成割划伤害	
	严重氧化铁皮压入	初轧工序除鳞泵故障		
	严重夹杂	炼钢工序造成		
	严重散捆	精轧后打捆造成		

（三）原料的堆放

原料堆放的原则有二：一是有序。所谓有序，就是要根据原料物流、生产节奏、合同序列、产品分类、工艺特点进行有序堆放。二是安全。所谓安全，就是要堆放平稳、间隔适度、分区合理、减少倒运、便于行走、避免倾翻、利于吊运、严防坠落。

（四）原料的清理

这里的原料清理主要是指通过火焰清理、表面风铲清理、表面电弧清理、表面砂轮研磨等手段，消除或改善原料的质量缺陷。掌握和合理使用清理工器具，可提高工作效能、减少或避免安全事故的发生。

火焰清理是改善或消除炼钢质量缺陷的主要手段，当火焰枪（也称表面熔化器）的燃烧火焰在缺陷处达到熔点时，钢燃烧生成氧化物，而氧化物的熔点低于钢的熔点，它在熔融状态下被高压风吹走，达到清除钢坯表面缺陷的目的。

（五）原料准备

为轧钢做好生产准备是原料准备工序的目的。

1. 热轧原料

热轧原料来自于轧制坯与连铸坯，可分为型材轧制与板材轧制。将原料进行加热、轧钢之前，首先要进行坯料质检，对影响轧钢产品质量、可能引发轧制安全事故的缺陷要进行处理，要为型材轧制切割缩孔，为定尺轧制切割倍尺。

热轧原料常用的堆垛原则是定尺、位尺、双倍尺分别堆放，垛型、高度分门别类。

2. 冷轧原料

冷轧原料往往是通过地下通道运输大链或其他运输工具，将卷取后的热卷送到冷轧原料库区，利用吊车液压夹钳或 C 型钩将 400～700℃ 的热卷吊至原料库定置垛位缓冷，冷却后的热卷被吊到酸洗开卷机上拆捆。

二、原料准备事故特点与防范措施

（一）事故特点

原料工序的主要任务是原料的有序堆放吊运、原料缺陷的清理处置。由于工作环境区域温度高、单体坯料重、地面状况差、吊运频率高，与之对应的安全事故主要包括吊运过程的挤压伤害、清理过程的热灼伤害，以及使用气体造成的人员中毒事故。

（二）事故防范措施

根据事故的特点采取有针对性的防范措施，不仅可降低事故，同时还可以顺畅物流管理，提高生产效率。

1. 轧钢原料存放的安全防范措施

原料库区集中堆垛应做到：

（1）堆垛高度适当，间隔合理。热轧坯料常有定尺、位尺、双倍尺之分，位尺原料要垛成"井"字形，垛高不能高于 4.5m，间隔不能小于 1m。定尺原料垛高不能高于 1.5m，间隔不能小于 0.5m。铺设双倍尺原料切割时，原料温度要低于 100℃，铺、起、翻料时，人与原料间隔不能小于 2m。冷轧原料应堆放在由鞍座托架铺成的库区内，多层堆垛应呈梯形，多层高度不能超过 3 层，垛间距离不能小于 0.4m，钢卷凸出端面部分应小于带宽的 1/4。堆垛与人行道间距不能小于 2m。

（2）平稳吊运，分区堆放。吊车运行要平稳，吊物稳钩时，不能有大的摆动。热轧原料使用磁力吊或钢丝绳挂吊时，重物要保持水平，两钢丝绳之间间距不能小于 1m。原料要按照生产计划、堆垛原则、品种规格、物流时间定置堆放。

2. 热轧原料区域的安全措施

在热轧原料库区吊运时应做到：

（1）400℃以上的钢坯严禁使用钢丝绳吊运，以防止钢丝绳在高温状态下降低强度，造成断股使吊物坠落，形成高温灼伤、坠物砸伤、挤压等伤害。

（2）使用磁盘吊具时，要检查磁力系统是否正常，严禁吊物在人与设备上通过。

（3）使用单钩钢丝绳吊运时，要掌握被吊物中心，平稳起吊，平衡落位。

在火焰清理时应做到：

（1）要仔细检查火焰枪的煤气、氧气管线的胶管是否脱落、破损，阀门、接头是否泄漏；采取动火、看火配合作业，严防回火事故发生；出现回火应立即拉下煤气胶管，关闭风阀，以防回火爆炸伤人。

(2) 使用火焰枪要严格遵守安全操作规程；点火时，先开煤气阀，打火点燃；熄火时先关快风阀，再关煤气阀，最后关风阀。

(3) 火焰清理时，操作者要选择合理站位，不得处于下风向作业，被清理物要搁置平稳，防止切割物分离坠落发生挤压或高温灼伤事故。

(4) 火焰清理完毕，要认真检查煤气阀门是否可靠关闭，严防煤气泄漏造成煤气中毒。另外，火焰清理气源、器具要远离更衣室、休息室、洗浴间，存放在通风避人的地方，严禁人员靠近。

3. 冷轧原料区域的安全措施

在冷轧原料库区吊运时应做到：

(1) 在使用立式夹钳吊运时，要将钳口水平滑移平面与钢卷断面接触，以保持最大夹持面。出现塔形卷时，夹钳的夹持必须大于深度的 2/3。

(2) 使用液压夹钳、平移式夹钳吊运立式卷时，夹钳吊臂应与钢卷端面接触，钳爪应沿钢卷内径径向充分受力。C 型钩吊运时，钢卷应处在基本水平，略向钩内端面倾斜，严禁向 C 型钩开口方向倾斜。

(3) 吊车操作要钩稳、轻放，钢卷要放在鞍座托架上，垛间距离大于 0.4m，多层堆垛应呈梯形，钢卷凸出端面部分应小于带宽的 1/4，多层高度不能超过 3 层。平地堆放时，只能单层摆放，同时必须在底部两边塞放楔型垫铁。

(4) 不得在库区内靠近钢卷堆垛，更不得在吊运作业时，在库区作业人员上方通过与停留。

(5) 对扁卷、塔卷等严重质量缺陷卷，要利用 A、B、C 分类，设置 B 类专区处理、存放。

在冷轧原料库区热轧钢卷转运时应做到：

(1) 钢卷在运输大链或步进梁上行走时，不得跨越穿行。

(2) 不得在钢卷行进间处理故障、打捆描号。

三、重大事故的应急处置

煤气中毒、燃气爆燃引起的高温灼伤，以及原料堆垛垮塌、倾翻引起的重物挤压，都可能酿成轧钢原料工序重大安全事故。

1. 现场应急处理

当出现人员煤气中毒、燃气爆燃事故时，施救人员不得盲目施救，要急而不乱，并做到：

(1) 立即启动工序重大事故应急预案，并按预案中的条款有序执行。

(2) 首先要切断事故源头煤气的气源，专业人员（含受训人员）佩戴防毒、耐温专用防护用具进行施救，防止次生事故发生。

(3) 火场熄灭后，要先用气体检测仪测定煤气浓度，待煤气浓度合格后，方能进入事故场所进行施救。

(4) 出现重大原料堆垛垮塌事故，在吊运原料时，要确认不会发生二次垮塌，吊运指挥人员要确认站位安全。

(5) 在现场安全条件允许的情况下，要首先对受伤人员进行现场施救。在没有火情的煤气中毒事故中，要给伤者所在地及时通风（有条件时可提供氧气）。出现火情时，要先防止事故恶化，同时应先扑灭受困人员所在的过火区域，打开逃生通道，使其脱离险境。发生挤压事故时，首先要设法挪开挤压在伤者重要器官部位的重物，如头部、胸部等，尽快采取现场包扎、止血、人工呼吸等急救措施。

2. 事故应急指挥与处理

当出现重大事故时，指挥人员应科学应对、沉着指挥，避免事态进一步恶化，在得到重大事故报告时要做到：

(1) 立即判断事故性质、程度，有效启动相应应急预案，组织成立事故应急指挥系统。

(2) 上报并通知相关应急施救单位，如110、120、燃气抢险单位等赶赴现场。

(3) 按照事故应急预案和现场具体情况，本着以人为本的原则，调集各种有效资源，最大限度地组织救援工作。

(4) 在条件允许的情况下，为下一步的事故分析保留证据。

四、安全生产控制技术

技术进步可以给原料准备带来直接的安全效益。随着连铸连轧工艺的实施，减少了钢坯、初轧工艺，直接由炼钢产生轧制钢坯，特别是CSP与ISP、棒材连铸坯热送热装、连铸加万能法生产纵轨技术，都在缩短钢材生产工艺流程，减少能耗，消除、减少危险因素等方面取得了良好效果。随着计算机技术在仓储物流方面的应用，使原料仓库的定置管理得到了飞跃发展，它不仅对成千上万吨的原料根据合同、工艺需求实施了优化管理，大大缩短了原料滞留时间，更重要的是，实行计算机智能物流管理，大大减少了原料的无功倒运，从而减少了因作业带来的安全事故。

第四节 加热炉与加热安全技术

一、加热与加热炉

加热是轧钢生产的一个重要工序。在轧制之前，用加热炉对原料（钢坯与钢锭）进行加热，目的在于使坯料内外温度均匀，提高钢的塑性，降低变形抗力，改善金属内部结晶组织，便于轧制加工。轧制之后，加热炉对钢（型、棒材）板卷加热，可实现不同状态下，不同钢种的淬火、回火、调质、固溶和脱碳、脱氢等热处理，得到钢材所需的显微组织和性能。

加热炉具有加热功能，由于工艺目的各异，加热炉的作用差异极大，表7-4所列为轧钢生产的主要加热炉与工序工艺功能对照。

二、燃料种类与燃烧

燃料是燃烧时能放出大量热能，并且此热能可被有效利用的物质。按其物态特性的不同，燃料可分为固体燃料、液体燃料和气体燃料三种。在工业炉中，通常所用的固体燃料

第七章 轧钢安全技术

表7-4 轧钢加热炉与工序工艺功能对照

轧钢工序	热轧							碳钢冷轧						硅钢冷轧			零件轧制
	型材							板卷材									
机组	初轧	棒材	线材	管材	型材	中厚板	薄板卷	薄板卷	电镀锌板卷	热镀锌板卷	电镀锡板卷	彩涂板卷	复合板卷	取向板卷	无取向板卷	轧辊	零件
推钢式加热炉	○	○	○		○	○	○										
步进梁式加热炉	○	○	○	○		○	○										
辊底式加热炉						●											
立式连续退火炉								●			●						
卧式连续退火炉									●	●				●	●		
室状炉	○						○										●
斜底炉		○	○														
井式炉								●				●	●	●	●		
（低、高）全氢罩式炉								●	●		●						
车底式加热炉		○				●											
均热炉	○						○										
CP常化炉														●			
环形退火炉			○	○													
双频淬火炉																●	
彩涂烘烤炉												○					
再加热炉					●												

注：○加热；●热处理。

有煤、木材；液体燃料有重油、油渣及轻质柴油；气体燃料有天然煤气、转炉煤气、高炉煤气、焦炉煤气、裂化煤气、发生炉煤气，以及天然气、石油气、乙炔气等。

燃烧过程是一个化学反应的过程，燃烧必须具备三个条件，即可燃物、助燃物（氧化剂）和火源。常常燃料作为可燃物、空气或氧气作为助燃物，在具备燃烧或者说具备这两者产生化学反应的条件时，如遇到火源，此时火源的激发能即使得燃烧反应发生。

1. 气体燃料及特性

表7-5所列是部分气体燃烧反应及发热量，这些气体除了具有可燃特性外，还具有易燃、易爆、有毒特性，有的只需极小激发能就能使之爆炸。可燃气体常常是安全事故的多发点、轧钢生产的重大危险源。

2. 液体燃料及特性

工业炉通常用的液体燃料——重油，是石油产物，是汽油、柴油、润滑油后的分馏残留物，这些石油液体都具有良好的燃烧特性。与气体燃料一样，液体燃料除了具有可燃特

表 7-5 气体燃烧反应及热值

燃料		燃烧反应式	发热值/(kJ·m⁻³)	
名 称	分子式		H_h	H_i
氢气	H_2	$2H_2 + O_2 = 2H_2O \uparrow$	12770	10761
一氧化碳	CO	$2CO + O_2 = 2CO_2 \uparrow$	12645	12645
甲烷	CH_4	$CH_4 + 2O_2 = CO_2 + 2H_2 \uparrow$	39860	35799
乙炔	C_2H_2	$2C_2H_2 + 5O_2 = 4CO_2 + 2H_2O \uparrow$	58995	56943
乙烯	C_2H_4	$C_2H_4 + 3O_2 = 2CO_2 + 2H_2O \uparrow$	64019	59953
一般碳氢化合物	C_mH_n	$C_mH_n + (m+n/4)O_2 = mCO_2 + n/2H_2O \uparrow$		

注：H_h—高发热值，含水蒸气冷凝放热；
　　H_i—低发热值。

性外还具有易燃以及燃烧会产生大量的有毒气体，燃烧会引起密闭的储液罐压力剧增产生爆炸的特性。闪点和燃点是液体燃料安全受控的重要参数。重油是工业炉主要的液体燃料其特性指标见表 7-6。

表 7-6 重油特性指标

特 性	重 油 牌 号			
	20 号	60 号	100 号	200 号
闪点（开式，不大于）/℃	80.0	100	120	130
凝固点（不大于）/℃	15.0	20	25	36
灰分（不大于）/%	0.3	0.3	0.3	0.3
水分（不大于）/%	1.0	1.5	2.0	2.0
硫分（不大于）/%	1.0	1.5	2.0	3.0
机械杂质（不大于）/%	1.5	2.0	2.5	2.5

3. 固体燃料及特性

煤是用途最广泛的固体燃料，它具有比气体和液体燃料更为安全的燃料特性。不过，煤作为工业燃料在使用时，应最大限度地采用机械化储存、加煤和除渣，并应设有相应的密封、防尘、集尘、除尘设施。

三、热处理与热处理炉

(一) 热处理炉的分类

热处理是将轧材在热处理炉中加热到一定温度并保持一定的时间，然后用选定的冷却速度和冷却方式进行冷却，从而得到所需的显微组织和性能的操作工艺。轧后热处理与出厂前热处理技术是轧钢生产的重要环节之一，它的主要类型有退火、正火、淬火、回火、固溶处理、实效处理等。实现这些热处理功能的是各种类型的热处理炉。

热处理炉可按以下特征分类：

（1）按热源分。有采用电能作为热源的电炉；采用煤、焦炭等固体燃料作为热源的固体燃料炉；采用重油等液体燃料为热源的液体燃料炉；采用煤气、天然气等气体燃料作为热源的燃气炉。

（2）按炉型分。有箱式炉、井式炉、罩式炉、环形炉、常化炉、卧式连续炉、立式连续炉等。

（3）按工作温度分。有1000~1300℃之间的高温炉；650~1000℃之间的中温炉；650℃以下的低温炉。

（二）热处理的主要危害因素分析与防范

加热炉尽管用途不同，但都有加热源（如煤气、天然气、石油气及电热器等）、加热室（即有一个升温的环境）和被加热体（如钢板、钢卷）。一般加热炉主要以煤气、天然气、石油气作为加热燃料，而这些燃料的理化特性就决定了工业炉的安全特点。

1. 主要危害因素与特点

1）气体危害

加热和热处理工序的主要设备是工业炉设备，其主要任务之一是加热，除了电加热之外，许多燃料加热过程都是化学反应过程，反应常伴随着有害气体产生。有机燃料燃烧（如甲烷）过程会产生CO_2和水；无机燃料燃烧（如煤、焦炭）过程会产生CO和有害废气。此外，还有用作保护气氛的H_2与N_2，用作加温与气动的高压蒸汽与空气。

一些危害气体无形、无色、无味，极易造成群体伤害事故。

2）高温危害

燃烧产生的高温高热、有害气体燃烧产生的高温和高温气体引发的高温灼伤与烫伤事故，对人体的伤害极大，伤者极易引发器官感染和并发症而危及生命。高温还会对长期处在该环境下的人员造成辐射危害。

2. 事故防范措施

热处理环节集中了轧钢企业的主要重大危险源点，安全技术要求高。在加热炉设计中，各种气体介质的安全控制，应尽可能地纳入自动控制系统，达到本质安全化，连续热处理设备的主设备旁应设有应急开关；氢气、氮气、煤气、空气和供排水的管网、阀门、各种计量仪表系统，以及各种取样分析仪器和防火、防爆、防毒器材必须确保齐全、完好。在发生事故时应立即启动针对性的应急预案，防止事态扩大与蔓延。

四、热轧加热与热处理炉

（一）步进式加热炉

步进式加热炉是中厚板热处理常用的一种加热炉。与辊底式热处理炉相比，步进式加热炉的优点是不受钢板宽度和厚度限制，耐热钢用料也较少，如图7-3所示。它是利用升降和平移用的两套液压缸装置，对步进梁完成载钢平移，消除了钢板在辊道上移动产生的缺陷，但不能采用氮气保护加热，也就不能避免高温产生的氧化铁板损失。

（二）无氧化辊底式热处理炉

无氧化辊底式热处理炉（或简称辊底炉）是一种采用出入口密封室设计、保护气体炉

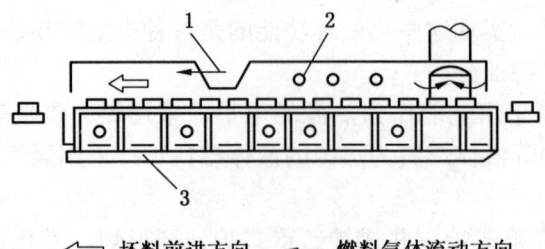

1—烧嘴；2—侧面烧嘴；3—步进梁

图 7-3 步进式加热炉构造

内无氧化保护、辐射管加热的热处理炉。

1. 辊底炉的主要工艺

热轧中厚板无氧化辊底式热处理炉工艺流程如图 7-4 所示。被热处理的钢板通过磁力吊车，吊至约 40m 的装炉辊道上，完成其测长与入炉对中，并在通过炉口 CMD3 检测器后等待入炉；在得到 PLC 发出的进入信号后，炉门自动打开，钢板以 20m/min 的速度进入炉内，按照给定的工艺制度完成加热。在加热的过程中，由于部分较厚品种的钢板加热时间较长，系统设计了摆动加热功能，即钢板向前运动一段距离后，停止片刻，又逆向运动一段距离后再向前，形成摆动运行。完成炉内热处理工序后的钢板得到了预期的金相组织，它将按程序离开炉体进入冷床等后续工序完成其成材功能。

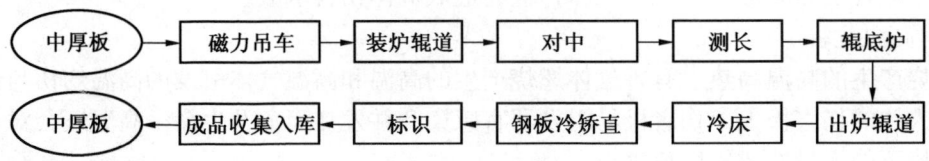

图 7-4 热轧中厚板无氧化辊底式热处理炉工艺流程图

2. 辊底炉的加热

辊底式热处理炉采用的是辐射管加热器，根据各区段热负荷不同，配置不同数量的辐射管加热器，它包括辐射管烧嘴、辐射管外管、辐射管内管和空气换热器。

1）辐射管技术参数

辐射管形式　　　　　　　　　　　　　　　　　直套型辐射管
辐射管用烧嘴　　　　　　　　　　　　　　　　混合煤气烧嘴
辐射管外管　　　　　　　　　　　$\phi 260mm \times 9mm$，材质 Cr28Ni48W5
辐射管内管　　　　　　　　　　　　　　　　　多节柔性连接
空气预热器　　　　　　　　　　　　翅片对流型，空气预热温度为 650℃

2）燃气烧嘴

自身预热式烧嘴与辐射管采用法兰连接，燃烧燃气预热到 450～650℃ 的空气与煤气混合燃烧后高速喷出。烧嘴带有点火变压器自动电点火及火焰监测装置，它能够依据工艺制度和控制逻辑实现自动点火和检测。

3) 混合煤气与助燃空气管道

煤气总管设有两台电动切断蝶阀、一台眼镜盲板阀、一台快速切断调节阀及一台煤气流量孔板。在管道的末段设有防爆孔，用以在煤气低压或炉子故障时，快速切断煤气，确保炉子安全使用。

助燃空气管道与混合煤气管道分别配备必要的流量测量及调节装置，沿炉子两侧一直延伸到各个烧嘴。每个烧嘴配置有空气电磁阀、混合煤气电磁阀以及必要的调节装置，采用数字化脉冲控制方式，通过对每个烧嘴精确的燃烧控制，完成炉温的自动控制。空气管道的末段也设有防爆孔。

4) 排烟系统

辐射管内烟气吸入一定量冷空气（用于降低废气温度）后进入烟气支管，烟气支管汇总后，经过排烟机进入烟囱，排至厂房外。

3. 保护气体系统

沿炉长方向的两侧，氮气由6个供气管道供入炉内，分别从炉子两侧顶部的排气管道排出。供排气管道上设有必要的调节和检测装置，以在保证炉压的情况下，尽量减少氮气消耗。

1) 氮气供气系统

氮气供气系统包括一台减压装置、一台流量测量装置、一台压力调节阀及管路手动阀门组。

2) 氮气排气系统

在炉子进口和出口处分别设一台出口流量调节阀以调节炉膛压力；在各出口排气管路中分别设微氧分析仪，用于监侧炉内气氛的氧含量，确保钢板产品质量。

（三）热轧燃气炉安全措施

1. 燃烧安全

（1）保持压力匹配，防止管线负压。在混合煤气管道总管上，设置了低压自动切断阀，当混合煤气和空气压力低于设定值时，自动切断燃气气源。当压力快速下降时，短时相对负压的危害可能引发回火事故。保证炉膛、管线、介质的压力匹配，烧嘴的合理选型，安全隔离措施的选用，可有效防止回火事故。

（2）控制煤气浓度，防止炉膛爆燃。由于燃气阀门内泄、燃气质量等原因，会造成炉膛内燃气过量时点火，此时往往会造成剧烈的爆燃事故。因此，在重新点火生产之前，在气体控制上，应按空气流量值大小，调整煤气的流量配比，用尾气中的氧含量来检查控制燃气量，实施燃气自动闭环控制。在必要的区域，还可在重新点火之前，用氮气进行短时吹刷。

（3）控制燃烧配比，防止配比失调。正常燃烧需要合理的空气与燃气配比，在理想燃烧状况下，是燃气充分燃烧，氧气助燃殆尽。而在实际过程中，是很难达到这一点的，过剩的空气会吸收大量热量却不做功，而过剩的燃气聚积在炉内不仅影响到燃烧效率，同时也可能引起炉内爆炸（如重新点火），当过剩的燃气聚积在排废管道中遇到明火还可能与空气混合燃烧或爆鸣。

2. 气体安全

（1）防止氮气窒息。氮气作为半惰性气体常与氢气混合作为 NOF 炉的保护气氛。由于氮气具有无色、无味、难以察觉的特性,当氮气管道、阀门泄漏到对流不畅的环境中,如炉内有人检修时,很容易造成窒息事故。

(2) 防止气体中毒。氧气是人类生存不可或缺的物质,但高浓度的氧气也会致人中毒;燃烧废气、一氧化碳等有害气体轻者可危害健康,重者可致人中毒。

(3) 防止高温气体灼烫。燃烧或以其他形式获取热能形成的高温气体,受热形成的加热炉体、钢坯料,都可能对人体造成灼烫伤害。

五、冷轧热处理炉

(一) 连续退火炉

冷轧连续退火炉、冷轧镀锌炉和硅钢连续退火炉有立式与卧式之分,除去各类退火炉的特定工艺(如镀锌的热镀功能,硅钢材的脱碳功能)外,都具有加热、保温、冷却功能,都是在无氧环境中完成的。立式结构的连续退火机组将带钢冷轧后的脱脂、退火、平整、精整等工序集中在一条作业线上进行,与传统的罩式退火工艺相比,具有生产周期短、产品质量好、成材率高、具有快冷处理和过时效处理优势,其技术先进,结构复杂,安全风险较大,在冷轧退火炉中具有代表性。

1. 连续退火炉工艺流程

图 7-5 所示为冷轧立式连续退火机组的工艺流程。就机组的炉子段而言,它是由预热段、加热段、均热段、缓冷段、快冷段、过时效段、最终冷却段和水淬段八部分组成。

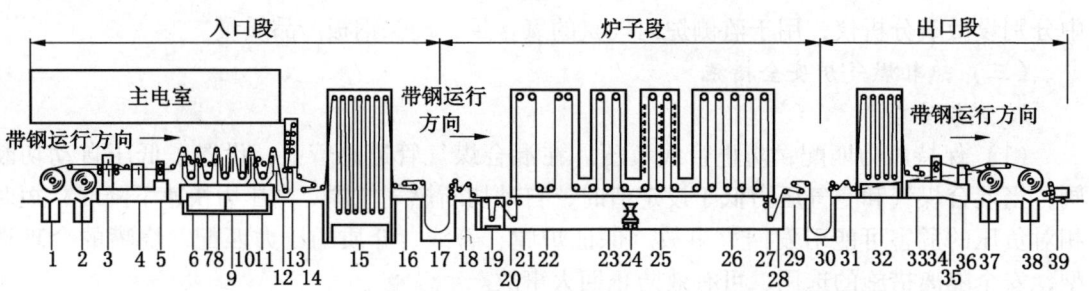

1—1 号开卷机;2—2 号开卷机;3—双层剪断机;4—焊接机;5—1 号张力辊(夹送辊);6—碱液刷洗槽;7—热水冲洗槽;8—碱液循环槽;9—电解清洗槽;10—热水循环槽;11—热水冲洗槽;12—漂洗槽;13—热风烘干塔;14—2 号张力辊;15—前活套架;16—3 号张力辊;17—自由活套坑;18—4 号张力辊;19—张力调节器;20—入口摆动辊;21—入口密封辊;22—加热室;23—保温室;24—炉底小车;25—控制冷却室;26—快速冷却室;27—出口密封辊;28—出口摆动辊;29—5 号张力辊;30—自由活套坑;31—6 号张力辊;32—后活套架;33—7 号张力辊;34—夹送辊;35—检验平台;36—剪断机;37—1 号卷取机;38—2 号卷取机;39—助卷机

图 7-5 冷轧立式连续退火机组的工艺流程

2. 连续退火炉的退火加热

连续退火炉一般采用混合煤气和辐射管间接加热形式。图 7-6 所示为混合煤气燃烧烧嘴燃烧示意图,它按照一定序列安装在炉密封壳体上,每个燃烧烧嘴由燃烧器、煤气—

空气通道及混合室、点火装置、火焰监测装置和烧嘴外壳组成。在加热过程中，预热空气通过助燃风机送至相应比例的煤气混合室，点火变压器激发高压点火装置点火燃烧，实现退火炉的加热过程。燃烧的煤气与助燃的空气是在一定的体积浓度配比条件下完成燃烧的（见表7-5中的化学燃烧方程式）。

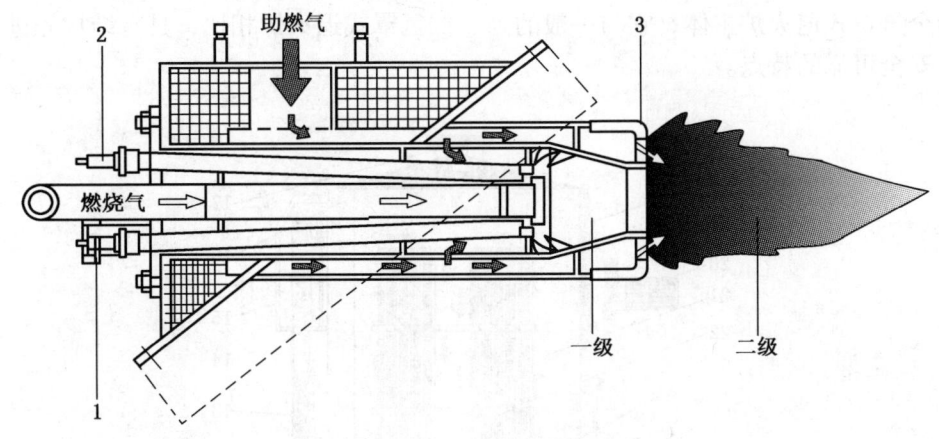

1—监控器；2—点火器；3—金属封盖
图7-6 混合煤气燃烧烧嘴燃烧示意图

出于产品质量或特殊工艺的考虑（如电工钢），一些连续退火炉还采用了烧嘴直接加热和辐射管分段间接加热或全辐射管间接加热形式。

3. 连续退火炉的冷却

连续退火炉的冷却一般分为缓冷段、快冷段和终冷段，冷却采用的是分流间接冷却，即将炉内的还原气氛通过冷却风机引入带有水冷的热交换器，使高温保护气氛得到降温冷却，当它周而复始地被送回炉内时，它会不断吸收钢带大量的热量，达到钢带冷却的目的。

4. 连续退火炉的保护气氛

冷轧碳素钢、冷轧电工钢都要避免在退火过程中产生氧化，因此，各种退火炉通常是设在无氧环境中退火的NOF炉。这种炉子的炉壳实行全密封，进出炉喉采取压力或介质（如水淬槽）密封，炉内一般采用15%～40% H_2 与高质量 N_2 混合作为炉内保护气氛，保护气氛处于微正压状态。在整个退火过程中，炉内燃烧剩余的少量氧气、随清洗带进的水分产生的少量氧气，会与保护气氛中具有强还原特性的氢气结合生成水，随废气一道排出炉膛。另外，大气中的氧气由于压力低于炉膛，也不会进入炉内，这样就保证了冷轧带钢的光亮。

(二) 罩式退火炉

钟罩式退火炉俗称罩式退火炉，它是在连续退火炉形成规模之前，承担冷轧后热处理的主要退火炉。罩式退火炉按保护气体中含氢量可分为氮氢罩式退火炉（低氢，3%～5% H_2，95%～97% N_2）、高氢罩式退火炉（氨分解，75% H_2，25% N_2）、全氢罩式退火炉（100% H_2）。全氢罩式退火炉因具有强对流、高产能（比氮氢炉高30%）、高质量的光亮退火特性而被广泛采用。氢气具有极好的传热性能,但同时安全风险较大。

1. 罩式退火炉的加热

保护气体内罩的外壁与加热罩的内壁共同组成了罩式退火炉的燃烧室主体,通过加热罩上燃气接头获取的燃气与经过助燃风机提供、经热交换器预热的空气混合进行燃烧,对内罩外壁加热,也有通过加热罩内壁上排列的电阻丝或电阻带对内罩外壁加热。图7-7所示为全氢罩式退火炉主体,它与一般的高、低氢罩式退火炉相比,具有结构先进、设计严谨、安全可靠的特点。

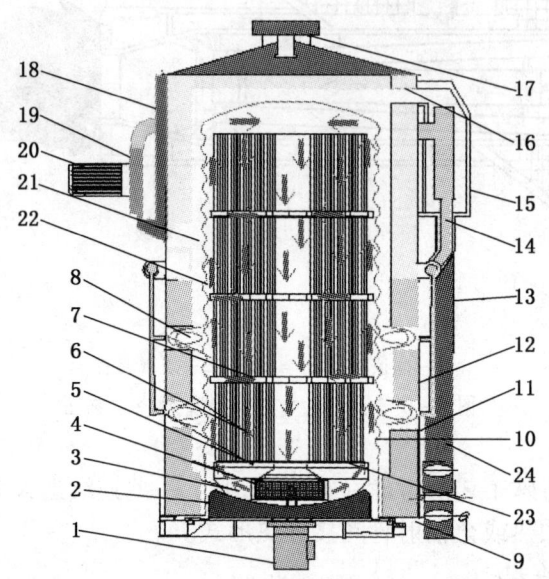

1—循环电机;2—炉台;3—分流器;4—循环风机;5—底板;6—钢卷;7—对流板;8—烧嘴;
9—液压压紧器;10—内罩;11—加热罩;12—加热罩内衬;13—预热空气管;14—空气预热器;
15—换热器;16—加热罩顶;17—吊挂孔;18—阻燃风机底座;19—助燃风机;20—助燃风机;
21—加热空间;22—退火空间;23—炉台底板;24—废气道

图7-7 全氢罩式退火炉

2. 罩式退火炉的保护气体

(1) 氮氢混合气或氢气作为退火钢卷的保护气氛,起到对流、传热与防止钢卷氧化的作用。

(2) 氮气在工艺上作为氢气与空气之间的隔离气体,当氢气进入炉内或钢卷退火完毕、出炉之前,需要通过氮气进行吹刷炉内的空气(氧气或氢气),实现危险氢气气体与诱爆空气介质之间的有效隔离,以保证氢气运行的安全。也有采用抽真空方式抽出炉内空气与出炉前的氢气,然后用氮气吹刷。

(3) 氮气或液氮还作为事故氮气储存在容器中,以备在系统故障时启用。

(三) 冷轧燃气炉的安全生产

1. 燃烧安全

同热轧燃气炉。

2. 气体安全

罩式退火炉和连续退火炉的退火过程都是在无氧环境中进行的，氢气与氮氢混合气是退火环境的防氧化保护气氛，高比例氢气的易爆燃和氮气的易窒息危害是冷轧热处理炉有别于热轧燃气炉的重要特性之一。

进入炉内处理断带、检修作业都存在缺氧窒息的风险，进入炉区、炉内作业应严格遵守安全生产规程，防止气体窒息事故。

1）防止氮气窒息

冷轧板带一般都是 0.01~3.0mm 的薄带钢，除正常检修外，当它高速展开通过炉内时，由于张力、板型、边裂、跑偏、对中等原因，很容易发生炉内断带，人员经常要进入炉内进行处理，当氮气管道、阀门泄漏到对流不畅的炉内环境中，很容易造成窒息事故。因此，在进入炉内作业之前，首先要切断保护气体气源，堵上盲板，用氮气吹刷置换保护气体（因为保护气氛中，较高含量的氢气会在空气中产生爆燃事故）。然后打开通风孔，利用抽风装置，借助固定或移动式鼓风机，完成空气对氮气的置换。最后要用氧含量和可燃气体检测仪，检测炉内氧气浓度和危害气体情况，确认无误后，方可按照检修作业安全规程的要求，在具有安全互保、应急预案的情况下进入炉内作业。

2）防止氢气爆燃

氢气爆炸与燃烧的激发条件极低，是一种重大危险源。为了防止氢气爆燃事故，应当采取如下安全措施：

（1）隔离。以密闭储存容器、密封的输送管线、正压密封的炉体作为隔离体。

（2）正压运行。在氢气运行的过程中，保持氢气体系对于大气体系的正压状态，在这种前提下，只要浓度小于爆炸极限，即便稍有泄漏也可能很快在通畅的大气环境中被稀释。如果出现爆燃，不可盲目处置，要首先设法切断氢气气源，然后用事故氮气取代氢气维持正压，控制事态扩大。

（3）含氧量监控。氢气爆燃的原因是氧气存在于氢气环境中。因此，适时监控氢气环境中的含氧量，是保障氢气安全运行的关键，这种监控已开始用于全氢罩式退火炉的退火过程中。

（4）氮气保护。氮气是氢气安全使用采用最多的保护气氛，在非常情况下，它不仅可以安全地与氢气混合，稀释其浓度，也可有效隔离氧气。在全氢罩式退火炉中，氮气还作为工艺中的吹刷气体和应急状态时的事故保护气体。

3）防止煤气事故伤害

煤气按来源可分为高炉煤气、焦炉煤气、转炉煤气、发生炉煤气和铁合金煤气等，它们被广泛用于轧钢工序的各类工业炉中。大型钢铁企业一般用高炉煤气与焦炉煤气作为轧钢各种加热与热处理炉的燃烧介质，也有焦炉煤气点火，高焦混合煤气（7:3）燃烧或混合煤气直接点火和燃烧。各种煤气的组分与气体混合比各不相同，其中一氧化碳（CO）、硫化氢（H_2S）、甲烷（CH_4）是各类煤气的主要有毒成分。人员接触煤气易发生煤气中毒，其中高炉煤气的毒性最强。防止煤气中毒要加强通风，防止煤气聚集；对进入危险区域作业的人员应配备一氧化碳便携式检测仪或在现场安装固定式一氧化碳监测报警系统，发现报警应立即停止作业迅速撤离危险区域。出现中毒症状，应立即采取通风供氧法。出现火情应设法及时脱离火场，衣物被引燃应及时脱下或就地熄灭，不能快速奔跑以防助燃。

第五节 热轧安全技术

一、概述

热轧的上游原料来自于钢锭与钢坯，其工艺流向主要是板材与型材，它既为市场提供成品材，又为冷轧提供原料。热轧的产品广泛用于工业、石化、军事、船舶、桥梁、铁路、建筑等领域。随着计算机技术不断发展、检测手段日益丰富、工艺水平进一步提高，重环保、降成本、多工序、短流程工艺备受青睐。CSP 与 ISP、以 Coliplant 工艺为代表的炉板卷轧机技术、棒线连轧机组、多机架热连轧薄板机组，代表了热轧的发展趋势。

二、热轧工艺

1. 棒线材轧制工艺

图 7 - 8 所示为某钢厂棒线材连轧机组的棒材轧线工艺段布置图，待轧制原料通过步进梁上料台架进入步进式加热炉加热到轧制工艺所需的温度，经过高压水除鳞的料坯，进入 6 机架粗轧机组、6 机架第一中轧机组和 6 机架第二中轧机组，被 1 号、2 号、3 号切头飞剪分别剪切的棒线基材通过水冷、夹送辊后的倍剪飞剪进入线材轧制工序。

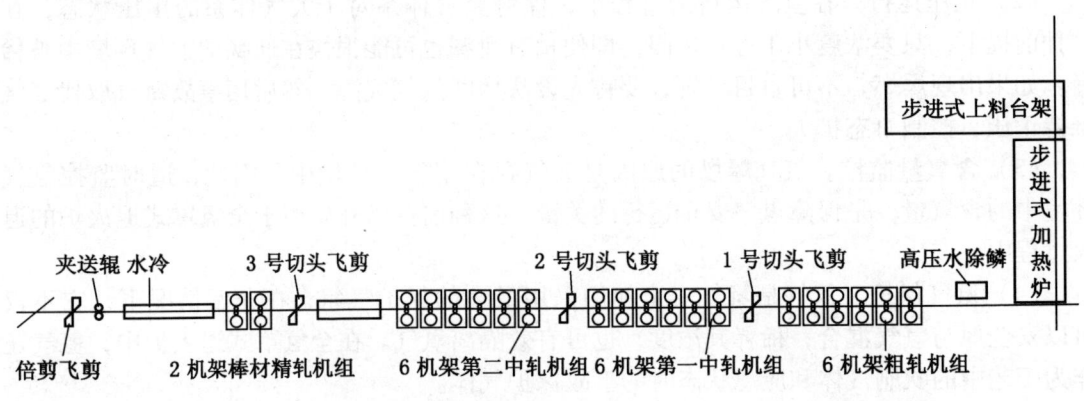

图 7 - 8　某钢厂棒线材连轧机组的棒材轧线工艺段布置图

2. 重轨与型材工艺

随着北京到天津高速铁路的开通，上海悬浮列车的问世，中国铁路与高速重轨生产进入了纵轨发展新阶段。法国规定车速超过 160km/h 时采用 50kg/m 或 60kg/m 钢轨；德国规定车速超过 200km/h 时至少应铺 54～60kg/m 的钢轨，或当车速超过 250km/h 时应采用 70kg/m 钢轨；日本实测发现 60kg/m 钢轨的寿命比 50kg/m 钢轨寿命长 2.1～6.5 倍；中国铁路部门规定在年通过货运总量超 50Mt/km 的地段，应铺设 60kg/m 钢轨。

图 7 - 9 所示为国产重轨型钢生产线工艺流程，连铸钢坯进入步进梁式加热炉加热后，重轨坯料经高压水除鳞进入开坯机、连轧机、精轧机轧制后进入重轨后续处理工序，经冷床冷却、余热淬火、锯切矫直等工序，生产出含重轨在内的各类纵轨和型材产品。

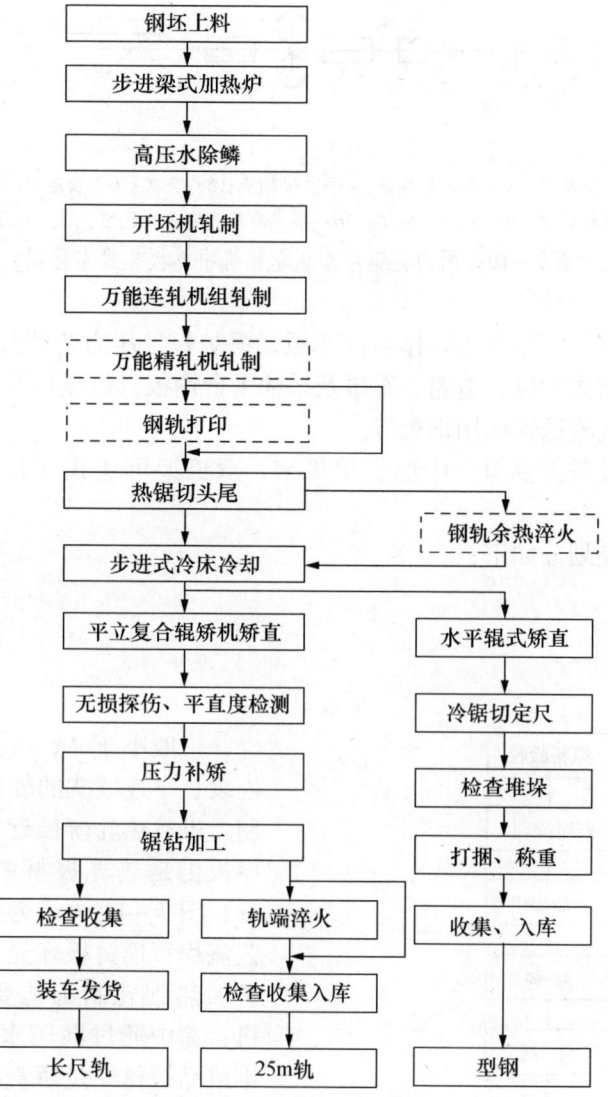

图 7-9 重轨型钢生产工艺流程

3. 炉卷轧制工艺

Coliplant 工艺最早是由美国 Tippins 公司提出的,并最先应用于美国 Tuscaloosa 钢厂的 2845mm 的炉卷轧机上。这种轧机具有三种轧制方式：传统的单板轧制；轧制前采取保温卷取轧制，卷取过后采取倍尺飞剪、喷水冷却、热矫送冷床后再经横剪裁为定尺或钢板喷水冷却后送地下卷取机卷取成钢卷；轧制后直接卷取成卷。

图 7-10 所示为国内某钢厂炉板卷轧机中厚板轧线布置图，采用厚度 150mm、宽度 3250mm、长度 15000~17600mm 中等厚度连铸板坯，直接装炉后进行轧制，轧线选用了现代化的炉卷轧机配置高效剪切线，年产板卷 1~1.5Mt。

4. 中厚板轧制工艺

中厚板是指钢板系不固定边部变形的热轧扁平材，包括直接轧制的单轧钢板和由中宽

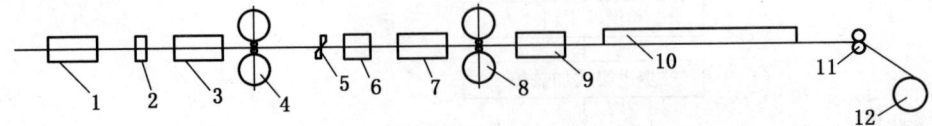

1—装料机；2—粗除鳞机；3—步进加热炉；4—立辊轧机；5—飞剪；6—精除鳞机；7—轧前卷取炉；
8—炉卷精轧机；9—轧后卷取炉；10—层流冷却；11—夹送辊；12—地下卷取机

图 7-10　国内某钢厂炉板卷轧机中厚板轧线布置图

带剪切成的连轧带钢。中厚板主要作为汽车板，锅炉板，压力容器板，低合金高强度板，耐腐蚀钢板，碳素结构钢板，造船、军事及采油平台钢板，机械建筑用钢板，模具板，桥梁用钢板，以及油气输送管线用钢板等。

中厚板的生产设备主要有：中厚板单机架、双机架可逆式（往复）轧机，连续式、半连续式轧机。

热轧板材按厚度划分如下：

特厚板	≥60mm
厚板	20≤T<60mm
中厚板	4≤T<20mm
薄板	<4mm

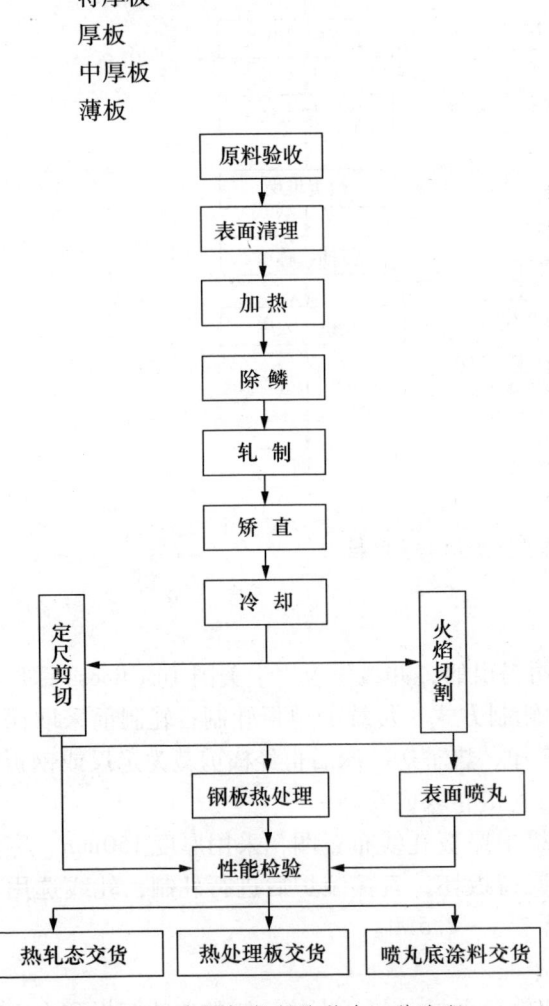

图 7-11　中厚板轧制的基本工艺流程

一般小于 4mm（或 6mm）的板材由连续、半连续式的轧机或单双炉卷轧机轧制。虽然热轧薄板近年来发展迅猛，但中厚板仍是热轧板材中最具有代表性的品种。图 7-11 所示为中厚板轧制的基本工艺流程，连铸板坯经过表面清理，到加热炉加热到轧制工艺要求的温度，送往轧机，途中通过高压水除鳞进入轧机轧制。半成品板材经过矫直机的表面处理，按照不同的工艺路径分别进行火焰切割、表面喷丸、检验交货，或定尺剪切、检验热态交货，以及火焰切割或定尺剪切、经热处理炉进行性能处理后检验交货。

5. 薄板带轧制工艺

随着 CSP 薄板坯连铸连轧工艺的问世，热轧钢带已突破了 2mm 以下的极薄规格，达到 0.8mm。但国内主流热轧薄板带（图 7-12）还是由板坯经辊底炉均热，经立辊初轧、高压除鳞后进多机架精轧，通过轧制温度、变形制度、冷却速度等工艺参数的有效控制，使钢卷奥氏体组织和相变产物的组织形态达到预期效果，然后采用层流冷却技术，通过高性能冷却装置提高卷取温度精度，稳定产品性能，最后经全液压卷取成卷。

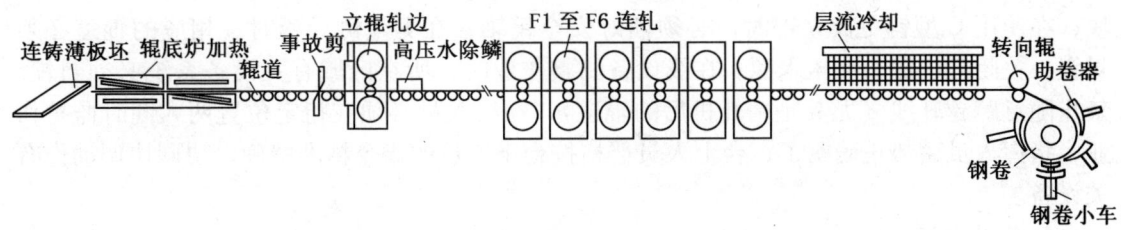

图 7-12 热轧薄板带基本工艺流程

三、热轧主要危害因素分析与防范

热轧钢材是在高温固体状态下轧制而成的，热轧主要工艺流程是高温轧制、高压除鳞、以不同炉型进行热处理、以不同方式进行冷却，轧材主要靠辊道或吊车完成工序转运。

机械挤压与灼烫伤害是热轧工序的主要危险因素。机械挤压伤害主要发生在故障处理或检修过程中，灼烫伤害也凸现了高温热态轧制的工序特点。尽管现代企业生产条件大为改善，设置独立的操作室与高温场所隔离，热辐射程度大大降低，但人与现场高温接触依然在所这免。另外，热轧板厚度测量虽大多采用 X 射线取代 γ 射线，但失误或故障带来的射线伤害和污染仍是热轧生产的重要有害因素。

（一）热态轧钢的意外伤害与防范

轧制时突发故障停机会使高温轧材停滞在轧机机内难以清除，为减少或避免这种情况发生，轧钢工常常尽可能切断未进轧机的后半段，强制推出轧机内的轧制材，当它们不能正常进入卷取设备卷取成卷时，就会进入非正常轧制、卷取状态，从而无序堆积在轧机出口到卷取机之间的冷却辊道或失控跃出辊道，给进入该区域的人员（尽管限制了生产无人区）造成意外伤害。

1. 高温灼烫

在用起重机吊开轧制断带废板和用氧枪对轧制断带废板施割分切、搬运时，高温轧件很容易对操作人员造成灼烫伤害。针对这类伤害，严格执行诸如"启动轧机主、辅设备前，先鸣笛，再给水，开轧第一块钢要鸣笛示警，轧机出口处不得站人"等各项生产操作规程，合理佩戴、使用劳动防护用品，以及观测确认断带轧件及相关物件温度，确认施割、吊挂时正确的操作站位十分必要。

2. 物体打击伤害

高速运行中的轧件、轴销、轧辊掉肉飞溅都可能造成意外物体打击伤害。针对这类事故，操作维护人员应尽量远离生产线，减少在危险区域内行走与滞留，穿戴好劳动防护用品。

3. 机械挤压伤害

在辊道上处理轧制断带、轧件"粘肉掉肉"、设备在线工艺处理、轧辊更换、设备维护抢修时，容易造成各类机械设备对人员的机械与挤压伤害。针对这类伤害，要求除做好停电停机确认手续外，在有安全销的部位（如夹送辊）必须插上安全销；更换、检查抽出工作辊时，在支撑辊平衡缸将上支撑辊升起后，必须在上下支撑辊轴承座间放置防落垫块；在使用 C 型钩更换立辊时，必须插好安全销轴；在测量侧导板时，相应的辊道必须封锁，关闭射线源、高压水源；在线设备调整作业时，所在区域有关设备系统必须封锁，禁止随意跨越轧线（尤其是精轧机后的辊道），在线人员必须在指定位置两人同时监护作业，指挥人员手势正确明了，台上人员严格按台下人员的指令精准精确、协同协调动作有关设备。

4. 射线伤害

在控制、检测轧制材厚度、宽度、凸度参数时的疏忽或确认不到位都可能会造成电离辐射意外伤害。针对这些无形、无声、无味射线可能对人体的严重伤害，必须严格执行操作规程，在天然与人工发射源处于工作状态时，任何人不准到有害区域半径内工作或行走。临时停车需进入有害区域半径工作时，必须关停并确认发射源处于实际"关闭"状态，操作人员佩戴便携式射线检测仪（适时监测射线状态）进入现场作业；当确需进行射线状态下"危险作业"（如自然射源快门失控）时，必须重新限定、标示、封闭有害区域半径。经过培训取证的专业人员，严格按照射线防护与操作的有关规定，检查、穿戴好射线安全防护服方可进行作业。

要防止轧钢意外伤害，就要保障设备运行可靠，生产过程稳定，职工操作熟练。切割处理断带材时人员的操作站位要合适，吊出断带废钢时，钢丝绳或挂钩重心部位选择准确，这是保障人员的安全，避免物体挤压与物体打击的重要措施。轧钢时禁止人员进入工作区域也是避免意外伤害的重要手段。

（二）动力介质伤害与防范

高温下的钢锭、钢坯、钢材都会产生高温氧化铁皮。疏松的氧化铁皮处理不彻底，轧制时会造成氧化铁皮压入钢材造成质量缺陷。轧制前铲除氧化铁皮的工艺措施是用高压水均匀冲刷钢体表面。液压系统是轧钢过程自动化的主要执行设备，液压设备、阀系接头管道和传递动力的液压介质大都工作在中高压状态下；为气动设备提供动力的压缩空气和仪表气体尽管压力不大，但它的失压会使气动设备失控。高压液压油介质、高压喷射水介质、气动压控介质是造成轧钢动力介质伤害的主要危害。防止高压射流伤害、压力驱动设备失压等压力介质伤害事故，最基本的措施就是执行停机、拆卸、检修前的安全泄压及其确认，以及检修时的合理站位与操作要领。

1. 除鳞伤害

18MPa 的轧钢除鳞高压水喷射到轧件表面，高压水对钢材产生强大冲击、冷却、汽化和冲刷作用，从而达到破碎和剥落氧化铁皮的作用。受高压冲击飞溅的铁屑和高压水意外喷溅可能对人造成伤害，因此，除安装好防护罩外，还要设置危险警戒区域，禁止人员进入。

2. 液动伤害

液压台站、液动设备和管道除注意防火外，高压液压油介质的高压管件接头脱落、管道爆裂进出的油液可造成人体高压击穿，这类事故发生概率不高因而常常被忽视，但事故后果往往较严重。针对液动伤害，管件检修前必须泄压，拆卸时必须选择合理站位，必要时停止液压泵站、阀台等设备。

3. 气动伤害

气动设备的压缩空气或仪表氮气气源意外失压，会造成设备执行误动作，如夹送辊、纠偏辊的误动作都可能造成轧钢断带、设备意外伤人。针对这类事故，在检修气动设备前，应使气动元件的随动设备处于失压位置，对诸如夹送辊、助卷器等部分设有安全销的部件，应按规定做好防护措施，要求无关人员远离设备区域。

（三）剪切设备伤害与防范

剪切设备是轧钢设备的重要组成部分，轨棒型材锯切与液动剪切，板材头尾剪切，事故状态飞剪剪切，成品材纵向剪边、定尺横剪都少不了剪切设备。纵剪设备一般采用圆盘剪切形式，横剪设备一般采用液压剪切与曲轴摆动剪切。有些剪切是在与钢材运动同步状态下完成的，其运动状态不同于单纯的轴向或径向运动，它是一种平面曲线运动。这种特殊运行轨迹违背人们对剪切的一般常规认知，当操作处理需要人机靠近时，错觉会增加事故发生的概率。

掌握动态设备的运行轨迹，远离设备的运动空间，形成人与危险因素分离的工作状态，是防范意外伤害发生的技能措施；处理故障、更换剪刀时切断动力来源、安装插销、限制设备自由动作是避免意外事故发生的重要手段。

1. 锯切伤害

型钢轧制后需按定尺进行锯切，锯切生产过程中高速运行设备、飞溅的锯花铁屑、锯片爆裂飞溅是锯切工序的主要危害因素。针对这类伤害，热锯机启动前应先检查确认旋转部件的钢板防护罩安装是否完好、强度是否可靠，以防锯片爆裂时发生飞溅伤害；正常生产时操作人员不得站立于锯片的正前方，以防锯花飞溅和锯片爆裂伤害；不得在型钢行进间锯切，以防锯片撞击发生碎裂事故；吊运锯片必须使用专用吊索具；更换锯片必须戴好手套，不得用刚性物件止停高速运行的锯片。

2. 剪切伤害

棒材轧制后的液压剪切、高速运行间的热轧板飞剪、成品薄板的精整纵剪是造成在线剪切伤害的重要部位。针对这类伤害，作业人员应掌握各类剪切设备的基本原理与特性，熟悉设备的动作过程，辨识危险有害因素，在检修、拆卸剪切设备，更换、调整横纵剪刀片时，首先要切断相关能源（电、气、液）供给，卸去液压系统蓄压，确认气动设备复位，在停机状态下采取在刀架下放上垫块或插上安全销等安全措施，方可进行在线作业。

第六节　冷轧安全技术

一、概述

冷轧是在常温状态下，通过轧机设备对轧制钢材进行冷态压延、拉拔、锻压、冲压、挤压等方式形成最终产品，获得合适硬度、强度、塑性的机械性能，改善产品平直度、光洁度等使用性能。冷轧产品不仅有性能指标的严格要求，同时还有非常严格（如汽车板表面零缺陷表面交货）的表面质量要求。冷轧是轧钢企业中，生产工艺最为复杂、控制技术最为先进、危害因素最难识别的轧钢工序。高科技、高精度、高速度、高质量，系统高度自动化、控制高度智能化、工艺高度集成化，代表了冷轧的发展方向，构成了冷轧设备技术的特点,也预示了安全技术的科技特点。

二、冷轧工艺

冷轧的原料来自热轧,冷轧产品分为管型材和板卷材。管型材有无缝钢管与有缝钢管、标准管与异型管之分。板卷材有碳素钢板卷与硅钢板卷之分,按产品形状大致分五大类:

(1) 冷轧板卷是以热轧板带为原料,经过酸洗处理后,在常温状态下连续或可逆再轧制产品。而热镀锌板卷、电镀锌板卷、电镀锡板卷、复合板卷、彩色涂层钢等则是以冷轧带钢为原料,经镀层与涂层深加工得到的特殊用途的产品。

(2) 冷轧钢管是以热轧无缝钢管为原料,在常温状态下经深加工再轧制成产品,其工艺可细分为冷轧、冷拔和冷旋压。

(3) 冷轧钢筋就是冷轧带肋钢筋及冷轧扭钢筋,二者都是以热轧盘条为原料,在常温状态下的再轧制深加工产品。冷轧带肋钢筋是经冷轧减径、压肋形成带有二面或三面月牙形的钢筋。冷轧扭钢筋是经冷轧轧扁、再冷扭转形成螺旋状的钢筋。

(4) 冷弯型钢是以板带为原料,经冷弯曲加工成型的深加工产品。按成型方法分为辊式成型和冲压成型,前者多见。辊式成型又分为单件成型和连续成型。

(5) 冷拔钢丝是用热轧盘条为原料,经多道次冷拉拔加工成型的深加工产品,按用途可分为普通钢丝、冷顶锻钢丝、不锈钢丝、合金钢丝、电工用线钢丝、制绳钢丝、弹簧钢丝,以及轮胎、帘布和输送带专用钢丝等。

由于门类齐全的现代化冷轧薄板生产最能代表冷轧的工艺技术,本节即以冷轧薄板主要机组为主线来介绍冷轧安全技术的主要内容。

冷轧基本工艺是酸洗除去热轧表面氧化物;轧制形变完成钢材基本成型;热处理消除轧钢应力、改变晶粒结构、增减微量元素;平、精整改善钢材表面与成品定尺包装、涂抹防锈油;涂镀、复合材作为冷轧材的延续深加工以适应市场的各类需求。

图 7-13 所示为某冷轧薄板厂机组工艺平面布置图,它几乎涵盖了除硅钢产品外的所有冷轧薄板产品,而硅钢产品也与之有相同或相近(硅钢还有环形退火炉)的工艺路径。

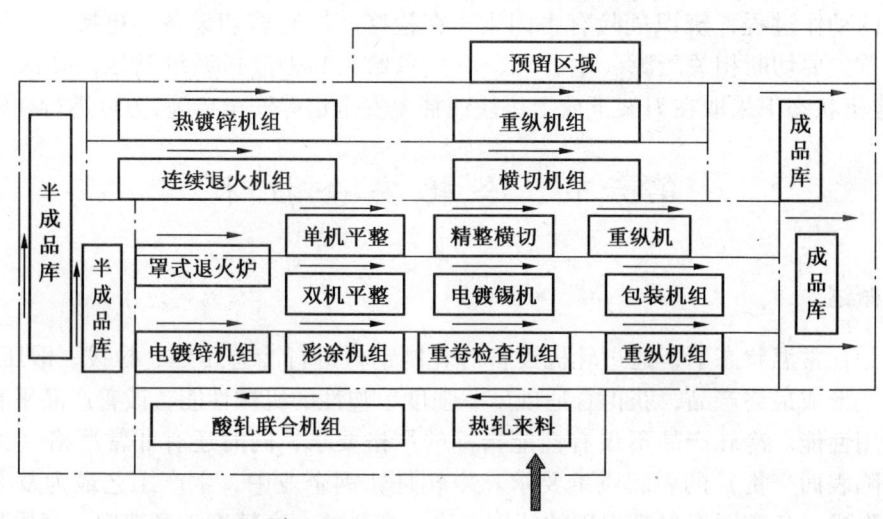

图 7-13 冷轧薄板机组工艺平面布置图

（一）酸轧联合机组

图 7-15 所示为冷轧酸轧联合机组工艺流程，来自热轧的钢卷冷却后，吊车将要生产的钢卷依次吊放到酸洗—轧机联合机组的入口步进梁上，钢卷小车自动把钢卷送到开卷机，开卷后的带钢经五辊矫直机矫直、飞剪切头尾，经激光焊机（也有米巴等电弧焊机）焊接后，由入口活套送到拉伸矫直机拉伸破鳞，进入盐酸酸洗槽。钢板在一定温度、浓度、速度的浅槽盐酸酸洗槽中紊流酸洗、软水漂洗、清洗、烘干后，经出口活套，圆盘剪切边（需要时），带钢纠偏，1号、2号转向塔，联机活套进入五机架冷连轧工序。钢卷经过高速轧制后，完成钢带的塑性形变，得到厚度高度精确、表面十分平整、粗糙度适宜的冷硬带钢。随着品种的不同，带钢将向三个工艺流向延伸：一是向热镀锌、电镀锌、彩涂的涂镀工艺路径；二是向罩式炉、单机平整、双机平整或连续退火机组、精整剪切的冷轧板卷工艺路径；三是经双机平整或连续退火机组直接电镀锡的镀锡板工艺路径。

（二）硅钢机组

硅钢轧制工艺与冷轧基本相同。图 7-14 所示为某无取向冷轧硅钢工艺流程简图。生产某些规格的无取向硅钢时，需在酸洗前进行常化处理，钢卷完成第一次轧制之后，要在退火炉中进行中间退火，以满足脱碳消除应力、产生初次再结晶的工艺设置。二次轧制后的钢卷经过脱碳、再结晶成品退火后，可获得高磁感、低铁损、低磁时效、绝缘涂层的无取向产品。

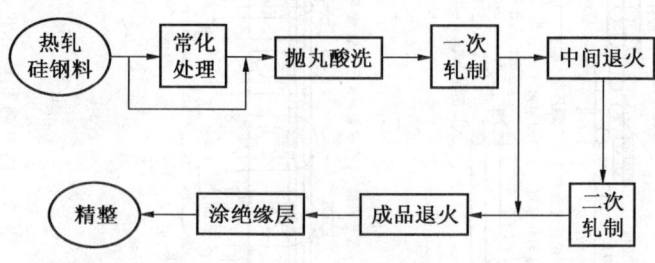

图 7-14 无取向冷轧硅钢工艺流程

机组酸洗段装备了双卷筒开卷机、激光焊机、拉伸矫直机等设备；采用浅槽紊流酸洗槽技术，酸液浓度、温度在线测量、自动控制技术；循环泵、循环罐系交流变频技术，还配备了酸再生、废酸脱硅配套机组。

轧钢采用五机架串列式 4 辊轧机，轧机既具有工作辊的弯辊功能，又具有工作辊轴向动态窜动功能，配备 X 射线测厚，激光测速，压下及速度前馈、反馈控制的自动厚度控制（AGC）系统；轧辊倾斜调整、弯辊、轴向窜辊的自动板型控制（AFC）系统；不同规格变化趋势的各机架速度、张力、压下、轧制力同步协调控制的过焊缝过程动态变规格控制（FGC）系统；全线逻辑控制、顺序控制、位置控制、运行控制、速度控制、张力控制、工艺控制的三电一体化（EIC）数字控制系统；轧制力、压下、带材温度、屈服强度、摩擦系数、弯辊等人工智能化数学模型和现场设备、基础自动化、过程计算机、人机对话 HMI 接口、Windows 高端服务器、通信网络的全集成自动化系统。

（三）连续退火机组

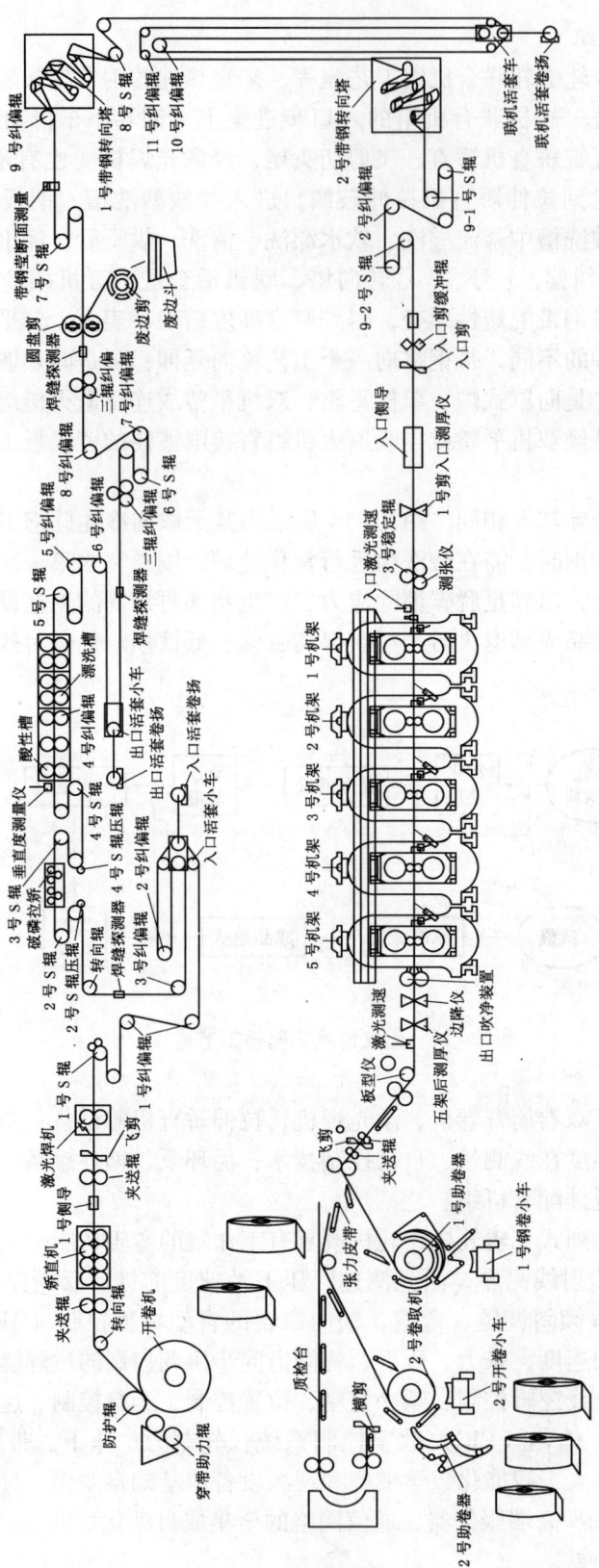

图 7-15 酸轧联合机组工艺流程

图 7-16 所示为除退火炉（退火炉见本章第四节内容）之外的连续退火机组工艺流程，机组具有生产周期短、产品质量好、成材率高、占地面积小、劳动定员少等优点，是集传统工艺中碱张清洗、退火、平整、精整等工序为一体的轧后短流程处理机组。它与传统分散机组工艺相比，除生产一般用途钢板卷外，还可生产包括高成型性软钢（EDDQ、S-EDDQ）、高强钢（BH-HSS、DP-HSS、TRIP-HSS）在内的高新品种，尤其适合薄规格优质带钢、汽车面板生产。

轧钢后的钢卷经开卷机开卷，经电解脱脂碱洗后，由入口活套缓冲，进入立式退火炉完成再结晶退火；出中部活套的钢带经过平整后进入出口活套再缓冲；最后经过卷取环节，完成工艺过程。机组同其他连续机组一样，设计了诸如纠偏、对中、张力控制等环节。

（四）镀锌板卷机组

热镀锌和电镀锌机组都是将冷轧后的硬态带钢脱脂去污、再结晶退火、（电镀或热镀）镀锌、（合金化）、光整、拉伸矫直、表面化学处理、精整等工序联合在一起的连续化宽带钢生产线。

热镀锌与连续退火线的前工艺段有相同的开卷、清洗、退火工艺。钢卷小车将鞍座上的钢卷移至准备站，自动拆除捆带，钢卷经宽度测量、卷径测量后送到开卷机上，开卷磁力皮带和开卷导板检测带头后自动开卷、矫直，带钢经带式输送机、焊缝检测装置进入双切剪切除带头、带尾超厚部分后，与前一卷带尾在焊机处精确定位、对中和焊接后经入口活套进入清洗段清洗；带钢经热水碱洗、热碱水刷洗、电解脱脂碱洗、刷洗、漂洗、烘干后进入退火炉退火；出炉后的带钢经过入锌锅前的纠偏装置、热张紧辊和炉鼻子，进入陶瓷感应有芯锌锅；带钢经锌锅沉没辊、校正辊、轧线辊转向和稳定辊后，平直地进入气刀；气刀将带钢表面多余的锌液吹掉，带钢再经过光整、拉矫和钝化、磷化、耐指纹等后处理；带钢进入出口活套，经精确纠偏、圆盘剪切边、测宽、测厚、静电涂油获得锌层受控的热镀锌板材。

除此之外，电镀锌机组、电镀锡机组、单双机机组、精整等机组，就轧钢安全而言，它们与上述机组相似与相近之处，如单双机平整机与轧机；电镀锌、电镀锡与热镀锌、连续退火机组之间，一般都有开卷与卷取设备、轧制设备、清洗设备、涂镀设备、炉窑设备等。

（五）彩色涂层机组

图 7-17 所示的彩色涂层机组是将冷轧原板或镀锌原板经过带头剪切、缝合机缝合后，进入入口立式活套，然后经过清洗段三段碱洗、一段刷洗及两段漂洗后进入涂层工艺段，首先在化涂机内涂上预处理剂后在化涂烘干炉中烘干，进入初涂机，根据工艺要求单面或双面涂上底漆，然后在精涂机 A 上涂彩色面漆、在精涂机 B 上涂彩色底漆，底漆与面漆可以同色也可以不同色。精涂后的彩板进入精涂烘烤炉中烘烤，出炉急冷、风干、张力拉矫后进入出口活套，到冷贴膜机按工艺可进行冷贴膜，以保护漆面不被划伤。最后过出口剪、卷取机完成彩色涂层工艺，形成色彩斑斓的各种颜色、各种用途、各种规格的彩色涂层板卷。

三、冷轧主要危害因素与防范措施

冷轧生产工艺具有高速度、多品种、薄规格的生产特性，和机组智能化、集成化、连续化、短流程的设备特性。

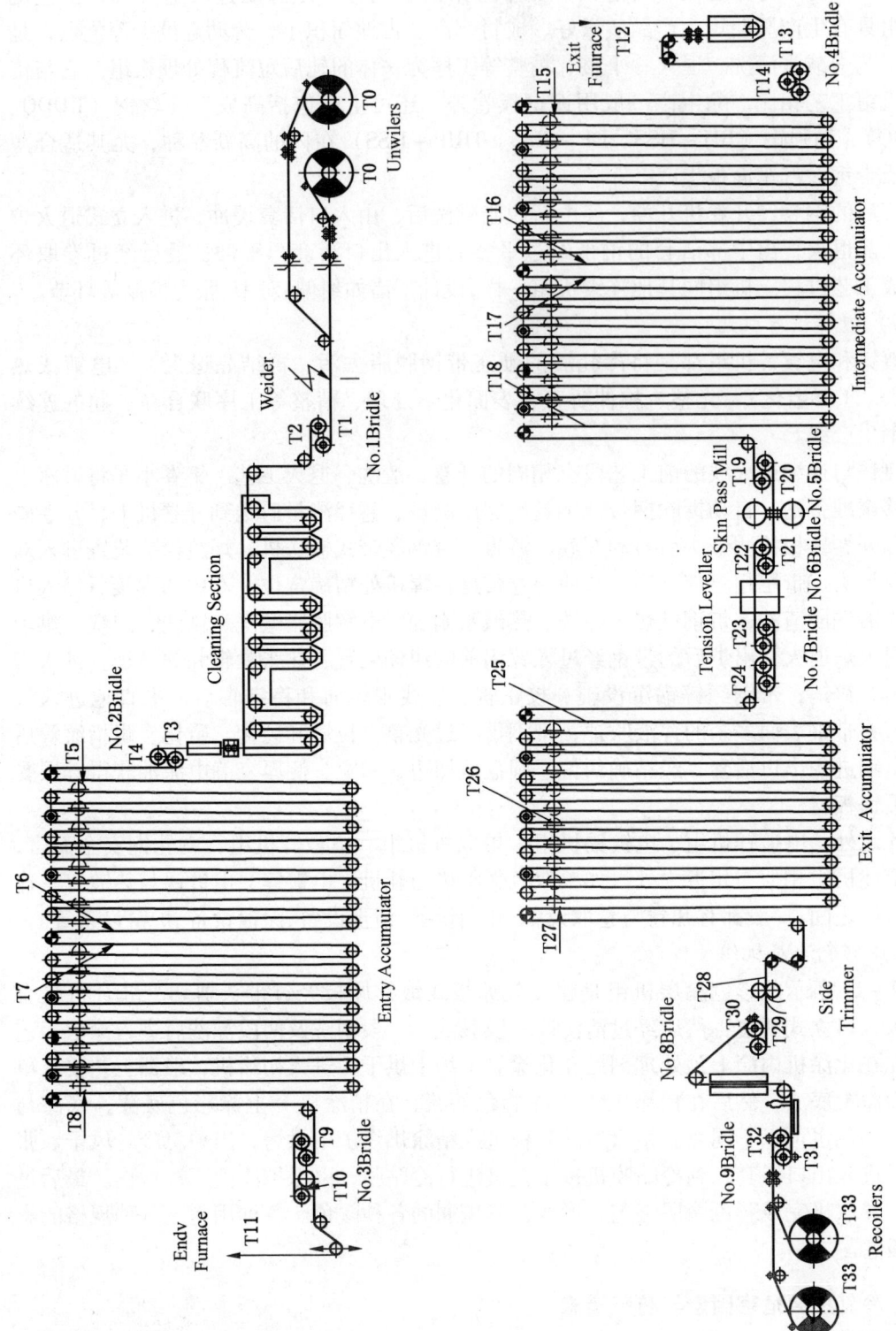

图 7-16 除退火炉之外的连续退火机组工艺流程

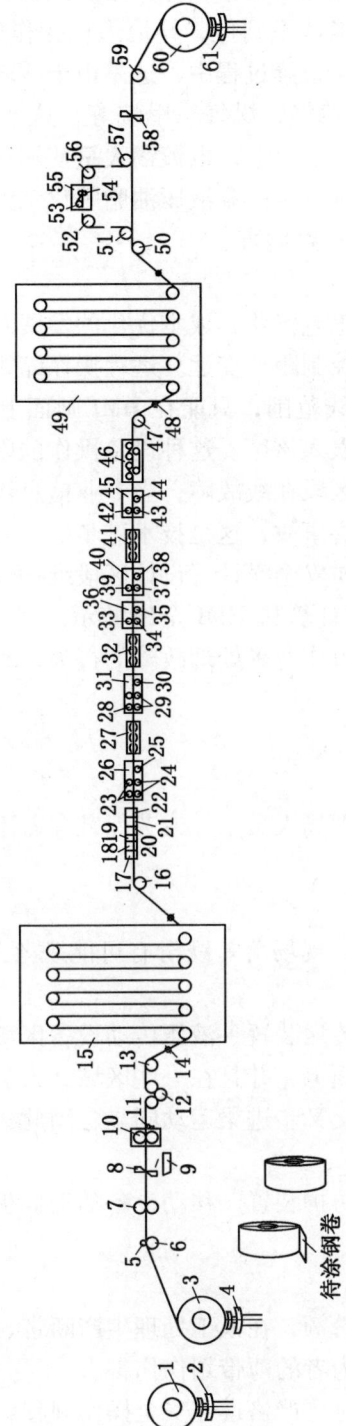

图 7-17 彩色涂层机组

1—1号开卷机；2—1号开卷小车；3—2号开卷机；4—2号开卷小车；5—压紧辊；6—1号转向辊；7—1号夹送辊；8—入口剪；9—废料斗；10—缝合机；11—对中装置；12—张力辊；13—2号转向辊；14—入口活套夹钳；15—入口活套；16—3号转向辊；17—1号碱洗；18—2号碱洗；19—刷洗；20—3号碱洗；21—漂洗；22—2号粘料辊；23—1号涂层辊；24—1号粘料辊；25—1号计量辊；26—化涂机；27—化涂烘干机；28—2号涂层辊；29—2号粘料辊；30—2号计量辊；31—初涂机B；32—初涂烘干机；33—3号涂层辊；34—3号粘料辊；35—3号计量辊；36—化涂机A；37—4号涂层辊；38—4号粘料辊；39—4号计量辊；40—精涂机B；41—初涂机A；42—5号涂层辊；43—5号粘料辊；44—5号计量辊；45—热贴膜机；46—张力拉矫机；47—出口4号转向辊；48—出口活套夹钳；49—出口活套；50—5号转向辊；51—6号转向辊；52—7号转向辊；53—覆膜卷；54—覆膜夹送辊；55—冷贴膜机；56—8号转向辊；57—9号转向辊；58—出口剪；59—10号转向辊；60—出口卷取机；61—出口卸卷小车

冷轧生产主要危险因素分析如下：挤压伤害主要发生在故障处理或检修过程中，废边伤害主要发生在生产异常情况下；远程伤害主要发生在操作维护人员在非检修状况下在线排除临时生产设备故障时，各操作台配合确认不到位，异地远程操作所引起的意外伤害；气体与高温伤害主要发生在断带处理与炉窑检修过程中，这是由于冷轧炉型较多，钢带都是工作在氮氢保护气氛中，燃气主要有天然气、煤气、甲烷等，这些气体能致人中毒窒息，天然气、煤气、甲烷易燃易爆。冷轧酸洗强酸，电镀锡大量使用化工原料，轧钢、连续退火、镀锌等机组的乳化液、钝化液及各机组高温液压油脂等化工油质具有毒性，轧制粉层、厚度测量的 X 与 γ 射线构成粉层与辐射危害。

（一）远程操作意外伤害与防范措施

工序集成、机组集成是冶金企业生产工艺优化、成本优化的发展趋势，优化集成的发展方向是机组功能变全、工艺跨度变长、控制距离变远。远程操作缩短了工艺的距离，却也造成被操作的实体设备不在操作者的视线范围，只能在 HMI 画面上了解设备的动作状态，也就不能辨识实体设备周边是否有人误入该区。这种设备操作的隐蔽性，特别是在全线机组不能停电的情况下，处理机组某一区段在线故障，当专业信息沟通不到位时，就有可能出现异地操作连锁作用，造成意外伤害事故，这是技术进步所带来的新危害。

针对这种危害，首先在程序上应作本质安全设计，设计区段维护程序插入，对作业区域个体设备进行动态干预与锁定，并通过计算机 HMI 全线警示。另外，通过安全规程、设备维护检修规程、生产管理规定等，规范作业者处理故障的行为，利用设备与管理的避险交叉控制，减免危害事故的发生。

（二）跌落伤害与防范

1. 跌滑伤害

由于地面油渍或摩擦系数过小，以及现场人员未穿或劳保鞋穿着不当、违章在产品钢带上行走，都可能因滑跌造成机械伤害。

2. 跌落伤害

由于许多设备布置在不同标高平面上，现场落差跌滑有可能跌落地坑或设备、电缆、管道上，造成各类机械与电击伤害。

冷轧各机组大量的开卷取设备、钢卷传送装置、液压传动设备区域存在钢板光滑与地面油渍，而许多设备都布置在不同标高平面上，并且在一些区域，人员操作会与危险区域交叉或邻近，如轧钢卷取描号操作与平面交叉步进梁运动同步，因此，落差造成的跌落事故时有发生。

针对这种危害，要在设计时考虑围栏防护装置、移动设备随动盖板装置，设计花纹钢板地面、防滑地面等。

（三）薄带划伤与防范措施

冷轧极薄带产品占据冷轧产品的较大份额，在人工处理生产断带、板头尾及移动带头时，薄带的不安全状态常会造成不安全行为者的薄带划伤伤害。

针对这种危害，首先应减少断带，同时要严格遵守安全操作规程，佩戴好安全防护设备，充分利用工具替代人工直接触及薄带。

（四）废边卷取伤害与防范措施

硅钢与冷轧成品经常要纵剪切边，切下的废边都是通过废边卷取机压紧卷取成卷。杂乱无章的废边在废边坑内被绞入压紧卷取设备过程中,常有不停机处理废边卡滞的操作并经常需两个操作者配合作业,这种不安全状态下的危险作业存在着严重的事故风险。

针对这种危害,两人之间配合作业时,要严格执行安全生产确认制。要求停机处理废边故障时,处理废边人员应站在安全地方,用工具接触与调整废边走向,尽量保持人与动态设备分离。

(五) 危险化学品伤害与防范措施

冷轧生产在清除氧化铁皮、拉伸破鳞、除油清洗、脱脂钝化、油膜测量、涂层电解、油雾润滑过程中,大量使用有机原料和有毒有害化学品,它们有的刺鼻难闻、有的无色无味,识别困难。

1. 无机物危害

在酸洗工序,加热盐酸(HCl)清除热轧氧化铁皮过程中,会产生大量挥发性氯化氢气体;在镀锌钝化过程中使用的铬酸物质有剧毒;在氨分解装置分解时容器管道和液氨瓶嘴阀门或管件泄漏,都会使氨气(NH_3)挥发分解;在电解脱脂工序,氢氧化钠(NaOH)、碳酸氢钠($NaHCO_3$)电解会产生化学沉淀物,当操作人员因处理断带碎片、查找辊组异物造成带钢划伤缺陷时,都需放掉电解液后进入电解槽体内作业,尽管穿着防腐劳保用品,但碱性化学沉淀物仍容易让人员滑倒造成化学灼伤;在镀锌钝化处理过程中使用的铬酸物质溢散在生产场所或接触人体都会造成无机物化学伤害。

针对这类危害,应保持酸碱设备及挥发气体处理与排放装置和备用设备处于正常受控,厂房环境通风换气设施良好,作业人员正确穿戴劳动防护用品。装卸、加注酸碱类物质的作业人员应使用带面具的头盔、防酸碱手套和工作服,保持与加注管头的安全距离。在酸碱区域配备综合溶剂(如在酸洗区域配备碱性综合溶剂,脱脂区域配备弱酸综合溶剂),也要做好现场应急处置预案,一旦发生事故,能将事故损失减少到最低限度。

2. 有机物危害

现在仍有少量多氯联苯变压器尚未完全淘汰。在轧钢乳化液冷却过程中产生的雾状挥发物;油雾润滑、油库溢散的有机物;在镀锡油膜清洗检测中采用的四氯化碳(CCl_4),彩涂常用的香蕉水、聚氨酯、环氧树脂、苯酚类物质的逸散气体容易造成接触人员有机化学吸入伤害。

针对这类危害,应当保持厂房通风换气设施良好,使挥发性有机气体迅速排出;有些化学品应当按照操作规程在抽风罩内作业;作业人员应正确穿戴劳动防护用品,装卸、加注有机物质的作业人员应使用带面具的头盔、防护手套和工作服,保持与加注管头的安全距离。

(六) 放射性伤害

冷轧作为轧钢的成品工序,除了在可逆式轧机、五机架连轧设有轧制厚度控制的射线测量外,在各精整线上、成品机组也设置了交库厚度测量,还有一些板形仪、液位计,都采用天然γ射线(如钴60)或人工X射线,射线具有很强的穿透力和衍射性。

针对这类伤害,应当采取铅板隔离和屏蔽措施,以及本章第六节中有关射线伤害的防范措施。

(七) 氢气伤害

冷轧除了炉窑采用氢气或氮氢混合气外,在电解脱脂和酸再生、脱硅机组再生产时也会发生化学反应产生氢气,稍不注意,氢气爆炸事故就会产生。

针对这类伤害,热轧安全的氢气伤害防范措施也同样可用于冷轧。

第七节 轧钢设备检修安全

设备可靠性、维修性、安全性是轧钢设备推崇的(RMS)管理模式,计划定修、故障抢修、设备维修形成了轧钢设备检修维护保养模式。据统计,轧钢安全事故80%以上发生在设备检修、故障处理或者与设备相关的作业过程。轧钢设备检修安全控制,是降低安全事故发生的重要环节。

检修是保障设备在设定生产周期内良好运行的保障措施,一般由设备的日常点检维修、周期性计划检修、综合性设备年修、设备中长期中修与大修及非计划故障抢修等构成。

检修安全就是通过检修过程的危险预知预防,消除检修过程中存在的危险因素对人的伤害、对设备的损坏、对环境的危害。事故的预知与预防是检修过程主动安全、避免盲目上场、莽撞作业、发生事故事后分析、被动吸取教训的有效手段。

一、轧钢检修主要危害因素与防范措施

轧钢检修可分为机械检修、液压检修、动力介质管网检修、高压电器检修、电气仪表检修、起重设备检修、炉窑检修等。检修中的主要危害因素仍然是机械挤压伤害、物体打击、高处坠落、起重吊具、电击灼伤、中毒窒息、火情火灾等伤害;有害因素主要有高温、射线辐射、尘毒危害等。设备定期检修,特别是综合性年修,往往是时间紧、规模大、人员多、专业全、多工种、多单位、多层面在同一工作区间作业,甚至是在狭小工作台面上进行平面交叉作业、立体配合作业,这已成为轧钢检修作业的特色。

在每年年修中,平时无法停机的高压电气设备、起重吊运设备、公辅水电风气供给设备、全线机电动力设备都会利用这个时机同时检修。此时,不同单位、不同专业、不同作业面的交叉检修,完成各自检修工作,使各种危害因素交织混淆成为必然,这就需要年修组织者加强科学管理,重视安全技术,利用有效工具,防范危害发生。

二、起重作业与检修的主要危害因素与防范措施

起重机及起重吊具种类繁多。起重机按驾驶方式分有固定驾驶室与随动驾驶室之分,按主梁分有单梁与双梁之分。起重吊具按控制方式分有机械吊具、电控吊具、液控吊具、电磁吊具等。

起重机在轧钢工序承担着参与生产和配合检修双重任务,由于起重机行驶空间高,运行节奏快,被吊物件视线远,检修装配部件精度高,检修吊物工件杂,安装作业空间小,与生产同步与检修协调的工作特点,使得起重设备成为安全事故的主要来源之一。图7-19所示为起重机检修作业中危害伤人(FTA)事故树及20种以上可能造成起重设备顶上危害事件T发生的危害因果分析。通过对吊运过程中,在危险区域"人躲闪不及"的不安全行为A_2和对"吊运失控"不安全状态A_1的层层原因分析,辨识出吊车在配合轧钢检修时的诸多危险因子。为此,在轧钢检修之前,需制订针对性的应急预案与防范措施,

对所使用的吊车予以维护，对操作司机进行选拔和培训。在检修配合中，严格遵守操作规程，执行规范指吊动作，服从统一指挥，精心操作，精细控制。

针对图7-18所示事故树中的各种危害，应采取以下主要防范措施。

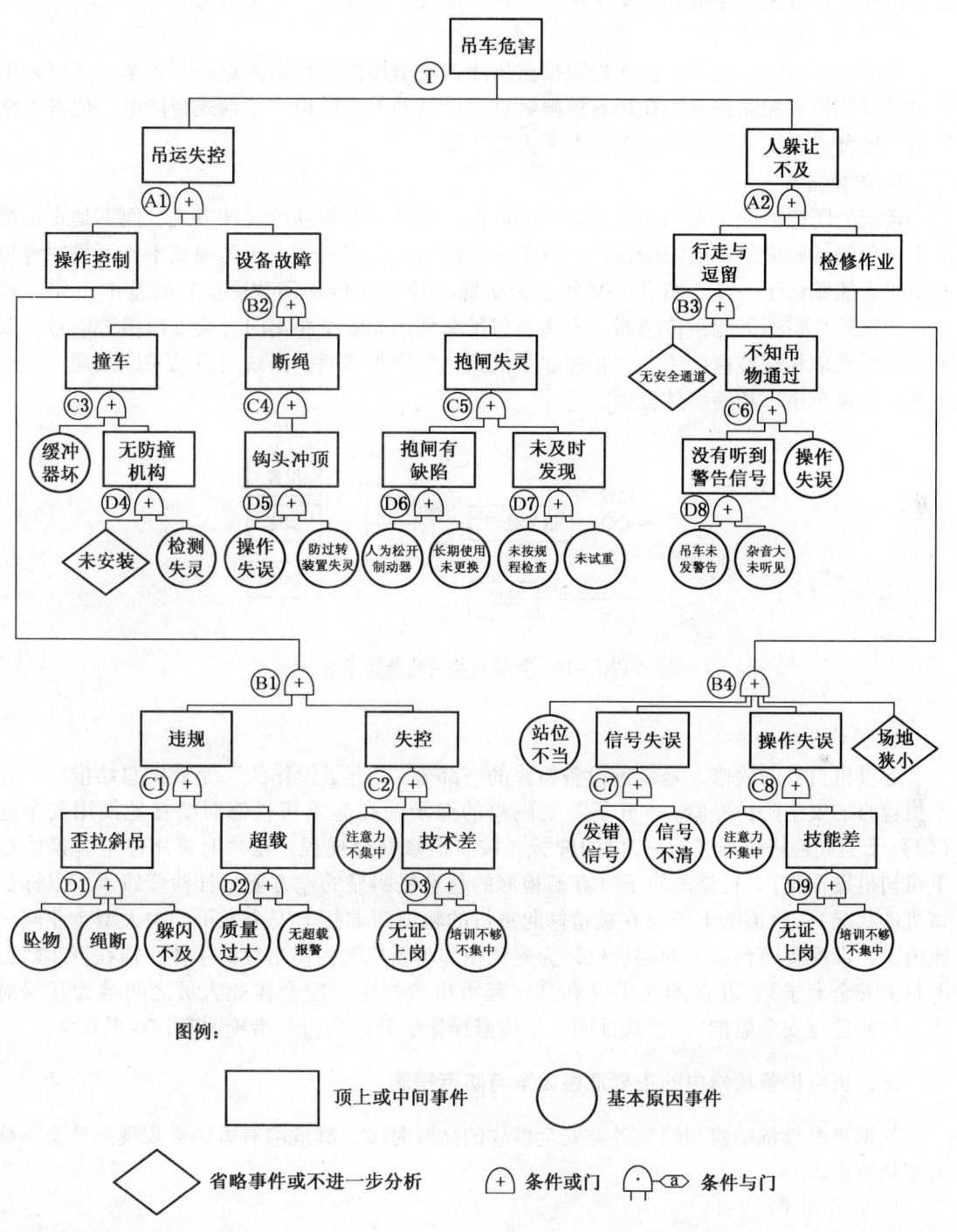

图7-18　吊车在检修作业中危害伤人（FTA）事故树

1. 人机分离控制

为减少检修过程中的起重机失控,在操作上要提高操作人员的操作技能,注重指吊站位,严格遵守安全操作规程,找好挂件施力重心部位,平稳起吊。同时,应尽量采取人机分离措施,以避免起重机的不安全状态与人的不安全行为处于交叉状态。

2. 卷扬过卷防护

为避免吊钩向上操作失误或极限接点故障,应增加位置控制接点检查频率,还可采用先进的智能位置控制技术,在现有极限触点设计基础上,增设非接触式智能电子位置传感设备。这种双重安全设计会使事故概率大幅下降。

3. 防撞措施

传统的防撞措施是采用机械或液压缓冲器,这是一种被动的缓冲方式,而不是真正意义上避免物体相撞的本质安全设计。近年来出现的红外或雷达电子防撞技术,可集预警与起重机智能制动于一身。图 7-19 所示为防撞测控简化传递函数图。它的基本工作原理是:当红外、雷达等测距传感器,发现相邻吊车到达非安全距离时,会发出报警信号,双方司机可采取相应减速措施。当相邻起重机到达危险距离时,系统可自动采取减速、制动措施,以避免吊车相撞事件发生。

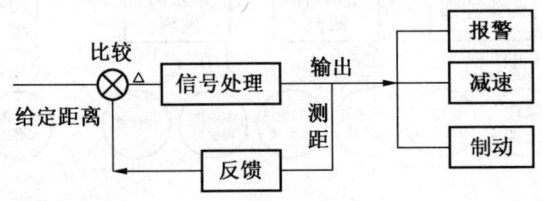

图 7-19 防撞测控简化传递函数

4. 检修伤害防护

起重机自身的检修,是轧钢设备检修的一部分。"五子操作法"是武钢总结推广的起重机检修的安全防护经验。"五子"是隔离的绳子(在起重机检修时要在地面用安全绳(带)子围成检修隔离区);停电的牌子(按照检修安全规程,检修时需用停电牌换取起重机司机操作牌);检修的旗子(在被检修的起重机明显的地方要悬挂检修旗子,以标识该机的状况);轨道的卡子(在被检修起重机的轨道两端打上安全卡子,中大型企业同一轨道上,常配置两台以上的起重机,为避免相邻起重机失控撞击检修本体,需在行车轨道上打上安全卡子);互保的对子(在高空起重机检修中,配合作业人员之间结为互保对子,彼此进行安全监护)。实践证明,该检修操作法简单易行,措施明确,效果显著。

三、机电设备检修中的主要危害因素与防范措施

轧钢机电设备检修期间是各类安全事故的高发时段,其危险有害因素表现为动态不确定变化特性。

1. 电气伤害

高压电击、短路放炮伴起火灼伤、放电伤害、触电伤害是轧钢电气检修中常见的危害。针对这类伤害,应在检修中严格执行停电制度。有些企业采用"供电牌用电,操作

牌生产"制度,这既是一种管理制度,又是一种技术行为。在检修作业前,要执行停电确认制度,对含有蓄能的电器件(如电容器),要采取放电措施。在检修作业中,要尽量采用停电检修,包括低压电器检修。

2. 机械伤害

轧钢设备作业线长,部件专业分工细,专业配合协调紧密,包括挤压伤害、物击伤害、起重伤害、坠落伤害等在内的事故伤害,是检修过程中最突出的机械伤害。针对这类伤害,在检修作业过程中,首先要严格遵守设备检修规程,检修作业前做好安全防护措施,如夹送辊、支撑辊、飞剪活动臂、助卷机构等活动部件插好安全销。对高压液动系统要采取泄压措施,对高温炉窑、蒸汽设备采取降温措施,对于可滚动滑动设备采取固定措施。在检修作业中,按照高处作业、高温作业、井下作业、移动设备检修技术规范施工,吊具在检修拆除与安装施吊中,要确认吊具、被吊物重心稳定,在吊物装配过程中,施工人员要始终站在安全位置,在立体作业面交叉检修时,检修管理者必须统一协调,禁止在同一平面上垂直作业并设置检修区域防护警示栏。高处作业人员要佩戴安全带,随身工具要用绳索系牢以防坠落伤人。在开机试车过程中,检修人员要撤离现场,严禁检修与联动试车交叉作业,要明确操作与检修负责人之间对口衔接送电、送气、开机、试车。

四、能源介质检修的主要危害因素与防范措施

氢氧爆燃、乙炔回火、氮气窒息、煤气中毒、液压击穿、制气原料腐蚀等能源介质危害是由其自身理化特性决定的,这些介质一般都是以液态或气态形式使用,它们有的无色无味,扩散性极强,具有很大隐蔽性,极易造成重大恶性事故。表7-7、表7-8、表7-9是部分气体常态下有关物理参数。表7-7列出了人对一氧化碳伤害的忍受极限。由表7-8可见,氨和一氧化碳在空气中的允许浓度为0.03mg/L,乙炔在空气中的体积爆炸浓度最低为2.6%,氢气的爆炸浓度最低为4.1%。表7-9所列的气体着火温度都小于500℃。另外,纯氧的氧化反应异常激烈,同时大量放热,达到极高温度;各种油脂与压缩氧气接触,很容易产生自燃;氧气是良好的助燃剂,能与一切可燃物燃烧;与可燃性氢气、煤气、天然气、乙炔、甲烷等气体混合达到一定比例后容易发生爆炸,而且氧气纯度愈高,压力愈大,爆炸危险也愈大。

表7-7 空气中CO允许含量

工作时间	长期	1h	30min	15min	很快死亡
CO浓度/ $(g \cdot m^{-3})$	<0.03	<0.05	<0.1	<0.2	>0.3

表7-8 部分气体爆炸极限和允许浓度

名称	爆炸浓度极限					空气中最大允许浓度/ $(mg \cdot L^{-1})$
	按体积计/%		按质量计/ $(mg \cdot L^{-1})$			
	下限	上限	下限	上限	下限时CO浓度	
高炉煤气	46	68	414	612	185	—
焦炉煤气	6	30	—	—	2.28	—

表7-8（续）

名称	爆炸浓度极限					空气中最大允许浓度/($mg \cdot L^{-1}$)
	按体积计/%		按质量计/($mg \cdot L^{-1}$)			
	下限	上限	下限	上限	下限时CO浓度	
发生炉煤气	20.7	73.7	—	—	65	—
混合煤气	40~50	60~70	—	—	68	—
天然气	4.8	13.5	24.0	67.5	—	—
氨	16.0	27.0	11.2	187.7	—	0.03
氢	4.1	75.0	3.4	61.5	—	—
一氧化碳	12.8	75.0	156.3	585.0	—	0.03
二氧化碳	—	—	—	—	—	0.015
乙炔	2.6	80.0	27.6	850.0	—	0.5
甲烷	5.0	15.0	32.7	98.0	—	0.005

表7-9 部分可燃气体的着火温度及沸点

气体种类	沸点/(1atm)℃	着火温度/℃	相对密度	气体种类	沸点(1atm)℃	着火温度/℃	相对密度
氢气	-253	574	0.0595	乙烷	-104	472	1.036
一氧化碳	-192	609	0.968	丙烷	-42	481	1.52
水煤气			0.54~0.67	丙烯	-89	458	1.45
天然气			0.6~0.7	丁烷		441	2.07
甲烷	-162	632	0.554	丁烯		443	1.935

注：1atm = 101.325kPa。

煤气通常分焦炉煤气、高炉煤气、高焦混合煤气、发生炉煤气等，在管网设备检修作业前，应根据易燃、易爆、易中毒的危害特性，制订相应的应急预案。在关闭检修区间管网接口阀门后，堵上隔离盲板，然后用氮气或蒸汽等中间介质对检修管网、设备进行吹刷（在吹刷中应防止中间介质的次生事故发生）放散，吹刷时要防止遗漏吹刷死角，要科学确定放散排口，放散区域要做好安全监护，禁止所有明火作业，禁止无关人员进入该区域，禁止各类汽车等交通车辆进入该区域。吹刷结束后，用一氧化碳检测仪对管内气体进行检测或通过煤气爆鸣试验检验管网中残余煤气浓度，确认安全施火条件，检查确认安全合格后，方可进行检修作业。检修完毕要按检修前吹刷的逆程序对管网、设备进行吹刷、送气、检测，组织煤气停送是一项专业性很强的工作，需要具有相应专业资质的部门与人员来承担。

第八章 耐火材料生产安全技术

第一节 工艺概述

耐火材料是耐火温度不低于1580℃的无机非金属材料,广泛应用于冶金工业用高温窑、炉等热工设备的内衬结构,具有很好的耐高温性能、一定的高温力学性能、良好的体积稳定性、抗各种侵蚀性炉渣及气体的侵蚀性能等。耐火材料对金属冶炼的质量、洁净度、冶炼成本,以及冶金技术进步等方面均有极其重要的作用及影响。

虽然耐火制品有很多种,使用的原料及生产时发生的物理化学反应不同,但生产工序和加工方法基本一致,如原料煅烧、破碎、粉碎、细磨、配料、混炼、成型、干燥和烧成等,其工艺流程如图8-1所示。耐火材料生产所用的设备一般比较笨重,自动化、机械化程度较低,劳动强度较大,生产作业环境条件较差,生产中易发生事故。另外,耐火材料生产工艺中的各个环节都可能产生含有较高游离二氧化硅的粉尘,若除尘和防护不到位,易危害生产作业者的身体健康。

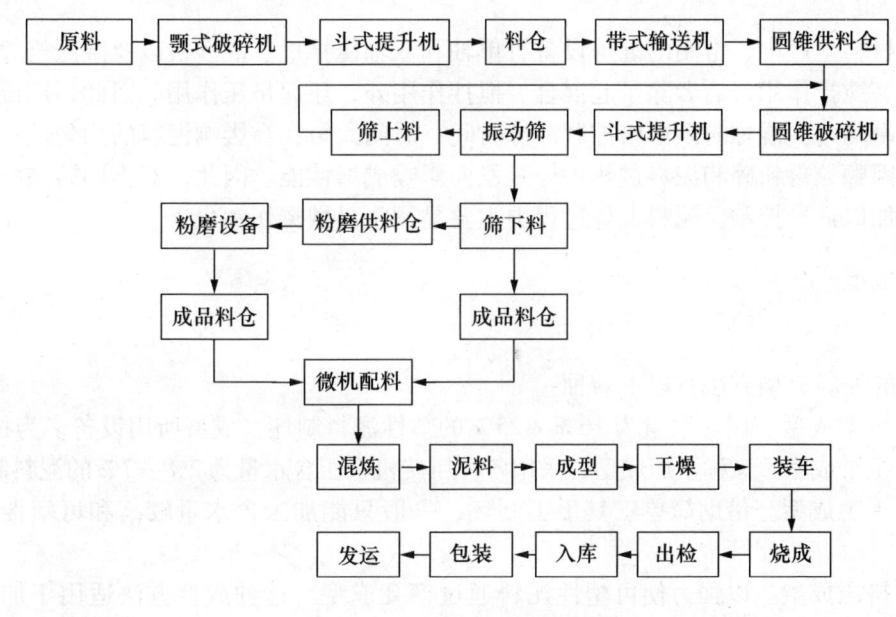

图8-1 耐火材料生产工艺流程

一、原料加工

(一)原料煅烧

耐火制品所用原料大部分是天然矿石,一般不能直接用来制耐火砖,因为它们在高温下分解，易使砖坯松散和剥裂。所以，大部分天然矿石，如耐火黏土、高铝矾土、菱镁矿和白云石等，在用于制砖之前都要煅烧成熟料。熟料的特点是密度高、强度大、体积稳定性好，从而保证了耐火制品具有良好的物理化学性质和尺寸与外形。

我国工业用的耐火熟料一般多在矿山进行煅烧。煅烧设备多为竖窑或回转窑。回转窑窑尾，目前多用旋风、布袋或电除尘设备除尘。

（二）原料破碎、粉碎

块状耐火材料拣选后，必须经过破碎和粉碎。通常，物料块度从 350mm 破碎到 20～40mm 后，再粉碎到 0～1mm、1～3mm、3～5mm、5～10mm 等粒度的物料，再经细磨到 0.088mm 以下。原料破碎、粉碎一般多采用颚式破碎机、圆锥破碎机、筛选机、筒磨机等。筛分以后，按不同物料、不同粒度分别存放在料仓内，供配料时使用。粉料储存在料仓内的最大问题是粒度偏析及物料板结。

原料加工过程中主要是预防坠落、物体打击、机械伤害和硅尘危害。

二、泥料配料

（一）配料

配料有容积配料和质量配料两种方法。容积配料是按物料的体积比进行配合，各种给料机均可作容积配料设备，如带式输送机、圆盘给料机、格式给料机和电磁振动给料机等。质量配料是按物料的质量进行配合，使用的称量设备有自动定量秤、电子秤和光电数字显示秤等。现代耐火材料生产多采用质量配料方法。

（二）混炼

耐火材料生产中，常用的混炼设备有单轴和双轴搅拌机、混砂机以及湿碾机等。前两种起混合、搅拌作用，后者除了起混合、搅拌作用外，还起挤压作用。因此，用湿碾机混炼较为致密均匀。混炼时须严格控制混炼时间：时间太短，会影响泥料的均匀性；时间太长，又会因颗粒再粉碎和泥料过热水分蒸发而影响成型性能。因此，对不同砖坯的泥料混炼时间应加以适当控制。泥料混炼过程中主要是预防机械碾伤和尘害。

三、成型

（一）成型方法

常用的泥料成型方法有以下 6 种：

（1）可塑成型。用含水量为 16%～25% 的塑性泥料制坯，成型所用设备多为挤泥机。

（2）半干成型。又称干压成型，采用各种压砖机干压含水量为 2%～7% 的泥料制砖坯。

（3）手工成型。借助简单工具手工制坯，一般只能加工含水量较高和可塑性较好的泥料。

（4）挤压成型。以强力使可塑性泥料通过模孔成型，这种成型方法适用于加工断面匀称的条形、块状和管形砖坯。

（5）等静压成型。泥料部分或全部由一柔性膜所包裹，放入高压容器浸入液体介质中，受压液体的压力通过膜从各个方向同时作用于泥料上成型。

（6）熔铸成型。物料经高温融化后，直接将其浇铸成制品。目前，这种成型方法主要用于生产电炉刚玉、莫来石和锆刚玉等高级耐火材料。

(二) 半干成型的压制过程

成型操作时，加压要前轻后重，注意排气，要打击一定的锤数，以保证砖的气孔、体积密度以及外形尺寸的控制要求。所用的机械设备，主要有摩擦压砖机、杠杆压砖机、液压机、回转压砖机、振动压砖机，以及自动化液压机和半自动压砖机等。在整个成型过程中，操作人员要全神贯注，精心操作，防止发生压手、砸脚事故，并要注意上、下模间的配合和固定情况，预防啃模。此外，还应搞好通风防尘工作，预防粉尘危害。

四、砖坯干燥

砖坯干燥可提高半成品的强度，并排出湿坯中的大部分水分，使其便于装车入窑且不会在烧成初期因快速升温而产生裂纹。一般制品的尺寸越大，装车量越大，需干燥的时间越长。

目前所采用的硅坯干燥设施主要有：隧道干燥器（是一种连续生产的干燥设备，对大中型耐火材料使用最为普遍）、室式干燥器（是一种间歇式干燥设备，适用于干燥大型和特异性制品）、炕式干燥室（是使燃料在火箱内燃烧后，产生的热烟气通过干燥室下面的烟道，从而使干燥室的温度升高来干燥砖坯）、远红外干燥器（是采用电能转化成远红外光能、热能，对制品实施由内到外的干燥），以及燃气干燥器等。随着耐火材料技术的发展，炕式干燥室因环保的要求已经逐步被淘汰。

五、烧成

（一）装窑

装窑是指按照窑炉特点和制品烧成时对热工制度的要求，将符合半成品技术条件的砖坯合理排列、码放在窑内。对隧道窑来说称为装窑车。装窑时，根据不同砖种，确定装窑高度和装窑方法。同时，根据不同砖型，确定普型砖和异型砖的装窑比例，在保证烧成质量的前提下，提高装窑密度（即单位窑车装砖量），并使焙烧时灼热的气体能在砖坯间正常流通和具有良好的传热条件，以达到提高产品质量和降低能耗的目的。

（二）烧成

烧成是生产耐火材料制品非常重要的工序，应预先确定各种制品的烧成制度，其内容包括：烧成的最高温度、在各阶段的升温速度、在最高温度下的保温时间、烧成冷却时的降温速度，以及在上述各阶段中窑内的气氛性质等。烧成时，根据制品发生变化的特征，可分为预热、烧成、和冷却三个阶段。

1. 预热阶段

预热阶段是指从制品进窑开始升温时起至达到制品烧成温度止。在这一阶段中加热砖坯并排出残余水分，某些物质发生分解形成新的化合物，及多晶转变、收缩或膨胀。

2. 烧成阶段

当制品达到烧成温度以后，要保持稳定的高温一段时间，使制品内部达到最高烧成温度。此外，制品内各部位的温度亦需要一定的烧成时间才能均匀一致。

3. 冷却阶段

冷却阶段是指从烧成温度下降到出窑温度这一段时间。一般需冷却到 30~50℃ 方可出窑。

耐火材料烧成窑炉的种类很多，目前最常用的有梭式窑和隧道窑两种。梭式窑属于间歇式，适合烧成大型、特异型和多种烧成制度的耐火制品。隧道窑是连续作业的窑炉，由于进、出砖车机械化，生产能力大，热效率高，且无污染，能源可以得到充分利用，因而国内外使用较为普遍，但在烧制不同品种砖坯时，烧成制度的更换不如梭式窑灵活。除上述两种窑炉外，还有一种倒焰窑，同梭式窑一样属于间歇式，但由于环境污染较重，目前已逐步退出市场，不再采用。

（三）出窑

出窑是将已经冷却了的制品从窑内推出并从窑车上卸下来。出窑要轻拿轻放。一般边出窑边进行成品外形的检选，并按种类、牌号、等级分别堆放。

在烧成的过程中，装、出窑都属于重体力劳动，除应穿戴好防护用品外，还应提高警惕，要特别注意车辆伤害（指电拖车、干燥车、窑车）、掉砖、塌垛，以免轧伤、挤伤及砸伤手脚。有时为抢时间，在制品温度较高时出窑，此时还要防止中暑。

第二节 耐火材料安全生产的特点及主要危险有害因素分析

一、伤亡事故按工艺流程分布情况

某耐火材料生产企业事故统计分析（1985—2005）的基本情况见表8-1。由表8-1可见，成型岗位的伤亡事故最多，达44人次，占统计总数的40.37%。其次是烧成岗位，达13人次，占统计总数的12.93%。

表8-1 伤亡事故按岗位分布

岗 位	成 型	粉 碎	烧 成	维 修	其 他	合 计
伤亡人次数	44	6	13	12	34	109
%	40.37	5.50	11.93	11.01	31.19	100

二、工种与事故类别的关系

根据可采用的数据，由表8-2可见，机械伤害和物体打击比较突出，分别占总数的43.12%和21.10%。伤亡人次数较多的工种是机压成型工，占伤亡总人次数的36.70%。

表8-2 伤害工种与事故类别的关系

事故类别	焙烧工	机压成型工	皮带工	钳 工	其 他	合 计	%
车辆伤害	4	2			9	15	13.76
高处坠落	1	2			3	6	5.50
机械伤害	1	26	2	4	14	47	43.12
起重伤害				1	2	3	2.75

表 8-2（续）

事故类别	焙烧工	机压成型工	皮带工	钳工	其他	合计	%
物体打击	1	9		2	11	23	21.10
坍塌	2					2	1.83
其他伤害	1	1	3	1	7	13	11.93
合计	11	40	5	8	45	109	
%	10.09	36.70	4.59	7.34	41.28		100

三、工种与受伤部位的关系

根据可采用的数据，由表 8-3 可见，各工种易受伤害的部位是手和足，分别占总数的 40.37% 和 18.35%。

表 8-3 伤害工种与伤害部位的关系

事故类别	焙烧工	机压成型工	皮带工	钳工	其他	合计	%
头部	2	4	2	1	7	16	14.68
眼睛	1	4		1	3	9	8.26
手	2	25	2	2	13	44	40.37
臂				1		1	0.92
胸腹	1			1	2	4	3.67
腰	1	3			3	7	6.42
腿	1	2	1	1	3	8	7.34
足	4	2		1	13	20	18.35
合计	11	40	5	8	45	109	
%	10.09	36.70	4.59	7.34	41.28		100

四、事故原因分析

根据可采用的数据，由表 8-4 可见，违反操作规程或劳动纪律是发生事故的主要原因，占总数的 46.79%。其次是安全意识薄弱，占总数的 18.35%。

表 8-4 事故原因分析

事故原因	有关原因出现的次数	%
违反操作规程或劳动纪律	51	46.79
教育培训不够，缺乏安全操作知识	9	8.26
安全意识薄弱	20	18.35
个人防护用品缺少或有缺陷	6	5.50
没有安全操作规程或不健全	1	0.92

表8-4（续）

事 故 原 因	有关原因出现的次数	%
设备、设施、工具、附件有缺陷	13	11.93
生产场地环境不良	6	5.50
对现场工作缺乏检查或指挥错误	3	2.75
合　　计	109	100

从以上调查数据可以看出：

(1) 耐火材料生产企业，成型岗位发生的事故最多，这是由于成型为连续作业，每台压砖机需3人配合操作，作业重复单调，劳动强度大、易疲劳，稍一松懈，操作失误或配合不当，便易发生事故。同时，压砖机本身还存在着螺旋杆断裂、安全挡不可靠、锤头松动等缺陷。某耐火材料生产企业1958—1984年期间的成型岗位伤亡事故统计数据显示，发生压砖机压手事故106起（其中重伤56起），啃模崩伤112人次（35人崩伤眼睛）。可见，成型岗位生产工人发生的伤害事故是严重的。

(2) 按事故类别统计和事故的原因统计，因机械伤害、违章作业和不安全行为而发生的事故最多。

因此，必须加强安全管理和健全安全机构，加强职工安全技术教育以提高职工的技术素质；改进和维修设备，消除设备缺陷，安设自控或连锁安全装置，确保安全生产。

五、事故调查与分析

搞好安全工作首先要掌握工伤事故发生的动态，努力挖掘存在的问题，并提出各个时期的工作任务和正确地做出工作部署。工伤事故统计、分析是反映工作成效的"寒暑表"，也是决定行动的基础与依据。

防止事故发生应着眼于加强教育和强化管理，要勤监督、勤检查，发现事故隐患及时解决。对于主体设备如压砖机必须安装可靠的安全装置，做到轮有罩、轴有套、台有栏、口有盖，并符合国家安全标准。监督操作人员正确使用防护用品，严格执行安全操作规程，堵漏洞、除隐患，就可减少或不再发生事故。

六、主要危险有害因素分析

(1) 原料加工过程中由于存在较多的高低空交叉作业、物料破碎飞溅以及粉尘飞扬现象，故在该工序作业中，主要存在高处坠落、物体打击、机械伤害和硅尘危害。

(2) 泥料混炼过程中由于存在现场作业环境复杂、观察视角受限以及物料落差高易引发二次扬尘等现象，故在该工序作业中，主要存在机械碾伤和尘害。

(3) 在整个成型过程中，操作人员一旦精神不集中、误操作，易发生压手、砸脚事故。上、下模间的配合和固定情况不好，易发生啃模。故在该工序作业中，主要存在机械伤害、物体打击和粉尘危害。

(4) 砖坯干燥过程中，由于员工操作不当易引发砖坯砸脚、手部挤伤、高温灼烫等伤害。

(5) 烧成阶段由于存在电拖车、窑车易引发车辆伤害以及高温、煤气等风险，故在该工序作业中，主要存在车辆伤害、物体打击、煤气中毒、高温灼烫等伤害。

第三节 耐火材料生产安全技术

一、破碎工序

破碎工序主要是将矿山开采出的大块原矿进行粗破的工艺加工过程。一般粗破后粒度为 20~40mm，不能直接用于制品生产使用，还需进一步粉碎至合适粒度。破碎工序一般多采用颚式破碎机作为粗破设备。

颚式破碎机适用于粗碎和中碎抗压强度不超过 200MPa 的各种矿石或岩石。机体主要由机架、动颚、偏心轴、颚板、衬板等部件组成。图 8-2 所示为 400×600 复摆式颚式破碎机示意图，电动机通过三角皮带传动偏心轴，使动颚按照已调整的轨迹进行运动从而将破碎腔内的物料予以破碎。操作不当易发生机械伤害、物体打击、触电、职业病等伤害，受伤部位多为手、足及眼部。

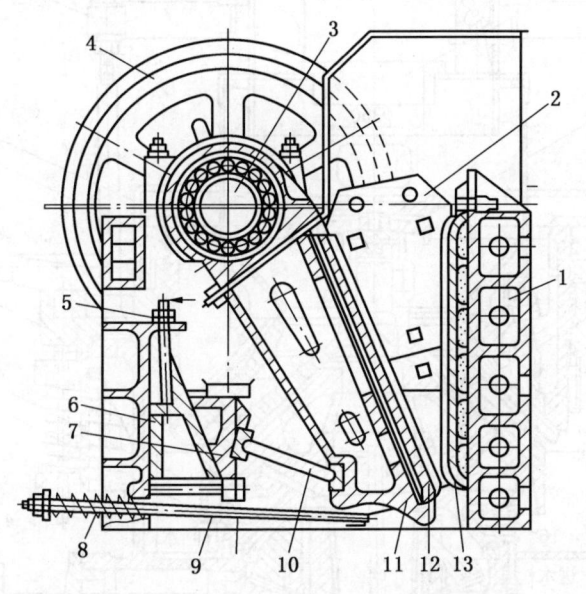

1—机架；2—侧衬板；3—偏心轴；4—飞轮；5—调整螺栓；6—调整楔铁；7—滑块支座；
8—拉紧弹簧；9—跃回拉杆；10—S顶板；11—动颚体；12—动颚衬板；13—定颚衬板
图 8-2 400×600 复摆式颚式破碎机

使用颚式破碎机应满足下列安全要求：
(1) 经检查确认机内无矿石或其他杂物，并且机器及传动设备情况良好时方可启动。
(2) 启动后若发现有不正常的情况，应立即停机检查处理。
(3) 正常运行后，方可喂料。
(4) 在正常工作情况下，轴承的温度一般不超过 35℃，最高不得超过 70℃；否则，应立即停车检查处理。

(5) 停机前,应首先停止加料,待破碎腔内被破碎物料完全排出后,方可断开电源开关。

(6) 在运行过程中,因破碎腔内物料堵塞造成停车时,应立即停止加料并断开电源开关,将物料清除后再行启动。

(7) 在设备运行时,严禁从上面朝机器内窥视,进行任何调整、清理或检查等工作,也禁止用手在进料口上和破碎腔内搬运、移动矿石。

二、粉碎工序

粉碎工序主要是将粗破后的原料进一步破碎至耐火工艺所需粒度的工艺加工过程,一般破碎后粒度小于 5mm。粉碎工序一般多采用圆锥破碎机、对辊破碎机作为粉碎设备,但从破碎后颗粒的形态以及耐火制品生产工艺来看,圆锥破碎机优于对辊破碎机。

圆锥破碎机适用于破碎坚硬和中等硬度的矿石和岩石,PYD-1200 圆锥破碎机结构如图 8-3 所示。

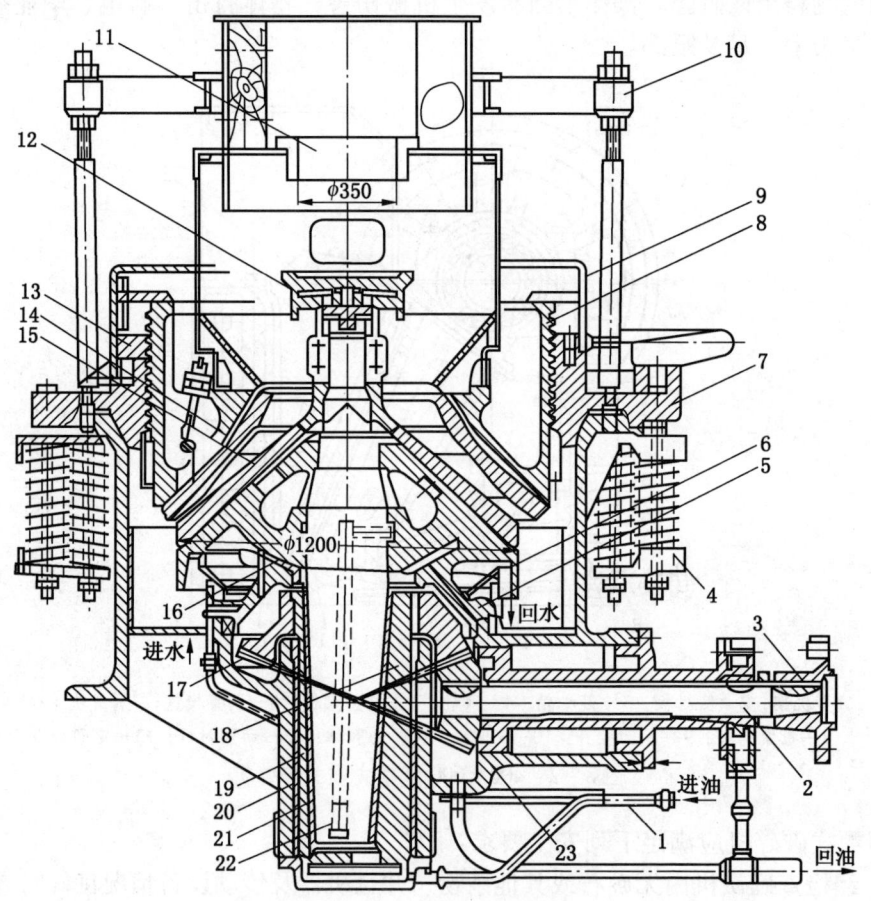

1—进油管;2—传动轴;3—联轴器;4—保险弹簧;5—碗形轴承架;6—动锥体;7—支承套;8—调整套;9—防尘罩;10—支架;11—进料箱;12—分配盘;13—锁紧套;14—轧臼壁;15—破碎壁;16—碗形轴承;17—大圆锥齿轮;18—偏心轴;19—偏心轴衬套;20—机架;21—主轴衬套;22—主轴;23—小圆锥齿轮

图 8-3 PYD-1200 圆锥破碎机

1. 工作原理

电机通过对轮连接带动小齿轮转动，进而带动与大齿轮连接的偏心轴转动。当偏心轴运转时，主轴中心线在空间运动的轨迹是一个圆锥面，使得破碎圆锥绕固定点作旋转运动。破碎圆锥表面时而靠近、时而离开轧臼壁的表面，从而使矿石在破碎腔内不断地遭到挤压和压碎。PYD-1200圆锥破碎机是全密封的，操作不当易发生机械伤害、物体打击、触电、职业病等伤害，受伤部位多为手、足及眼部。

2. 运转时的安全要求

（1）破碎机工作时，矿石必须给在分配盘的中间，在任何情况下都不准将矿石直接加入破碎腔内，以防过载造成事故。

（2）改变给矿量时必须相应改变弹簧高度（即 H 值）。增加给矿量时，按规定增加 H 值，减少给矿量时，按规定减少 H 值。

（3）给矿粒度不得大于破碎机的最大给矿尺寸，否则易造成零件损坏，酿成事故。

（4）破碎机不准带负荷启动，否则极易造成事故。

（5）停机前必须先停给料机，待破碎腔内的全部矿石破碎、排出后，方可停止破碎机运转。

（6）非破碎物料（如金属）严禁进入破碎腔内，一旦进入，易造成设备过铁卡死事故。因此使用时必须剔除此类物品。

三、筛分工序

筛分工序主要是将粉碎工序破碎的物料进一步分级，分级为耐火制品生产工艺所需粒度的工艺加工过程，一般为0~1mm、1~3mm、3~5mm、5~10mm等。筛分工序一般多采用振动筛作为筛分设备。

根据筛箱的运动轨迹不同分类，有单轴惯性振动筛、自定中心振动筛、双轴惯性振动筛和共振筛4种。在耐火材料生产企业常用的是前两种，作为检查筛与粒度分级用。

自定中心振动筛主要由筛箱、筛网、振动器及弹簧拉杆等组成。操作不当易发生机械伤害、物体打击、触电、职业病等伤害，受伤部位多为手、腿部。开机前必须检查，如检查各轴承润滑处有无润滑油、检查筛子的倾角、检查4根钢丝绳的稳定性及承受拉力是否均衡、检查筛网的拉紧情况，以及筛子各连接部分的紧固程度、三角皮带轮的松紧程度等，再用手传动振动器，感觉旋转较快，没松动和卡住的现象后，方可运转。在运转过程中要经常注意观察有无撞击、有无过大的振动和噪声，筛下有无漏大颗粒等现象，如发现问题必须停机检修。

四、细磨工序

细磨工序主要是根据耐火工艺的要求，生产出小于等于0.088mm细粉的工艺加工过程。细磨工序一般多采用筒磨机、雷蒙磨等细磨设备。

筒磨机也称管磨机，规格较多，图8-4所示1200×4500干式格子球磨机是其中的一种。机内装有耐磨衬板，分双仓进行研磨，仓内加入钢球、钢棒，出料口要安装固定筛网以便能筛出磨细的钢棒。运转时的安全要求是齿轮传动要有防护罩；筒体两侧应加装全封闭防护栏杆；停机检修换衬板时一定要切断电源挂检修牌，防止检修时误开设备，造成伤亡事故。受伤部位多为手、足及躯干部。

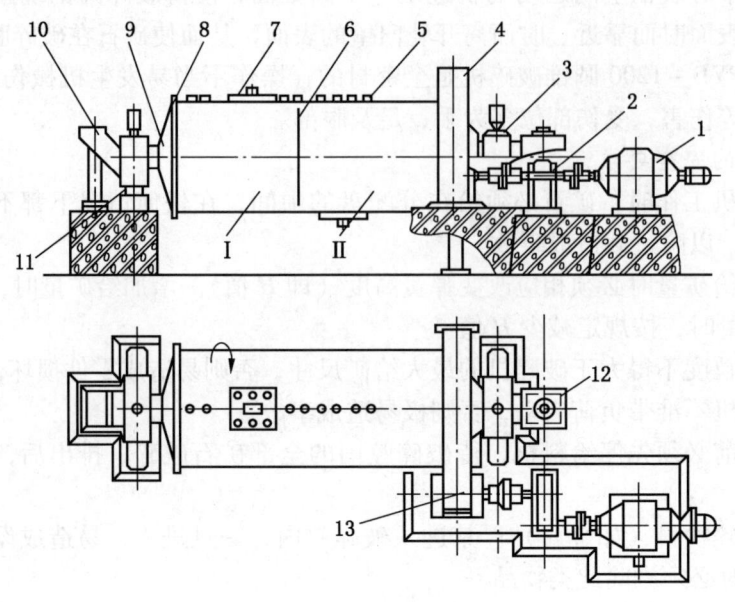

1—电动机；2—齿轮减速机；3—出料器；4—大齿轮；5—筒体；6—隔仓板；7—人孔；
8—端盖；9—中空轴；10—鼓型进料器；11—主轴承；12—小齿轮；13—圆筒筛

图 8-4 1200×4500 干式格子球磨机

五、混炼工序

混炼工序主要是将不同粒度的耐火原料，依据耐火制品工艺的要求，按一定比例并配以相应比例的结合剂进行充分混合，形成符合耐火制品生产需要的泥料或不定型散料的工艺加工过程。混炼工序一般多采用湿碾机、混砂机、螺旋锥形混合机，以及强力逆流混合机等。

湿碾机是一种笨重的设备，主要由碾轮、碾盘、防尘罩等组成。它可使泥料混拌均匀和颗粒间捏合密实。为避免泥料混杂，一般采取分碾，必要时要在换料之前清理好碾盘、碾轮。混料时，一般先干料混拌均匀，然后加入结合剂，使颗粒间互相紧密接触，成为具有塑性的（一般能捏成团，落地即散）泥料。湿碾机因传动方式不同分为上部传动和下部传动两种。1600×450 下部传动湿碾机结构如图 8-5 所示。

湿碾机操作过程中应注意下列事项：

（1）由于湿碾机的传动系统是开放式的传动系统，所以开机前要认真检查传动系统是否有附着物，周边是否有人。

（2）由于防尘的需要，湿碾机的轮碾系统大多是在防尘罩内，所以开机前要认真检查防尘罩内是否有人，确认无误后方可开机。

（3）停机检修或在防尘罩内实施清碾及调整作业时，必须将主控电源切断并将电器开关箱关闭挂锁，并挂上检修禁开标志后方可实施作业。

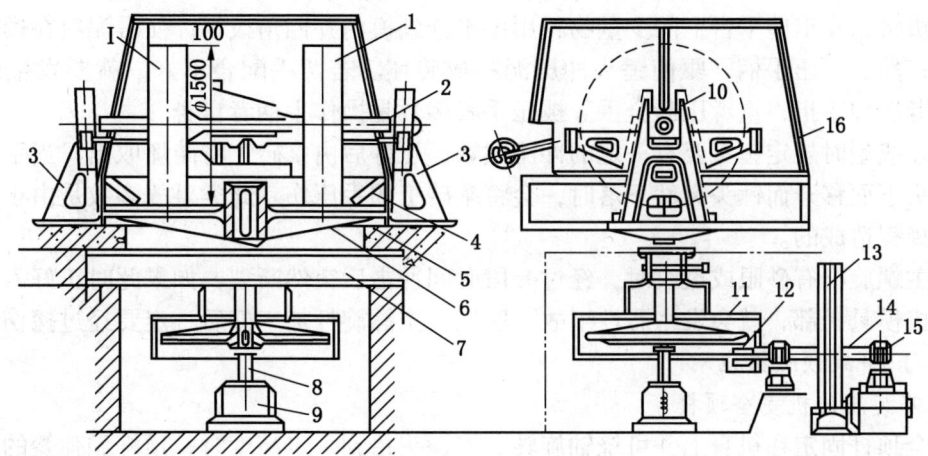

1—碾轮；2—碾轮轴；3—支架；4—衬板；5—扇形板；6—碾盘；7—横梁；8—主轴；9—止推轴承座；10—滑座；11—大锥齿轮；12—小锥齿轮；13—大皮带轮；14—传动轴；15—传动轴承座；16—防尘罩

图 8-5　1600×450 下部传动湿碾机

（4）湿碾机运行中，操作工必须坚守岗位，避免闲杂人员靠近。

六、成型工序

成型工序主要是将混练好的耐火泥料加工成具有特定形状湿坯的工艺加工过程。成型设备主要有摩擦压砖机、液压压砖机、等静压机，以及高压压球机等。目前，较多采用的仍是摩擦压砖机。

摩擦压砖机是利用冲压作用使工件变形的设备，可用以进行热态模锻、冷态板料冲压、校正、压印、曲型以及陶瓷和耐火材料的砖坯成型压制工作。受伤部位多为手、上肢及眼部等。

（一）压砖机发生事故的原因

普通摩擦压砖机的构造简图如图 8-6 所示。电动机 1 启动通过三角皮带 2 带动水平轴 5、摩擦盘 4 旋转，操作操纵杆 8 使水平轴沿轴向左右移动，通过摩擦轮与飞轮 6 以及与飞轮 6 连接的主螺旋杆（丝杆）12 的传动，使得由原旋转运动转变为直线运动，从而使滑块 10 产生上下往复运动，连接在滑块上的出砖装置 9 也随之往复运动，从而形成下料、打击及出砖的过程。

摩擦压砖机须由 3 人密切配合工作，一人操纵手柄（司机），一人称量泥料（磅料工），一人取出压制好的砖坯（拿砖工），配合不当或主螺旋杆断裂时就易发生事故。司机将手柄往上抬起，使主螺旋杆带动锤头抬起一定高度，并保持不动；磅料工将称好的泥料倒入砖模

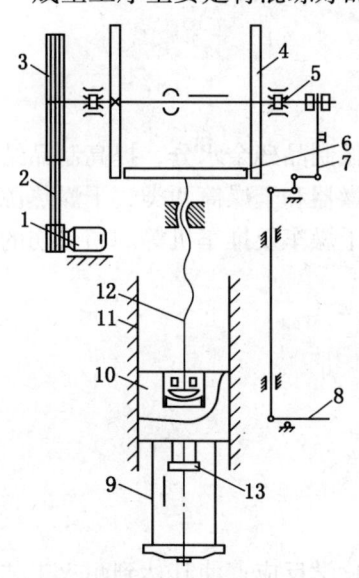

1—电动机；2—三角皮带；3—大皮带轮；4—摩擦盘；5—水平轴；6—飞轮；7—拨叉；8—操纵杆；9—出砖装置；10—滑块；11—导轨；12—主螺旋杆；13—冲头

图 8-6　普通摩擦压砖机构造简图

内；司机将撒在出砖平台上的少量物料用手平推到模内并四角拔料，使得泥料在模腔内分布均匀；然后下压手柄，驱使锤头冲压泥料成砖坯。若两手配合不好，就要发生压手事故。轻者压掉手指，重者压断全手。被压手者多数是操作手柄者自身。

砖坯成型时规定锤头要有一定的冲压次数，压好后由拿砖工将砖坯取出，当手未从压砖机锤头下面移开而锤头突然下落时，会将拿砖工的手压伤。此类事故多数是由于司机违反操作规程造成的。

若主螺旋杆有砂眼或裂纹时，经过一段时间冲击后突然断裂，如果此时正好人手或头在压砖机模具上部，就会发生恶性事故。所以，主螺旋杆加工好后一定要经过探伤检查。

（二）事故预防措施

1. 安装压砖机安全顶杆

安全顶杆固定在机身上并可绕轴旋转。当锤头抬到一定高度时，顶杆靠弹簧的作用自动转至锤头下顶住，即使螺旋杆断裂锤头也不会落下来。只有当锤头下的一切操作完毕，将顶杆恢复原位后，才能进行冲压作业。许多耐火材料生产企业使用安全顶杆后，杜绝了压手事故的发生。

2. 安设光电自动保护装置

压砖机在工作时，如手或身体某一部位伸进危险压力作业区，远红外光栅被阻断，则光电信号触发操作系统，强制停止压砖机工作，从而消除了人的误动作所带来的危害，保证了人身安全。

3. 使用全自动液压压砖机

全自动液压压砖机自动加料、自动压砖、自动出砖，完全取代了3人配合操作，从根本上消除了人的误操作所带来的危害，保证了人身安全。

七、干燥工序

干燥工序主要是对耐火材料或湿坯进行低温烘干，降低制品残余水分，提高制品结构强度的工艺加工过程。干燥设备目前普遍采用的有隧道干燥器和干燥筒两类，干燥热源一般有热空气、热烟气以及电能等。主要辅助设备有风机、干燥车及推车机等。易受伤的部位主要是足部。

作业中安全注意事项如下：

（1）严禁作业者进入干燥器内推、拉干燥车。

（2）不准退拉干燥车。

（3）推干燥车必须车随人走。

八、烧成工序

烧成工序主要是通过高温焙烧促使耐火制品发生物理化学反应，使其达到耐火工艺要求的工艺加工过程。烧成设备一般有隧道窑、梭式窑、回转窑以及倒焰窑（注：倒焰窑国家已明令禁止使用）等。烧成燃料一般有煤气、天然气、液化石油气、煤以及重油等。主要辅助设备有风机、电拖车、推车机、钢丝绳返车机、窑门提升机、窑枪以及窑车等。主要伤害有手、足受伤以及高温烫伤等。

作业中安全注意事项如下：

(1) 严禁手扶、脚踏运行中的钢丝绳。
(2) 严禁私自接近或进入窑内及窑枪等高温部位。
(3) 电拖车行进时严禁跨越，严禁站在安全警戒线以内。
(4) 严禁在两辆窑车间穿行。
(5) 严禁在烧成工序区域内私自动火或吸烟。

目前烧成用燃料多采用煤气，在操作使用过程中一旦操作不当，易发生火灾、爆炸以及煤气中毒等危害，危险性较大。

煤气燃烧器安全要求：
(1) 燃烧器所有部件不宜使用含有石棉材料的制品。
(2) 燃烧器应该设有火焰监测装置，验证火焰是否正常。
(3) 燃烧器主燃气控制阀系必须配置两只串联的自动安全切断阀或组合阀。
(4) 燃烧器主燃气控制阀系上游应该至少设置一只压力传感器，并应具备超压、欠压以及失压快速切断控制能力。
(5) 带放散装置的燃气控制阀系，放散管的直径应当不小于上游主燃气控制阀有效孔径的25%，其排空管出口必须直接通向室外，且高于建筑物2m。
(6) 在设有高压点火装置的部位，应该设置带有"高压、危险！"的警示标志。
(7) 在主燃气控制阀系的所有自动控制阀的上游，应该设有一只手动快速切断阀，以便能够快速切断燃烧器气源。手动快速切断阀应该装在不易发生意外操作，但需要时又便于操作的地方。

煤气工作区域：
(1) 煤气工作区域应在明显位置设置具有"煤气危险、禁止停留"的警示标志。
(2) 煤气工作区域，尤其是煤气工作区域内的控制室、交接班室、操作室等操作人员集聚地，应设置固定式CO检测报警装置。
(3) 操作人员在煤气工作区域内实施操作作业时，应随身携带移动式一氧化碳检测仪。

九、耐火材料生产安全基本要求

预防和消除工伤事故与职业病是一项非常复杂细致的工作，必须结合工厂实际采取合理的技术措施和组织措施来确保耐火材料安全生产。

（一）宣传措施
(1) 不断加大全员培训力度，全员受训，力争做到人人知安全、人人懂安全、人人会安全。
(2) 充分利用各种平台（如报纸、电视台、板报、图片展、工会活动等），积极开展形式多样的宣传教育工作，使安全工作能够真正深入人心，力争使每一位员工均能做到从"要我安全"到"我要安全"的转变。

（二）技术措施
1. 改进工艺、提高设备本质化安全程度
耐火材料生产工艺技术设备落后，必须采取措施，改进生产工艺和操作方法，提高机械化、自动化程度，加强产尘点的密闭和除尘工作，以减轻繁重的体力劳动，改善环境条件，减少一切有害因素对人的危害，从而不断提高设备本质化安全程度。

2. 安装安全设施和设立安全标识与定期检测

（1）采用防护罩将机械转动部位（齿轮、传动轴、皮带轮等）隔离起来。

（2）采用保险装置，在机械设备超负荷、出现故障或事故危险时，能自动调整、制动、停止运转。

（3）采用安全信号装置，如声、光、电报警装置，以及其他检测仪器等。

（4）采用色标和警告牌，如在各种气瓶以及输送管道上涂上不同颜色、符号和设置其他提醒人们注意的警告牌。

（5）对危险或特殊建筑、设备，如危房、受压容器等，定期进行安全技术检查。

（三）组织措施

（1）坚决贯彻执行上级有关安全生产的政策、法令，建立健全安全组织机构和各种安全规章制度，如安全生产责任制、安全技术操作规程、安全教育制度、安全检查制度、安全奖惩制度等，并严格贯彻执行。

（2）加强劳动保护工作，定期进行职工身体检查，实行合理的劳动与休息制度，加强个体防护等。

第九章 炭素材料生产安全技术

第一节 工艺概述

炭素材料生产是利用各种炭质原料经过一系列加工、制造各种炭素制品。炭素制品也称碳素材料，具有许多优异的物理化学性能，所以在冶金、化工、机械、电子、核能利用、航天航空、军事工程等领域都有广泛的用途。而炭素材料中的石墨电极等主导产品，又是电炉炼钢必不可少的原材料。

近百年来，炭素材料的生产在飞速发展，并在生产中逐渐形成了一套比较完整的制造工艺。石墨电极生产工艺流程如图 9-1 所示。

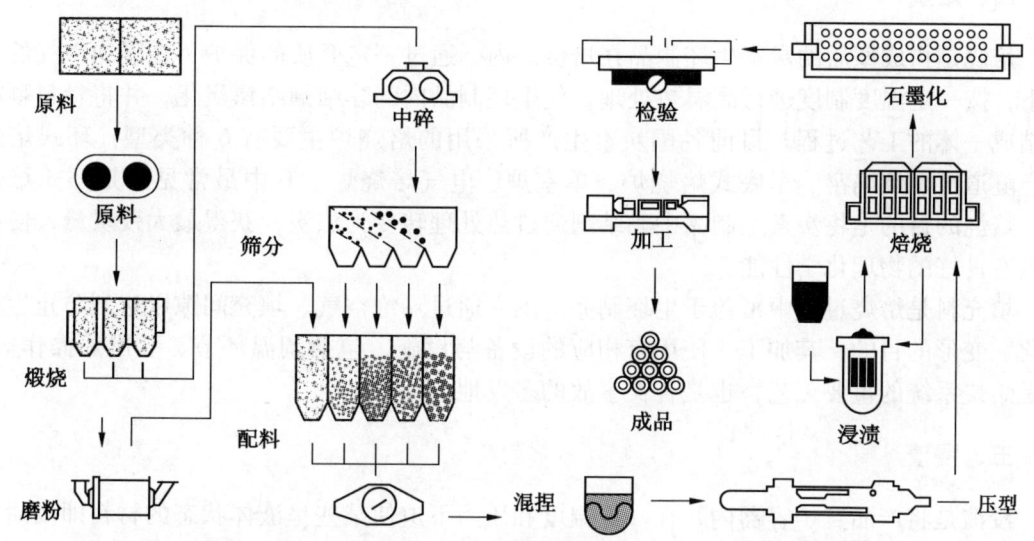

图 9-1 石墨电极生产工艺流程

炭素材料生产工艺流程的前半部分与耐火材料的生产工艺有相同之处，但所用的原料不同。各种炭与石墨制品的工艺流程，虽因产品品种和使用要求的不同而有所差异，但基本的工艺流程大致相同。其基本的工艺过程包括：原料的预处理（煅烧或烘干）；原料的破碎、筛分分级；颗粒状与粉状原料的配料；加入黏结剂并与黏结剂混合；混合后糊料的成型；成型后制品的焙烧；焙烧半成品的石墨化；为提高产品密度和强度的浸渍作业；产品的机械加工、包装等。

一、煅烧

煅烧是将炭质原料在与空气隔离的条件下进行高温热处理的过程。煅烧设备为各种类型的煅烧炉（回转窑、罐式炉等）以及原料的预碎和运输设备。需要煅烧的原料有石油焦、无烟煤。一般炭质原料的煅烧温度在1300℃左右，电煅炉的温度可达1500~2000℃。

二、混捏

混捏是将定量的炭素材料和定量的黏结剂在一定温度下，混合、捏合成可塑性糊料的工艺过程。常见的混捏方法有两种：一种是挤压混捏法；另一种是分离挤压法。混捏设备主要有双轴搅拌混捏机、单轴搅拌混捏机、逆流式强力混捏机等。

三、成型

成型是指炭质材料的成型，是把混合好的糊料用成型设备压制成具有一定形状、尺寸、密度和强度的制品，以满足用户要求。成型过程是一个复杂的物理过程。在炭与石墨制品的生产中，常用的成型方法有模压法、挤压法、振动成型法和等静压成型法。压型目的：炭素糊料在压力作用下，糊料颗粒发生移动和相对位移，并逐渐变得密实，经历极为复杂的弹性变形和塑性变形，使糊料成为具有一定密度和机械强度的生坯。

四、焙烧

焙烧是指成型后的炭素生坯制品在焙烧炉内，通过一定介质的保护，在隔绝空气的条件下，按一定温度制度进行高温热处理，使生坯制品内的黏结剂结焦炭化，并将骨料颗粒固结成一体的工艺过程。目前各国炭素生产所采用的焙烧炉主要有6种类型：环式焙烧炉、隧道窑、倒焰窑、车底式焙烧炉、单室炉、电气焙烧炉。其中最常见的是环式焙烧炉。焙烧的目的是将炭素生制品中黏结剂通过热处理转变为焦炭，获得最大残炭量，使制品具有良好的物理化学性能。

填充料是焙烧过程中覆盖于生坯制品周围，通过隔绝空气、填充间隙以达到防止生坯氧化、变形的目的，其加工、使用有相应的设备与设施，包括调温环节、装出炉操作等，都是焙烧系统的重要工艺，也是各类事故的多发地。

五、浸渍

浸渍是将产品置于容器内，在一定温度和压力下迫使某些呈液体状态的材料即浸渍剂渗透到产品的气孔中的工艺过程。炭素工业中的主要制品是电极。电极生产工艺为满足飞速发展的高功率和超高功率炼钢工业的需要，普遍采用了煤沥青及蒽油浸渍的方法作为提高产品质量的重要手段，即真空—加压浸渍作业。浸渍制品系统的主要设备有：浸渍自用加热炉及操作系统；浸渍罐（内筒、外筒、法兰连接、密闭等）浸渍真空设备；浸渍加压、冷却系统；浸渍剂的储存及操作系统；清理机、清筐机及操作系统。浸渍的目的：一是提高制品的机械强度，即降低制品的气孔率，提高制品的体积密度；二是提高制品的电—热传导性；三是提高制品的抗氧化、抗腐蚀性能等；四是用各种润滑剂浸渍制品能提高制品的抗磨性能、降低摩擦系数。

六、二次焙烧

二次焙烧是焙烧品浸渍后进行再次焙烧，使浸入焙烧品孔隙中的沥青炭化的工艺过程。通过浸渍及二次焙烧处理来改善制品的特性，浸渍电极二次焙烧是在隧道窑内完成的。

七、石墨化

所谓石墨化，就是使六角碳原子平面网格从二维空间的无序重叠转变为三维空间的有序重叠的过程，是强电流下的高温热处理过程（一般需要2300℃）。

用电炉来生产石墨，是由早期发现的电炉制造碳化硅的方法而发展起来的。碳化硅的分解温度是（2250±5）℃，在2220℃左右发生石墨化，在2700~3000℃高温时才能得到优良的石墨。

目前石墨电极生产厂广泛使用的石墨化炉都是电热炉。有两种：一种是艾奇逊石墨化炉；另一种是内热串接石墨化炉。

焙烧品经石墨化后，电阻率降低4~5倍，真密度提高约10%，导热性提高约10倍，热膨胀系数降低约一倍，开始氧化温度提高，杂质气化逸出。由此看来，炭制品在隔绝空气的条件下，经2300℃以上高温处理，可达到下列目的：一是提高产品的电、热传导性；二是提高产品的抗热冲击性和化学稳定性；三是使产品具有润滑性、抗磨性；四是排除杂质，提高纯度。

八、炭素制品机械加工

各类炭素制品，特别是石墨化制品在焙烧和石墨化后，由于表面黏附着一些填充料，同时由于炼钢等对石墨化制品在使用上需要达到一定尺寸和形状的要求，因此，各类不同品种的制品均需进行不同的机械加工，以满足加工尺寸和形状要求。不同品种的制品加工方法各不相同，一般有6种：石墨电极的加工、圆柱形接头的加工、圆锥形接头的加工、炭块的加工、阳极的加工、异型炭与石墨制品的加工。炭与石墨制品机械加工所使用的设备，一般与金属机械加工设备相似，但由于炭与石墨制品的机械加工精度不是很高，而且加工方法简单，又是批量生产，许多炭素厂的机械加工设备就是利用金属加工换下来精度又能满足炭素制品加工要求的机床，稍加改装而成。随着炭素行业的发展，炭与石墨制品的机械加工精度变得越来越重要，数控组合机床已经普及。

之所以对炭与石墨制品进行机械加工，主要是由于各种挤压或振动成型后的炭与石墨制品已经具有一定尺寸和形状，但是生制品经过焙烧、浸渍和石墨化后，会产生不同程度的弯曲、变形和破损，表面上还黏附着一些填充料等而造成表面粗糙不平，不经过一定工序的机械加工，无法满足用户要求。同时，用在电炉炼钢的电极不断消耗，需要不断补充加接新电极，因此，要在电极两端车制相互连接的螺纹等。根据用户要求，有的制品还要加工特殊的尺寸和形状。机加工艺是炭素生产的重要组成部分。

第二节　炭素材料安全生产的特点及危险有害因素分析

炭素材料生产过程中的职业危害是多方面的。同钢铁生产相比，炭素生产中的各类事故发生概率略低一些。但由于生产原料所带来的烟尘危害、生产工艺所带来的三大窑炉高温辐射、一氧化碳泄露,原料、产品运输的交叉作业使得起重伤害频发,锅炉、压力容器的爆炸危险,产品堆放造成的势能危险,以及非金属产品机械加工等作业的机具伤害都是炭素行业所特有的。

以某较大炭素生产厂的焙烧系统为例,在过去的33年间,共发生各类伤害402人次,死亡4人,其中生产过程中伤亡人数389人,各类事故358起,占该单位全部事故的83%;生产事故又以装出炉作业居多,共计126起,占31.2%。从事故发生频率看,起重伤害占第一位,见表9-1。

表9-1 某企业焙烧系统历年工伤事故统计

事故类别	起重伤害	物体打击	机具伤害	高空坠落	车辆伤害	灼烫	中毒	触电	坍塌	其他	合计
伤亡人次数	95	89	41	30	4	21	11	3	1	94	389

一、烟尘危害

炭素材料生产基本是干燥原料混合加工过程。无烟煤、焦炭、沥青、蒽油等原料在破碎、筛分、烘干、混捏、压型过程中均产生大量粉尘和烟气。烟尘和粉尘都会对人的呼吸系统造成伤害,烟尘中粒径为 $0.5 \sim 5 \mu m$ 之间的微粒易进入肺部沉积,并可能进入血液而达全身导致心血管疾病。石墨化工序中的粉尘含有游离二氧化硅,易引起硅肺病。其他工序中的粉尘易引起尘肺病。成型后的半成品在工艺过程中伴有辅料填充,同样会产生大量粉尘,而浸渍后的产品通过高温还会产生大量的挥发物,石墨化以及机械加工过程中产生的粉尘危害更是不容忽视的。可以说炭素烟尘的危害贯穿整个炭素材料生产过程。

对岗位而言(对环境影响不做讨论),烟尘危害主要有两大方面:一是对人体的危害。X射线检查表明,长期接触炭素制品生产的工人均存在不同程度的肺尘沉着病。如不加大改善劳动条件和环境,则炭素尘肺的发病率也是相当高的。在过去全国冶金行业归口管理中,炭素企业人均硅肺发病率是最高的。另外,烟尘对工人的皮肤还会产生接触性病变。二是烟尘的自燃与爆炸危险。在对粉尘的处理过程中,一般采用电除尘装置。从高温烟道回收的粉尘由于粒径小(粒径为 $0 \sim 0.01 \mu m$,灰分为3.82%,挥发分为10.83%,碳含量为85.35%),经过净化装置收集的烟尘废料,放到地上很快就会产生自燃,直至全部燃烧而又束手无策。因为废料粒径太小,任何灭火措施都不合适,甚至是适得其反,如此下去对设施构成威胁是不能允许的,只有采取相应技术措施才能得以控制。爆炸危险的可能产生于二次焙烧窑内,主要是窑内沥青浸渍后的产品,在高温条件下,挥发物(沥青烟气)直接参与燃烧。如由于氧含量失控等原因,当浓度达到爆炸极限时,具有爆炸可能,国外已有爆炸案例的报道。

二、一氧化碳危害

炭素材料生产过程中,一氧化碳产生来自两个途径:

一是煅烧炉、焙烧炉等工业窑炉。由于国内炭素企业大多采用煤气作为燃料。企业自备的煤气发生和使用系统中,煤气中的一氧化碳含量都在35%左右。由于煤气管道和管道上的连通罩、水封阀等装置经常因多种原因发生泄露,造成人员中毒的事故时有发生。

二是目前石墨电极生产广泛使用的石墨化炉都是电热炉,由于生产石墨电极的主要原料是石油的副产品,含有一定量的有毒、有害物质。这些物质在一定条件和一定的温度下,发生一系列的化学反应,产生沥青烟气、H_2S 气体以及 CO 气体。这些气体主要是在送电过程中,随着炉内温度的不断升高,电阻料、产品和保温料被加热,料中的灰分、水分及一些杂质开始挥发,发生化学反应生成有毒、有害气体。大部分气体能随厂房内外空气的对流交换,从厂房天窗排入大气中。当天气变化、气压低时,厂房内的气流流动缓慢,有毒、有害气体不能及时排出厂房外。这时操作人员进入工作现场后可闻到呛鼻子的辣味。当温度较高时,人体对有害气体的危险性的敏感性下降。由于 CO 气体是无色、无味,相对密度大于空气的有毒气体,对人体伤害很大,一般多停留在两石墨化炉的炉空之间,炉头、炉尾的冷却水井中,两侧的地沟内以及水泥地面下方的空隙中。工人对 CO 气体的事先预防比较困难,工作中常常造成各类操作人员突然中毒。轻者头晕、呕吐,重者昏迷、痴呆乃至危及生命。由于 CO 气体长期聚集在地沟内,还时常发生爆炸,并将地沟水泥盖板、混凝土地面掀起很高,现场犹如炸弹爆炸。产品的石墨化过程也是热处理和烘干过程,挥发物质较多,而碳与氧气或蒸汽接触都能生成一氧化碳。也就是说,石墨化生产工艺的整个过程中,从生产原料的选择到水冷却降温,都为产生 CO 提供了条件。

三、热能危害

炭素材料的生产高温环境较多。从原料的预处理开始的煅烧,是通过煅烧炉实现的,煅烧炉的结构不同,传热方式不同。任何一种气体燃料的燃烧过程都是一种激烈的氧化反应。炭质原料的煅烧温度一般为 1200~1380℃。炉体表面温度工作状态时都远远超过最高室外温度和人体温度。煅烧炉的温度控制操作是经常进行测温、调温、处理异常故障,灼烫伤、热辐射随时存在。焙烧工艺是对炭素生坯制品在焙烧炉中的热处理过程。目的是排除挥发分、焦化黏结剂、提高制品导电性能、固定制品形状、提高制品各项物理化学指标。焙烧温度从室温开始按曲线上升,分不同阶段最高温度可达 1200℃ 以上。焙烧调温工的工作热能危害与煅烧调温有相同之处。而炉工的产品出炉作业,虽然有冷却过程,但是热能危害也应引起高度重视。石墨化炉是一种电热炉,是采用制品做"内热源"的电阻炉。因为炭制品需要 2300℃ 以上的高温,采用外热源加热是无法达到的。电能转换热能的基本原理,用焦耳—楞次定律表述为:$Q = I^2Rt$;石墨结构的高温热处理过程一般需要 2300℃ 以上,以针状焦为原料生产的超高功率石墨电极的石墨化温度应达到 2800~3000℃。虽然这里说的温度都是炉芯温度,但就其炉体和辐射热而言,在不同阶段温度也是相当高的。石墨化炉工作要特别注意热能危险。

四、电能危害

一般的电击与电伤事故在炭素材料生产过程中时有发生。由于炭素生产的特殊性,电能危险还来自于生产性粉尘的导电性带来的故障率和石墨化炉大功率电流产生的强磁场。

每组石墨化炉的供电设备主要包括调压变压器、整流柜及相应的附属设备,操作环节多,故障率高,整流元件易损,而更换时需要防止各类危险因素(包括一氧化碳中毒)。国内目前都采用直流石墨化供电机组,其最大特点是:二次侧电压低,一般在数十伏左右,电流很大,一般在上百千安(16000kV·A 整流变压器采用 66kV 直降,27 级有载调压、正反激磁、主、调和一；双反星形带平衡电抗器或整流电路，二次侧最大输出电流125kA）。石墨化炉供电时，电流通过导体产生的热量与电流的平方成正比，要使温度达到2000℃以上，因此导入炉内的电流强度很大，所需的导体母线的截面也大，产生的工频磁场也很强，接近送电母线附近时，手持金属工具能轻易被吸附，金属机械手表易被磁化。

五、势能危害

主要是炭素制品在倒运、堆放、检查、包装过程中受外力后的上垛、滑落所造成的物体打击事故以及在闲置炉室的坠落事故。炭素生制品与成品在工艺过程中的停留按不同批次、规格上垛摆放。吊运过程中跑垛现象时有发生。如：石墨电极的弹性模量、抗折强度、体积密度的检验取样，按每炉产品每批量大于30t，取样数量不小于6根，几乎每个班次都要进行。由于单根产品规格不同，质量不尽相同，重则上吨，轻则几百公斤，取样过程发生砸、碰、压、刮等意外伤害也是常有的事。常见的环式焙烧炉有接近4.5m深的空闲炉室，本身就是对在这一区域作业的人员是一种威胁。

六、机械能危害

主要指起重伤害和机动车辆伤害。根据原冶金炭素行业安全协作组对历年各类伤害事故的统计分析报告显示：在23个规模炭素企业历年所有伤害事故统计报告中，起重伤害占25.1%，列第一位。这是因为炭素材料生产的各环节都离不开与起重机有关的作业。而且凡是与起重机作业有关的伤害按统计规定又都划归为起重伤害。炭素生产过程中原料的进出；半成品的装出炉；辅料的装卸、填充、产品倒运、包装、出入库限于自动化、连续化水平，还必须依赖各类起重设备与设施。由于产品单体重量较重，吊夹具完好状态的漏检，指挥随意、操作技能欠缺等诸因素运行轨迹交叉便出现意想不到的伤害。装出炉所使用的撬棍、吊绳、电极夹子、双扣套绳、托盘、料斗、保护罩等都是配合起重机作业的辅助工具，如之不按规定检查和更新，都会构成起重伤害的起因物与加害物。另外所有运输皮带采用的安全绳保护在炭素行业还没得到普遍重视和应用，相继带来的伤害事故频发。

炭素材料生产过程的车辆伤害事故，仅次于起重伤害。原因是产品各工序的倒运离不开机动车辆，随机事件不可预知。还有填充料加工与装炉工序之间的电动拖车虽然受地面轨道限制，由于误操作和维护检修不到位，也是不可忽视的事发地。

车辆伤害，危险很大程度上是来源于厂内铁路运输，工业企业内的铁路专用线路，缺少维护和更新。信号、报警装置落后，无人看守道口较多。由于老企业建筑密度大，造成火车司机瞭望受限，限于管理力度薄弱，侵线、占线现象难以杜绝，安全行车难度较大。行车故障与火车伤害事故概率较高。

七、火灾与压力容器危害

炭素材料生产使用的粘结、高压浸渍的介质沥青与蒽油；沥青熔化系统的载热油；都属可燃物质。当高温管道泄露时，均有自燃特性。系统控制失灵与检查失误，均有火势的蔓延形成火灾。如不增设蒸汽灭火设施火势难以控制。

压力容器的使用在炭素生产中主要使用在高压浸渍工艺和压缩空气的输送、储势及风能工具。设备故障和人为误操作事故时有发生。

第三节 炭素材料生产安全技术

实现炭素材料生产安全,就要了解炭素生产企业的安全现状,识别生产的危险性,建立风险防范机制,并付诸实施。就炭素材料生产的安全技术而言,还需从生产工艺开始。

一、原材料

炭素生产的原材料主要是焦炭、无烟煤和沥青,应达到下列安全技术要求:

(1) 原材料库房、料场应集中设置并配备防火设施,尽量做到储用合一。室内储煤煤堆距顶棚距离不应小于1.9m,与可燃墙壁距离不小于1.5m。

(2) 沥青储存,应采取防黏结措施。沥青熔化过程产生大量有毒烟气,对人身危害较大,要求尽可能远距离操作,管道输送,净化烟气。

(3) 沥青、重油、导热油、煤气等储槽及其管道清理维修,严禁动火。如需动火,动火前应采取可靠防护措施。

(4) 清理沥青、煤气管道,应打开人孔和上盖,并用蒸汽吹扫,检测合格,在空气充分流通的情况下,方可进入作业。

二、煅烧

煅烧是炭素材料生产的主要工序,罐式煅烧炉结构如图9-2所示。

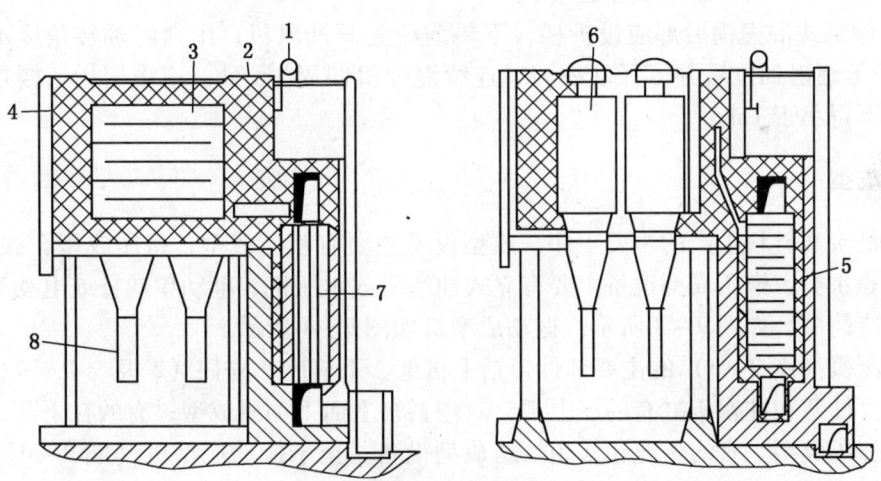

1—煤气管道;2—煤气喷口;3—火道;4—观察口;5—冷却水套;6—煅烧罐;7—储热室;8—预热空气道
图9-2 罐式煅烧炉

罐式煅烧炉是由若干个用耐火材料砌筑的、结构相同并垂直配置的煅烧罐所组成的炉体,及其他设备相配合的热处理设备。主要有以下几个组成部分:炉体—罐式炉罐体和加热火道；加料、排料和冷却装置；煤气（天然气）管道和控制阀门；空气预热室、烟道、排烟机和烟囱。

原料在炉上的加料斗中，经加料自动探料器控制，由螺旋加料机按时均匀加入炉内，在1250～1380℃的高温下煅烧合格，经过冷却水套冷却后，由排料机排出，用电车和链式提升机运往煅后储料漏斗。煅烧的目的是排除原料中的水分、挥发分，提高原料的密度、机械强度、导电性和化学稳定性。

罐式煅烧炉重点安全技术要求如下：

（1）罐式煅烧炉应尽量采取密闭加料和排料，并保持良好通风。加料和排料应在控制室操作。炉体最外侧距离厂房最内侧宽度不应小于3m；工作平台应采用防滑、非易燃材料铺设，不应与炉体和厂房墙壁固定连接。

（2）罐式炉应保持负压操作，出现正压时应立即停止加料，严禁打开看火口。处理结焦、棚料时，必须戴防护镜，穿防护服，严禁捅料时加料。

（3）中碎配料应采用自动连续配料或间断密闭配料。斗式提升机运行中，观察口应关严，禁止探头或伸手到观察孔内。配料过程中如出现设备严重缺陷、密闭不好、跑灰严重、照明不足，应停机处理。

（4）破碎和磨粉设备应采取消声、隔声等措施。

三、混捏

混捏工序的重点是预防沥青烟气危害，有关安全技术要求如下：

（1）混捏厂房必须设排烟系统并有良好的通风设施。

（2）混捏锅工作时严禁将手伸入锅内取样，测温前必须停车，待搅刀停止运转后方可进行。地坑中排料，必须设输送装置。

（3）倾翻式混捏锅后部应设护栏，下料前应先开抽风机；出料时翻转角度不得大于90°，必须等翻锅到位后方可开动绞刀。连续混捏机四周1m处，应设栅拦。栅拦与混捏机的距离不得小于1m。

四、成型

成型是炭素材料生产的主要工序。成型设备主要有模压成型、挤压成型、振动成型、静压成型等4类。模压成型设备主要有立式油压机或水压机、电动单丝杆或电动双丝杆压力机，构造简单。如图9－3所示；振动成型机如图9－4所示。

立式压机（图9－3）的主要部件包括上机架、下机座、立柱（2根或4根）、柱塞和柱塞压缸。柱塞和柱塞压缸有的在上部，对糊料自上而下加压成型；有的在下部，对糊料自下而上加压成型。有的企业还采用挤压成型设备。至于振动成型机（图9－4）在规模较大企业很少采用。

所谓成型是把混捏好的炭质糊料压制成具有一定形状、尺寸、密度和机械强度的制品。在碳和石墨制品生产中，挤压成型法应用最为广泛，是生产石墨电极最理想的方法。

成型工序重点安全技术要求如下：

（1）振动成型机基础应采取防振措施，与操作台分开，外围1m处应安装栅拦。振动台振动时，人员不得上台操作。清理重锤上的黏结料时，人应距重锤0.5m以上。

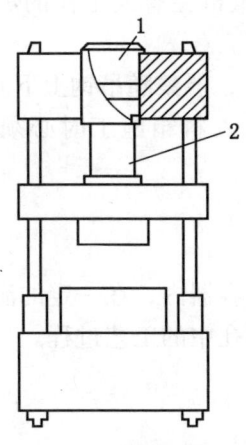
1—柱塞压缸；2—柱塞
图9-3 立式压机

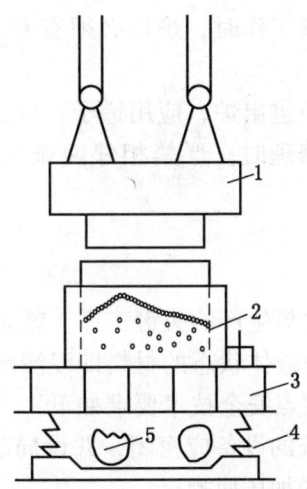
1—重锤；2—糊杆；3—台面；4—减振弹簧；5—振动器
图9-4 立式振动成型机示意图

（2）凉料应尽量采用筒式凉料机。凉料平台应装设防护栏杆和机械排烟装置。凉料台的防护栏杆上不准坐人。

（3）液压机挤出口正前方应设安全挡板。液压机运行中禁止润滑，挡板、剪刀运转时，禁止掏料。管路有压力时，禁止修理液压机或拆卸阀门。

（4）立式液压机和偏心压力机压制时，应有专人操作，严禁将手伸入磨具内。

（5）压机蓄势器及其管路系统检修，必须泄压。

五、焙烧

焙烧是炭素材料生产的主要工序。焙烧炉主要类型有环式焙烧炉、隧道窑、倒焰窑等。

在上述几种类型焙烧炉中，最常使用的是环式焙烧炉。环式焙烧炉是由若干个机构相同的焙烧炉室串联组成的，分为带盖式和敞开式，而生产石墨电极多使用带盖环式焙烧炉。焙烧炉室主要由各种耐火砖砌筑而成，用于装产品。炉盖一般为耐热铸铁框架，采用轻质耐火砖砌筑，涂耐火保温涂料、留多孔，观察燃烧和测温。燃烧装置采用砌筑喷火嘴或使用燃烧架。

焙烧工序的重点安全技术要求如下：

（1）焙烧后的产品应采用机械清理，减轻劳动强度和清理现场污染。

（2）焙烧炉体最外侧与墙最内侧之间的距离，不应小于1m。严禁在环式焙烧炉上及两旁的管道上堆放产品。

（3）在焙烧过程中更换排烟机或移动转接烟斗时，应暂停煤气加热或减少煤气用量；移动燃烧架时，必须对煤气进行吹洗放散；烟道内的焦油每年应进行一次处理；严禁在焙烧炉上清理产品。

（4）焙烧炉因故临时停电时，应事先与车间取得联系停排烟机、电除尘器，并打开旁路烟道。

(5) 进入炉室工作时，炉口必须有专人监护。严禁起重机在有人工作的炉室上方进行吊装作业。

(6) 作业人员进出炉，应用梯子、登山绳、安全带出入，严禁随吊钩上下。

(7) 焙烧炉修理时，严禁相邻两条火道同时施工，进入料箱施工时必须由专人监护。

六、浸渍

浸渍是炭素材料生产的关键工序，就是将产品置于压力容器内，在一定的温度和压力条件下迫使某些呈液体状态的材料即浸渍剂渗透到产品的气孔中的工艺过程。

浸渍工序的重点安全技术要求如下：

(1) 浸渍系统的设备应密闭，并设局部排烟设施。

(2) 浸渍罐的加压应遵守：

① 空气加压不得超过 0.68MPa。

② 氮气加压不得超过 1.176MPa。

③ 浸渍加压不得超过设计规定的压力。

(3) 当用压机浸渍熔融金属时，应对压机机座和钟罩采取隔热措施。通惰性气体加压时，操作人员应远离压机 6m 以上。

(4) 抽真空或加压时，应逐渐增加。增压或抽真空后，不得撞击管道和一切受压容器。出料前必须将表压降为零。

(5) 在装卸产品时，起重机钢丝绳与起重物必须垂直，不得斜拉，重物下不得有人停留或行走。当进入沥青储罐或浸渍罐内工作时，其内部温度不得高于 35℃，罐口必须设人监护。

(6) 严禁沥青储罐里流入水分，防止沥青跑出伤人。打开排空阀、开启浸渍罐时人应站在罐盖侧面，避免盖门飞出伤人。

(7) 浸渍罐内通水冷却之前，应关闭沥青管、真空管、压缩空气管和加热阀门。

七、二次焙烧

二次焙烧是焙烧品浸渍后进行再次焙烧，使浸入焙烧品孔隙中沥青炭化的工艺过程。通常采用二次焙烧隧道窑来完成。隧道窑作为浸渍品二次焙烧的主要设备，属逆流操作连续作业的热工设备，沿窑的长度方向分为预热带、焙烧带、预冷带及主冷带，彼此是相互连接的，工作时装有浸渍品的窑车一辆接一辆地在狭长的隧道内，沿着与气流相反的方向移动，窑车由预热带逐步移动到焙烧带，窑车上的制品被加热到所规定的工艺温度，而后进入冷却带至出窑。隧道窑窑体运行时是封闭的，调温操作是有制度的。隧道窑整个系统可分为运输系统、燃料系统、燃烧空气系统、热气系统、循环空气系统、废气系统、预冷区冷空气系统、主冷区冷空气系统、冷却水系统及液压、测量、控制系统。燃料系统由煤气系统及点火系统构成。

为确保安全生产，隧道窑在操作时要认真对待火焰稳定问题，火焰不稳定是造成安全事故的主要原因，操作中由于火焰熄灭、点火滞后或点火失败等，都会造成生产事故，采取措施之一就是设置火焰监测装置，以便及时发现火焰的熄灭。

二次焙烧是炭素材料生产的新工艺、新设施，安全技术必须做到：

（1）采用外燃式的二次焙烧隧道窑应符合下列要求：

①所有的窑门和窑车的推、挂装置应灵活、好用。

②所有的自动控制装置应能准确动作。

③所有的发讯装置应准确，接收装置应自动接收、显示和记录。

④窑车装、卸料工作应采用机械化操作。

（2）二次焙烧隧道窑运输系统应有专人操作。进、出窑车时应监视程序信号是否正常，非操作人员不允许启动按钮和开关。

（3）窑车进窑前，应检查与更新车与车之间的密封材料。

（4）窑车加装匣钵时，应吊落到位，否则不应进窑。

（5）窑点火时应按程序进行，点火后应及时关闭液化气罐的手阀。

（6）操作人员应监视氧含量的变化。当氧含量超过5%时，若无确实把握不许燃烧器热点火。

（7）应监视窑压的变化。当窑压高于20Pa，或低于0Pa时，应及时进行调整。

（8）无论出现何种故障，若无确实把握，不应点动操作。

（9）无论何时，当人员须进入窑内工作时，应采取以下措施：

①预热区进口门和主冷区出口门两侧插好安全销。

②加热区进、出口门和预冷区出口门提起后，安装好门支架。

（10）操作人员应时刻注意控制室的信号变化，发现问题及时处理。

（11）操作人员应加强现场巡视，检查各部位设备和水系统的运行情况，发现问题及时通知有关人员处理。

（12）应预防混合气体爆炸：

①在风机的出口和燃烧室之间增设性能可靠的手动阀门，以便在燃烧室意外熄火时紧急关闭。

②热启动点火之前对燃烧室内的混合气体进行抽样检测，以决定是否可以开始安全点火。

③燃烧室尾部及其管道设置必要的泄爆口，以便燃烧室发生爆炸时，将损失降到最低的限度。

④燃烧室尾气进入焙烧窑之前设置隔爆装置，以便在燃烧室发生意外时，切断燃烧室与焙烧窑的通道。

⑤监控燃烧室熄火时烟气浓度（控制在21.5g/m^{3}以下或2688g/m^{3}以上）。

⑥监控窑内氧浓度（控制在7.1%以下）。

八、石墨化

石墨化是炭素材料生产的主要工序。大多数企业采用艾奇逊石墨化炉，如图9-5所示。

石墨化炉是由黏土耐火材料铺砌的槽型炉底和两个装砌有导电电极组的端墙组成，侧墙通常是筑成不可拆卸的，但也有带有两面或一面活动墙的炉子结构，炉子的结构取决于工艺条件和车间布局。基本结构在任何情况下始终是相同的。石墨化炉的大小取决于装炉

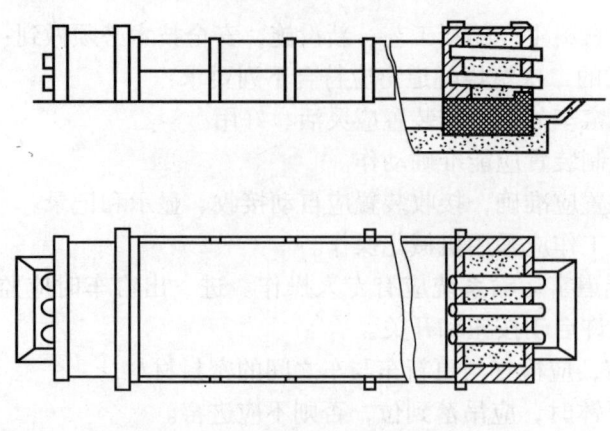

图 9-5 艾奇逊石墨化炉示意图

量的大小，其次是电源的供电能力。现在建造的炉子长度在 3~20m（炉芯长）。供电设备是石墨化必不可少的设备，主要包括调压变压器、整流变压器、整流机组及相关附属设施。

石墨化工序的重点安全技术要求如下：

(1) 严禁用起重机吊挂重物撞击石墨化产品的保温料硬壳。

(2) 为改善劳动条件，厂房内应有良好的通风排烟设施，生产高纯石墨制品的石墨化炉必须加罩，烟气应进行处理符合标准后才能排放。

(3) 石墨化炉的保温料、电阻料及返还料，应有固定堆放场地。控制二次扬尘，不准超过 $2mg/m^3$；产品装、出炉应采用机械操作。

(4) 移动式石墨化炉转运系统必须有专人操纵和指挥。转运车轨道和地面轨道没对准时，严禁牵引炉车。转运车的牵引杆不在原位、炉车没完全运到转运车上和炉车没完全脱离转运车时，严禁开车。

(5) 石墨化炉基础不得有渗水，填充料不得受潮；所有地沟应避免残留和产品逸散煤气积聚造成爆炸事故发生。

(6) 严禁携带金属工具或物品在运行的炉子旁边经过，以防其强磁场危害。

(7) 石墨化厂房应定期进行检修，进入石墨化炉的母线地沟作业前必须强制通风，地沟应设有排水设施。

(8) 石墨化炉修炉时，严禁用手直接接触母线、漏电炉子以及保护装置。

九、炭制品加工

炭制品加工是炭素材料生产主要工序。不同品种加工方法不同，采用的加工设备也不同。三工位成型机主要用于加工外圆，如图 9-6 所示。

石墨电极和接头均为圆形截面的回旋体形，而普通车床是利用工件的旋转运动和刀具的直线运动来加工工件，可加工轴类的外圆、套类、内外锥面和各种螺纹。从 20 世纪 90 年代开始，电极加工实现了数控技术。目前采用的自动线是由一工位的拨料和升降装置；二工位的镗孔平端面，定心和升降装置；三工位的工件旋转，刀具进给和升降装置；四工位的升降和测长装置；五工位的鞍座、横台、精加工端面和铣螺纹、工件夹紧及旋转和升

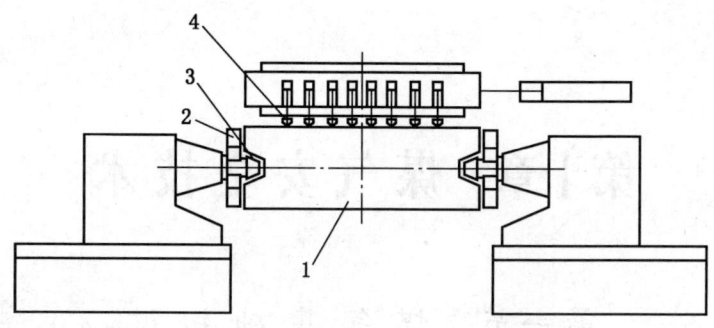

1—电极；2—夹块；3—定心塞头；4—外圆车刀

图 9-6 加工电极外圆示意图

降装置；辅助装置、输送装置和液压系统等组成。

炭制品加工工序重点安全技术要求如下：

(1) 机械设备外露的传动部分都应设有防护装置，不准任意拆除。

(2) 加工车间应有良好的抽尘和负压清扫设施，厂房地面必须采取防滑措施。

(3) 加工电极制品的各机床之间，应设有相应的运输辊道，各机床旁应配备小型悬臂吊车。

(4) 炭块加工应有良好的吊装卡定工具和防滑措施。

十、炭制品堆放

炭制品堆放主要是预防势能危险，要求严格执行：

(1) 原材料、半成品和废料的堆放，应整齐稳固，不得妨碍通行和装卸。挤压块的堆放高度不得超过 2m。

(2) 炭制品的堆放，应符合下列规定：

① ϕ350mm 及以上的电极堆垛不得超过 3m。

② ϕ300mm 及以下的电极堆垛不得超过 2.5m。

③ ϕ150mm 及以下的电极必须堆放在专用平台上。

④ 化学阳极堆垛不得超过 1.2m。

⑤ 炭块（底块、高炉块）侧块应纵横交错堆垛，最多不超过 8 层，长度不小于 600mm 的不超过 6 层。

(3) 产品堆放两端头伸缩应保持在 100mm 内，堆垛内的产品间不得悬空。焙烧与石墨化制品的堆放，垛与垛之间的平行距离不应小于 0.5~1.0m；垛与房墙的间距不应小于 0.7~1.0m。

第十章 煤气安全技术

第一节 煤气基础知识

煤气作为气体燃料,具有输送方便,操作简单,燃烧均匀,温度、用量易于调节等优点,是工业生产的主要能源之一。在冶金企业中,煤气既是高炉炼铁、焦炉炼焦、转炉炼钢的副产品,又是冶金炉窑加热的主体燃料。此外,还可用煤气化的发生炉煤气和从油气田输入的天然气,补充或调节煤气量的不足。

一、煤气的组成

煤气为可燃性混合气体,是由可燃气体(如一氧化碳、氢气、甲烷)和不可燃气体(如氮气、二氧化碳等)组成的。煤气和空气在一定比例下混合达到爆炸极限,遇激发能源(机械能、热能、光能、电能等)即发生爆炸;煤气中含有大量一氧化碳,散发在作业场所时,容易使人中毒;天然气含有甲烷,散发在作业点或厂房内,易爆炸或使人窒息。防止煤气中毒、着火和爆炸,是做好煤气安全工作的重要组成部分。

由于制气原料和煤气的生产、回收方法不同,所以各种煤气的组成部分及所占的百分比也不同,冶金企业常见的有高炉煤气、焦炉煤气、转炉煤气、发生炉煤气等。根据冶金炉窑对热值的不同需要,高炉煤气与焦炉煤气混合,或者高炉煤气与天然气按一定比例混合叫做混合煤气。

煤气的成分及性能见表10-1。

表10-1 煤气成分及性能

名 称	单 位	高炉煤气	转炉煤气	发生炉煤气	焦炉煤气	天然气
CH_4	(体积)%	0.2~0.5		1.8左右	23~28	95以上
C_2H_6	(体积)%			0.3~1.3		
C_3H_8	(体积)%					
C_mH_n	(体积)%	0~1		0.1~2	2~4	
CO	(体积)%	23~30	60~70	23~27	5~8	
H_2	(体积)%	2~4	<1.5	10~18	55~60	
O_2	(体积)%	<0.8	<2	0.15~0.5	0.4~1	
CO_2	(体积)%	16~18	15~20	5~8	1.5~3	
N_2	(体积)%	51~56	10~20	48~60	3~5	
热值	kJ/m^3	3349~4187	6800~10000	3768~6280	16800~18900	35700~37800

表10-1（续）

名　称	单　位	高炉煤气	转炉煤气	发生炉煤气	焦炉煤气	天然气
密　度	kg/m³	1.295	1.368	1.125	0.45~0.55	0.7~0.8
相对密度		0.99	1.05	0.8~0.9	0.34~0.42	0.53~0.61
着火温度	℃	730	530	650~700	550~650	550
理论燃烧温度	℃	1500左右		1300	2150	1080

二、煤气事故及事故机理

煤气事故主要是中毒、着火、爆炸，事故一旦发生，影响较大，易造成重、特大伤亡事故。因此，防止煤气事故应从了解事故机理着手，这样才能做到有效预防。

1. 煤气中毒机理

通常所说的煤气中毒是指一氧化碳（CO）中毒。CO具有多种引起缺氧的作用，是一种较强的窒息性毒物。正常时人体中 HbO_2（氧合血红蛋白）和其他正铁血红素的分解产生的CO反应生成HbCO（碳氧血红蛋白），其浓度为0.5%。只要HbCO不严重地干扰血液中 O_2 的运输，即HbCO的浓度低于20%，是相对无害的。

CO与Hb（血红蛋白）结合成HbCO，CO与Hb之间的亲和力要比 O_2 与Hb的亲和力大200~300倍。CO与Hb结合的速度比 O_2 与Hb结合的速度快，所需时间仅为后者的1/10。当吸入CO后，血浆中CO便迅速把 HbO_2 中的 O_2 排挤出来，形成HbCO。CO亦和Mb（肌红蛋白）结合，其化学亲和力为氧的30~50倍，一旦结合后也形成HbCO和MbCO。CO的解离是较缓慢的，排出方式主要是通过肺。在常压下，HbCO脱离速度仅为 HbO_2 的1/3600。空气中CO由血液释放的半量排除期平均为320min，如吸入1个大气压（101.325kPa）的纯氧可缩短排除期至80.3min，吸入3个大气压的纯氧可缩短到23.3min。这是高压氧舱治疗CO中毒的理论基础。

煤气中毒发病较急，症状严重，通常分轻度、中度、重度三级。

轻度中毒：血液碳氧血红蛋白浓度小于30%。中毒者出现头痛、头昏、头沉重、恶心、呕吐、全身疲乏等；有的出现轻度至中度意识障碍，但不会昏迷。中毒者离开中毒场所，经过治疗或不经过任何治疗，数小时后或次日即可好转。

中度中毒：血液碳氧血红蛋白浓度为30%~50%。中毒者除上述症状加重外，面部呈樱桃红色，呼吸困难，心率加快，意识障碍表现为浅至中度昏迷，经抢救可恢复。

重度中毒：血液碳氧血红蛋白浓度高于50%。中毒者深度昏迷或有意识障碍，且具有下列症状之一：脑水肿，休克或严重的心肌损害，肺水肿，呼吸衰竭，上消化道出血，脑局灶损害。重度中毒死亡率高，存活者也常有后遗症。

2. 煤气爆炸机理

爆炸是系统的一种非常迅速的物理或化学的能量释放过程，在这个过程中，系统内物质所含的能量迅速转变为机械能以及热和光的辐射。爆炸具有三大特征，即放热性、瞬时性和放出大量气体。

煤气爆炸必须具备三个条件：一是煤气和空气（或氧气）在煤气管道、设备或炉窑里混合；二是煤气浓度达到爆炸极限；三是要有激发能源。三个条件同时存在才能发生爆炸。防止煤气爆炸事故可从三个方面采取措施，但重点是控制煤气和空气的混合，使其达不到爆炸极限。各种煤气的爆炸浓度限值列于表10-2。

表10-2 煤气爆炸极限

煤气种类	爆炸极限（体积）/%	
	下 限	上 限
高炉煤气	30.8	89.5
焦炉煤气	4.5	35.8
转炉煤气	18.2	83.2
发生炉煤气	21.5	67.5

爆炸极限在安全工作中得到广泛应用。可燃气体在空气中的浓度低于某一极限时，氧化反应产生的热量不足以弥补散失的热量，则燃烧不能进行；浓度超过某一极限时，由于缺氧也无法燃烧。爆炸极限可用于评定可燃气体的火灾危险性大小，作为确定可燃气体火灾危险性类别的标准，确定建筑物的耐火等级，评定气体生产、储存的火险类别及设计厂房通风系统、防爆电器的选型等，亦可作为制定安全生产操作规程的依据。

3. 煤气燃烧机理

燃烧是可燃物质与氧或氧化剂剧烈化合而放出光和热的物理化学反应。在燃烧过程中，物质会改变原有性质而变成新的物质。

燃烧应具备三个条件：可燃物质、助燃物质和激发能源。三个条件在燃烧过程中缺一不可，统称燃烧三要素。但即使具备了燃烧三要素，也不一定发生燃烧。因此，燃烧三要素只是发生燃烧的三个必要条件，三者共同作用才能发生燃烧。

第二节 煤气安全技术要求

一、平面布置

炼铁、焦化、炼钢以及煤气发生站都应视为污染企业或车间。为防止交叉污染，企业与企业之间、煤气生产车间与其他车间之间、煤气设施之间、煤气设备与建筑物之间，以及煤气设施与生活间、办公室之间应有安全距离，对风向的要求应符合有关规定。

散发烟气、粉尘等污染物较大的生产区应布置在散发烟气、粉尘等污染物相对较小的生产区常年最小风频风向上风侧，将厂前区、居住区布置在常年最小风频风向下风侧。

冷煤气发生站距其他车间的距离必须符合现行《建筑设计防火规范》的要求。热煤气发生站与生产车间的距离可以缩短，煤气发生量小于6000m³/h的，可与用户车间用防火墙隔开；煤气发生量大于6000m³/h的，与其他车间的距离应不小于13m。

焦化企业煤气净化车间应布置在焦炉的机侧或一端，其建（构）筑物最外边线距焦炉炉体边线不能小于40m。当采用捣固炼焦工艺，煤气净化车间布置在焦侧时，其建（构）筑物最外边缘距焦炉熄焦车外侧轨道边缘不应小于45m（当焦侧同时布置有干熄焦装置时，该距离为距干熄炉外壁边缘的距离）。煤气冷却、净化系统的各种塔器与厂区专用铁路中心线的距离应不小于20m，与厂区主要道路的最近边缘的距离应不小于10m。

转炉煤气回收净化系统的设备、机房、煤气柜以及有可能泄漏煤气的其他构件，应布置在主厂房常年最小频率风向的上风侧。各单体设备之间以及它们与墙壁之间的净距应不小于1m。煤气抽气机室可设在主厂房内，但应与主厂房建筑隔断；废气应排至主厂房外。

高炉厂区办公室、生活室应设置在离高炉100m以外的地方。为便于人员操作，各单独设备（洗涤塔、除尘器等）间的净距不少于2m，设备与建筑物间的净距不少于3m。

有煤气设施的区域属危险区域，不应设置与本工序无关的设施及建筑物。避免将生产必需的仪表室和值班室，设在经常可能泄漏煤气的设备附近。

二、煤气平衡

在正常生产时，煤气发生设备的煤气产量一般是较稳定的，但在发生事故或有计划停产检修时，煤气产量将相应变化较大，出现煤气压力波动。此外，煤气用户的使用量也是波动的。因此，煤气生产和使用中的调节平衡，是保证安全生产的重要措施。

调节平衡可采用下列方法：用煤气柜稳压；利用缓冲用户稳压；用剩余煤气放散装置稳压。放散装置不仅可在生产中用以放散过剩煤气，在发生事故时还可作为应急措施。

三、煤气混合站和加压站

冶金企业各生产系统，由于产品的品种不同，生产工艺不同，炉窑加热制度不同，所需要的煤气流量、压力、发热量也不同，因此需要设置混合站调节煤气配比。满足各用户使用不同热值的煤气而设置的加压站，可提高煤气压力，克服煤气输送过程中的管道摩擦阻力和局部阻力，为广泛采用喷射无焰烧嘴和增加煤气供应量创造条件。

煤气混合站和加压站的建筑物属防火、防爆范围，根据它的配置方式和设施，按煤气爆炸下限可分为：焦炉煤气及其他爆炸下限小于10%的煤气或混合煤气的加压站厂房，属具甲级火灾危险性、有爆炸危险的厂房；爆炸下限大于或等于10%的转炉煤气、发生炉煤气和混合煤气的加压站厂房，属具乙级火灾危险性、有爆炸危险的厂房。

煤气混合站、加压站的火灾危险性分类及建筑物的耐火等级见表10-3。

表10-3 煤气混合站和加压站的火灾危险性分类及建筑物的耐火等级

名　　称	生产类别	耐火等级
焦炉煤气加压站主厂房	甲	二级
转炉煤气抽气机室及加压机室	乙	二级
发生炉煤气加压站主厂房	乙	二级
混合煤气加压站主厂房（当混合煤气发热值大于12552kJ/m³，爆炸下限小于10%时，煤气混合站按甲类生产厂房设计）	乙	二级
煤气混合站管理室	—	二级
煤气加压站管理室	—	二级

依据上述煤气混合站和加压站的火灾危险性分类及建筑物耐火等级，可以确定其防火间距，如焦炉煤气加压站主厂房为甲类生产厂房，甲类厂房与其他厂房、仓库（耐火等级为一、二级）的距离应大于12m，与民用建筑大于25m，与重要公共建筑大于50m，与架空电力线的最近水平距离大于电杆（塔）高度的1.5倍，与厂内铁路中心线的距离大于20m，与厂内主要道路路边大于10m，与厂外道路路边大于15m等。另外，对煤气加压站的厂房及设施还有下列要求：

（1）单独设置有爆炸危险的甲、乙类厂房，建议采用敞开或半敞开式。其承重结构采用钢筋混凝土或钢框架、排架结构。

（2）有爆炸危险的甲、乙类厂房应设置泄压设施，其泄压面积应按照《建筑设计防火规范》中的厂房（仓库）的泄压面积计算公式进行计算确定。

（3）厂房的每个防火分区、一个防火分区内的每个楼层，其安全出口的数量应经计算确定，且不应少于2个；当符合《建筑设计防火规范》相关要求时，可设置1个安全出口。

（4）站房应建立在地面上，禁止在厂房下设地下室或半地下室。如为单层建筑物，操作层至屋顶的层高应高于3.5m；如为两层建筑物，上层高度不应低于3.5m，下层高度不应低于3m。

（5）站房内主机之间以及主机与墙壁之间的净距大于1.3m；用作一般通道时不小于1.5m；用作主要通道时，不小于2m，以便于操作及应急。站房内应留有放置拆卸机件的地点，不应放置和加压机械无关的设备。

（6）设置自然通风和机械通风，每小时换气次数不小于8次，如煤气鼓风机围带部位安装排气装置时，换气次数可为6次。

（7）煤气鼓风机室与仪表室应隔开，不要使用同一通风系统。

（8）电气设备应采用防爆型的，爆炸下限小于10%的加压站，按1区划分；爆炸下限大于或等于10%的加压站，按2区划分。

（9）煤气加压机械应有两路电源供电（两路供电有困难的，应采取防止停电的安全措施），如用户允许间断供应煤气，可设一路电源。

四、煤气管道

为便于维护检修，冶金企业的煤气管道应架空敷设，这样泄漏煤气时不仅可以及时发现处理，而且还可避免地面杂散电流腐蚀管道。若架空敷设有困难，也可埋地敷设。但是，发生炉煤气、高炉煤气、转炉煤气等管道，因其CO含量比较高，严禁埋地敷设。

1. 架空敷设煤气管道安全要求

（1）煤气管道应敷设在非燃烧体的支柱上或栈桥上，不能敷设在燃料、木材和易燃易爆物等堆场和仓库区，不能敷设在输电线路下和配电室、变电所内。

（2）架空煤气管道与建筑物、铁路、道路和其他管线的最小水平净距，应符合表10-4的规定。

（3）煤气管道与铁路、公路及其他线路交叉时的最小垂直净距，按表10-5的规定选取。新建、改建的高炉脏煤气、半净煤气、净煤气总管一般架设高度：管底至地面净距

表10-4 架空煤气管道的最小水平净距

序号	建筑物或构筑名称	最小水平净距/m 一般情况	最小水平净距/m 特殊情况
1	房屋建筑	5	3
2	铁路（距最近边轨外侧）	3	2
3	道路（距路肩）	1.5	0.5
4	架空电力线路外侧边缘： 1kV以下 1~20kV 35~110kV	1.5 3 4	
5	电缆管或沟	1	
6	其他地下平行敷设的管道	1.5	
7	熔化金属、熔渣出口及其他火源	10	可适当缩短，但应采取隔热保护措施
8	煤气管道	0.6	0.3

注：1. 架空电力线路与煤气管道的水平距离，应考虑导线的最大风偏。
2. 安装在煤气管道上的栏杆、走台、操作平台等任何凸出结构，均为煤气管道的一部分。
3. 架空煤气管道与地下管、沟的水平净距，系指煤气管道支柱基础与地下管道或地沟的外壁之间的距离。

表10-5 架空煤气管道的最小垂直净距

序号	建筑物和管线名称	最小垂直净距/m 管道下	最小垂直净距/m 管道上
1	厂区铁路轨顶面	5.5	
2	厂区道路路面	5	
3	人行道路面	2.2	
4	架空电力线路： 电压1kV以下 电压1~30kV 电压35~110kV	1.5 3 不允许架设	3 3.5 4
5	架空索道（至小车底最低部分）	1.5	3
6	电车道的架空线		
7	其他管道： 管径<300mm 管径≥300mm	同管道直径但不小于0.1 0.3	同管道直径但不小于0.1 0.3

注：1. 表中序号1不包括行驶电气机车的铁路。
2. 架空电力线路与煤气管道的交叉垂直净距，应考虑导线的最大垂度。

不低于8m（如该管道的隔断装置操作时不外泄煤气，可低至6m），小型高炉脏煤气、半净煤气、净煤气总管可低至6m；新建焦炉冷却及净化区室外煤气管道的管底至地面净距不小于4.5m，与净化设备连接的局部管段可低于4.5m。

（4）架空煤气管道与其他管道共架敷设时要注意：

①煤气管道与水管、热力管、燃油管和不燃气体管在同一支柱或栈桥上敷设，其上下敷设的垂直净距不小于250mm。

②氧气管道与煤气管道共架敷设时应布置在一侧，且平行布置时净距不应小于500mm，交叉布置时净距不应小于250mm。氧气管道与煤气管道之间宜用公用工程管道隔开。

③为便于操作、检修和抽堵盲板，重油管和氧气管不要敷设在同一侧，要与其他管道保持一定距离。

④与输送腐蚀性介质的管道共架敷设时，煤气管道架设在上方，对于容易漏气、漏油、漏腐蚀性液体的部位如法兰、阀门等，应在煤气管道上采取保护措施。

⑤其他管道架设在管径大于等于1200mm的煤气管道上时，管道上面预留600mm的通行道。

⑥其他管道的固定点一般应与煤气管道重合，以减少推力和简化支架设计，同时其他管道的敷设不应妨碍煤气管道的胀缩。

⑦其他管道的托架均应焊在煤气管道的加固圈上，而不应直接焊在煤气管道壁上。加固圈的长度可根据荷载的大小选定，一般取管道周长的1/6~1倍，但不小于200mm。

2. 埋地敷设煤气管道的要求

（1）所有埋地管线必须敷设于土壤稳定层内。输送湿煤气管线的埋深应在冻冰层以下。

（2）埋地管道上的地面一般不允许载重车辆通过。与铁路、公路交叉时，应设有大于管道直径100mm的套管；穿越公路的套管顶至路面应保持1m；穿越铁路的套管顶至轨枕底应保持1.5m。严禁在管道上的地面或附近建筑房屋。

（3）按实际情况设计管道倾斜度，低洼处设排水器，同时地面上应设有明显的标志，排出的冷凝水要集中处理。

五、煤气设备与管道的附属装置

煤气设备与管道的附属装置包括安全装置、隔断装置、煤气放散管、排水器、补偿器、泄爆装置、流量孔板、平台、梯子及警告牌等。

1. 隔断装置

煤气隔断装置是重要的生产装置，也是重要的安全装置。对煤气管道用的隔断装置的基本要求是：安全可靠，操作灵活，便于控制，经久耐用，维修方便，避免干扰。冶金企业常用煤气隔断装置主要有以下几种：

（1）闸阀：是以往煤气管道使用最广泛的切断装置，通常选用明杆楔式双闸阀、伞轮传动明杆楔式双闸板阀和电动明杆楔式双闸板阀3种类型。闸阀结构笨重、严密性差，因此已逐渐被球阀和蝶阀代替。煤气管道上使用的明杆闸阀，其手轮上要有"开"或"关"的字样和箭头，螺杆上应有保护套；闸阀在安装前，必须重新按出厂技术要求进行气密性试验，合格后才能安装。闸阀单独使用不能作为可靠隔断装置。

（2）密封蝶阀：密封蝶阀不能作为可靠隔断装置，只有和水封、插板、眼镜阀等并用时才是可靠隔断装置。密封蝶阀是低压煤气管道上常动部位的断流切断装置，主要用于高炉煤气、焦炉煤气、混合煤气等的管道上，但密封蝶阀在检修时不便于拆卸。

(3) 水封：水封装在其他隔断装置之后并用时才是可靠隔断装置。水封主要用于净高炉煤气、焦炉煤气、转炉煤气管道上。水封的有效高度为煤气计算压力以 mmH_2O 为单位至少加 500mm。为保持水封的有效性，应定期检查水封高度。

(4) 扇形阀和眼镜阀：扇形阀和眼镜阀不宜单独使用，应设在密封蝶阀或闸阀后面。扇形阀适用于介质压力 $\leq 0.98 \times 10^4 Pa$，眼镜阀的工作压力 $\leq 0.196 \times 10^5 Pa$。两种阀均应安装在室外，一般用于管径小于 1000mm 的支管上。

(5) 盘形阀：用在未净化的脏热煤气管道上。

(6) 旋塞：焦炉的交换旋塞和调节旋塞进行气密性试验时，应用压力为 20kPa 的压缩空气进行，经 30min 后压降不超过 500Pa（51 mmH_2O）为合格。试验时，旋塞密封面可涂稀油（50 号机油为宜），旋塞可与 $0.03m^3$ 的风包连接，在全开和全关两种状态下进行试验。

(7) 双板切断阀（平行双闸板切断阀、NK 阀）：分为非注水型和阀腔注水型两种。阀腔注水型且注水压力为煤气计算压力至少加 5000Pa，并能全闭到位（应考虑长期使用的设备或管道内积存杂质或焦油等，导致闸板等关闭不到位的情况），保证煤气不泄漏到被隔断的一侧的双板切断阀才是可靠的隔断装置。

(8) 插板：是可靠的隔断装置。安设插板的管道底部离地面的净空距：金属密封面的插板不小于 8m，非金属密封面的插板不小于 6m，在煤气不易扩散地区须适当加高；封闭式插板的安设高度可适当降低。

(9) 盲板：一般是配置在闸阀、密封蝶阀等的后面可靠地隔断煤气，主要适用于煤气设施检修或扩建延伸的部位。堵盲板地方应有撑铁，便于撑开。

焦炉煤气、发生炉煤气管道的隔断装置不能使用铜质部件，因为此类煤气中含硫化氢、氨等物质对铜质部件有腐蚀作用，尤其氨能与铜离子生成络合物，络离子易溶于水，如采用铜质的部件易发生变形，以致造成强度不够，气密性不好。寒冷地区的隔断装置要采取防冻措施。凡是经常检修的部位应设可靠的隔断装置。

2. 补偿器

管道因输送煤气高于常温以及季节等因素，本身发生热胀冷缩，其长度发生变化，当温度变化较大或管道较长时，由管道变形产生的应力有可能超过管道本身极限应力而使管道破裂，或使与管道连接的设备、支架遭到破坏，因此需安装补偿器或借助于管道弯曲部分的变化进行补偿。

常用的补偿器有填料型补偿器、方形补偿器和波形补偿器。填料型补偿器一般用于管径大于 100mm、工作压力小于 1.3~1.6MPa 的管道上。带填料的补偿器应有调整填料紧密程度的压环，补偿器内及煤气管道表面应经过加工，厂房内不应使用带填料的补偿器。方形补偿器因尺寸大、占地面积大、流体阻力较大，低压煤气管道很少采用，一般用于中压天然气管道。目前广泛应用的是波形补偿器。

3. 排水器

排水器在煤气管网中的作用是排出冷凝水、其他积水和污物，以保证管道内不积水。

排水器可分低压（<1000 mmH_2O）、高压（1000mm~3000 mmH_2O）和自动（用于地下管道）三种。由于煤气压力不同，排水器的水封可采取单式水封和复式水封两种。煤

气排水器的水封有效高度小于 1000mmH$_2$O 的，可采用单式的单室水封；水封有效高度大于 1000mmH$_2$O 的，可采用复式的双室或多室水封。

排水器的安全指标主要有两个：一个是水封的高度，要依其有效封闭压力为煤气计算压力至少加 5000Pa 来确定，高压高炉从剩余煤气放散管或减压阀组算起 300m 以内的厂区净煤气总管排水器水封的有效高度应不小于 30kPa；另一个是给水与排水都要与设逆止阀的正常供水管道和排水沟断开，给水设逆止阀或水封是防止停水时煤气窜入水管，而排水口与下排水管断开是防止排水器冒煤气时煤气进入地沟。

排水器不能设在生活间窗外或附近地区，可设在露天，但寒冷地区应采取防冻措施；设于室内的排水器，应有良好的通风条件；排水器应设有清扫孔和放水的闸阀或旋塞；每只排水器均应设检查管头；排水器的满流管口应设漏斗；排水器装有给水管的，应通过漏斗给水；排水管应设闸阀或旋塞，加上、下两道阀门。

排水器冒煤气的主要原因：由于误操作，风机升压过高造成排水器跑冒煤气；低压煤气管网窜入了大量的高压煤气，会在排水器跑冒煤气；排水器水封、桶体、隔板等处腐蚀穿孔使排水器水封有效高度不够，导致跑冒煤气；自动排水器失灵、设备冻坏，排水器保温气量过大而又无法充水，也会有煤气从排水器冒出。处理排水器冒煤气故障，应先将排水器下水管阀门关上，查找故障原因；做好防护准备工作，作业区域严禁火源，禁止行人通过以免煤气泄漏对人造成伤害；作业人员应戴好防护用具，作业时要两人以上，设专人监护。如排水器本身跑冒煤气，只需予以更换；如非排水器本身缺陷，可重新装水运行。高压排水器装水时应将高压放气头打开；旧立式排水器须用消防车配合强制装水；自动排水器则须用撬棍撬开装水。

4. 放散管

煤气设备和管道上的放散管，可分剩余煤气放散管、事故放散管和吹刷煤气放散管三种。

剩余煤气放散管应控制放散，其管口高度应高出周围建筑物，一般距离地面不小于 30m，山区可适当加高，所放散的煤气应点燃，并有灭火设施。

事故放散管一般设在塔顶，一旦管内压力超过最大工作压力时，用人工或电动放散，避免发生事故。

吹刷放散管应设在煤气设备和管道的最高处、煤气管道以及卧式设备的末端、煤气设备和管道隔断装置前。管道网隔断装置前后支管闸阀在煤气总管旁 0.5m 内，可不设放散管，但超过 0.5m 时，应设放气头。放散管的直径应根据煤气管的直径来确定。

放散管口必须高出煤气管道、设备和走台 4m，离地面不小于 10m。厂房内或距厂房 20m 以内的煤气管道和设备上的放散管，管口应高出房顶 4m。厂房很高，放散管又不经常使用，其管口高度可适当降低，但应高出煤气管道、设备和走台 4m。禁止在厂房内或向厂房放散煤气。

六、煤气设备的计算压力

在煤气设备的设计中，计算压力是个重要参数，也是计算水封有效高度，进行气密性试验的主要依据。计算压力小于 10^5Pa，可只进行气密性试验。煤气管道的计算压力见表 10－6。

表 10-6 煤气管道的计算压力

煤气管道类别	计 算 压 力
常压高炉至半净煤气总管的管道	高炉炉顶最大工作压力
高炉净煤气总管及以后的管道	剩余煤气自动放散装置最大设定压力（净高炉煤气管道系统设有自动煤气放散装置时，计算压力等于高炉炉顶的正常压力）
高压高炉至减压阀组前的管道	高炉炉顶的最大工作压力
减压阀组后的煤气管道	煤气自动放散装置的最大设定压力
焦炉煤气吸气管	抽气机所产生的最大负压力的绝对值
焦炉净煤气管道	煤气自动放散装置的最大设定压力（净煤气管道系统没有自动放散装置时，计算压力等于抽气机最大工作压力）
热煤气发生炉煤气管道	发生炉出口自动放散装置的设定压力
加压机（抽气机）入口前管道	剩余煤气自动放散装置最大设定压力
加压机（抽气机）出口后管道	加压机（抽气机）入口前的管道计算压力 + 最大升压
混合煤气管道	按混合前较高的一种管道压力计算
转炉煤气抽气机前煤气管道	抽气机产生的最大负压力的绝对值
天然气管道	最大工作压力

七、煤气管道的试验

进行煤气管道的试验时，应注意：检查管道各处连接部位和焊缝合格后，才能进行试验，试验前不应涂漆和保温；试验前应将不能参与试验的系统、设备、仪表及管道附件等加以隔断；必须拆卸泄爆装置，设置盲板部位应有明显标记和记录；管道系统试验前，应用盲板与运行中的管道隔断；管道以闸阀隔断的各个部位，应分别进行单独试验，不应同时试验相邻的两段；在正常情况下，不应在闸阀上堵盲板，管道以插板或水封隔断的各个部位，可整体进行试验；用多次全开、全关的方法检查闸阀、插板、蝶阀等隔断装置是否灵活可靠；检查水封、排水器的各种阀门是否可靠，测量水封、排水器水位高度；排水器凡有上下水和防寒设施的，应进行通水、通蒸汽试验；清除管道中的一切脏物、杂物，放掉水封里的水，关闭水封上的所有阀门，检查完毕并确认管道内无人，封闭人孔后，才能开始试验；试验过程中如遇泄漏或其他故障，不能带压修理，测试数据全部作废，待正常后重新试验。

1. 煤气管道的强度试验

强度试验是作为检查煤气管道明显缺陷的预试压，因为煤气正常运行的压力远小于管道和焊缝的实际机械强度值。

强度试验的试验压力：架空管道应为计算压力的 1.15 倍；埋地管道应为计算压力的 1.5 倍。

强度试验压力应逐级缓升，首先升至试验压力的 50%，检查有无泄漏和异常现象，然后将试验压力以 10% 为间隔逐级升压，每级稳压 5min，直至达到所要求的试验压力为止。强度试验时，稳压时间应不少于 1h，以无泄漏、目测无变形为合格。

2. 煤气管道的气密性试验

新建或大修后的煤气设备必须进行气密性试验，这是检查施工质量的重要环节，也是保证煤气安全运行的重要手段。

经检查合格后的低压煤气管道（压力 < 0.098MPa）以及经强度试验合格后的中压管道（压力 ≥ 0.098MPa），可进行气密性试验。

1）架空煤气管道气密性试验

架空煤气管道气密性试验压力应符合表 10-7 的规定，试验的允许泄漏率标准应符合表 10-8 的规定。

表 10-7 气密性试验压力

管 道 部 位	试验压力/Pa（mmH$_2$O）
加压机前： 　室外管道 　室内管道	计算压力 + 5000（+510）（但不小于 2000Pa） 计算压力 + 15000（+1530）（但不小于 30000Pa）
加压机、抽气机后	
室外管道 　室内管道	加压机、抽气机最大升压 + 20000（+2040） 加压机、抽气机最大升压 + 30000（+3060）
常压高炉（炉顶压力小于 30kPa）	
煤气管道（包括净化区域内的管道）	50000（5100）
高压高炉	
减压阀组前煤气管道 减压阀组后净煤气管道	炉顶工作压力的 1.0 倍 50000（5100）
常压发生炉污煤气、半净煤气管道	炉底最大送风压力（但不应低于 3kPa）
转炉煤气抽气机前煤气冷却、净化设备及管道	计算压力 + 5000（510）

表 10-8 允许泄漏率标准

管道计算压力/Pa	管 道 环 境	试验时间/h	每小时平均泄漏率/%
< 10^5	室内外、地沟及无围护结构的车间	2	1
≥ 10^5	室内及地沟	24	0.25
	室外及无围护结构的车间	24	0.5

注：管道计算压力大于或等于 10^{5}Pa 的允许泄漏率标准，仅适用公称直径为 0.3m 的管道，其余直径的管道的压力降标准，尚应乘以按下式求出的校正系数 C：

$$C = 0.3/D_g$$

式中　D_g——试验管道的公称直径，m。

架空煤气管道气密性试验泄漏率的计算式如下：

$$A = \frac{1}{t}\left(1 - \frac{p_2 T_1}{p_1 T_2}\right) \times 100\% \tag{10-1}$$

式中 A——每小时平均泄漏率,%;
p_1、p_2——试验开始、结束时管道内气体的绝对压力,Pa;
T_1、T_2——试验开始、结束时管道内气体的绝对温度,K;
t——试验时间,h。

2)地下煤气管道气密性试验

在进行气密性试验前应检查地下管道的坐标、标高、坡度、管基和垫层等是否符合设计要求,试验的临时加固措施是否安全可靠;对于仅需做气密性试验的地下煤气管道,在试验开始之前,应采用压力与气密性试验压力相等的气体进行反复试验,消除泄漏点,然后进行正式试验。此外,也应遵守对架空管道试验前的要求。

地下煤气管道应将土回填至管顶50cm以上,为使管道中的气体温度和周围土壤温度一致,需停留一段时间后才能开始气密性试验。不同的管径其规定的停留时间不同,不同的试验压力采用不同的试压时间。

八、煤气柜

煤气柜分湿式和干式两种。按照GB 18218—2009《危险化学品重大危险源辨识》,煤气属于该标准表1范围内的危险化学品,当煤气柜中煤气量超过20t即构成重大危险源。

煤气柜不能建在居民稠密区和大型建筑、仓库、通信和交通枢纽等重要设施附近,并应布置在通风良好的地方。湿式螺旋式煤气柜不能承受强烈的风压,故不宜建在强台风侵袭的地区。

煤气柜周围应设有围墙、消防车道和消防设施,柜顶应设防雷装置。当总容积不超过200000m^3时,柜体外壁与围墙的间距大于15.0m;当总容积大于200000m^3时,柜体外壁与围墙的间距大于18.0m。

湿式柜的防火要求以及与建筑物、堆场的防火间距应符合表10-9的规定。干式柜的防火间距:当所储煤气密度比空气大时,应按表10-9的规定增加25%;当所储煤气密度比空气小时,可按表10-9的规定确定。

表10-9 湿式柜与建筑物、储罐、堆场的防火间距　　　　　　　　　　　　m

名　　称			湿式柜的总容积 V/m^3				
			$V<1000$	$1000 \leq V$ <10000	$10000 \leq V$ <50000	$50000 \leq V$ <100000	$100000 \leq V$ <300000
甲类物品仓库 明火或散发火花的地点 甲、乙、丙类液体储罐 可燃材料堆场 室外变、配电站			20.0	25.0	30.0	35.0	40.0
民用建筑			18.0	20.0	25.0	30.0	35.0
其他建筑	耐火等级	一、二级	12.0	15.0	20.0	25.0	25.0
		三级	15.0	20.0	25.0	30.0	35.0
		四级	20.0	25.0	30.0	35.0	40.0

现行《建筑设计防火规范》规定了总容积 $50000m^3 \leqslant V < 100000m^3$ 的湿式柜的防火间距，要求数个固定容积储罐的总容积大于 $200000m^3$ 时，分组布置。《钢铁冶金企业设计防火规范》对总容积 $100000m^3 < V \leqslant 300000m^3$ 的湿式柜做出了表 10-9 所述规定。

湿式柜之间、干式柜之间以及湿式柜与干式柜之间的防火间距，不小于相邻较大罐直径的 1/2。

煤气柜与铁路、道路的防火间距应符合表 10-10 的规定。

表 10-10 煤气柜与铁路、道路的防火间距　　　　　　　　　　　　　　　　m

名　称	厂外铁路线中心线	厂内铁路线中心线	厂外道路路边	厂内道路路边	
				主　要	次　要
煤气柜	25.0	20.0	15.0	10.0	5.0

在设备结构上要采取以下措施：湿式柜每级塔间水封的有效高度，应不小于最大工作压力的 1.5 倍；煤气柜出入口管道一般分开设置，管道上应设隔断装置，并在最低处设排水器；在设计时考虑煤气柜地基下沉可能引起的管道变形，管道连接处应留有伸缩的裕度；煤气柜上应有容积指示装置，柜位达到上限时关闭煤气入口阀，并应有放散设施及煤气柜位降到下限时自动停止向外输出煤气或自动充压的装置；寒冷地带，湿式柜的水封应采取相应的防冻措施；煤气柜柜顶和柜壁外的爆炸性气体环境危险区域应按 1 区划分。

在制造和施工过程中，湿式柜的检验对保证煤气设施的质量和安全十分重要，施工结束后应检查柜体内外涂刷的防腐油漆和水槽底板上浇的沥青层，并应进行升降试验，以检查各塔节升降是否灵活可靠。有条件的企业可进行快速升降试验，升降速度为 $1.0 \sim 1.5m/min$。没有条件的只做快速下降试验。升降试验应反复进行，不少于 2 次。

湿式柜安装完毕后应进行气密性试验。气密性试验的方法分为涂肥皂水的直接试验法和测定泄漏量的间接试验法两种。

直接试验法是在各塔节及钟罩顶的安装焊缝全长上涂肥皂水，然后在反面用真空泵吸气，以无气泡出现为合格。

间接试验法是往气柜内充空气，充气量约为全部储气容积的 90%。以静置 1 天后的柜内空气标准容积为起始点容积，以再静置 7 天后的柜内空气标准容积为结束点容积，起始点容积与结束点容积比较，泄漏率不超过 2% 为合格。测定的柜内空气容积可用下式换算成标准容积：

$$V_N = V_t \frac{273 \times (B + p - \omega)}{760 \times (273 + t)} \quad (10-2)$$

式中　V_N——标准状态下的气体容积，m^3；

　　　V_t——测定的（平均温度为 $t℃$ 及大气压力为 $BmmHg$）柜内空气容积，m^3；

　　　B——在湿式柜的 1/2 高度处测定的大气压力，mmHg；

　　　p——湿式柜工作压力，mmHg；

　　　ω——湿式柜内饱和水蒸气分压，mmHg；

　　　t——充入湿式柜内空气各点的平均温度，℃。

气柜在静置 7 天的试验期内，每天都必须测定一次，并选择日出前、微风时、大气温度变化不大的情况下进行测定,如遇暴风雨等温度波动较大的天气,测定工作应顺延。

干式柜气密性试验与湿式柜相同,采用油封结构的干式柜,还要检查柜侧壁是否有油渗漏。

干式柜最突出的优点是储存煤气压力可达 5500~8000Pa,运行中煤气压力稳定,较适合钢铁企业煤气管网稳压的要求。干式柜按其结构形式可分为阿曼型、克隆型和威金斯型,如图 10-1 所示。

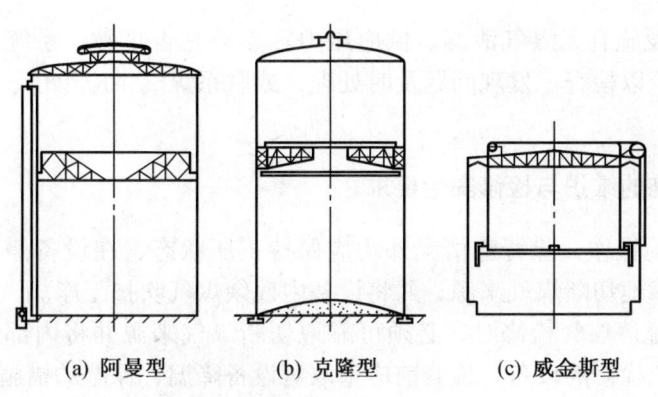

(a) 阿曼型　　(b) 克隆型　　(c) 威金斯型

图 10-1　干式柜结构形式

稀油密封型干式柜油封供油泵的油箱应设蒸汽加热管,密封油在冬季要采取防冻措施;底部油沟应设油水位观察装置。干式柜除设内、外部电梯外,还应设救护提升装置,在活塞上部工作时必须备有一氧化碳检测报警装置及空气呼吸器。

第三节　煤气设施安全技术

燃烧加热用或其他目的使用煤气的炉、窑、机组,都要设有煤气低压报警和连锁自动切断装置、炉上支管系统煤气置换装置、各类煤气的和热工的仪控装置以及冷凝水排除装置,并保证这些装置灵活可靠。

一、煤气设施的使用安全技术

(1) 检查烧嘴阀门能否开关灵活,关时能否关闭严密,开关标志是否正确,以防止开关标志颠倒而引发事故。

(2) 炉窑机组点火前,要使炉膛、烟道保持一定负压,并确认炉膛、烟道内无爆炸性气体,再在烧嘴前放置引火炬,然后缓缓通入煤气,严禁先给煤气后点火。燃烧不正常或着火后又熄灭,应立即关闭煤气阀门,查明原因,消除故障隐患,排除炉内残存煤气再按规定程序重新点火;送煤气前已烘炉的炉子,其炉膛温度超过800℃时,可不点火而直接送煤气,但应监视其是否燃烧。

(3) 强制送风的炉子,点火时应先开鼓风机但不送风,待点火送煤气燃着后,再逐步增大供风量和煤气量;停煤气时,应先关闭所有的烧嘴,然后停鼓风机。

（4）停炉时，在切断支管总阀之前，须关严各个烧嘴阀门，只有在充放置换介质（一般用氮气或蒸汽）并在支管阀门后安装盲板（或其他可靠隔断煤气装置），并彻底置换出残存煤气之后，才能认为完成了停煤气作业。在进入管道或煤气设备前，还应做一氧化碳含量测定或小动物试验（一般用鸽子、白鼠），确认合格后才可以进入；严格执行操作牌制度，保证通风良好；煤气防护人员应在现场监护。

（5）用煤气时要经常注意煤气是否完全燃烧，发现异常应予调整或对自动控制系统进行维修。

（6）对煤气设施有无煤气泄漏、供应压力等参数是否正常、系统有无阻塞、有无积水等，都应经常予以检查。发现问题及时处理，或联系煤气供应单位、调度指挥单位予以解决。

二、煤气设施的维护与检修安全要求

（1）煤气设施操作，除特殊情况外均应保持正压状态，在设备停止生产、保压又有困难时，必须可靠地切断煤气来源，并将设备内残余煤气吹扫干净。

（2）煤气设施停煤气检修时，必须可靠地切断煤气来源并将内部煤气吹净。为防止硫化物自燃，长期检修的设备，检修前应采取对设备降温、保湿的措施后，再打开上、下人孔和放散管等，保持设施内部的自然通风；备用的煤气设施应间歇性地通入惰性气体，防止自燃。

（3）进入煤气设备内工作时，应事先取空气样做检测分析。一氧化碳含量不超过 $30mg/m^3$ 时，可较长时间工作；一氧化碳含量不超过 $50mg/m^3$ 时，连续工作时间不应超过 1h；一氧化碳含量不超过 $100mg/m^3$ 时，连续工作时间不得超过 30min；一氧化碳含量不超过 $200mg/m^3$ 时，连续工作时间不应超过 15~20min。工作人员前后两次进入设备内工作的时间间隔至少 2h 以上；进入煤气设备内部工作时，安全分析取样时间不应早于动火或进塔前半小时，检修动火工作中每 2h 必须重新分析，工作中断后恢复工作前半小时也要重新分析；取样应有代表性，防止死角。当煤气相对密度大于空气时，取中、下部各一气样；煤气相对密度小于空气时，取中、上部各一气样。允许进入煤气设备内工作时，应采取防护措施并设专职监护人。

（4）带煤气作业或在煤气设备上动火，要制订作业方案和安全措施，并要取得煤气防护站或安全主管部门的书面批准。作业时应有煤气防护站人员在场监护，使用不产生火星的工具，如铜器或涂有很厚润滑油的铁工具，并应备有防毒器具及消防器材。工作场所应备有必要的联系信号、煤气压力表以及风向标志等，距作业点 10m 以外才可安设投光器，距工作场所 40m 内禁止有火源，并应采取防止着火的措施，非工作人员要离开煤气作业现场，作业结束应清点人数。不应在具有高温源的炉、窑、建（构）筑物内进行带煤气作业；否则，要采取可靠的安全措施。

（5）在运行的正压煤气设备或管道上动火较为安全，因为正常运行的煤气设备，煤气内无空气，即使在 1000℃ 以上的高温下焊接，设备或管道内的煤气也不会燃烧，但要防止管壁或设备外壳被烧穿引起煤气外逸着火或周围有其他易燃物着火。在焦炉煤气鼓风机前的负压管道上动火焊接，须控制煤气中氧气含量在 1% 以下，并对动火点前后管道进行确认确保无漏点，这样才能保证安全。如无特殊措施，或作业人员不具备较高素质情况下,一般禁止在负压情况下动火。通常要求设备或管道内的煤气压力应不低于约 2×10^{-4} MPa;如果带煤气动火,同时还要求煤气压力低于约 3×10^{-3} MPa,动火部位要可靠接地,装压力表或与附近仪表室联系,以测量设备或管道内的煤气压力;煤气区作业只准用电焊,严禁气焊。

在备用的煤气设备或管道内动火时,首先要可靠地切断煤气来源,并用蒸汽吹扫。动火前要将动火处 1.5~2m 以内的焦油、沉积物铲干净或通上蒸汽。经一氧化碳含量分析后,还应进行含氧量分析,且测爆合格后,方可动火。

(6) 加压机或抽气机前的煤气设施应定期检验壁厚,若壁厚小于安全限度,必须采取措施才能继续使用。打开煤气加压机、脱硫、净化和储存等煤气系统的设备和管道时,要采取防止硫化物等自燃的措施。

(7) 进入煤气设备内部工作,所用照明电压不应超过 12V。

三、带煤气开孔和抽堵盲板安全作业

1. 开孔作业

煤气管道需要临时开孔的地方很多,如在不能停运的情况下,在煤气管道上新增用户及管道低处开孔放水等。开孔作业分为人工开孔和电动开孔。

传统的开孔作业为全手动,即人工开孔,现仅用在开孔直径较小的煤气管道上。首先,在煤气管道上标出需接管道的位置,焊马鞍,安装短管、圆锥头和丝杠、手轮,转动手轮,推动圆锥头来回推进,将管道打通,并将切割下来的管壁退出,清理短管内杂物,在马鞍法兰上堵盲板,接出短管,其示意图分别如图 10-2 和图 10-3 所示。

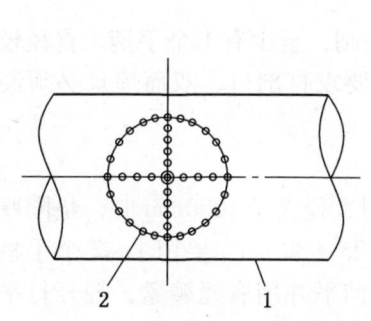

1—煤气管道;2—接管的位置

图 10-2 标出接管位置示意图

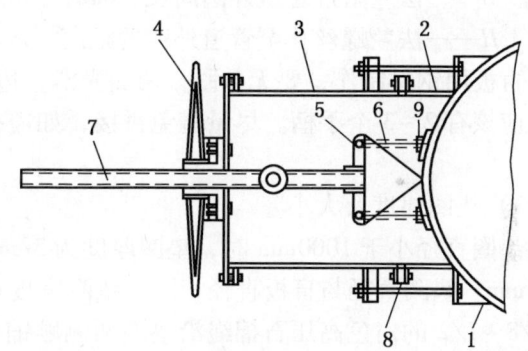

1—煤气管道;2—马鞍;3—短管;4—手轮;5—圆锥;
6—铁链;7—丝杠;8—法兰;9—加固片

图 10-3 人工带煤气开孔接管示意图

随着技术的发展,现在企业大多采用电动开孔。首先,在煤气管道上接一根开孔用的带法兰的短管,当在管道上开孔直径较小时,可以在法兰上安装专用的开孔阀门,在阀门上装开孔机,利用开孔机在煤气管道上开孔,开孔完毕后关闭专用阀,卸掉开孔机,开孔成功(带法兰的短管的半径应比所开孔径大 50~100mm)。对于开孔直径较大的,可采用等离子开孔。

煤气管道上开孔一般都在 2m 以上的高处,因此要搭好架子、斜梯等,开孔机的刀口

上涂上黄油或向马鞍短管内倒入机油,防止火花。同时应注意带煤气开孔作业时的安全防护,开孔之前应在距作业点 20m 处拉警戒线,准备消防车、救护车、手提式灭火器、报警器、空气呼吸器等,使开孔作业安全进行。

2. 抽堵盲板作业

带煤气抽堵盲板作业是一项很危险的作业,为确保安全,作业前应向煤气防护站或安全部门提出申请,经批准后方可进行。

1) 盲板的厚度

盲板厚度应按下式计算:

$$h = KD\sqrt{\frac{p}{[\sigma]}} + C \tag{10-3}$$

式中　h——盲板厚度,mm;
　　　D——管道计算直径,mm;
　　　K——系数,取 0.5(常压堵板或盖板取 0.45);
　　　p——计算压力,MPa;
　　　$[\sigma]$——许用应力,MPa;
　　　C——安全裕度,取 1.5~2mm。

2) 盲板的直径

盲板直径一般按下式确定:

$$D = 0.318S + 2H - 10 \tag{10-4}$$

式中　D——盲板直径,mm;
　　　S——法兰附近管道外圆周长,mm;
　　　H——法兰螺丝孔至管道外壁的距离,mm。

盲板用钢材制作,要无砂眼,两面光滑,边缘无毛刺,至少有 1 个手柄。直径较大的盲板应该有 2~3 个手柄。尽量避免拼接,如需拼接则要求打剖口,双面焊且必须经过探伤。

3) 垫圈厚度及大小

垫圈直径小于 1000mm 时,垫圈厚度为 3mm;垫圈直径大于 1000mm 时,垫圈厚度为 4~5mm。垫圈直径与盲板直径相同,垫圈宽度通常为 25~30mm,要留 1~2 个手柄,并用 3/8~1/2 的白色高压石棉绳沿垫圈两侧顺铺,铺满铺平并用麻绳缠紧,轻轻打平。此外,应在使用盲板垫圈时备有 5/8~3/4 的白色高压石棉绳。

4) 准备工作

(1) 外围准备。包括搭脚手架、斜梯、架设吊盲板用的起重桅杆,同时在抽堵盲板方向的管道两侧焊接两对相对称的支架(支架的长度为 350~400mm,宽为 350mm,高为 300mm,钢板厚度不应小于 20mm),法兰两侧用临时支架架住煤气管道。

(2) 在有煤气的一侧管端安装压力表,如需吹扫,还应引一蒸汽管道,蒸汽阀门距盲板不应大于 20m。

(3) 夜间操作时应准备足够的防爆照明灯具。

(4) 准备必要的螺栓、螺母、垫圈、铅油机械油等备品、备件。

(5) 尽量避免室内带煤气抽堵盲板作业,如必须进行,应经企业主管部门特殊批准,并采取特殊措施以保安全。

5）作业要求

（1）抽堵盲板前应采取措施尽可能降低带煤气作业段的煤气压力。

（2）抽堵盲板作业区内严禁行人通过，40m以内禁止存在火源及高温热源，如作业区附近有裸露高温管道，则应在作业前将该管道做绝热处理，抽堵盲板作业区要派专人警戒。

（3）加热炉前进行煤气管道抽堵盲板作业时，应先在管道内通入蒸汽以保持正压。

（4）距火源较近的地点进行抽堵盲板作业时，禁止带煤气作业，应事先通蒸汽清扫，并保持蒸汽在正压状态下方可操作。

（5）抽堵盲板作业点离支架较远时，应设临时支架以防反口。

（6）参加抽堵盲板作业人员所使用的呼吸器及防护面罩等均应安全可靠，如作业中呼吸器氧气压力低于5MPa或发生故障，应立即撤离煤气区域。作业人员使用防爆及不发火花工具，严禁穿带钉鞋。

（7）抽堵盲板作业时，法兰上所有螺栓应全部更新并保证灵活可靠，卸不动的螺栓可在正压情况下动火割掉，换上新螺栓并拧紧，但禁止同时割掉两个以上螺栓，以防煤气泄漏着火。作业场所应清除一切障碍物，如妨碍操作的围栏等。

（8）大型作业或危险作业时应做好救护、消防等准备工作，雷雨天气严禁抽堵盲板。

（9）在电捕焦油器等前从事煤气作业时，电捕焦油器等应停止供电，以避免爆炸事故发生。

第四节 煤 气 检 测

一、煤气安全检测方法

（1）化学分析法：利用煤气中的各种成分与相应的化学物质反应来分析煤气各成分的百分含量。奥氏法是使用最早的化学分析法，做法是量取一定体积的样气，使之依次通过几种专用的吸收溶液，根据气体体积的减少，可得出CO_2、C_mH_n、O_2、CO等成分的百分含量，然后加氧燃烧，即可根据燃烧后的体积减小和生成CO_2的体积，得出H_2和CH_4的百分含量。化学分析法劳动强度大，污染环境，分析结果不精确，重现性差，且分析组分不全。所用仪器有奥氏分析仪、韩氏分析仪、苏氏分析仪等，统称奥氏类气体分析仪。

（2）电化学传感器：当气体通过半透膜进入传感器时，在电介质的作用下发生化学反应，并在电化学传感器的收集极收集电子，形成微弱电流，通过放大线路，再经过A/D转换，即可从液晶显示屏上直接读出所测的CO气体浓度。电化学传感器反应灵敏、准确度高，已被广泛应用。

（3）红外分析仪：分子按各自的固有频率振动着，当波长连续变化的红外光照射分子时，与分子固有振动频率相同的特定波长的红外光即被吸收，如果将照射分子的红外光用单色器予以色散，按其波数依序排列，并测定不同波数处被吸收的强度，就得到了红外吸收光谱。利用非散射红外线，用单光束、单通道、双波长测量技术测定元素含量，从而测出气体浓度。

(4) 氧化锆法测氧：稳定的氧化锆的结晶在高温条件下（600℃以上），四价的锆原子被二价或三价的钇所置换，形成氧离子空穴，变成良好的氧离子导体，在氧化锆管两侧置气孔铂电极，根据管两侧气体中氧的浓度比，可测定氧的浓度。

(5) 顺磁法测氧：利用氧的顺磁性，带动悬挂在非线形磁场中的哑铃使之偏转，经光电装置来测定氧气的浓度。

(6) 热催化法测可燃气：根据气体在检测元件上的催化燃烧引起的温度上升和电阻率变化测定可燃气体浓度。

(7) 检测管：检测管分比长型和比色型两种：比长型检测管是根据指示胶变色长度来测量气体浓度的；比色型检测管则是根据指示胶变色程度来测定气体浓度的。

(8) 气相色谱分析法：是利用被分析物质在色谱柱中的气相和固定相间分配系数的微小差别来测定气体组分的。当两相做相对流动时，被分析物质在两相间做反复多次分配，使原来微小差别变大，从而使气体内各组分得以分离。气体混合物（样气）由载气携带作为流动相通过固定相，分离后的单一气体组分从固定相中依次流出，经色谱鉴定器转换成电信号输出，并由记录仪记录，再通过微机算出样气各组分的百分含量。色谱检定器有热导池检定器和离子化检定器两种。

二、检测仪器、设备

为确保工业煤气使用过程中的人身和设备安全，国内外普遍在生产的关键部位设置固定式检测报警装置，作业人员在煤气危险区域配备便携式报警装置。

便携式检测报警器分为不带记忆型和带记忆型两种：不带记忆型检测报警器可在现场直接给出气体浓度，但不能储存数据；带记忆型检测报警器既可在现场直接给出所测气体浓度，又可以把所测数据储存起来供以后查看。便携式检测报警器还有组合型的，有"二合一"、"三合一"、"四合一"等组合形式，一个仪表可以同时监测几种气体。

固定式检测仪器有在线测试型和扩散型两种：前者用于监测生产线中的气体，后者用于监测气体的泄漏情况。固定式检测仪器的检测头有多种形式，标定方法也各不相同，有的要求在清洁的环境中标定，有的在现场就可标定。固定式检测仪器从前多采用并联连接方法，现在已发展为可串联连接的。

第五节　煤气事故的预防与抢救

预防煤气事故应从分析煤气中毒、着火、爆炸的发生机理入手，从以下几个方面考虑：防止煤气从设施中泄漏（防止车间和作业场所空气中一氧化碳含量超过国家标准，以避免煤气中毒事故的发生等）；防止煤气和空气混合形成爆炸性气体（如控制设施中氧含量、通入惰性气体等）；控制激发能源等。同时，应制定发生煤气中毒或着火、爆炸事故时的抢救措施，准备抢险设备。

每个生产、供应和使用煤气的企业，应设煤气防护站或煤气防护组，并配备必要的人员，建立紧急救护体系。防护站应经常组织检查煤气设备及其使用情况，对煤气危险区域定期作检测分析，发现隐患，及时向有关单位提出改进措施，并督促按时解决。审查各单位提出的带煤气作业（包括煤气设备的检修，运行时动火焊接等）的工作计划，并在实施过程中严格监护检查，及时提出安全措施及参与安排抽堵盲板、开孔等特殊煤气作业。

一、煤气事故预防

1. 煤气中毒事故的预防

（1）加强煤气安全管理。对于煤气作业人员，应进行生产操作及安全技术培训考核，合格后方准上岗工作，制定严格的岗位责任制，并确保实施。

（2）从生产设施的密闭式入手，提高系统的自动化程度，防止和减少一氧化碳在生产环境中形成危及人的健康与安全的浓度；加强对生产环境的一氧化碳浓度监测和警报。

（3）采取措施，降低作业过程中的中毒危险，如设备或管道检修时，首先要把设备或管道内煤气吹扫干净（煤气设施内部气体置换是否达到预定要求，应按预定目的，根据含氧量和一氧化碳分析或爆发试验确定）；新建或大修的煤气设备及管道要进行强度或气密性试验；在煤气区域工作，须两人以上，并要携带便携式一氧化碳报警器。一旦发生煤气泄漏，则要站在上风侧监视，严禁任何无关人员进入危险区，同时立即通知有关单位处理。

（4）采取有效的个体防护，建立煤气中毒事故的抢救和急救体制，配备必要的防护器具和急救器材，如一氧化碳监测器、空气呼吸器等，平时要经常检查，确保器具有效。佩戴时，也须认真检查，尤其注意不应在煤气危险区域摘掉口罩、鼻卡或面具。进入高浓度一氧化碳环境中工作时，一定要戴好防护面具，控制时间，并有足够的监护和抢救措施。

2. 煤气爆炸事故的预防

煤气发生爆炸除了煤气与空气混合必须达到一定浓度外，还必须有激发能源。因此，杜绝这两个条件同时出现，即可防止煤气爆炸事故发生。

（1）首先应对煤气危险区域进行辨识、判断、分级，并采取相应预防措施，防止爆炸性混合气体的产生。

（2）对容易泄漏煤气的场所，应防止激发能源，并设置自动报警装置，同时定期调校自动报警装置，以免误报警或失效。

（3）各类设备及电气照明应依据爆炸场所等级，采用相应的防爆类型。

（4）从设计及生产过程中考虑抑爆、隔爆、泄爆等安全措施，如设置泄爆装置，相关的建筑物应有符合规定的泄爆面积等。

3. 煤气着火事故预防

（1）防止煤气泄漏，保证煤气设施的严密性，发现泄漏及时处理。经常检查阀芯、法兰、膨胀器、焊缝口、计量导管、接头、排水器、煤气柜与活塞间、风机轴头、蝶阀轴头等易泄漏部位。

（2）煤气设施要有良好的接地装置，对接地线要定期检查测试。

（3）严格执行煤气设施和煤气区域动火作业的管理制度，动火时应事先办理动火证，应有防火措施，并经安全部门检查确认，按规定的要求、时间、地点动火。

（4）带煤气作业应在降低压力的状况下进行，并应使用符合规定的工具。

（5）工作场所规定的范围内应禁止火源（防加热，防静电，自燃等），不应堆放易燃易爆物品；带煤气作业地点附近的裸露高温管道，应做绝热处理。

二、煤气防护及急救设备

煤气事故的防护及急救设施主要包括呼吸器、通风式防毒面具、充填装置、万能检查器、苏生器、隔离式自救器、担架、各种有毒气体分析仪、防爆测定仪及供危险作业和抢救用的其他设施（如对讲电话），并应配备救护车和作业用车等。

呼吸器官的防护用具按处理空气的方法大体分过滤式、自给式、送气式三种。当有毒有害气体成分小于1%体积浓度，且氧气含量高于17%体积浓度时，可以采用轻防护；当有毒有害气体成分大于1%体积浓度，或氧气含量低于17%体积浓度时，应采取重防护。

轻防护的防护范围包括滤尘、滤毒、滤蒸汽、复合过滤，轻防护采用鼻夹式、半面罩、全面罩和逃生器四种防护形式。

重防护是采用全面罩将面部全部封闭，并自带呼吸气源，不使用现场环境的空气呼吸的防护方式，主要有背负式压缩空气呼吸器、氧气呼吸器、长管式呼吸器、逃生呼吸器。

背负式压缩空气呼吸器由背板、压缩空气瓶、面罩和呼吸量需求阀组成，将清洁的空气压缩在钢瓶中供使用。背负式压缩空气呼吸器是煤气救护和防护重要以及常用设备之一，根据现场情况和呼吸时间要求，可配置大小不同的气瓶，一次充气后可供一个中等强度工作量的人员连续使用60~80min，且具有低压报警功能，当气瓶中气压低于5MPa时即鸣叫报警。使用背负式压缩空气呼吸器前要进行功能检查：①打开气瓶，观察压力表，检查压力是否充足；②展开腰带、肩带、背板，检查是否完好；③打开气瓶，戴好面罩，吸气，吸气阀被激活，憋住呼吸，装置应平衡听不到泄漏声；④继续呼吸，呼出的空气应容易从呼吸阀流出；⑤按吸气阀的橡胶盖中央，检查补充供气；⑥关闭气瓶阀，正常呼吸，使系统排气，压力表指示为零时，憋住呼吸，面罩粘住面部，表明密封良好；⑦压力降到5MPa时，应有哨声报警。

氧气呼吸器（根据使用时间长短不同）有2h、3h、4h共三种。工作人员从肺部呼出的二氧化碳大部分被吸收剂吸收，少量未被吸收的二氧化碳与氧气瓶中的氧混合成含氧的气体供工作人员呼吸。氧气瓶是一种小型高压容器，稍有不慎就可能造成着火爆炸事故。因此，该呼吸器已逐渐被淘汰。

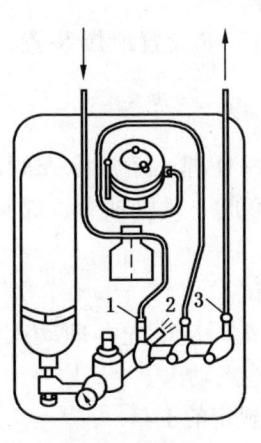

1、2、3—接头
图10-4 自动苏生器

长管式呼吸器可以长时间向使用者供气，而且可以免去背负钢瓶的负担，更有利于操作。其供气方式有钢瓶供气和现场压缩空气系统供气，也可由带滤毒装置的气泵直接供气，可供2人或3人以上同时作业。

逃生呼吸器适用于现场紧急情况下使用，使用者把呼吸面罩套在头上，其附带的小气瓶将自动连续提供10~15min的新鲜空气，可有效地在5~10min内使现场人员得到保护，以便逃离有毒气体的现场。逃生呼吸器的供气方式有过滤式和压缩空气式两种。

自动苏生器（图10-4）是自动进行正负压人工呼吸的急救设备，它能把含有氧气的新鲜空气自动输入伤员肺内，然后又自动将肺内的气体抽出并连续工作。

自动苏生器的动作原理如下：高压氧气由氧气瓶经减压

器进入配气阀,在配气阀上有3个接头。带喷嘴的接头1与唾液瓶相连接,并用细的吸引胶管经遇险人员的鼻孔插入口腔内,利用喷嘴喷射造成的负压吸取堵塞于呼吸道内的黏液或污物。这一工作要在人工呼吸前进行。接头2与自动肺相连接,以便对窒息人员进行人工呼吸。接头3与带调节气囊的面罩相连接,用于对已恢复呼吸能力的遇险人员补给氧气。在抢救中毒人员时应注意:①将中毒者头偏向一侧,解开衣扣、腰带;②扩口,检查喉腔;③插入吸引管抽黏液;④清理口腔,压舌器放在舌根上;⑤戴好面罩,调整自动肺;⑥自动肺动作紊乱时,调慢自动肺频率,改为自主呼吸。

高压氧舱是指医疗上给病人进行氧气治疗用的高压密封舱。将病人放入富氧空气的舱内,逐渐增加舱内气压到 2~3 个标准大气压(202.65~303.975kPa),然后让病人吸入并渗入氧气。在高压下给氧,可以迅速提高血液氧含量、血氧张力和氧弥散率,从而改善全身细胞和组织的氧合情况。对中毒人员进行高压氧治疗,特别是对煤气中毒人员的抢救,治愈率高达 97.6%。

常见的高压氧舱有单人舱和多人舱两种。前者只能容纳一个煤气中毒者,特点是造价较低,可随汽车移动,但需医务人员随车护理。后者分为3个舱室:进行外科手术的手术舱,容纳一批中毒者同时进行的高压氧治疗舱,以及医务人员进出的过渡舱。

高压氧舱的禁忌症包括:①未经处理的恶性肿瘤和气胸,为绝对禁忌症;②肺部疾病,包括感染损伤、出血、明显肺气肿,上呼吸道感染,急慢性副鼻窦炎,中耳炎;③颅内活动性出血或内出血未控制者;④高血压在 160/100mmHg 以上;⑤孕妇及妇女月经期;⑥有氧中毒史或对高压氧耐受较差者。②~⑥为相对禁忌症。

三、煤气事故的抢救

1. 煤气中毒事故的抢救

煤气中毒事故的现场与一般事故发生后的现场不同,爆炸、坍塌、机械事故等发生后现场不保持原有的危险状态,而煤气中毒事故发生后现场一般保持原有的危险状态。所以,进行煤气中毒事故现场抢救时,救护人员首先应做好个人自身的防护。

(1) 将中毒者迅速及时地救出煤气危险区域,抬到空气新鲜的地方,解除一切阻碍呼吸的衣物,并注意保暖。抢救场所应保持清静、通风,并指派专人维持秩序。

(2) 抢救煤气中毒者时,应根据其中毒轻重程度采取相应的处理措施。中毒轻微者,如出现头痛、恶心、呕吐等症状,可直接送往附近卫生所急救。对于中度中毒者,如出现意识模糊、口吐白沫等症状,应立即进行现场输氧,等其恢复知觉、呼吸正常后,再送附近卫生站治疗;如有高压氧舱可进舱治疗。对重度中毒者,如出现失去知觉、呼吸停止等症状时,应立即施行人工呼吸或强制苏生;在恢复知觉之前,不准用车送往较远的医院;中毒者身上没有出现尸斑或未经医务人员允许,不得停止急救。

(3) 在抢救中毒人员同时,应对事故现场进行控制,严禁火源和其他无关人员进入,保持现场空气流通,室内应打开门窗通风,将有害气体排出与稀释;难以进行自然通风的场所,应采用人工强制通风。

(4) 严格检查事故现场,找出泄漏点进行修复。

2. 煤气爆炸事故的抢救

煤气设备一旦发生爆炸,不仅损坏设备本身,还有可能伤人,而且可能发生煤气中毒、着火事故，或者产生第二次爆炸。抢救爆炸事故应首先救人，救护人员进入有残余煤气区域时应戴防护面具，抢救组织者应采取有效措施防止事故扩大。

(1) 对已经爆炸的煤气设施，应立即切断其煤气来源，迅速把煤气处理干净，防止二次爆炸。

(2) 对出事地点应加强警戒，以防发生煤气中毒事故。

(3) 在爆炸地点40m以内禁止火源，以防发生煤气着火事故。

(4) 迅速查明爆炸原因，在未查明原因之前不准送煤气。

3. 煤气着火事故的抢救

煤气设施着火时，处理正确，能迅速灭火；若处理错误，则可能造成爆炸事故。灭火时，应设法降低煤气压力或局部停止使用煤气；往着火的设施内通入大量的蒸汽或惰性气体；保护周围设施不被烧红或烧坏。

(1) 由于设施不严密而轻微泄漏引起的着火，可用湿泥、湿麻袋等堵住着火处，待火熄灭后再按有关规定补好泄漏处。

(2) 煤气管道着火，管道直径在100mm以下者可直接切断煤气灭火；管道直径大于100mm者应逐渐降低煤气压力，但煤气压力不应低于100Pa，不应突然关闭煤气阀门，以防回火爆炸。煤气压力下降后引起的管道着火，可用黄泥、湿麻袋、石棉布等堵灭、捂灭，也可用蒸汽或灭火器扑灭。在通风不良的场所，煤气压力降低以前不要灭火；否则，灭火后煤气仍大量泄漏，会形成爆炸性气体，遇烧红的设施或火花，可能引起爆炸。

(3) 煤气设施内沉积物（如萘、焦油、硫化铁等）着火时，可将设施的人孔、放散管等一切与大气相通的附属孔关闭，使其隔绝空气自然灭火；同时应通入蒸汽或氮气。但灭火后不要立即停送蒸汽或氮气，以防设施内沉积物自燃引起爆炸。

(4) 煤气设施已烧红时，不应用水骤然冷却，以防煤气设施急剧收缩造成变形断裂而泄漏出煤气。

(5) 煤气隔断装置、压力表、蒸汽或氮气管接头，应有专人控制操作。

(6) 火警解除后恢复通气前，应仔细检查，保证管道设施完好并进行置换操作后才允许通气。

应该注意的是，如果扑灭了火焰，煤气不经过燃烧直接外泄，则危险区域的作业人员可能会发生中毒事故，处理不当还可能发生爆炸事故。所以，处理煤气燃烧事故，应由事故单位、消防队和煤气防护站共同组成临时指挥机构，以便统一指挥；应设立警戒范围，灭火人员要做好自我防护准备；对已被烧伤的病人，不可盲目处理创面，应由医务人员处理，并及时送医院诊治。

第十一章　冶金企业常用气体生产与使用安全技术

第一节　氧气的生产与使用安全技术

一、概述

(一) 氧气的性质

氧在自然界广泛存在，以游离态存在于空气中，容积比例为 20.93%；以化合态存在于水、各种矿物和岩层，以及一切动、植物的体内。

氧是无色、无味、无臭的气体，分子式为 O_2，分子量为 31.9988。比空气重，标准状态下的密度为 $1.429kg/m^3$。常压下（指标准大气压），液化温度为 $-182.98℃$，液氧系天蓝色、透明、易流动液体。凝固温度为 $-218.4℃$，呈蓝色固体结晶。氧能少量溶于水，$0℃$ 水能溶氧的体积是 4.9%。氧具有磁感性。

氧具有强氧化性，能与其他物质化合生成氧化物，纯氧中进行的氧化反应异常激烈，同时放出大量的热，达到极高的温度。氧与氢反应生成水，反应式为 $2H_2 + O_2 \rightarrow 2H_2O + 21600kJ/m^3$，平均火焰温度超过 $2000℃$，最高可达 $2830℃$。

氧气本身不燃，但能助燃。氧气与乙炔等可燃气体、有机物或其他易氧化物质能形成爆炸性混合物，与油脂接触则反应生热，发生自燃。液态氧和易燃物共储时，特别是在高压下，有爆炸的危险。液氧易被衣物、木材、纸张等吸收，见火即燃。氧无腐蚀性，但有水分存在时会促进金属的腐蚀。

氧气本身无毒。健康成人吸入纯氧 3h 对人体无任何影响，但吸入更长的时间或在 $202.65 \sim 303.975kPa$（$2 \sim 3atm$）以上时持续吸入高浓度氧时，则可出现氧中毒症。皮肤接触液氧时可引起严重冻伤，导致组织损伤。

(二) 氧气在冶金工业的应用

氧气在钢铁企业具有重要地位。随着氧气炼钢、高炉富氧等强化冶炼措施和钢坯自动火焰清理新技术的采用，钢铁企业用氧技术发展很快，已成为国民经济中最大的用氧部门。钢铁企业普遍采用大型制氧机组，并考虑综合利用，$60000m^3/h$ 及以上制氧机已不鲜见。

钢铁企业不仅用氧量大，而且用途广泛。高炉熔融还原炼铁、富氧鼓风，转炉顶吹、底吹、电炉吹氧，钢坯自动火焰清理，烧出钢口、铁口、渣口，废钢加工，人工火焰清理，切割、焊接、瓶氧小用户等，从生产、检修到基建，无时无处不用氧气。

钢铁企业用氧系统复杂，用氧不均衡，频繁大幅度波动，使用制度复杂，用氧条件严格，要求安全连续供应。

(三) 氧气的制取

氧气的制取方法一般有化学法、电解（水）法、变压吸附法、膜法和深度冷冻法等。

深度冷冻法制氧，以空气作原料，电耗低，大型制氧机制取 $1m^3$ 氧气仅耗电 $0.45\sim0.55kW\cdot h$，成本低廉、最经济。此法制氧产量高（目前国外已有小时产氧 $100000m^3$ 的制氧机），质量好（纯度 $99.6\%O_2$），运转周期长，（$2\sim3$ 年加温解冻一次），安全连续运行，工艺成熟，以其诸多优越性在工业上被广泛应用。其制氧原理及工艺流程简述如下：空气加压、冷却、液化，利用氧组分与氮组分沸点的不同（1 个标准大气压下沸点：氧为 $-182.98℃$，氮为 $-195.8℃$），在精馏塔内，上升蒸气与回流液体在塔板上接触时，进行传热、传质，多次的部分冷凝蒸发，高沸点的氧组分不断冷凝进入液相，低沸点的氮组分不断从液体中蒸发变成上升蒸气，使下流液体氧含量越来越高，上升蒸气中氮含量越来越高，达到空气分离得到氧、氮的目的。

制氧机组制氧的简单工艺过程如下：

（1）净化原料空气中的机械杂质。制氧机一般采用干式除尘，又分为干带式、干袋式及脉冲自洁式过滤器。为避免将油带入空分装置，确保安全，油浸过滤器已淘汰。

（2）将原料空气压缩到额定压力。一般采用透平式、活塞式、螺杆式空气压缩机。特大型制氧机一般采用轴流加透平式空气压缩机。

（3）净化原料空气中的水分。一般采用可逆式换热器冻结水分，或用分子筛吸附器吸附水分。

（4）净化原料空气中的二氧化碳。一般采用可逆式换热器冻结二氧化碳，或用分子筛吸附二氧化碳。

（5）净化原料空气中的乙炔。原料空气中的乙炔和其他碳氢化合物，随着空气的液化、精馏，转移到液空、液氧中。设置装有细孔球形硅胶或分子筛的液空吸附器和液氧吸附器，使液空、液氧分别通过，吸附乙炔和其他碳氢化合物。液氧循环通过液氧吸附器，可采用液氧泵加压和自循环两种方式。目前一般采用分子筛流程，常温吸附乙炔和碳氢化合物。

（6）制冷、热交换、空气液化。采用透平膨胀机、活塞膨胀机和节流阀制取冷量或降低温度。采用可逆式换热器和其他换热器换热，使空气降温、液化。在空分装置中，还应用了许多板翅式换热器或管式换热器，进行多种热交换，达到不同工艺目的，如过热器、过冷器、液化器等。

（7）液空精馏、分离成氧和氮。一般采用下塔（$0.5MPa$ 高压塔）、上塔（$0.05MPa$ 低压塔）双级精馏，制取纯度为 $99.2\%\sim99.6\%$ 的氧气和纯度为 $99.9\%\sim99.999\%$ 的氮气。

（8）产品氧、氮的储存与运输。制氧机的主要产品为氧和氮，可采取气体、低温液体两种储存方式。气体可用大型球罐或其他压力容器（包括钢瓶）储存。低温液体可用粉末真空绝热或粉末绝热的低温储罐储存。

氧和氮可采用管道、低温液体、钢瓶三种方式送至用户。对大用户，用透平式氧压机、活塞式氧压机等加压氧气，通过管道送往用户。对离氧站很远的用户，如果用量较大，可采用液氧输送到用户，再气化送入管道。若使用压力较高，要采用液氧泵加压气化送入管道。液氧也可作为气氧的调节补充手段。由于氧气液化后体积缩小到 $1/800$，故输送液氧可大大减少运输量。对分散的氧气小用户，可采用活塞式氧压机或液氧泵加压至

15MPa 充钢瓶，然后送到用户。

（四）氧气燃烧爆炸条件

氧气燃烧爆炸必须具备如下三要素：

（1）可燃物。包括气体燃料（氢、乙炔、甲烷、煤气、天然气、石油液化气等）、液体燃料（汽油、煤油、柴油、重油等）、固体燃料（焦炭、木柴、煤等），以及其他可以燃烧的物质（纤维、棉花、衣物、有机物等）。

（2）氧化剂。氧气和液氧本身就是很强的氧化剂。氧气愈纯，压力愈高，危险性愈大。

（3）激发能源。激发能源的种类与形式见表 11 – 1。

表 11 – 1　激发能源的种类与形式

能源种类	表 现 形 式
机械能	撞击、摩擦、绝热压缩、冲击波
热 能	加热表面、火焰、高温气体、辐射热
电 能	电火花、电弧、电晕、静电
光 能	紫外线、红外线
化学能	触媒、本身放热（分解、氧化、聚合）

当可燃物与氧混合，并存在激发能源，即燃爆三要素具备时，必定会引起燃烧，但不一定爆炸。只有当氧与可燃气体均匀混合，并达到爆炸极限，遇激发能源时，即发生爆炸。这就是燃烧条件与爆炸条件的差别。氧气与不同可燃气体混合的爆炸极限是不同的。

（五）氧气生产安全的基本条件

氧站的总图布置、设施类别、防火间距、一般防护、消防设施、防火、防爆、防雷、防静电、电气安全、防冻、防窒息、防地震、防振动、通风设施、管道和储罐的漆色标志和安全管理等，均是氧气生产企业安全的基本要求，应按照 GB 16912《深度冷冻法生产氧气及相关气体安全技术规程》的有关规定严格执行。

防火、防爆是氧气安全技术的核心。氧气燃烧、爆炸是氧气生产、使用单位的多发事故，危害极大，损失惨重。根据氧气的危险特性和 GB 50016《建筑设计防火规范》的有关规定，氧气生产的火灾危险性类别为乙类。

氧气生产场所应建设在安全可靠、环境清洁的地区。为防止空分装置发生爆炸，吸风口与散发乙炔等碳氢化合物等有害气体的发生源应有一定的安全距离。吸风口处空气中有害杂质允许极限含量应通过实际检测，符合表 11 – 2 的要求。

表 11 – 2　吸风口空气中有害杂质允许极限含量

杂质名称及分子式	允许极限含量	杂质名称及分子式	允许极限含量
乙炔 C_2H_2	0.5×10^{-6}	二氧化碳 CO_2	400×10^{-6}
甲烷 CH_4	5×10^{-6}	氧化亚氮 N_2O	0.35×10^{-6}
总烃 C_mH_n	8×10^{-6}	含尘量	$30 mg/m^3$

注：当吸风口空气中有害杂质含量超标且无法避免时，应在空分装置前采取针对性有效的分子筛吸附净化措施。

二、氧气设备安全技术

(一) 空压机安全技术

1. 活塞式空压机安全技术

(1) 三角带传送装置需设安全防护罩,防止断带伤人,严禁跨越运转中的设备。

(2) 冬季,空压机长期停车,必须放净冷却水套及冷却器内的存水,防止冻裂设备。

(3) 开车前必须盘车检查。运转中发生异响敲击声和超标振动,必须立即停车,并检查处理。

(4) 各级安全阀要定期校验,保持灵敏可靠,超压即跳,以确保安全。

(5) 确保冷却水畅通,断水要立即停车。大型机组应设断水报警停车连锁装置。

(6) 确保油路畅通,油压下降应立即检查调整。遇紧急情况要立即停车处理,防止烧瓦。大型机组需设油压下降报警停车连锁装置。

(7) 严格控制气缸润滑油注油量和油质,其闪点必须比压缩机正常排气温度高 40℃以上,且具有良好的抗氧化安定性。定时检查各级排气温度,温升过高超过规定值,要停车检查处理。防止阀门、管路、冷却器、气缸系统结炭燃爆。

(8) 不得超负荷、超压运行。发现漏泄时,不得带压紧螺栓。管路需加固,不得大幅度振动。

2. 透平式空压机安全技术

(1) 吸风过滤室应安装干式过滤器,并按规定定期清扫和更换。正常运转时,要保证过滤器的除尘效率,阻力不得过大,确保透平式空压机正常运转,确保转子磨损小、风量足。

(2) 长期停车,应放净各处冷却水,防止冻坏设备。启动前需盘车检查。

(3) 安全保护系统完善,开车前应做好空投试验。

①安全阀灵活可靠,超压能灵敏启跳。

②设有轴位移报警停车连锁装置,防止轴向窜动过大,转子与机壳摩擦损坏。

③设防飞动保护系统,机组接近喘振时自动放空,防止机组因剧烈振动遭到破坏。

④设水流量或水压过低报警停车连锁装置,确保机壳水套、油、气各系统的冷却,以保证透平式空压机安全运行。

⑤为保证正常润滑,应设油压监视系统。油压下降时,自动启动备用液压泵或停车。设油箱油位指示与油位过低报警。大型机组设高位油箱,以保证机组运行中断油和失电停机惰性运转过程中轴承的润滑。

⑥设轴承温度、油温、气温过高报警停车连锁装置,防止烧瓦酿成更大事故。

⑦设超压自动放空装置,防止设备超压运行而损坏。

⑧设轴承振动报警停车连锁装置,防止振坏轴承和造成转子与机壳相撞事故。

⑨设电动机失压、过流报警停车连锁装置,防止烧坏电机。

⑩止回阀应灵敏可靠,防止失电停车倒气反转烧瓦事故。

(4) 当出现电机冒烟,油系统着火,机组剧烈振动,机组飞动,各部温度、压力、流量、轴位移等参数超过停车标准,而保护系统失灵时,必须手动紧急事故停车。

(5) 大、中型空压机连续冷启动不宜超过 3 次,热启动不宜超过 2 次,启动间隔时间按设备操作说明书规定执行，以避免电机过热烧坏。

(6) 空压机出口若在露天设气动放风阀，气源应用氮气、仪表空气等干燥气体，以防冬天结冰拒动。

(7) 多台空压机并联设置时，放风系统宜各自独立，不要汇集于一根总管而互相干扰，造成憋压事故。

(8) 内压缩流程（氧气）的增压机应满足以上（2）~（5）的要求。增压机与主空压机应同步运行，增压机与主空压机间的连锁保护装置应完善、可靠。

（二）氧压机安全技术

活塞式氧压机、透平式氧压机的一般安全技术要求，与相应型式的空压机基本相同。由于氧压机压缩的是氧气，故对防止燃烧爆炸有如下特殊要求：

(1) 氧压机入口应设可定期清洗的过滤器，防止铁锈、杂物吸入氧压机，造成摩擦起火，发生燃爆事故。

(2) 接触压缩氧气的零部件，必须用无机非可燃清洗剂、二氯乙烷、三氯乙烯等清洗，严格脱脂。检修工具禁油，防止氧、油接触引起燃爆。

(3) 充装钢瓶氧气的高压氧压机（15MPa）的气缸内润滑水量不可过小或中断，防止气缸温度急剧上升而在高压氧流下燃爆。宜设断水报警停车装置，水槽的冷却水量必须充足，以保证浸入其中的气缸及冷却盘管冷却效果良好。

(4) 活塞式氧压机，要保证中间座密封函的密封性能，防止机油沿轴带进入气缸而引起燃爆事故。

(5) 各种类型的氧压机，必须严加控制各级排气温度，以免温升过高而引发燃爆事故。

(6) 透平式氧压机，除了满足透平式空压机的一般安全技术要求外，还应采取下列安全措施：

①设防护墙或单独防火间与周围隔离。

②油系统，除轴头主液压泵、辅助液压泵齐全外，还应设高位油箱，以防断油。

③应设充氮灭火保护系统。透平式氧压机各级进出口设温度探头，当氧气温度过高超过标准，应切断氧气来源，将高压氮气充入气缸灭火，防止燃爆。

④为防止氧气漏泄，透平式氧压机转子各级间及两轴端，皆设迷宫密封。两轴端迷宫密封要充入仪表气体（干燥洁净空气）以防止氧气外泄，并将迷宫密封漏泄出的微量氧气稀释，由专管引出机房。要保证轴封气体压力在规定值。

⑤转子两轴端与轴承间少量吹入仪表气体，以稀释外泄氧气与轴承中散发的油蒸气，不使其直接混合，防止燃爆。

⑥事故紧急停车要求，类似透平式空压机，但要求更加严格，更加迅速。

⑦透平式氧压机检修时，设备、零件、机具及人员要严格脱脂，保证洁净无油。透平式氧压机扣盖前要用容易发现油污的紫外线灯照射检查，不得有油污。检修现场干净卫生，并用吸尘器吸去灰尘。防止异物落入机壳内。检修人员宜穿无口袋的紧身工作服。转子等部件小心吊放，严禁碰撞，钢丝绳用布包好隔油，严格按检修规程办理。

⑧检修后首次开车用氮气启动，以防燃爆，正常后再压送氧气。严禁用氧气直接试车。

⑨开关手动氧气阀门必须侧身缓慢操作。带有旁通阀者,应先开旁通阀均压,发现异常立即采取措施。

⑩氧压机着火时,必须紧急停车,并同时切断氧气来源。

⑪氧压机所有零部件材质必须符合设计要求,不准随意变更。

(三) 膨胀机安全技术

(1) 膨胀机前必须设置过滤器,并定期清洗,防止机械杂质进入机体损坏叶轮。

(2) 透平膨胀机应具有密封气压力与油压的差压连锁保护装置。密封气压力调至规定值方能启动液压泵,防止油雾窜入空分装置引起燃爆,并防止冷气外泄。

(3) 设油压过低、冷却水量不足、轴承温度过高等报警停车连锁装置。运转中发生异响应立即停车。

(4) 严格控制膨胀机转速,保持在额定转速范围,防止超速导致转子在巨大离心力作用下损坏。转速由制动风机或制动电机调节。超速时或出现异常响声、油压过低、轴承温度过高等事故,可由入口薄膜调节阀或紧急快速切断阀切断气源,并立即停车。应设超速报警和自动停车装置,转速表应定期校验。

(5) 非带液膨胀机严格控制机后温度不得低于 $-188℃$,以免空气液化产生液体击坏叶轮。运转过程中出现冰或干冰堵塞喷嘴时,应立即停车加温解冻。由于解冻过程中叶轮仍在转动,故不准停油和停密封气,防止烧瓦和油雾窜入机壳内。空气轴承透平膨胀机的加温解冻,应按操作说明书执行。

(6) 静压空气轴承透平膨胀机的启动和停车应缓慢进行,以稳定轴承气压,严禁在管路发生共振的转速点停留,以免损坏设备。轴承气压过低时,应紧急停车检查处理。

(7) 增压透平膨胀机的压缩机侧应设防喘振保护装置。

(8) 风机制动的膨胀机,运行中禁止关闭风机的进、排气阀门,应定期清洗制动风机入口的空气过滤器,以防膨胀机超速和飞车造成叶轮损坏。

(9) 活塞式膨胀机的防飞车装置应完好、可靠,在突然停电或正常停机时,应首先关闭高压气体进口阀,再停制动电机,以防飞车造成设备损坏。

(四) 液氧泵安全技术

离心式液氧泵、活塞式液氧泵、循环液氧泵和多级液氧泵的安全条件是一致的。轴承润滑脂是可燃物,液氧是强氧化剂,机械密封的摩擦、电机漏电等均能产生燃爆。高压液氧泵更加危险。

(1) 液氧泵区域严禁明火、油脂等可燃物。液氧泵入口应设过滤器,防止机械杂质、低温冻结物、固体颗粒等进入泵内破坏叶轮,引起燃爆事故。液氧泵应设出口压力、轴承温度过高报警、停车连锁装置,以防设备事故。

(2) 启动前需盘车检查,防止有异物。要充分预冷,防止气蚀。预冷前,先用干氮吹除迷宫密封,打开吹除阀,吹去残存氧气,防止预冷盘车时摩擦引爆事故。停车后要排净泵内液氧,用干氮吹刷至常温,防止冻结。运行中要经常注意轴承温度保证正常,排出压力不得过高,密封气体压力要调好防止漏氧,做好巡回检查和记录。

(3) 机械密封要严密,迷宫密封充气压力要适当,防止氧气外泄。活塞式液氧泵的密封函要严密,防止液氧泄漏。

(4) 液氧泵轴承要定期添加和更换专用高低温润滑脂,防止轴承缺油烧坏,从而造成转子与机壳或迷宫密封摩擦烧毁,引起重大事故。加油不及时或过量,油脂污染,均会损坏轴承。

(5) 电机与电器要采用安全防护型,不得漏电。接线要良好,不得打火,杜绝燃爆诱发因素。

(6) 根据设备情况,严格检修周期,防止运行中发生事故。循环液氧泵一般一年解体检查 1~2 次。多级液氧泵出口压力高,连续运转 1500h 或间断运行 1 年(累计不超过 1500h),就应解体检查。精密轴承运转 3000h 即应更换,以减少轴承事故,防止酿成更大燃爆事故。

(7) 3MPa 中压多级液氧泵,由于出口压力高,危险性大,对上述安全要求更加严格。多级液氧泵周围应建有符合安全要求的防护墙,电气开关应安装在墙外。气化器后氧气压力、温度等有保护连锁控制。氧压过高超负荷,液氧泵应能自动停机。为了防止低温氧气甚至液氧送往用户冻坏管道设备和因液氧进入常温管道剧烈气化而引起超压爆炸,气化器应采用水浴温度自动调节(高于40℃),确保氧气输出为常温。氧气温度过低(一般定值 -10℃),液氧泵应自动停止运行。

(五) 空气分离装置安全技术

空气分离装置的爆炸有冷箱内爆炸和冷箱外爆炸两种。冷箱内爆炸又有化学爆炸和物理爆炸两种。冷箱内化学爆炸是由于液氧中乙炔等碳氢化合物积聚引起的;冷箱内物理爆炸往往是由于管道系统破裂,大量高压空气漏泄造成冷箱变形鼓裂。冷箱外爆炸多是由于液氧或氧气大量外泄,与外部可燃物混合而引起的化学爆炸。以下着重介绍分析冷箱内化学爆炸。

1. 爆炸现象

空分爆炸与制氧机型式有关,高压、中压与双压流程的爆炸事故较多,低压流程亦有爆炸情况。爆炸部位主要在大量液氧积存的冷凝蒸发器内,特别是液氧蒸发界面。另外,下塔液空进口下部、液空吸附器、循环吸附器、上塔液空进料口塔板、液氧排放管、液氧泵、可逆式换热器冷端氧通道、辅冷后乙炔分离器等处也发生过爆炸。爆炸事故有大有小,大的爆炸威力巨大,设备毁坏无法修复,并造成人身伤亡;小的爆炸影响不大,甚至不为人觉察,有的对氧气纯度有明显影响。

2. 爆炸原因分析

(1) 可燃物主要是乙炔等碳氢化合物。乙炔是不饱和碳氢化合物,具有高度化学活性,极不稳定,最为危险。固态乙炔在无氧情况下能自动分解,放出热量,更为危险。而乙炔在液氧中的溶解度很低(5×10^{-6}),很容易以固态析出引爆。

(2) 氧化剂是液氧本身,它是一种强氧化剂。

(3) 激发能源有多种,主要有爆炸性杂质固体微粒(如液氧中析出的固态乙炔)的机械撞击,如乙炔微粒互相摩擦、与器壁摩擦、受液氧冲击等;静电放电,液氧中含有的微量冰粒固态二氧化碳,会产生静电荷,二氧化碳含量提高到 $(200 \sim 300) \times 10^{-6}$ 时,产生静电位可达 3000V;化学活性特强的物质(如臭氧及氮的氧化物等);气波冲击、压力冲击、气蚀现象引起的压力脉冲,造成局部压力升高而温度升高等。

3. 防爆措施

空分装置防爆的原则是清除和防止乙炔等碳氢化合物积聚,消除激发能源。

（1）氧站应位于工厂的常年最小频率风向的下风向，距乙炔发生站有足够的安全距离。氧站吸风口附近严禁存放乙炔发生器或乱倒电石渣。空气要洁净，空分装置吸风口处空气中乙炔允许极限含量为 0.5×10^{-6}。氧站应符合 GB 50016《建筑设计防火规范》有关要求。

（2）对于与小型制氧机配套的活塞式空压机和膨胀机，要严格控制气缸润滑油量和排气温度，勤排放油水，防止油气进入空分装置，防止高温积炭并带入空分。要加强压缩空气中油的分离与过滤措施。精馏塔、吸附器及换热器，应根据实际情况定期排放、吹刷和清洗，带油严重者应缩短周期。

（3）设置液空吸附器、液氧吸附器（循环吸附器）和循环液氧泵，吸附器内要充填细孔球形硅胶来低温吸附液空、液氧中乙炔及碳氢化合物。一般采用常温分子筛吸附器，清除原料空气中的水分、二氧化碳及乙炔等碳氢化合物。各类吸附器均须定期再生，活化使用。当发现杂质含量超标应提前倒换。分子筛吸附器出口宜设 CO_2 监测仪和露点仪。再生温度、气量、冷吹温度应按规定控制，蒸汽加热器排气出口宜设露点仪，监测加热器是否漏泄。循环液氧泵要精心维护，长期连续运行。液空吸附器前，最好设固态二氧化碳过滤器，防止干冰进入主冷。

（4）定期进行液空、液氧中乙炔、碳氢化合物和油脂等含量的分析，并测定总碳量，严格控制在规定范围内（$< 100 \times 10^{-6}$）。一般每天需化验液氧中乙炔含量，情况异常时增加化验次数。根据国家标准，小型制氧机液氧中乙炔含量不应超过 1×10^{-6}；大、中型制氧机，液氧中允许乙炔最大含量为 0.1×10^{-6}。超过时应排放，并严格按设备操作说明书和生产技术操作规程的规定执行。大型制氧机降膜式主冷还应对氧化亚氮进行监控，防止这种组分堵塞主冷通道，进而引起乙炔等碳氢化合物浓缩、积聚、干蒸发、引爆。具体控制措施按设备操作说明书执行。

（5）空分较长时间的临时停车，开车前要排放部分液氧，以防止乙炔积聚局部浓缩，开车时引爆。

（6）提高空分主冷液氧液面高度，对浸浴式主冷板式单元采取全浸式操作，防止液氧蒸发界面乙炔析出引爆。许多主冷板式单元爆炸事故都发生在液氧蒸发界面，采取全浸式操作后大为改善。

（7）大型空分装置，为防止液氧中乙炔积聚，宜连续从空分中抽出液氧，其数量以不低于氧气产量的1%为宜。

（8）空分操作要稳定，防止工况波动，温度、压力、流量、液面尽量保持稳定，在仪表上的反映是"四点一线"，避免产生摩擦、冲击等激发能源引发爆炸。避免快速大幅度增减空气量、氧气量和氮气量，防止产生液泛等故障。

（9）由于二氧化碳固体杂质（干冰）能加剧液氧中静电积聚，因此应控制好可逆式换热器的阻力、中部温度及冷端温差，保证足够返流气量，保证自清除效果，以防二氧化碳进入精馏塔内。

（10）空分配套空压机应采用脉冲自洁式、干带或干袋式过滤器，防止空气中带油。

（11）空分配套的加热风机，要选型适当（不宜用罗茨风机），保证设备完好，防止润滑油在大加热和吸附器再生时带入空分。

（12）空分冷箱及盛有液氧、液空的容器，要求防雷接地良好，接地电阻小于10Ω。

(13) 空分基础不得用木材绝热层和采用其他可燃材料（如油毡等）。

4. 其他安全要求

(1) 液氧、液氮、液空的排放，宜采用高空气化排放，以免冻坏其他设备。若采用管道及地沟排放，排放处应设明显的标志和警示牌，管道及地沟内衬应用耐低温的铝合金、不锈钢等材料，不得用普通碳钢，防止冻裂。严禁在空分装置周围随意排放，以免低温液体冻坏设备基础及其他设施，引起火灾及窒息事故。

(2) 空分装置解冻停车，必须排净液体，经静置冷吹后，方准用热气体加热，加热时要缓慢升温，防止温差过大、温度应力过大而损坏设备。

(3) 空分装置加热必须用无油干燥空气或氮气进行，防止油和水分进入空分装置，引起燃爆或冻结事故。加热气体温度、压力均要控制在规定范围内，并有专人监护，严禁超温、超压损坏设备。采用氮气进行大加热或单体局部加热时，须挂警示牌，排放口附近不得有人停留，以防氮气窒息事故。加热冷箱内珠光砂时，不准有人在冷箱内停留、检查或维修，必要时采取特殊措施，以免珠光砂突然坍塌伤人。

(4) 空分装置加热后的吹除操作应分段进行，保证所有分析阀、压力表、液面计、阻力计等小管和吹除阀畅通无阻，吹出气体到洁净无污物为止。冷开车前抽查上述阀门排出气体露点≤-45℃为合格，防止空分装置存有水分造成冻结事故。

(5) 空分装置周围禁止存放油脂等可燃物，禁止明火，电器采用防护型，避免可燃物及激发能源引起燃爆事故。

(6) 空分装置尽量不漏冷、不漏液，特别是液氧不得外泄。室内空分装置尤其需要注意经常监测室内氧气浓度，当空气中氧含量大于23%时，严禁动火，以免引起燃爆事故。严禁室内放散氧气，避免事故。

(7) 空分装置各容器、管道的安全阀必须定期校验，灵敏可靠，防止超压损坏设备。

(8) 大型空分装置的冷箱应设置正、负压安全阀，防爆板及压力表，并定期校验，灵敏可靠，以保证冷箱安全。如冷箱防爆板动作或喷出珠光砂，说明冷箱内部有大量气体外泄，应立即检查，必要时停车处理。冷箱内充入干燥氮气，并保持正压，防止潮气进入，造成珠光砂冻结，降低保冷效果。

(9) 充分发挥可逆式换热器、空气冷却塔、分子筛、干燥器、碱洗塔等设备的作用，防止水分、二氧化碳进入空分，造成堵塞、冻结事故。

(10) 空气预冷系统应设空气冷却塔水位报警、停车连锁装置及出口空气温度监测装置。空气冷却塔筛板与填料层应定期清洗。气水分离器应定时放水。空压机冷却器要保证冷却效果，空气出口温度不得超高，以防空气带水进入空分装置酿成冻结事故。

(11) 空气冷却塔的冷却水若采用循环水，不得采用起泡的水处理药剂，以免空气与水接触时大量鼓泡，造成压力波动、雾沫夹带、跑水进入空分装置引起冻结事故。

(12) 空分装置停车时，应立即关闭氧、氮产品送出阀，并及时通知有关岗位。空分装置停车应有专门信号送至有关站所，防止不纯气体送至用户，造成质量或其他事故。

(13) 小型制氧机有碱洗塔的，要防止火碱烧伤。

(14) 氧气放散塔应高于四周建、构筑物，以利于氧气扩散，防止向下沉积引起火灾。氧气、氮气、压缩空气的放散应相互隔离，不应共用一个放散塔，以避免互窜通道，引发氧气燃烧和氮气窒息事故。

（15）制氧现场，特别是氧气放散容易沉积的区域，严禁动火和行驶、停放各类机动车辆。必须动火时，应对环境进行含氧量监测，当氧含量小于23%时才准作业，避免火灾事故。

（16）空气分离工艺流程的改造应非常慎重。管道布置要考虑温度应力，尽量自然补偿，以防止断裂事故。应尽量避免形成盲管，如工艺确实需要，在管道布置上要考虑增加倒"U"形管，使之形成自然气封，避免盲管内液体不流动。随着液氧或液空的蒸发，其中的乙炔等碳氢化合物浓缩、饱和、析出、积聚，易引发燃爆事故。

（六）仪表控制系统与电气设备安全技术

1. 仪表控制系统安全技术

（1）采用集散控制系统应就地设置停车按钮，以便事故现场应急处理。

（2）为保证控制系统中各类连锁保护装置和控制回路灵敏可靠，在新设备投产前或设备检修后，必须应用各类信号发生器，通过外加信号，对各连锁保护装置和控制回路，依据工艺要求进行性能测试与模拟试验，必须达到设计要求。这是保证设备安全运行的关键，对于大型设备尤为重要。

（3）微机控制系统组态后，应进行功能测试来判断组态是否成功。确认自动控制报警系统灵敏可靠方可投入使用，以保证设备运行安全。

（4）控制电缆应按要求进行屏蔽，接线牢固，导除静电，接地电阻小于4Ω，绝缘良好，避开高温及潮湿，并应定期检查。这是保证控制电缆避免干扰及环境影响，确保正常运行，防止传输信号失真而导致事故的重要措施。

（5）各类变送器应装在封闭良好的盘箱内，避免装在温差大和振动大的部位，以保证变送器正常工作，正确传递与转换信号，实现控制功能。

（6）在生产过程中，不应随意使模件离线，以防其传递的信号丢失而使控制处理机接受错误信号，导致机组误开误停。软件随意修改会导致设备停车，甚至酿成事故，因此，应通过严格的审批程序。

（7）微机控制系统的设备及带微处理机的分析仪表，工作环境温度要求低于30℃，机柜温度要求低于40℃。这是保证控制系统正常运行和分析数据准确的基本环境要求。

（8）PC机是用于组态的人工计算机，在正常运行时，已完成了组态任务，可以离线，不参与直接控制。一旦离线，连接控制系统的通信电缆必须从接口模件上取下来，断绝与正在运行的控制系统的联系。若电缆仍连接在模件上，电缆就会起到一个外接天线的作用，接受外部信号干扰或令系统传输信号失真，而影响主机正常运行，不利于安全。

（9）计算机配套的不间断电源（UPS），应时刻处于正常备用状态，当系统停电，能迅速给计算机供电，以防止计算机丢失内部文件及软件，酿成重大事故。

（10）经常检查仪表运行状况，不准超量程运行，并定期校验。严禁无关人员乱动仪表，以保证仪表准确、正常运行。校对氧、氢分析仪时室内严禁烟火，氧、氢标准气瓶放置应保持一定距离，以免引起燃爆事故。

（11）定期检查系统中所有连锁装置、事故停车装置，保证完好。在开车或运行中发生连锁停车时，应认真检查原因，弄清是仪表误动作还是设备本身有问题，不准随意取消连锁和改变保护设定值，以避免重大设备事故。

（12）分析仪表的标准气瓶间，宜与分析仪表室隔开，防止气瓶出事故时殃及仪表。

用于标准气或载气的容器、钢瓶、接头、管道、垫圈等应保证密封，不影响标准气或载气的纯度，使分析数据准确。分析设备启动前，必须对标准气、载气管道和设备进行吹扫，防止污染，保证分析准确。在使用氢气等易燃气体前，应对系统先用纯氮气进行吹扫置换，合格后方可投入使用，以避免燃爆事故。

2. 电气设备安全技术

（1）凡在易燃易爆区域，如氢气站等地，不准任意接临时开关、按钮。一切生产设备必须是防爆型，以免电火花引发燃爆事故。

（2）主电控室内应设置本厂（站、公司）主要电气设备运行声光信号指示模拟图或形状位置指示装置，出现故障应报警，并有声光信号显示。报警系统应灵敏可靠，方便操作、检查与事故处理。

（3）电机启动过程中出现异常情况，应立即停车检查，未查明原因及处理前，不准再次启动，避免电气故障或机械故障损坏电机。对大型电机更要重视，启动时应有专人监护，注意外观，监听声响。

（4）大型电机的过电流、过电压、欠电压、接地、差动、超温等继电保护装置要定期校验，绝缘要定期测试，一般一年一次，并有专门记录备查，设定值不得任意改变，确保设备安全。

（5）变压器、电机、高低压开关柜等电气设备，新安装和检修后送电前，必须进行继电保护、绝缘保护测试，正常生产后要定期进行校验，并停电清扫。微机控制系统应进行电路测试、功能检测，达到灵敏可靠，以保证电气设备安全。

（6）对电气设备要实行巡回检查制，定时、定线路、定部位、定项目、定标准严格检查，发现异常及时处理，避免事故。

（7）电缆沟、井内禁止有杂物及油脂。电缆保护区内禁止修建临时性建筑及仓库，禁止堆放砖瓦、建筑器材、钢锭、垃圾、酸、碱等对电缆有害物品以及易燃材料，避免损坏电缆，引起电缆起火、放炮。

（8）电气设备和装置的外壳、金属外壳的电缆，必须采取保护性接地和接零，接地电阻不应大于 4Ω，以防意外漏电造成触电伤人事故。

（9）电气线路和设备的绝缘必须良好，裸露带电导体应设置安全遮栏和明显的警示标志，照明良好，以防意外事故。电气设备严禁油脂污染。

（10）由于氧站地位重要，一般要求设两路电源供电，并有可靠的事故电源。操作电源切实可靠，事故停电时能有效切断高压开关，避免事故扩大。

（11）电气操作实行操作票制，并有专人监护，严防误操作，避免事故。

三、氧气储罐、液氧储罐安全技术

1. 氧气储罐安全技术

（1）总图布置要求。总的原则是要符合 GB 50016《建筑设计防火规范》的要求。必须远离火源、冶金炉、高温热源，与可燃气、液储罐和管道隔离。与铁路、公路和建筑物的安全距离应不小于：企业外一般机车铁路中心线 30m；企业外电气机车铁路中心线 20m；企业内铁路中心线 20m；企业外道路边 15m；企业内主要道路边 10m；企业内次要道路边 5m；架空电力线，不小于电杆高度的 1.5 倍；民用建筑 18~25m；重要公用建筑 50m。

(2) 氧气储罐要精心设计，精心施工。压力容器设计单位，必须经省级以上主管部门审批，取得设计资格。

(3) 储罐焊接要严格把关。考试合格的压力容器焊工方准施焊。一般采用 X 型坡口双面焊接，要焊透，不得有夹渣、裂纹、弧坑、气泡、咬肉等缺陷。焊接要预热，焊条要烘干，焊缝返修不得超过两次。焊缝要 100% 进行超声波探伤检查（内外表面均查），并采用磁粉探伤表面检查手段，再用 X 射线拍片抽查，抽查比例越大越好。

(4) 氧气储罐要严格除锈脱脂。一般采用喷砂工艺将金属表面打亮打白，既除锈又脱脂。为防止氧化，内壁要涂一层抗氧化涂料，如无机富锌涂料（以锌粉、水玻璃为主调制而成）。储罐投用封人孔前，必须将内部杂物全部清除干净，进一步用二氯乙烷、三氯乙烯等脱脂剂脱脂。

(5) 耐压试验、气密性试验合格，吹刷清扫干净，方能验收投用，以防止氧气外泄造成燃烧事故。

①耐压试验。氧气储罐安装完毕，必须用水作耐压试验，以检验施工质量，确保其安全可靠性。试验压力按设计最高工作压力的 1.25 倍进行，如 3MPa 储罐的试验压力为 3.8MPa，在试验压力下应能稳住，观察 10～30min 无压降，外观检查无变形、渗水、破裂现象者为合格。耐压试验完毕，水要放净吹干，以免锈蚀。试压水一定要干净无油脂。耐压试验也可用氮气或无油空气来做，试验压力为最高工作压力的 1.15 倍。

②气密性试验。耐压试验合格后，用氮气或无油空气在最高工作压力下进行气密性试验，同时用无脂肥皂水查漏，以检验储罐的严密性，无泄漏为合格。

③气密性试验合格后，用无油空气或氮气对氧气储罐进行吹刷，吹到用白布擦拭看不到水分、杂质为止。或者打开人孔进入，清扫干净后用二氯乙烷、三氯乙烯等脱脂剂脱脂。

(6) 中压氧气储罐一般外涂银粉防止热辐射，加淡蓝色环带表示"氧气"。

(7) 氧气储罐周围严禁可燃物与烟火，使用中严禁超压。安全阀必须定期校验，灵敏可靠。进入氧气储罐的氧气应高于 0℃。氧气储罐按有关规定进行安全管理和定期检验。

大型企业中压储罐数量多，充装介质复杂，除氧气外，还有氮、氩、氢、液化石油气、空气、氮氢混合气等，对这些中压储罐的安全技术要求可参照氧气储罐的一般原则。但对于氢气、液化石油气等可燃气储罐，其防火、防爆的要求更加严格，必须遵循《建筑设计防火规范》的有关规定。在罐区使用防爆电器、铜工具，避免金属撞击，不准穿带钉的鞋，严禁烟火，储罐本身设淋浴降温装置，防止过高温升等。

2. 液氧储罐及气化装置安全技术

液态氧气在标准大气压下温度为 -183℃，密度为 1140kg/m³，常温下急剧蒸发，液体变为气体时体积扩大 800 倍。液氧的安全要求比氧气更加严格，除氧气的一般安全要求外，还要防止液氧中乙炔积聚析出发生化学爆炸，防止液体剧烈蒸发产生物理爆炸，防止低温液体损坏设备和冻伤等。

承压大于 0.2MPa，粉末真空绝热，双壁、圆筒形液氧储罐一般属压力容器。承压 1000mmH₂O（9.80665kPa）左右，水容积较大，珠光砂绝热、固定、立式、双壁、圆筒形液氧储罐一般不属压力容器。

液氧储罐安全技术要求：

（1）液氧储罐一般放置在空分设备近旁的安全地方，远离火源、热源及可燃物。与铁路、公路、建筑物的安全间距应符合相关标准的要求。

（2）粉末真空绝热形式的液氧储罐，内筒采用低温性能良好的不锈钢，外筒采用碳钢，夹层充填珠光砂绝热材料，并抽真空至 $1.36 \sim 6.8$ Pa，达到绝热效果，以防止液氧剧烈蒸发、超压。使用中要定期监测夹层真空度，发现异常立即处理。

（3）珠光砂绝热液氧储罐，内筒为高强合金铝或不锈钢，外筒为碳钢，夹层充填足够厚度的珠光砂绝热材料，底层用一定厚度的泡沫玻璃砖或矿渣棉绝热，以防液氧剧烈蒸发、超压。其基础可参照空分设备基础，要防水抗冻，适应低温工况要求。

（4）液氧储罐内壁要严格脱脂，一般采用二氯乙烷、三氯乙烯等脱脂剂脱脂。液氧储罐要严格焊接，并进行探伤检查。由于其内筒是不锈钢或高强合金铝，一般采用氩弧焊接。

（5）液氧储罐的内、外筒，均要做耐压试验与气密性试验。其做法、要求、标准等，类似氧气储罐。由于低温，要求更加严格。

（6）使用液氧储罐严禁超压。

（7）液氧储罐由于是储存低温液体，为了减少冷量损失和防止受热剧烈蒸发造成罐内超压，对粉末真空绝热储罐必须经常监测夹层的真空度和罐压，必要时抽真空以提高真空度。对于粉末（珠光砂）绝热液氧储罐，夹层珠光砂要充实、充满，并充干氮干燥珠光砂，以提高绝热效果。

（8）液氧储罐内，由于液氧不断蒸发，乙炔浓度可能提高，产生积聚与析出。为防爆，每周应分析液氧中乙炔含量一次，控制在 0.1×10^{-6} 以下，超过标准时，空分装置应连续向液氧储罐输送液氧，以稀释乙炔浓度，并启动液氧泵和气化器向外输送，消除危险。若液氧储罐内液氧能经常向外输送使用，就可根除这种危险。

（9）要防止液氧漏泄冻坏设施与冻伤人。

（10）液氧储罐内要维持正压，防止吸入湿空气造成冻结堵塞。液氧储罐开始使用前，要用干氮吹刷，清除水分，排气露点不高于 -45℃ 为合格。

（11）对压力表、真空计、液面计、报警系统以及安全阀等，均要定期校验，要求准确、灵敏、确保安全。

（12）氧具磁感性，在放电作用下易形成化学活性极高的臭氧，这是引爆的激发能源。在液氧储罐周围 30m 内不允许有明火或电火花，必须采用防护电器。

（13）液氧储罐不准满罐储液，最大充装量为几何容积的 95% 或按设备说明书要求充装。因为液氧的可压缩性极小，当满罐储液时，温度上升，体积膨胀，会造成液氧储罐破裂事故。

（14）液氧水浴气化器水位应不低于规定值，设水温调节控制系统，水温一般控制在 40℃ 以上。气化器应设出口温度过低报警液氧泵连锁停车保护装置，确保气化器出口氧气温度不低于 -10℃，以免低温氧气甚至液氧送至气化器后冻坏碳钢管道和设备，发生氧气外泄，造成燃爆事故。

（15）液氧水浴气化器当用奥氏体不锈钢材料制作时，因其对氯离子的腐蚀很敏感，故水浴用水的氯离子浓度应严格控制小于 20×10^{-6}，以避免应力腐蚀破坏。液氧水浴气化器应采取全浸式操作,氧气出口集合管全埋入水中,处于同一介质中良好换热工作。若不全浸,部分露出水面,由于大气与水的传热特性存在较大差异,氧气出口集合管的水面上、下会有较大温差,产生温度应力破坏。

（16）空气换热液氧气化器应严格按气化器能力控制液氧气化量,确保气化器出口氧气温度不低于 $-10℃$,避免低温氧气甚至液氧送出,造成碳钢管道破裂,氧气外泄,引发燃爆事故。

（17）液氧气化器严禁采用明火或电加热气化,以免造成燃爆事故。

（18）液氧排放口附近严禁放置易燃易爆物质及一切杂物。液氧排放口附近地面,不应使用易燃易爆的材料（如沥青等）建造。严禁使用没有经过严格脱脂处理的容器盛装液氧,以避免燃爆事故。

（19）各液氧用户,应建立完善的技术操作规程、安全技术规程等规章制度,进行岗位培训,提高操作者素质,杜绝事故。

（20）液氮、液氩的储存、气化、使用,可参照以上要求执行。由于它们不燃爆,安全技术要求简单一些。

四、氧气管道安全技术

1. 氧气管道燃爆机理

从燃爆"三要素"进行分析,氧气管道本身材质一般是碳素钢或不锈钢,因含碳,属可燃性材料,而且铁素体燃烧时放热量大,温升很快。氧气管道内输送的高纯高压氧气是极强的氧化剂,纯度愈高,压力愈高,氧化性愈强,愈危险。导致氧气管道燃烧爆炸的激发能源有多种:

（1）阀门在高低压段之间突然打开时,低压段氧气急剧压缩,由于速度很快,来不及散热,形成所谓"绝热压缩",局部温度猛升,成为着火能源。

（2）启闭阀门时,阀瓣与阀座的冲击、挤压,阀门部件之间的摩擦。

（3）高速运动的物质微粒（如铁锈、灰尘、焊渣、杂质等）与管壁的摩擦、相互击和在阀门、弯头、分岔头、异径管及焊瘤等处的冲击碰撞。

（4）加热面、火焰、辐射热等外部高温。

（5）静电感应。

（6）油脂引燃。

（7）铁锈、铁粉的触媒作用等。

在碳钢、不锈钢材质的氧气管道内输送高纯高压氧气时,为了防止氧气管道燃爆事故,应当在设计、制造、安装、使用、管理等各个环节采取措施,防止激发能源的形成,这是保证氧气管道安全的关键。

2. 氧气管道流速控制

氧气管道中氧气流速过大,高压纯氧与钢管壁的摩擦,杂质颗粒的摩擦与碰撞,会引起氧气管道温升,造成燃爆事故。国外试验表明,碳钢管道内存有铁粉或未完全氧化的 FeO 粉末,它们在纯氧中的着火温度仅为 $300 \sim 400℃$,并随氧压增高和粒度细化而降低,这些微粒的燃烧导致碳钢管起火。不锈钢虽然不产生锈蚀,但它含有大量铁元素和少量可燃的碳元素,且导热性能差,只有碳钢的 $1/3$,不易散热,当有摩擦撞击等激发能源时仍能引燃。因此，氧气管道中要严格控制氧气的流速，不得超过最高允许流速。GB 16912《深度冷冻法生产氧气及相关气体安全技术规程》对氧气管道中氧气的最高允许流速的规定见表 11-3。

表 11-3　管道中氧气最高允许流速 v

材质	工作压力 p/MPa					
	$p \leq 0.1$	$0.1 < p \leq 1.0$	$1.0 < p \leq 3.0$	$3.0 < p \leq 10.0$	$10.0 < p \leq 15.0$	$p \geq 15.0$
碳钢	根据管系压降确定	20m/s	15m/s	不允许	不允许	不允许
奥氏体不锈钢	根据管系压降确定	30m/s	25m/s	$pv \leq 45$MPa·m/s（撞击场合）$pv \leq 80$MPa·m/s（非撞击场合）	4.5m/s（撞击场合）8.0m/s（非撞击场合）	4.5m/s

注：1. 最高允许流速是指管系最低工作压力、最高工作温度时的实际流速。
2. 使流体流动方向突然改变或产生旋涡的位置，从而引起流体中颗粒对管壁的撞击，这样的位置称为撞击场合；否则，称为非撞击场合。
3. 铜及铜合金（含铝铜合金除外）、镍及镍铜合金，在小于或等于 21.0MPa 条件下，流速在压力降允许时没有限制。

（1）管道中氧气最高允许流速与工作压力及管道材质有关。流速均指管内氧气在一定工作状态下的实际流速，与工作状态下的压力、温度、流量有关。最高允许流速是指管系最低工作压力、最高工作温度时的实际流速。氧气管道直径的确定，要在高峰负荷情况下满足安全流速（最高允许流速）的要求，并留有余地，确保安全。

液氧管道一般采用不锈钢管道或铜及铜合金管道，液氧流速一般在 1m/s 左右。由于低温，液氧流速没有严格限制。

（2）将氧气管道及元件分为"撞击场合"和"非撞击场合"，然后根据大量试验结果，按氧气压力与管道材质确定氧气最高允许流速。

使氧气流动方向突然改变或产生旋涡的位置，从而引起氧气中夹带颗粒及异物对管壁的撞击，这样的位置称为"撞击场合"。撞击场合容易产生激发能源，引起燃烧与爆炸，是危险场合，氧气最高允许流速要严格控制。如压制对焊三通（氧气从支管流向主管时）、螺纹变径管、现场焊接三通，短半径弯头（弯曲半径小于 1.5 倍管道直径），缩径比大于 3 的变径管（氧气从大端流向小端时），斜接弯头、放空阀和安全阀的出口管，截止阀、针形阀、止回阀、减压阀、调节阀、旁通阀及其出口端 8 倍直径管道范围内，球阀或旋塞阀在开启和关闭时，蝶阀的阀板，过滤器、孔板等，均为"撞击场合"。

非上述位置即为"非撞击场合"，不易产生激发能源，较安全，氧气最高允许流速控制较宽松。如直管段，工厂制对焊三通（氧气从主管流向支管时），长半径弯头（弯曲半径大于或等于 1.5 倍管道直径），缩径比小于或等于 3 的变径管，球阀和旋塞在全开时，均为"非撞击场合"。

（3）氧气工作压力愈高，危险性愈大，最高允许流速愈小。表 11-3 中工作压力区间划分为 6 个。工作压力 $p \leq 0.1$MPa 的氧气，着火危险性小，属低压氧气管道，其流速根据管道系统压力降确定。$0.1\text{MPa} < p \leqslant 1.0\text{MPa}$ 区间，碳钢和奥氏体不锈钢氧气管道，氧气最高允许流速分别为 20m/s 和 30m/s。$1.0\text{MPa} < p \leqslant 3.0\text{MPa}$ 区间，碳钢和奥氏体不锈钢氧气管道，氧气最高允许流速分别为 15m/s 和 25m/s，这是钢铁冶金等行业氧气压力常用区间，经过十余年实践证明，只要按此严格控制，氧气管道是能安全、经济运行的。$3.0\text{MPa} < p \leqslant 10.0\text{MPa}$ 区间，这是化工行业常用的氧气压力范围，由于氧压高，危险性大，已不允许采用容易产生铁锈的碳钢管。对于奥氏体不锈钢管，也区分"撞击场合"和"非撞击场合"，依据氧气压力和最高允许流速的乘积来确定最高允许流速。对于危险性大的"撞击场合"，规定 $pv \leqslant 45\text{MPa} \cdot \text{m/s}$；对于危险性稍小的"非撞击场合"，规定 $pv \leqslant 80\text{MPa} \cdot \text{m/s}$。当氧气压力一样，"撞击场合"计算出的最高允许流速比"非撞击场合"小；对于同一种"场合"，压力愈高，计算出的最高允许流速愈小。$10.0\text{MPa} < p < 15.0\text{MPa}$ 区间，主要在化工行业有所应用，这种氧压不能用碳钢管作氧气管道。用奥氏体不锈钢时，氧气最高允许流速"撞击场合"和"非撞击场合"分别为 4.5m/s 和 8.0m/s，流速控制很小，实际上该数值也是按上一压力区间公式代入 10.0MPa 压力计算出的流速。$p \geqslant 15.0\text{MPa}$ 区间，主要用于钢瓶充装，这种高压氧气更不允许采用碳钢管。采用奥氏体不锈钢时，不分撞击或非撞击场合，氧气最高允许流速均为 4.5m/s。

（4）氧气管道材质直接限定了氧气最高允许流速。铜及铜合金（含铝的铜合金除外，它在特定条件下可燃）、镍及镍铜合金不含碳元素，高温只熔化，不会燃烧，摩擦撞击不起火，属不扩散燃烧材料，事故不蔓延，安全性能好，故高压和危险部位被采用，流速可高。在 $p \leqslant 21.0\text{MPa}$ 条件下，流速在压力降允许时无限制。碳钢管燃烧温度偏低，燃烧速度快，抗燃烧能力差，氧气最高允许流速小，用于一般部位。不锈钢抗燃烧能力和燃烧速度介于铜和碳钢之间，且不生锈，故氧气最高允许流速较碳钢管高，较铜管低，用于较重要、较危险和氧压较高部位。部分金属在氧气中的燃烧温度、燃烧速度及抗燃烧能力见表 11-4。

表 11-4 部分金属在氧气中的燃烧温度、燃烧速度及抗燃烧能力

名 称	压力/MPa				抗燃烧能力	燃烧速度
	0	3.5	7.0	12.5		
	燃烧温度/℃					
铜	1035	886	836	800	最强 1	只熔不燃 1
不锈钢	1367				2	3
低碳钢	1278	1106	1018	928	3	最大 4
铁	981	826	741	630		
铝	661				最差 4	2

注：燃烧速度一栏中数字 1、2、3、4 系安全等级评价。

3. 氧气管道使用安全技术

（1）氧气管道要经常检查维护。碳钢管宜 3~5 年除锈刷漆一次，防止锈蚀。碳钢主干管宜 5 年进行一次吹扫，防止铁锈增多聚积引发火灾。碳钢氧气干管宜每 5 年进行一次管壁测厚，主要测定弯头及调节阀后的管道，保证这些易冲刷磨损部位的安全厚度。每年

对安全接地装置进行一次检查。

(2) 氧气管道上的安全阀、压力表等安全装置要定期检验,一年一次,要求灵敏、准确、可靠,防止超压,防止氧气泄漏。

(3) 氧气管道不得乱接乱用,如用氧吹风、用氧生炉子等。不得在运行中的氧气管道上打火引弧,避免引起火灾。

(4) 氧气管道动火作业前,应制订动火方案及安全措施,其内容包括负责人、作业流程图、操作方案、安全措施、人员分工、监护人、化验人等。方案需经安全主管部门批准,办理动火票手续,氧气处理干净(放散或用氮气、无油空气置换),含氧量小于23%,方准动火。因对动火作业不够重视,方案不完善,责任不落实,措施不严密(尤其是与氧源堵盲板隔离等),化验监督不适时不到位等原因,造成燃爆与人员伤亡事故已屡见不鲜,应特别注意。

(5) 氧气管道进行重大作业时,必须制订详细的作业方案及安全措施(包括工作流程、方法、步骤、时间、部位、分工、范围、责任、监护、确认等),经安全主管部门批准、落实,方能实施。

(6) 手动氧气阀门的开启应缓慢进行,操作者应站在阀门侧面,以防出事伤人。开启带小旁通阀的氧气阀门时,应先开小旁通阀,使阀后低压段先缓慢充压,当主阀上、下游侧高低压段压差不超过 0.3MPa 时再开主阀。如果氧气阀门在高低压段之间突然快速打开,低压段会急剧充氧压缩,由于速度快,来不及散热,形成所谓"绝热压缩",局部温度猛升,成为着火能源。设氧气阀门突然打开前后低压段氧气压力(即绝热压缩前后氧气压力)分别为 p_1(0.1MPa)和 p_2(1.3MPa),氧气阀门突然打开前后低压段氧气温度(即绝热压缩前后氧气温度)分别为 T_1(30℃,即303K)和 T_2,查得氧气绝热指数 K 为1.39,根据绝热压缩公式可求出绝热压缩后低压段的温度 T_2 为

$$T_2 = T_1(p_2/p_1)^{(k-1)/k} = 303 \times (1.3/0.1)^{(1.39-1)/1.39} = 622.3K$$

即349.3℃,该温度足以使管道内铁粉、铁锈或阀门有机填充料着火。快速开启氧气阀门是很危险的,阀门前后压差愈大愈危险。

(7) 用作调节使用的氧气阀门,由于负荷变化大,氧气流速大,是事故多发源,对这种阀门要求高,一般采用铜基合金或不锈钢阀,气动遥控操作,避免事故伤人,因而应禁止非调节阀门作调节阀门使用。

(8) 由于氧气管道或阀门着火时是向上游侧蔓延,发生事故时应立即切断上游侧气源,防止事故扩大。

(9) 氧气阀门阀杆丝扣的润滑,严禁用普通油脂,要用不着火的合格硅油、硅脂或二硫化钼。

(10) 当氧气管道附有液氧气化补充设施时,切忌低温液氧进入常温氧气管道,以免冻破普通碳钢管道或产生液氧剧烈气化、体积猛烈膨胀,压力激增,造成超压恶性燃爆事故。

(11) 管道氧气用户应采取干燥氧气输送,氧压机冷却器漏水要及时处理,防止氧气管道内壁生锈,引发燃爆事故。

(12) 应定期清扫氧气管道系统中的氧气过滤器,清除铁锈与异物,杜绝燃爆事故。氧气管道系统在施工、检修后,送氧前必须检查清扫氧气过滤器,确认内部清洁无杂物后

方准送氧。防止铁锈、焊渣等异物积聚成为事故隐患，确保送氧安全。

（13）氧气管道使用单位应负责本单位氧气管道的安全管理工作；贯彻执行有关安全法律、法规和氧气管道的技术规程、标准；建立、健全本单位的氧气管道安全管理规章制度；指定专业技术人员负责氧气管道安全管理工作；建立氧气管道技术档案，制订氧气管道定期检验计划，安排附属仪器仪表、安全保护装置的定期检验和检修，进行氧气管道系统隐患检查与整改，对氧气管道实施专业化管理；对氧气管道操作人员和检查人员进行安全技术培训，经考试合格后持证上岗。

第二节 氮气和氩气的生产与使用安全技术

一、概述

（一）氮气的性质、应用及制取

1. 氮气的性质

氮气广泛存在于大气和一切生物中，空气中含量的体积百分数为78.03%。常温、常压下，氮气是无色、无味、无臭气体，分子式为N_2，分子量为28。氮气比空气轻，密度为1.251kg/m^3（标准状态），沸点为-195.8℃，液氮为无色透明易于流动的液体，熔点为-210.1℃，固态为雪状物质。氮为双原子分子，两个原子间结合牢固，化学性质不活泼，呈惰性，高温下能直接与氧和氢化合。氮气本身对人体无危害，但空气中氮含量增加会减少氧含量，使人呼吸困难。若吸入纯氮，会使人因严重缺氧而窒息身亡。

2. 氮气的应用

对钢铁企业来讲，氮气是制氧机制取氧气同时产生的重要产品。随着生产的发展，氮气在钢铁工业中的应用愈来愈广泛，地位愈来愈重要，数量愈来愈大，甚至达到供不应求的状况。

（1）转炉氧枪、汇总料斗及溜槽氮封，煤气回收系统氮封（防止煤气外逸），纯度为99.9%N_2，压力为0.3MPa，要求连续稳定供应，对纯度要求不太严格。

（2）以氮代氩，炉外精炼。用于吹氮调温，钢包吹氮，RH真空脱气，钢水调质调温，脱去有害气体夹杂及机械杂质，改善钢的性能，提高质量。纯度要求99.99%N_2，压力为0.3~0.5MPa。

（3）高炉无料钟高压炉顶氮封及吹刷。作为高炉喷吹烟煤粉的安全动力气源，纯度为99%~99.9%N_2，要求不严格，压力为0.4~0.6MPa。

（4）轧钢厂（主要是冷轧厂、硅钢片厂等）连续退火炉、罩式退火炉等各种类型退火炉及镀锌炉等保护气体用氮。一般是氮气与氢气按一定比例组成保护气体，充入炉内，防止钢板氧化。纯度要求99.999%N_2，若制氧机提供不了这种高纯氮，则需要设净化设施提纯。用户进口总压为0.2MPa，严格要求连续稳定供气，压力稳定，不得中断。如果氮气纯度不够，含氧量过高，轻者使昂贵的钢板氧化报废，造成经济损失；重者由于氧与氢组成爆炸性气体，造成炉子的恶性爆炸事故。如果中断氮气，空气大量吸入炉内，与氢气组成爆炸性气体，更易发生爆炸事故。

3. 氮气的制取

钢铁企业大多以空气为原料,采用深度冷冻法生产氧气的同时,生产大量优质氮气。此外,有的钢铁企业以空气为原料,采用变压吸附法生产单一品种氮气,以满足生产需要。

(二) 氩气的性质、应用及制取

1. 氩气的性质

氩气是一种无色、无味、无臭、高密度、低导热性的惰性气体,分子式为 Ar,分子量为 39.948,在空气中含量的体积百分数为 0.932%,在标准大气压下的沸点为 87.29K（-185.86℃）,熔点为 83.8K（-189.35℃）,临界温度为 150.7K（-122.45℃）。标准状态下的气体密度为 $1.784 kg/m^3$,液体密度为 $1.41 t/m^3$,1L 液体可气化为 780L 气体（标准状态）,不能燃烧与助燃,性质十分稳定。氩气比空气重,沉于空气下方,当大量氩气泄出赶走了空气,会使人呼吸困难,甚至发生窒息事故。

2. 氩气的应用

氩气在冶金、电子、机械制造、轻工等国民经济的诸多领域都有广泛用途,一般以管道氩气、液氩、钢瓶氩气三种形式加以应用。紧靠氩气生产单位的大用户,可用管道输送,方便快捷。远离氩气生产单位的用户,根据用量大小、要求各异等具体情况,采用液氩或钢瓶氩气。

(1) 氩在金属焊接切割方面的应用。用于铝、镁、铜、镍、钛、钼及其合金和不锈钢的氩保护焊接,利用其惰性防止焊件氧化、氮化,提高可焊性和焊接质量。还用于要求特别高的特殊金属的切削,以及等离子切割、喷涂、堆焊。

(2) 氩在冶金方面的应用。炼钢及炉外精炼用氩,利用氩的惰性,向熔池钢水中吹氩,可使成分均匀,清除杂质,脱除有害气体,调节温度,提高钢的质量。广泛用于不锈钢、轴承钢、高速钢、高温钢等特殊钢种的冶炼。炉外精炼多采用吹氩调温、真空脱气、喷粉、保护浇铸、中间罐氩封、钢包吹氩等,对提高钢水质量大有好处。半导体材料硅、锗的精炼和单晶的制备过程,要用高纯氩气作保护气体,以保护结晶成长。锂、铍、铀、钚等稀有金属的冶炼,也需要用氩气作保护气体。

(3) 氩在光学方面的应用。由于具有高密度和低导热性的特点,氩气被广泛用于光学、照明工业。充氩灯泡亮度增加,灯丝蒸发减少,灯泡寿命延长。氩气可充入白炽灯泡、日光灯、霓虹灯等,还可用于充填电压管、计数放电管、定电压放电管、气体继电器等各种放电管。氩还用于气体激光器,该装置可以有较高的平均功率,用于医学研究和微小型金属加工。

(4) 氩气在其他方面的用途。氩在医疗上可作手术用止血喷枪,既可开刀,又能止血。氩气可作大型色谱仪的载气,也可作光谱仪的保护气体,在检验上有重要用途。氩气还是高分子化学中值得重视的助聚气体。

3. 氩气的制取

氩气可由空气、合成氨尾气和天然气中提取。当前多是以空气为原料,通过深度冷冻法液化精馏获取。目前,大多为"无氢制氩",即上塔抽出富氩馏分,通过粗氩塔全精馏方式去除氧,而不用加氢除氧。老的空分设备一般为"有氢制氩",即粗氩中的氧通过加氢燃烧去除。由于是有氢工艺,安全至关重要。

二、氮气的生产与使用安全

钢铁企业的制氧站,不仅生产氧气,而且担负氮气的生产、储存及输送任务,因此必须充分重视氮气安全,既要注重氮气生产储存安全,更要认真了解用户,确保用户使用安全。

1. 防止氮气窒息的安全注意事项

(1) 不得将纯氮气排至室内,氮气宜高空排放,氮气放散管应伸出厂房墙外,放散口宜设在高出附近操作面4m以上的安全处。地坑排放氮气的放散管口,距主控室不应小于10m。氮气排放口、放散管口附近应挂警示牌,地坑排放应设警戒线,悬挂标志牌,排放氮气时禁止入内。

(2) 生产、使用氮气的现场或操作室,如氮压机间等,要通风换气良好,必要时设通风机强制换气。仪表气源不宜使用氮气,必须使用时,应有防止人员窒息的防护措施。

(3) 在氮气浓度大的环境内作业,必须戴氧气呼吸器。

(4) 检修充氮设备、容器、管道时,需先用空气置换,分析氧含量合格后,方允许工作。含氧量高于19.5%为合格,低于19.5%是缺氧危险作业,必须采取特殊措施,防止窒息。

(5) 检修时,应对氮气阀门严加看管,检修人员与生产人员加强联系,以防误开阀门窜入氮气,造成窒息伤亡事故。一般应堵盲板,断开氮气来源。检修人员应对氮气窒息事故高度警觉。

(6) 氮气管道不准敷设在通行地沟内,防止氮气泄漏时酿成窒息事故。

(7) 各种使用氮气的场所,应定期分析周围大气的含氧量,其浓度不应低于19.5%,防止氮气窒息伤害。

(8) 加强安全教育与人员培训,增强对氮气窒息事故的了解,无论生产人员还是检修工人,要高度警惕氮气窒息危害。

(9) 氮气窒息,人会立即昏倒,不省人事,甚至死亡。到氮气环境中去救人,应首先切断氮气来源或戴氧气呼吸器,否则抢救者也会被氮气窒息。要迅速将被窒息人员抬到空气新鲜、没有氮气污染的地方,施行人工呼吸或送医院抢救。

2. 氮气含氧量超高及低压断气在用户中造成的燃爆事故的原因分析及防范措施

钢铁企业生产中,如果氮气含氧量超高,或者氮气低压乃至断气,此时由于高的含氧量或空气吸入,会在用户中造成事故。轻者热处理炉内钢板或零部件氧化,出废品;重者由于氧、空气与氢(往往是保护气的一种成分)、电石气、煤气等可燃气相混,形成爆炸性混合物,极易触发恶性燃爆事故。因此,对氮气的纯度、压力有严格要求,要保质保量连续稳定供应,分秒不停,切忌氮气含氧量超高、低压及断气(转炉、高炉系统用氮要求的严格性,次于轧钢系统)。为此,氮气系统必须有完善的安全措施。

(1) 完善的氮气压送系统。氮压机选型应采用气缸无润滑型,防止油脂进入气缸,既防爆又保证氮气纯度。氮压机运行要可靠,并要有足够的备用检修机组,确保用户正常用量与高峰负荷的需要。

(2) 完善的氮气储存系统。设置3MPa中压氮气球形储罐,并要有足够的储量,满足用户高峰用氮与事故用氮的需要,调节供用之不平衡。重点大用户应在现场设置用户储罐，适应专门要求。当系统低压时，由储罐通过专设的调节阀组自动窜气补充。当处于氮压机停车、氮压站停电或氧站事故全停等事故状态时，靠球罐释放氮气，维持生产和保证各用户的事故用氮量需要，确保不低压、不断气，让用户处理完毕。当氮气纯度短时变坏时，也可暂时靠球罐释放氮气来维持用户生产。另外，也可依靠中压氮气球罐来维持油库灭火氮气的需要，但必须专用。

（3）完善的计控监测保护系统。氮气出口管道设置氮气纯度自动分析仪及超标报警装置，低纯氮气绝不送往用户，杜绝低纯事故。氮气关键用户的入口，也应进行氮气纯度监测。

氮气出口管道设氮气低压报警装置，低压时报警并自动采取措施。球罐与系统间设置调节阀组，低压时自动由球罐向系统窜气，确保氮气压力，杜绝低压和中断氮气事故。调节阀组要灵敏可靠。

仪表气源要求可靠，最好由氮气球罐接出，即使氧站全停，调节阀组也有气源可动，确保事故用氮。调节阀最好带手动装置，特殊情况下不能气动也能手动操作。

空分装置与氮压站间设紧急情况联系信号，当空分停车时，能手动或自动向氮压站报警，采取措施，防止氮压机吸入低纯氮气并送出氮气（因空分停车时，精馏工况破坏，氮气纯度下降）。

（4）氮压站必须有严格的技术操作规程，并认真贯彻执行。氮压机开车前必须首先吹刷管路放空。氮压站全停后开车，必须化验氮气入口纯度，合格后方能启动。

（5）当多台空分同时供氮给一个氮气系统时，单台空分必须设置氮气控制阀门，当空分停车时关闭，避免停车后低纯氮气窜入系统，造成氮气含氧量超高的事故。

（6）氮压站、空分、各用户及有关生产调度，必须有缜密的联系制度、事故状态处理办法及注意事项。供用各方互通情况，正确指挥，安全生产。

（7）加强氮气用户管理，严格使用审批制度，不得乱接乱用，以确保安全，更不得将氮气管道与其他气体管道串接而引发事故。

三、氩气的生产与使用安全

（1）用氢气的氩净化间（目前从大气中提取氩，氩净化有的采用加氢除氧工艺），其电气、设备、装置应符合防火防爆要求。其催化反应炉部分属1区爆炸危险区，电气设备必须符合 GB 50058《爆炸和火灾危险环境电力装置设计规范》的规定。用氢的催化反应炉，宜设置在站房内靠外墙边的单独房间内，并要有良好通风设施，防止氢气积聚，避免燃爆事故。

（2）氩净化设备及催化反应炉在投产前不准先加氢气，只有在粗氩系统生产正常，粗氩含氧量小于3%后，方准加氢，以免粗氩含氧量过高，与加入的氢气形成爆炸性混合物，引发事故。粗氩含氧应连续监测。

（3）氩净化设备停止运行时，应先停止向粗氩中加氢，然后再停车，并要关闭氢气的手动切断阀可靠断氢，防止氢气与粗氩中残留氧混合形成燃爆气体。氩净化工艺后氩中过量氢含量要严格控制小于3%，防止其在回流中与粗氩中的氧形成爆炸性混合物引爆。

（4）催化反应炉温度高于500℃时，应停止加氢，防止触媒烧结和发生事故烧坏设备。

（5）催化反应炉的爆破片必须符合安全要求，能在事故状态正常泄压，保护设备，杜绝更大事故发生。

（6）氩气密度大，比空气重，泄漏以后沉于低凹处或空气下方，赶走了空气，容易造成人员缺氧窒息。氩气窒息事故不容忽视。

（7）管道氩气严禁乱接乱用，更不允许与其他介质串接。这不仅是为了杜绝浪费，更重要的是避免影响氩气质量，给用户造成质量事故或安全事故。

（8）液氩系 -186℃的低温液体，使用时要防止冻伤。液氩装卸车要防止泄漏，操作者要穿戴好劳动保护用品。

（9）液氩气化为气体，体积要膨胀 780 倍。液氩的储存、气化和槽车输送，防止超压是保证安全的关键。低温液体不能送入常温管道，安全装置必须齐全。

（10）氩净化系统加氢除氧，生成的水靠氟利昂冷冻机降温冷凝除去，最后用干燥器分子筛吸附达到标准。控制好合适的冷冻温度和正常的分子筛再生，是保证氩净化正常生产不发生水分冻结的关键。

（11）用钢瓶氢气作氩净化加氢除氧的氢气源时，要注意氢气钢瓶的使用及存放安全，严格遵守《气瓶安全监察规程》的有关规定，关键是防火防爆。

第三节　氢气的生产与使用安全技术

一、概述

（一）氢气的性质

氢是分布最广的一种元素，它在地球上主要以化合状态存在于化合物中，如水、石油、煤、天然气以及各种生物的组成中。

氢气是无色、无味、无臭、无毒气体，分子式为 H_2，分子量为 2.016，在已知元素中最轻，标准密度为 $0.08987kg/m^3$，仅为空气密度的 6.9%。标准沸点为 20.38K（-252.77℃），临界温度为 32.976K（-240.174℃），系永久气体。

氢气易燃易爆，化学活性极强，与氧、空气混合可形成爆炸性气体（与氧混合爆炸范围是 4.0%~94.0% H_2；与空气混合爆炸范围是 4.0%~74.5% H_2），爆炸下限低，爆炸范围大，火焰温度高（氢氧焰为 2830℃），火焰传播速度快（氧中为 14.36m/s），最小引燃能量低（0.02mJ），一个看不见的小火花就能引燃，极其危险，极易燃爆。

氢气扩散性很强，比空气扩散快 3.8 倍。氢气分子量小、黏度低，渗透性很强，故易泄漏，其泄漏速率约为空气的 2 陪。因而，氢气生产、储运和使用过程均容易泄漏，这也是一个危险因素。

氢气还是优良的还原剂，高温下化学活性极强。

（二）氢气的应用

氢气在化工、冶金、电子、电力、轻工、玻璃、机械、国防、科研等各个领域，均有重要应用，被广泛用作保护气、原料气、携带气和还原气。随着液氢生产的发展，还逐步应用于宇宙和火箭方面，作为优良的火箭推进剂和重要的液体燃料。

氢气在冶金工厂中也有广泛应用。如冷轧厂、硅钢片厂的各种退火炉（连续退火炉、罩式退火炉等）及镀锌炉，用氢气和氮气作保护气；氢在制氩工艺中用于加氢除氧；氮气净化生产中，通氮氢混合气体作还原剂，还原催化铜炉的活性铜；氩气净化生产中加氢除氧化亚氮；作色谱仪载气；氢氧焰加工玻璃仪器等。

（三）氢气的制取

氢气的制取方法很多，世界上96%的氢气是用天然气、石油及其制品、煤等碳氢化合物重整转化而得，水电解制氢只占4%左右。我国钢铁行业用氢主要用两种方法取得。

1. 水电解制氢

在电解槽内通直流电电解水，阴极得氢，阳极得氧（副产品）。化学方程式如下：

$$2H_2O \xrightarrow[\text{KOH 或 NaOH 溶液}]{\text{电解}} \overset{\text{阴极}}{2H_2 \uparrow} + \overset{\text{阳极}}{O_2 \uparrow}$$

这种方法的特点是工艺简单，纯度较高，可达99.7% H_2，环保较好，氢气中不含有害的碳氢化合物、一氧化碳、硫化物等杂质，操作方便，开停快捷，应用广泛，但电耗和成本较高，大规模应用受到限制。

2. 焦炉煤气变压吸附制氢

焦炉煤气变压吸附制氢的原理是把焦炉煤气加压至1.6MPa左右通过吸附塔内专用吸附剂，由于专用吸附剂的选择吸附特性，氢气不被吸附，而由吸附塔顶送出，经后续工序净化后得到产品氢气。氢气以外的多种气体在压力状态下被吸附，降压时解吸回收。

这种方法的特点是技术成熟可靠，能耗及成本较低，适于氢气需要量较大的生产。与水电解制氢相比，该工艺较复杂，环保稍差。由于焦炉煤气是钢铁联合企业炼焦的副产品，原料充足，随着轧钢厂用氢量的加大，这种制氢方法的应用日趋广泛。

二、氢气的生产与使用安全要求

1. 工艺与设备

（1）水电解制氢装置应设压力调节装置，水电解槽出口氢气与氧气之间的压差宜小于0.5kPa，以保证水电解制氢过程中，氢电解小室和氧电解小室分别制取的氢气、氧气不互相掺混，避免形成爆鸣气体引发事故。

（2）水电解制氢系统中，氢气和氧气设备及其管道内的冷凝水，应经各自的排水水封排至室外。水封上的气体放空管，应分别接至室外。氢气、氧气必须排至室外，防止在室内形成爆炸性混合物引发事故。氢气、氧气冷凝水排放不能共用同一水封，防止氢、氧在水封内形成爆炸性气体。

（3）为防止氢气压缩机的吸气管道产生负压和水电解制氢装置出口氢气压力波动，并由此引起水电解制氢装置不能正常运行，或发生空气渗入氢气系统，形成爆炸性混合气体，氢气压缩机应设置在氢气罐之后。当数台氢气压缩机并联从同一氢气管道吸气时，应采取措施确保吸气侧氢气为正压，如吸、排气管之间设旁通，进行回流调节等。

（4）氢气罐的最高点应设放空管，以便检修前能将密度极小的氢气放散吹净。湿式氢气罐宜设进气、出气水封，以便检修时可靠切断。

（5）水电解制氢系统置换用放空管上应设取样分析阀，以便开停车、检修时取样分析，确保安全。

（6）氢气站、供氢站应设有含氧量小于0.5%的氮气置换吹扫设施，以供水电解制氢系统在开车、停车、检修、动火时进行吹扫置换，防止氢气与空气混合形成爆炸性混合气体，确保安全。

（7）有爆炸危险的房间内，应设氢气检漏报警装置，并应与相应的事故排风机连锁，当室内含氢过高，应立即报警和排风换气，保障人身和设备安全。一般控制室内含氢量低于 $0.4\% H_2$。

（8）氢气站应设氢气、氧气纯度分析仪，并定时化验。当氧气回收时，应设氧中氢含量报警装置，防止氧中氢含量过高，形成爆炸性混合物充瓶，引发燃爆事故。

（9）氢气站的安全水封、安全阀、阻火器等安全装置，必须完好。在氢气管路上、氢气洗涤器出口、氢气罐进出口、各用户入口等处，均应设置安全水封，安全切断，防止回火。各个安全水封，在冬季要通蒸汽保温，防止冻结影响使用，失去安全功能。

（10）电解槽体及碱液系统所有设备要防止腐蚀，一般采用不锈钢等耐蚀材料。

2. 电气安全与防雷接地

（1）按照 GB 50058《爆炸和火灾危险环境电力装置设计规范》的有关规定，氢气站、供氢站内有爆炸危险的房间，在正常生产时（含开车、停车、运行等），可能会周期或偶尔泄漏氢气，出现爆炸性气体混合物的环境，属第一级释放源的区域，划为 1 区爆炸危险区。其电气设备选型和电气线路接地，应遵守该规范的相应规定。

（2）有爆炸危险房间的照明，宜采用荧光灯等高效光源，这样在相同照度下，可减少灯数，且灯具表面温度低，安全。灯具宜装在较低处，并不得装在氢气释放源的正上方（因易燃易爆的氢气密度小，易向上飘，灯具在上不安全）。氢气站一般为三班作业，安全地位重要，宜设置应急照明，停电时便于操作处理。

（3）电解间应设置紧急断电按钮，按钮宜设在便于操作处。一旦发生事故，可以紧急断电，防止事态扩大。

（4）氢气站、供氢站、氢气罐范围，均属 1 区爆炸危险环境，按国家标准《建筑物防雷设计规范》的规定，其防雷要求不应低于第二类防雷建筑，应有防直击雷、防雷电感应和防雷电波侵入的措施，避免氢气燃爆事故的发生。

（5）氢气站厂房的避雷针是引闪电导地装置，针尖可能有高压电，它与能够散发氢气的自然排风口的水平距离应不小于 1.5m，与机械排风口水平距离应不小于 3m，与放散管口距离应不小于 5m，并高出保护范围管口 1m 以上，以确保安全。

（6）氢气站、供氢站、室内外架空氢气管道、室外氢气储罐等，均应可靠接地，防雷击最大接地电阻和防静电最大接地阻均为 10Ω。

（7）氢气设备、管道上的法兰盘、阀门等连接处，应采用金属跨接线，其跨接电阻应小于 0.03Ω，以防止静电积聚引发事故。

（8）接地的设备、管道等均应设接地端头，接地端头与接地线之间可采用螺栓紧固连接。对有振动、位移的设备和管道，其连接处应加挠性连接线过渡，以保证可靠接地。

（9）所有防雷击、防静电积聚的接地装置，应定期检测接地电阻，每年至少检测一次，不合格的要及时处理。

3. 采暖通风及消防

（1）氢气站、供氢站严禁使用电炉、火炉等明火取暖，以免引发燃爆事故。当设集中采暖时，应采用易于清除灰尘的散热器，如柱型、光管、钢制板式换热器等，保持清洁，防止因积灰扬尘而引起爆炸，以确保安全。

(2) 为了防止氢气泄漏积聚到爆炸极限范围，遇激发能源引发爆炸事故，有爆炸危险的房间要有良好的自然通风设计（如气楼等），自然通风换气次数每小时不得少于 3 次，这是可行的经验数据。为了在氢气系统发生大量泄漏时能及时排除而避免事故，应设计事故通风装置，其事故排风换气次数每小时不得少于 12 次，并与氢气检漏报警装置连锁。事故风机的选型，应符合国家标准《爆炸和火灾危险环境电力装置设计规范》的防爆规定。

碱液间，为排除碱雾，改善劳动条件，也要有良好的自然通风，其自然通风换气次数每小时不少于 3 次。

(3) 氢气站、供氢站的室内外消防设计，应符合国家标准《建筑设计防火规范》的规定。

(4) 有爆炸危险的房间及电气设备房间，可根据建筑物大小和具体情况，配备二氧化碳、干粉等灭火器材。不得采用水消防，因水导电，不适于电气设备灭火，会引起危险和造成更大损失。

4. 氢气管道

应按表 11-5 严格控制碳素钢管中氢气最大流速（表 11-5 引自 GB 50177《氢气站设计规范》），这是确保氢气管道安全运行、防止燃爆事故的安全流速。

表 11-5 碳素钢管中氢气最大流速

设计压力/MPa	最大流速/($m \cdot s^{-1}$)
>3.0	10
0.1~3.0	15
<0.1	按允许压力降确定

注：氢气设计压力为 0.1~3.0MPa，在不锈钢管中最大流速可为 25m/s。

氢气易燃易爆，爆炸极限范围宽且下限低，最小点燃能量小，燃烧速度快。氢气管道使用中防止燃烧与爆炸是关键。

氢气在管道内流动，若流速过大，与管壁摩擦加剧，温度上升，容易形成激发能源。当管内含有铁锈杂质时，更易产生静电火花，氢气压力愈高愈危险。碳钢管内容易生锈，尤其当氢气内含有水分时更为严重，必须严格控制流速。压力升高，安全流速相应降低。当用不锈钢管时，安全流速可适当提高。

据美国宇航局统计，在 96 次氢气事故中，氢气释放到大气中与空气混合后着火的事故占 62%，静电引起着火的事故占 17.2%。因此，氢气管道防泄漏与安全接地，是防止燃烧爆炸事故的关键。

5. 氢气钢瓶

(1) 氢气钢瓶的设计、制造、充装、运输、储运、使用、定期检验，应严格遵守国家《气瓶安全监察规程》的有关规定。

(2) 氢气易燃易爆，渗透性、扩散性极强，容易泄漏。保证氢气钢瓶的安全，主要是防止燃烧与爆炸。爆炸可分化学性爆炸（如氢氧混装引爆）和物理性爆炸（如超装、超温造成超压爆炸）两种。

(3) 气瓶漆色与标记是安全要素。氢气钢瓶外表颜色为淡绿色，字样颜色为大红色，15MPa 气瓶无色环，20MPa 气瓶有淡黄色环一道，30MPa 气瓶有淡黄色环两道。对打在气瓶肩部的原始标记（制造钢印）和检验标记（检验钢印）要经常检查，漆色标记不得任意更改。

(4) 氢气瓶首次充装或检修后充装前，要经置换和抽真空，以防氢气和瓶内空气相混,形成爆炸性混合物引爆。

(5) 氢气瓶充装前要仔细检查,严防氢、氧混装,错装,造成燃爆事故。这是氢气瓶的多发事故,威力巨大,损失惨重。

(6) 氢气瓶严禁超过公称工作压力充装,超装后遇温升容易超压,发生物理性爆炸。应设置充装超压报警装置,以确保安全。氢气充装间与氢气压缩机间之间,宜设联系信号,并在充装间设置氢压机紧急停车按钮,以防充装超压。

(7) 采用电解法制取氢气、氧气的充装单位,应制定严格的定时测定氢、氧纯度的制度。当氢中含氧或氧中含氢超过0.5%(体积比)时,严禁充装,同时应查明原因,以杜绝氢、氧混合爆炸事故。这类事故发生较多,要非常警惕。

(8) 氢气充装台应设置切断阀、回流阀、放空阀、安全阀和压力表等,安全阀排空及放空阀排空均应引至室外,确保可靠切断,防止超压,安全置换和排空。要同时使用同型号同量程的两个安全阀与压力表,并定期检验(半年一次),以确保安全。充装台的管道、阀门的材质、气体流速、导除静电接地等,应符合相关标准规定。充装台要严禁烟火。阀门操作要缓慢,避免氢气流冲击和绝热压缩升温,引发事故。严禁在压力状态下修理氢气瓶和拧紧氢气瓶的零部件。

(9) 氢气与氧气不得使用同一充装线,杜绝其混装可能。当氢气站内同时充装氢气和氧气时,应分别设置氢气充装间、实瓶间、空瓶间及氧气充装间、实瓶间、空瓶间,分为各自独立的系列,杜绝混装、错装。

(10) 氢气充装间、氢气汇流排间和空、实瓶间内的采暖散热器,应采取隔热措施,防止氢气瓶直接受热升温超压。

(11) 氢气瓶与氧气瓶严禁同车运输,防止泄漏发生着火事故。运输氢气瓶时,运输工具上应备有灭火器材,以防不测。

(12) 氢气瓶库应通风良好,并定期测定室内氢气浓度,防止氢气泄漏积聚着火爆炸。氢气瓶库必须防雷接地良好,室内照明采用防爆型,防止静电、火花引燃氢气。

(13) 氢气钢瓶在充装、储存、运输、使用过程中,要采取防止倒瓶措施,以免伤人和引起燃爆。

(14) 氢气瓶定期检验和检修前,应排空和进行安全置换,防止着火和爆炸。

6. 安全生产管理

(1) 氢气站一般为单独建筑,建于僻静之处,与四周隔离,远离明火源,严禁烟火,站内不准堆放易燃易爆或油类物品,不准穿戴带钉鞋、化纤和产生静电的衣帽等进入现场,严禁使用非防爆通信设备,防止燃爆事故发生。

(2) 氢气站要建立完善的防火制度、动火制度与安全保卫制度,并严格贯彻执行。要加强消防管理,配置足够的消防器材、各类灭火器、消防砂、消防水管、消防氮气管道等。

(3) 制氢系统开车前,必须先用氮气置换系统内(包括电解槽、洗涤器、气水分离器、氢气管路、氧气管路、氢气储罐等)的空气,开车后再用氢气置换氮气,避免氢气与空气混合形成爆炸性气体。电解槽开车前,必须检查电极接线正确,对地绝缘电阻大于$1M\Omega$。电解液配制质量合格(NaOH20%~26%或KOH30%~40%),电压升高要缓慢进行。电解槽运行正常,气体纯度分析合格,方能送入系统。当发现电源短路,漏电或出现火花,气体纯度急剧下降,氢、氧侧压差过大,漏气、漏电解液严重,电解液停止循环,电压急剧上升等现象时,要立即停车检查。查明原因并处理好后方能开车,以避免各类事故,尤其是氢气燃爆事故。

(4) 氢气设备、管道、储罐停车后,清洗、检修、焊接之前,必须用氮气吹除置换氢气,防止氢气与空气混合形成爆炸性气体。经过化验,含氢量小于 $0.4\% H_2$ 方准动火。

(5) 制氢生产中,氢侧、氧侧压力要均衡,最大压差不超过设备规定值(一般是500Pa),防止氢、氧互窜,形成爆炸性混合气体。

(6) 制氢系统在生产前要严格试压查漏,防止泄漏氢气、氧气和碱液,杜绝燃爆事故或腐蚀。

(7) 严禁室内放散氢气和氧气,必须用管道引至室外放散,防止燃烧或爆炸事故。

(8) 生产运行中要做好安全监测。产品氢气纯度定时分析,当纯度低于 $98\% H_2$ 时要查明原因,采取措施,防止氢中含氧量过高引起爆炸。电解槽内极片间的绝缘电阻应大于 $1k\Omega$。每天测一次极间电压,极间电压要均衡正常,一般为 $2\sim2.2V$。室内氢气浓度也要进行监测,一般应低于 $0.4\% H_2$。超高报警,防止室内形成爆炸性混合气体。

(9) 氢压机的安全防火防爆很重要,尤其是充装钢瓶的高压氢压机更需注意,这是事故多发源。氢气升压要缓慢,不得带负荷停车(事故状态例外),防止升温过快和冲击。运转时要保证冷却与润滑,注意吸排气阀状况,严禁超温超压运行。管路系统不得泄漏氢气,安全阀要灵敏可靠,确保安全。氢压机气缸宜采用无油无水润滑型,传动装置润滑油防止拉杆带入填料盒及气缸,以免污染氢气,降低纯度。

(10) 氢气储罐要防雷接地良好,防止雷击和静电积聚。湿式储槽的水槽应设蒸汽管,防止冬季冻坏储槽泄漏氢气。出入口设安全隔离水封,防止事故状态时火灾蔓延与爆炸。储槽钟罩位置要有标尺显示,并有高低报警,防止超压或抽负压,杜绝氢气泄漏事故和钟罩抽瘪事故。

(11) 中压氢气球罐比氧气球罐的燃爆危险性更大,必须严格遵循《压力容器安全监察规程》的有关规定。

(12) 氢气一旦着火,必须立即切断气源,保持系统正压,防止回火,并立即采取冷却、隔离、充氮、灭火等措施,防止事态扩大。

(13) 电解槽运行时,严禁用导体材料制作的工具直接接触电解槽或其他电气设备。电解槽周围地面应铺设绝缘胶板,以免触电。

(14) 在制氢间等有爆炸危险房间内作业时,应用碰撞不起火花的铜制工具。

(15) 对重要运行参数的监控,宜设报警停车连锁装置。操作人员要执行巡回检查制度,发现异常及时处理,防患于未然,避免事故。

(16) 氢气系统应设氮气置换吹扫接头,使用时用软管与氮气管道连接,用毕拆除,既方便安全置换,又不会引起氢气与氮气互窜,发生事故。

第四节 气瓶安全技术

一、气瓶充装安全要求

(1) 气瓶充装和管理应符合《气瓶安全监察规程》和 GB 14194《永久气体气瓶充装

规定》中的有关规定。经过特种设备安全监察机构批准，办理注册登记的单位方准进行气瓶的充装工作。气瓶充装单位应有保证充装安全的管理体系、各项管理制度，有熟悉气瓶充装安全技术的管理人员和经过专业培训的操作人员，有与所充装气体相适应的场地、设施、装备和检测手段。

(2) 气瓶充装前须经专人检查，有下列情况之一者，应进行处理，否则严禁充装：

①漆色、字样和所装气体不符合规定或漆色、字样脱落不能识别气瓶种类的。

②安全部件不全、损坏和不符合规定的。

③不能判明瓶内装有何种气体或瓶内没有余压的。

④钢印标记不全或不能识别的。

⑤超过检验期限的。

⑥瓶体经外观检查有缺陷，不能保证安全使用的。

⑦瓶体和瓶阀沾有油脂或发生变形的。

⑧氢气等可燃气体气瓶首次充装，事先未经氮气置换和抽真空的。

(3) 充装气瓶时，应遵守下列规定：

①设置充装超压报警装置，保证气瓶充装达到折合20℃时的压力不超过气瓶允许的工作压力。

②压力表、安全阀应定期校验，保持灵敏准确。

③使用后的瓶内应留有0.05MPa以上的剩余压力。

④气瓶的充气速度不得大于$8m^3/h$，且充装时间不少于30min。开关阀应缓慢进行，充填场各部均应禁油，严禁烟火。

⑤氧气充装台所用工具、接头、阀门应采用铜质材料。

⑥充装时所用密封材料由不燃和不产生火花的材料制作。

⑦严禁在压力下修理或拧动气瓶的零部件。

⑧充装间或氧气瓶着火时，应立即切断氧气的来源，积极组织抢救，并向有关部门报告。

⑨充装氧气、氮气、氩气、氢气等气体时，不准漏气。

⑩为限制气瓶充气速度，同批充装气瓶数量不准随意减少，也不准在充装中途插入空瓶充装。

⑪气瓶充装过程中，应经常用手触摸瓶壁的方法巡回检查瓶壁温度是否正常，发现异常，立即停止充装。

⑫氧气和氢气应采用防错装接头充装夹具，防止可燃气体和助燃气体混充混装。氧气和氮气不准使用同一充装线，应防止氧气与氮气混装。

⑬充装间与气体压缩间应有可靠的充装联系信号，在充装间应设有压缩机紧急停车按钮。

⑭充装氢气的充装间的照明灯及其他电气器件，都应采用防爆型。

⑮充装间的地面应平整、耐磨、防滑。

⑯用电解法制取的氢气、氧气应严格执行定时测定氢、氧纯度的制度。当氢中含氧或氧中含氢的体积比超过0.5%时，严禁充装，同时应查明原因。

(4) 氢气与氧气的充装不应设置在同一车间的充装台内。氧气充装台外应有紧急切断阀。

二、气瓶安全管理

（1）运输、储存和使用气瓶的单位应加强检验、运输、储存和使用气瓶的安全管理：
①有专人负责气瓶安全工作。
②根据《气瓶安全监察规程》的有关规定，制定相应的安全管理制度。
③制订事故应急预案。
④定期对气瓶的运输（含装卸及驾驶）、储存和使用人员进行安全教育。
⑤气瓶应采用条形码等信息化管理。

（2）定期检验：
①气瓶定期检验单位应符合 GB 12135《气瓶定期检验站技术条件》的规定，气瓶定期检验单位与检验人员应按规定取得相应的资格证书。
②充装氧、氮、氩和氢等气瓶，应按 GB 13004《钢质无缝气瓶定期检验与评定》、GB/T 9251《气瓶水压试验方法》、GB/T 12137《气瓶气密性试验方法》、GB 10877《氧气瓶阀》及 GB 7144《气瓶颜色标志》等标准逐只进行严格定期检验，合格的气瓶方可继续使用。
③经检验，不符合标准规定的气瓶应报废。报废气瓶应进行破坏性处理，销毁方式为压扁或锯切。

第五节 工业气体检修维修及其他安全要求

一、检修维修一般安全要求

（1）检修维修设备时，必须遵守设备检修维修规程及设备安装使用说明书中的有关要求。

（2）严格执行动火制度。在氧气生产区域及氧气设备、管道动火时，环境及设备、管道内氧气浓度必须控制在 23% 以下；在生产区域或容器内动火时，应控制氧含量在 19.5%~23%，氢气含量不超过 0.4%，以防止火灾事故和窒息事故。在空分装置周围动火时，不准排放液氧、液空。暂停动火后，再次动火前，应重新取样分析氧、氢含量。如动火作业连续超过 4h 后，应重新取样分析氧、氢含量，不应超过标准。氧、氢容器，管道动火时除满足以上条件外，还应进行可靠切断。氧、氢生产区域动火时应连续监控氧、氢含量在上述规定范围内。

（3）所有运转设备检修前，应将电源开关断开，挂上"正在检修"的警示牌。非工作人员严禁取牌合闸。合闸前应检查，确认无人作业后方可合闸，以避免人身伤亡和其他事故发生。

（4）安全阀检修时，应按设计要求或有关规定进行校验，不准随意更改起跳压力，以保证设备、人身安全。

（5）进入冷箱内或容器内检修时，应使用 12V 的安全照明灯具，电缆、焊把线、接地线应确保绝缘良好，防止人身触电伤害。

二、空分装置检修维修安全要求

（1）空分装置检修维修系高空多层作业，必须严格遵守高空多层作业的安全规定，如系牢安全带，戴好安全帽，拿稳工具，不得随意扔抛物件，防止滑跌等。

（2）空分装置检修严禁油污。在主冷、吸附器内部或其他容器内部作业，尤其需要注意设备零部件、机具要严格脱脂，穿新工作服或刚洗干净的衣服入内。检修完毕，必须严格脱脂，并清除一切杂物后才能封人孔投入使用。与氧气接触的设备、阀门、管道等，检修时须防止油脂污染，检修完毕必须经脱脂处理，确认脱脂合格后方准投入生产。脱脂可用二氯乙烷、三氯乙烯等脱脂剂。脱脂效果确认可用紫外线检查法、樟脑检查法或溶剂分析法等。

（3）进入容器内部检修，要采取通风措施、防止窒息。容器外要有专人监护，以防不测。进入冷箱检修前，需先切断气源，用空气置换内部气体，扒除检修部位的保温材料，经分析冷箱内气体含氧量超过19.5%方准人员入内，以防止缺氧窒息。

（4）空分装置的低温部分设备检修，宜升到常温进行。必须在低温状态下进行抢修时，应有防止人员冻伤的措施，如穿棉衣裤，戴厚手套，穿大头鞋等。

（5）设备、阀门、管道和容器严禁带压拆卸，防止突然卸压气流伤人。

（6）管道施焊时严禁在其他管道上打火引弧，以免损伤其他管道或引起其他意外事故。铝管同一处焊接不能超过两次，否则应重新配管施焊（因为铝材焊接次数过多晶粒会粗化，降低强度）。要严格铝材的氩弧焊接，合格焊工方准施焊，以确保焊接质量。不能带应力配管，以免低温下拉裂焊缝、拉开法兰。要仔细研磨、检修各类阀门，严格试压查漏，把好裸体冷冻和气密性试验关，防止漏冷、漏液，避免损坏设备、影响生产。

（7）冷箱内搭脚手架宜采用非金属材料，防止导电伤人，应在冷箱骨架或大口径管道上固定牢固。检修完毕立即拆除并清除一切杂物。在冷箱内进行查漏作业时，严禁攀登直径80mm以下的细管及仪表管线，避免损坏管道，确保人身安全。尤其是仪表导管，管径小，数量多，搞漏了很难查找。

（8）采用脱脂剂脱脂时，要防止中毒。大量使用脱脂剂，必须加强通风，操作人员要戴有机防毒面具或氧气呼吸器，一般要戴多层口罩及胶皮手套。空分装置检修清洗后，投产前应进行系统全面大加热，不让脱脂剂残留。

（9）空分装置试压前，应制订完善的试压方案，防止差错。试压应采用气压法，气源必须是无油、干燥、洁净的空气或氮气，防止空分装置被油、水及其他杂质污染，引起事故。严禁用氧气试压，防止燃爆事故。用瓶装高压气体作试压气源时，必须可靠减压，避免超压造成物理爆炸事故。空分装置试压应有专人操作和监护，严格按试压方案进行，责任到岗到人，防止意外。试压所用压力表，应在检验周期内。系统较大的装置试压时，应安装两块以上符合要求、有相同精度与量程的压力表，以保证压力指示准确，方便对比，防止超压事故。空分装置试压时，应按不同压力级别分系统进行，应缓慢升压，严禁超压。

（10）空分装置查漏，应制订完善方案，并严格执行。查漏采用涂刷肥皂水的方法进行，铝管应采用中性肥皂水，防止腐蚀。

（11）珠光砂又称膨胀珍珠岩，是空分装置的主要绝热材料，它堆密度小（一般

$80kg/m^3$ 左右），是粉粒状、易飞扬物质。在搬运、充填或扒除过程中，珠光砂易飞扬于空气中，吸入肺部，侵入五官，刺激喉头与眼睛。因此，在作业时应采取有效的劳动保护措施，如戴口罩和尼龙透明防护头罩（有的用尼龙纱巾包头）等。

珠光砂轻，流动性好，人落入冷箱珠光砂内，容易被淹没呛死（窒息而亡），往往来不及抢救。充填或扒除冷箱珠光砂时，一定要注意安全，充装口和各层平台人孔均必须设置安全防护栅网，防止作业人员落入冷箱内。扒装现场留有人员安全撤离通道。

潮湿、低温、冻结的珠光砂难以扒除，扒除冷箱内珠光砂前，应缓慢将珠光砂充分加热。加热时应打开冷箱顶部人孔板，利于潮气排除，严密监控冷箱内压力，防止冷箱内因潮气大量排出而超压。当冷箱上部存有珠光砂时，严禁操作人员从底部进入冷箱，防止珠光砂塌落大块伤人或将人埋住。当冷箱内漏有低温液体时，应制订专门的加温及扒砂方案，在加温过程中，确保冷箱不超压。扒砂过程中，当冷箱高度大于40m时，应分层扒砂，泄砂口应缓慢、谨慎、分步打开，防止"砂爆"事故造成人员伤亡。

（12）矿渣棉也是空分装置绝热材料之一，它对皮肤有刺激性，钻入衣服内会引起皮肤过敏。充装或扒除时应穿特制工作服，戴长胶皮手套，扎紧领口、袖口及裤腿，防止矿渣棉侵入。作业完毕，及时洗澡更衣。

（13）用氮气作气源进行浓相输送充装珠光砂作业时，应采取可靠措施，严防氮气窒息，不得随意进入冷箱内检查。空分装置检修时，应严防氮气窒息。

（14）多台空分装置管道相连时，检修的空分装置应与其他生产的空分装置可靠隔离。有效的措施是堵盲板隔离，防止生产中的氧气、氮气等窜入检修的空分装置，造成燃爆或窒息事故。

三、空压机、氧压机、氮压机、膨胀机、液氧泵检修维修安全要求

（1）设备检修时应划出一定的检修范围和场地，并设明显标志，与检修无关的人员不准入内，检修与生产互不干扰，确保检修安全。设备检修时，严防异物进入或遗留在设备内，检修后要彻底清理，以防运行中出事故。

（2）设备检修时，对运转部位、气封、油封应进行严格检查，保证各部间隙达到技术标准要求，防止漏气、漏油，避免设备过大振动、异响和发生事故。

（3）主机进行检修时，对配套的温度计、流量计、压力表、轴位移、振动表、防喘振等安全保护连锁装置应同时进行检修或检查，以确保仪器、仪表的准确、灵敏、可靠，保证设备安全运行。

（4）主机检修时，应对润滑油系统进行严格的检修、清扫和调试，按标准供油（指油质、油温、油量、油压等符合技术要求），保证设备正常运转，避免研瓦、烧瓦和酿成更大毁机事故。

（5）气缸用油润滑的活塞式空压机，检修时必须将气缸内、吸排气阀及管道系统的积碳清理干净，以避免排气温度高时起火，烧坏设备。

（6）氧压机的检修要求非常严格。所有零部件材质须符合原设计要求，不得随意变更替代。氧压机与氧气接触部位检修时，工具、吊具、零部件、工作服等严禁被油脂污染。检修完毕，与氧气接触部位要进行脱脂，用紫外线灯检查确认合格后，方准安装或扣盖。透平氧压机检修现场要求干净，各部间隙、气封、油封必须达标，仪控保护检修调试

完善，要有专人负责。氧压机检修后首次开车，严禁用氧气直接试车，应用不燃爆的惰性气体氮气启动，以防燃爆，设备运转正常后再压送氧气，这是检修后的安全开车步骤。

（7）透平膨胀机转子检修后，必须对转子做动平衡试验。因其转速高，稍不平衡，就会引起设备很大振动，甚至破坏。透平膨胀机入口的快速切断阀，应随主机同时进行检修，保证其动作迅速、灵敏，防飞车连锁装置可靠，避免飞车事故。对风机制动的透平膨胀机，在检修中应对空气过滤网进行检查清洗，并调试制动蝶阀平衡锤，防止飞车事故。活塞式膨胀机检修时，也要检查和检修防飞车装置，避免飞车事故。膨胀机膨胀侧、增压透平膨胀机增压侧的零部件应严格脱脂，防止油脂带入管道及塔内，引发燃爆事故。

（8）液氧泵系低温设备，液氧是强氧化剂，检修前应先排液加热至常温，以确保检修安全。液氧泵检修时，应对轴承温度、气封压力、出口压力、气化后氧气温度等安全保护连锁装置同时检修调试，以确保液氧泵的安全运行和不将未经气化完善的液氧送至外部管网，避免燃爆事故和冻坏管道。液氧泵检修时，应清除已使用过的油脂，然后再按规定加入适量的新油脂，加油脂过量或不足均不利于润滑，容易出事故。液氧泵所选用的油脂应为专用的高、低温润滑脂，以适应其特殊工作条件要求。

四、相关气体系统检修维修安全要求

（1）进入氮气及其他稀有气体容器检修前，必须切断气源，堵好盲板，分析内部含氧量不低于 19.5% 方可进行。在含氧量低于 19.5% 的环境内作业叫缺氧危险作业，容易造成窒息事故。

（2）氩净化系统检修后，应进行气密性试验、吹扫，用氮气置换合格后方可投入使用，防止氩净化系统进入空气，加氢除氧时引发燃爆事故。检修充装粗氩的膜压机，膜压室严禁带油，以免油与粗氩中的氧压缩起火。检修氩气系统放散氩气时，要注意通风，因氩气密度大，易沉积于低凹处赶走空气形成缺氧环境，造成窒息事故。

（3）氖氦系统检修放散余气时，要禁止在室内放散，并要注意通风，防止窒息事故。

（4）氖氙系统富氧部分检修应禁油脂，投用前应严格脱脂，防止富氧与油发生燃爆事故。

（5）氢气系统检修安全要求：

①进入氢气站的检修人员，不准穿化纤工作服与带钉鞋，严禁带入火种，使用铜质工具，施工中不准随意敲击设备，防止引发火灾。检修人员不得随意接触运行设备，检修设备与运行设备间要采取隔离措施，互不干扰，预防事故。

②氢气系统停运后，应切断电源、对地放电，用盲板切实隔断与运行设备的联系，经氮气置换合格后，方准进行检修。防止触电，确保不窜氢气、氧气、碱液，保证检修安全。

③电解槽拆卸使用钢制工具，仅限用于设备的松紧，严禁敲打或冲击式松紧，如需时必须垫用紫铜板，避免产生火花，防止在氢气站内引发燃爆事故。

④氢气设备、管道和容器，在动火作业前必须用氮气进行置换，至取样分析含氢量少于 0.4% 后方可进行动火作业。运行设备旁严禁动火，防止发生燃爆事故。

⑤检修氢压机时，要严防杂物掉入设备内部，零部件要清洗干净，防止运行中发生事故。检修后必须先用氮气试车，正常后再压氢气，防止燃爆或其他设备事故，这是安全试

车要求。

⑥电解槽检修完毕开车前，必须先用氮气置换系统内的空气，经分析合格，防止空气与氢混合形成燃爆气体。开车前要检查电极接线是否正确，绝缘要求良好，对地电阻应大于 1MΩ。

⑦检修人员与碱液接触时，必须穿戴好防护用品，防止腐蚀和碱液烧伤。在现场应备有浓度为 2%～3% 的硼酸水溶液，需要时中和碱液，避免烧伤。

⑧氢气管道的安装与焊接，必须符合 GB 50235《工业金属管道工程施工及验收规范》和 GB 50236《现场设备、工业管道焊接工程施工及验收规范》中的有关规定。由于氢气是易燃易爆气体，氢气管道类别应上升一级。

⑨氢气设备、管道和容器等，检修后应按 GB 50177《氢气站设计规范》的有关规定进行气密性试验和泄漏量试验，以防止氢气泄漏引发事故，试验介质用空气或氮气，绝不允许直接用氢气试压，以确保气密性试验的安全。

五、空分设备基础的安全

1. 空分设备基础的防爆

空分设备基础不得用木材等可燃物作绝热层，因液氧泄漏浸入会形成"液氧炸药"，极其危险。

2. 空分设备基础抗冻防水

（1）空分设备基础必须抗冻隔冷。据资料记载与某些厂实测数据，大型空分设备基础顶面温度，一般在 -50℃ 左右，当有漏冷、漏液等特殊情况时，温度更低。因此，隔冷抗冻是空分设备基础的特殊要求，必须制作抗冻混凝土，用珠光砂砂浆作绝热层，否则易冻裂损坏。为减小基础导热系数，基础含水量应严格控制。

（2）空分设备基础必须完善防水。空分设备基础四周若积水或在低凹之处积水，低温下会结冰，加速冻胀，基础下水分的积聚冻胀，会使空分设备基础上升，因为水在 4℃ 的密度最大，结冰后体积会增大，空分设备基础上升（而不是下沉），是空分设备基础的特点之一。因此，必须加强防水，以作高台式带通风孔基础为宜。

六、低温液体使用安全

液氧是强氧化剂，液氮是优良的安全冷源，液氩气化可作冶炼焊接保护气，在国民经济中的应用愈来愈重要，愈来愈广泛。随着制氧机的大型化和用户对低温液体需求量的增加，氧站对低温液体的生产量也愈来愈大。当氧站附有稀有气体生产时，自身液氮用量就很可观。低温液体的使用安全，必须加以重视。

（1）防冻伤。标准大气压下，液氧 -183℃，液氩 -186℃，液氮 -196℃。低温液体与皮肤接触会造成严重冻伤：轻者皮肤形成水泡、红肿、疼痛；重者将冻坏内部组织和骨关节。使用及排放时，一定要注意防护，穿大头鞋，戴厚手套，小心冻伤，避免直接接触低温液体。盛装低温液体的敞口杜瓦容器，最大充装量应控制在容器 2/3 液位高度上，不准超装，防止外溢冻伤人。

（2）防燃爆。液氧使用及排放，要严禁烟火、油脂及有机物接触，防燃爆。

（3）防窒息。使用液氮、液氩不得随意在室内排放，室内通风换气要良好，防止氮气、氩气窒息。

(4) 防超压。对于储存液氧、液氮、液氩等低温液体的容器，必须严加看管。绝热层效果良好，外壁不冒汗、不挂霜。正确使用，经常注意容器压力保持在安全范围内，防止超压造成爆炸恶性事故。

第十二章 冶金行业职业卫生

第一节 职业病防治的基本概念

一、职业卫生检测

1. 第一级预防

第一级预防又称病因预防，采用有利于职业病防治的工艺、技术和材料，合理利用职业病防护设施及个人职业病防护用品，减少劳动者职业接触的机会和程度，预防和控制职业性病损的发生。

2. 第二级预防

第二级预防又称发病预防，通过对劳动者进行职业健康监护，结合环境中职业性有害因素监测，以早期发现劳动者所遭受的职业性病损。

3. 第三级预防

第三级预防是指对患有职业性病损的劳动者进行合理的治疗和康复。

4. 职业性有害因素

职业性有害因素是指在职业活动中产生和（或）存在的、对职业人群的健康、安全和作业能力可能造成不良影响的要素或条件。

5. 工作场所

工作场所是指劳动者进行职业活动、并由用人单位直接或间接控制的所有工作地点。

6. 工作地点

工作地点是指劳动者从事职业活动或进行生产管理而经常或定时停留的岗位和作业地点。

7. 密闭空间

密闭空间是指与外界相对隔离，进出口受限，自然通风不良，足够容纳一人进入并从事非常规、非连续作业的有限空间（如炉、塔、釜、罐、槽车以及管道、烟道、隧道、下水道、沟、坑、井、池、涵洞、船舱、地下仓库、储藏室、地窖、谷仓等），分为无须准入密闭空间和需要准入密闭空间。

8. 作业场所职业性有害因素检测与评价

用人单位应定期对工作场所进行职业性有害因素检测、评价。检测、评价结果存入用人单位职业卫生档案，定期向所在地卫生行政部门报告并向劳动者公布。发现工作场所职业性有害因素不符合国家职业卫生标准和卫生要求时，用人单位应当立即采取相应治理措施，仍然达不到国家职业卫生标准和卫生要求的，必须停止存在职业性有害因素的作业。

9. 建设项目职业病危害预评价

所谓建设项目职业病危害预评价,是指对可能产生职业病危害的建设项目,在可行性论证阶段,对建设项目可能产生的职业病危害因素、危害程度、对劳动者健康影响、防护措施等进行预测性卫生学分析与评价,确定建设项目在职业病防治方面的可行性,为职业病危害分类管理提供科学依据。

10. 建设项目职业病危害控制效果评价

所谓建设项目职业病危害控制效果评价,是指在建设项目竣工验收前,对工作场所职业病危害因素、职业病危害程度、职业病防护措施及效果、健康影响等做出综合评价。

二、职业健康监护

1. 职业危害

职业危害是指对从事职业活动的劳动者可能导致的职业性病损。

2. 职业健康体检

对从事接触职业性有害因素作业的劳动者,用人单位应当按照国务院卫生行政部门的规定组织上岗前、在岗期间和离岗时的职业健康检查,并将检查结果如实告知劳动者。职业健康检查费用由用人单位承担。

3. 职业健康监护档案

用人单位应当为劳动者建立职业健康监护档案。内容包括:劳动者的职业史、职业病危害接触史、职业健康检查结果和职业病诊疗等有关个人健康的资料。

4. 高危人群

高危人群是指在职业活动中易遭受职业性病损的人群和(或)接触高浓度(高强度)职业性有害因素的职业人群。

5. 职业禁忌

职业禁忌是指劳动者从事特定职业或者接触特定职业性有害因素时,比一般职业人群更易于遭受职业危害和罹患职业病或者可能导致原有自身疾病病情加重,或者在从事作业过程中诱发可能导致对他人生命健康构成危险的疾病的个人特殊生理或者病理状态。

6. 工作有关疾病

工作有关疾病是指劳动者在职业活动中,由于工作场所职业性有害因素的作用,导致劳动者罹患某一种疾病或潜在疾病显露或原有疾病加重的某些疾病。

7. 职业病

职业病是指企业、事业单位和个体经济组织的劳动者在职业活动中,因接触粉尘、放射性物质和其他有毒、有害物质等因素而引起的疾病。

8. 职业病范围

2002年4月18日,卫生部、劳动和社会保障部下发了关于印发《职业病目录》的通知,新确定的职业病包括尘肺、职业放射性疾病、职业中毒、物理因素所致职业病、生物因素所致职业病、职业性皮肤病、职业性眼病、职业性耳鼻喉口腔疾病、职业性肿瘤、其他职业病等10类115种。

9. 职业病诊断

职业病诊断应由省级以上人民政府卫生行政部门批准的医疗机构承担。劳动者可选择用人单位所在地或者本人居住地依法承担职业病诊断的医疗机构进行职业病诊断。

10. 职业病报告

地方各级卫生行政部门指定相应的职业病防治机构或卫生防疫机构负责职业病报告工作。职业病报告实行以地方为主，逐级上报的办法。一切企、事业单位发生的职业病，都应报告当地卫生监督机构，由卫生监督机构统一汇总上报。

11. 职业病患者处置

职工被确诊患有职业病后，其所在单位应根据职业病诊断机构的意见，安排其医疗或疗养。被确认不宜继续从事原有害作业或工作的，自确认之日起的2个月内将其调离原工作岗位，另行安排工作；对于因工作需要暂不能调离的生产、工作技术骨干，调离期限最长不得超过半年。

12. 职业病防治

根据《中华人民共和国职业病防治法》的规定，生产单位对本单位产生的职业危害负责，要坚持"预防为主、防治结合"的方针，采取各种技术、管理措施，加强对职业病的预防工作。如建立各种规章制度；依法参加工伤社会保险；作业场所职业危害的检测检验；配备劳动防护用品；定期对职工进行体检等。

13. 劳动者权益

(1) 获得职业卫生教育、培训。

(2) 获得职业健康检查、职业病诊疗、康复等职业病防治服务。

(3) 了解工作场所产生或可能产生的职业性有害因素、危害后果和应采取的职业病防护措施。

(4) 要求用人单位提供符合职业病防护要求的防护设施和个体防护用品，改善工作条件。

(5) 对违反职业病防治法律、法规以及危及生命健康行为提出批评、检举和控告。

(6) 拒绝违章指挥和强令进行没有职业病防护措施的作业。

(7) 参与用人单位职业卫生工作的民主管理，对职业病防治工作提出意见和建议。

第二节 冶金行业职业性有害因素

一、冶金行业职业卫生形势、特点

钢铁工业生产一般包括采矿、选矿、烧结、炼焦及焦化产品生产、耐火材料生产、炼铁、炼钢、轧钢、动力供应等多个环节。现代化钢铁联合企业具有企业规模大、工艺流程长、配套专业多、设备大型化、操作复杂、连续作业等特点。冶金行业共同的职业危害主要是高温、热辐射、粉尘和有毒气体等。冶金行业钢铁生产过程既具有生产工艺条件所决定的高动能、高势能、高热能所带来的重大危险因素，又有化工生产常见的有毒有害物质，也有一般机械行业常见的机械伤害事故。其特点是危险源点多、面广、危害大，高温作业和煤气作业多，作业环境差。

据不完全统计，我国20世纪90年代冶金行业粉尘浓度合格率为78.94%，工业毒物浓度合格率为56.66%，高温强度合格率为36.52%，岗位噪声强度合格率为54.51%。接触职业危害职工占47.70%，职业健康受检率为21.87%，职业病检出率为0.45%，职业病累计死亡率为29.29%。

尘肺是冶金行业最为常见的职业病，占各类职业病总数的90%。新中国成立以来，冶金行业坚持"预防为主，综合治理"的方针，粉尘危害得到了有效的控制：尘肺病检出率由50年代的19.6%，降至90年代的0.71%；尘肺发病工龄由50年代的7.9年，延长到90年代的25.8年；尘肺死亡年龄由50年代的45.7岁，延长到90年代的64.1岁。

二、冶金行业职业性有害因素的来源

劳动者接触的职业性有害因素主要源于生产工艺过程、劳动过程和工作环境，可对劳动者的健康产生一定的危害。

（一）生产工艺过程中产生的有害因素

1. 化学性有害因素

如硅尘、煤尘、水泥尘、金属粉尘等生产性粉尘；一氧化碳、硫化氢、铅、汞、锰、苯、焦炉逸散物等生产性毒物。化学因素是引起职业性疾病最为常见的职业性有害因素。

2. 物理性有害因素

如高温、热辐射、高气湿等不良气象条件；噪声；手传振动；高频电磁场、工频电场、微波辐射、红外辐射、紫外辐射等电磁辐射；X射线、γ射线、中子等电离辐射。

（二）劳动过程中的有害因素

现代化钢铁联合企业的工艺特点是自动化程度高、连续生产，作业人员在生产过程中由于不合理的劳动组织和作息制度、劳动强度过大或生产定额不当等，可造成职业心理紧张、个别器官或系统紧张；维修检修作业时，因长时间处于不良体位、姿势或使用不合理的工具等均可对劳动者健康造成一定的影响。

（三）工作环境中的有害因素

冶金行业生产过程中有些需要露天作业，存在太阳辐射、低温等自然环境因素；由于厂房建筑或布局不合理，可导致通风不良、采光照明不足；有毒无毒工段同在一个车间可使作业环境空气受到污染。上述工作环境中的有害因素，均可对劳动者健康造成不良影响。在实际工作场所，往往同时存在多种有害因素，对职业人群的健康可能产生联合影响。

三、冶金行业常见的职业性有害因素

（一）烧结生产中的职业性有害因素

1. 化学性有害因素

1）粉尘

原料翻车、卸料、配料、混合、烧结、成品热筛、破碎、冷筛、返矿运输、运转过程中的给受料点，矿槽进、排料口等烧结生产的整个过程都会产生粉尘，烧结机尾部烧结块落下时可产生大量粉尘。烧结生产中产生的粉尘，其游离二氧化硅含量一般均小于10%。

粉尘不仅破坏作业环境，危害职工身体健康和损坏机器设备，还会污染大气环境。粉尘侵入人身的途径主要有呼吸系统、眼睛、皮肤等。其中呼吸系统为主要途径。粉尘对呼吸系统的危害主要有尘肺、肺部病变、呼吸系统肿瘤和局部刺激作用等。

2) 一氧化碳

烧结机尾部喷水冷却时可产生大量一氧化碳。供给烧结机点火用的煤气在使用中如存在管道、闸阀的泄漏,也会导致工人急性一氧化碳中毒。轻、中度中毒主要表现为头痛、头昏、心悸、恶心、呕吐、四肢乏力、意识模糊,甚至昏迷;重度中毒者往往出现牙关紧闭、强直性全身痉挛、大小便失禁,部分患者可并发脑水肿、肺水肿、严重的心肌损害、休克、呼吸衰竭、上消化道出血、皮肤水泡或成片的皮肤红肿、肌肉肿胀坏死、肝肾损害等,危及生命。

3) 苯及苯系物

对断裂输送带进行修补黏合,需要使用黏合剂,可产生苯及甲苯、二甲苯等化合物。

4) 二氧化碳

可能存在的岗位有看火、电除尘、梭式布料、单辊、烘干、卸灰、维修、环(带)冷机操作。人吸入高浓度二氧化碳,会在几秒钟内迅速昏迷、反射消失、瞳孔扩大或缩小、大小便失禁、呕吐等,更严重者出现呼吸停止及休克,甚至死亡。接触固态(干冰)和液态二氧化碳会引起皮肤和眼睛严重的冻伤。

经常接触较高浓度的二氧化碳者,可有头晕、头痛、失眠、易兴奋、无力等神经功能紊乱等症状。

5) 氮氧化物

急性氮氧化物中毒是以呼吸系统急性损害为主的全身性疾病。轻症表现为化学性气管炎、支气管炎或支气管周围炎。较重者表现为化学性支气管肺炎、间质性肺水肿或局限性肺泡性肺水肿。重症者表现为急性肺泡性肺水肿或阻塞性毛细支气管炎等。此外,长期接触低浓度氮氧化物,也可出现上呼吸道黏膜刺激症状,慢性咽炎、支气管炎和肺气肿的发病率明显高于正常人群;部分敏感人群只要吸入少量氮氧化物即发生肺水肿。

6) 二氧化硫

二氧化硫易被湿润的黏膜表面吸收生成亚硫酸、硫酸,对眼及呼吸道黏膜有强烈的刺激作用;大量吸入可引起肺水肿、喉水肿、声带痉挛而致窒息。

急性中毒:轻度中毒时,发生流泪、畏光、咳嗽、咽喉灼痛等;严重中毒可在数小时内发生肺水肿;极高浓度吸入可引起反射性声门痉挛而致窒息。皮肤或眼接触发生炎症或灼伤。

慢性影响:长期低浓度接触,可有头痛、头昏、乏力等全身症状,以及慢性鼻炎、咽喉炎、支气管炎、嗅觉及味觉减退等,少数工人有牙齿酸蚀症。

2. 物理性有害因素

1) 高温、热辐射

主要来源于烧结机、单辊破碎机、热矿筛、一次返矿、冷却机和成品带式输送机等岗位。烧结机旁工人常年处于高温下作业,夏季气温可达40℃以上。从事高温作业时因体内热平衡和水盐代谢紊乱,可能导致职业病——职业性中暑。轻者可出现头昏、头痛、口渴、多汗、全身疲乏、心悸、注意力不集中、动作不协调等症状;重者可出现面色潮红、大量出汗、脉搏快速、体温升高。严重时可发生重症中暑,甚至危及生命。

2) 噪声

主要来源于破碎机、振动筛、风机、生产设备运转及矿粉在生产过程中对设备的撞击,是持续性稳态噪声。

噪声是一种物理污染,长期接触工业性噪声,可引起操作工人身体发生多方面的健康损害,甚至职业病。轻者可影响工作效率、思想情绪不稳定,进而可导致神经衰弱,出现耳鸣、头痛、头晕、心悸、睡眠障碍、记忆力减退、情绪不稳定和全身乏力等。此外,还有心血管系统、消化系统、代谢功能、内分泌及免疫系统的功能紊乱、生殖功能及胚胎发育的影响。重者则可导致听力永久性的损害,即职业性听力损伤。

3)振动

振动职业危害,有局部振动危害和全身振动危害。局部振动危害是由于局部肢体长期振动而引起肢端血管痉挛、上肢周围神经末梢感觉障碍及关节骨质改变的职业病。该病典型表现是手指发白,并伴有麻、胀、痛的感觉,手心多汗。全身振动危害是引起交感神经和血管功能的改变,出现血压升高、心率加快、胃肠不适等症状。全身振动引起的功能性改变,在脱离振动环境和休息后,大多能自行恢复。

3. 放射性物质类

烧结生产过程中常常利用核子秤等放射性密封源自动对物料质量进行检测。作业人员在岗位操作时应避免电离辐射危害。长期暴露于辐射场的维修、巡检作业人群发现患有神经衰弱症,症状有头晕、头痛、失眠、心悸等。

(二)焦化生产中的职业性有害因素

1. 化学性有害因素

1)粉尘

原煤卸煤、储煤、倒煤、存煤、放送煤等备煤作业产生大量粉尘,主要是煤尘,尤以卸煤、倒煤和放送煤为甚。原煤输送、破碎、配煤过程,炼焦车间煤车装煤过程也产生煤尘污染。

2)多环芳烃

焦炉逸散物中的多环芳烃(PAHs)源自焦炉烟尘中,是肯定的人类致癌物,其典型代表物为3,4-苯并芘。主要作业场所有炉顶装煤、推焦、拦焦和熄焦,其他泄漏点有炉顶装煤孔盖、上升管盖与桥管、集气管的连接及炉门等处。污染的岗位主要有装煤车、扫炉盖、测温、交换机、上升管、调火、推焦机、拦焦机、出炉、熄焦车、单斗提升机、废气分析、炉门修理和热修瓦工等。

3)苯及苯系物

在煤气回收和苯精制车间各种设备、泵、苯类储槽放散管等处易于泄漏,造成进行各种阀门、泵槽、检验位、成品岗位操作活动的人员接触中毒。另外,对断裂输送带进行修补黏合,需要使用黏合剂,可产生苯及甲苯、二甲苯等化合物。

4)一氧化碳

焦炉煤气中含有5%~10%一氧化碳。焦炉装、出炉过程外泄大量含有一氧化碳的烟尘。焦炉地下室、烟道走廊等煤气操作区阀门启闭频繁,极易泄漏煤气。煤气净化各工序的设备、管道阀门、水封等处易出现煤气泄漏。

5)硫化氢

源于炼焦、熄焦过程中煤的无氧燃烧,回收的荒煤气中也含有部分硫化氢。

6)氨气

从焦油氨水分离装置、蒸馏设备、储槽及放散管等处泄漏出来。氨水蒸馏设备检修时，更易造成上述有毒气体大量逸出。

7）氰化氢或氢氰酸

焦化产品制取过程中易产生氰化氢或氢氰酸。这两种有毒物质一般在回收车间的黄血盐生产工序产生，蒸氰塔、吸收塔放散管等处发生的泄漏可导致毒物外泄。

8）吡啶

吡啶主要生产设备蒸氨塔、冷凝冷却塔（氨气、吡啶）、中和器、分离器等设备和管道一旦泄漏，会造成周围人员急性中毒。

9）二硫化碳

源自苯精制的初馏分中，它不但有刺鼻的恶臭味，还有很大毒性，中毒严重者可致死。初馏塔阀门及泵的开启操作如发生泄漏，易引起二硫化碳中毒。

10）酚、萘

在生产过程中常以气态或液态形式泄漏，两者大量地存在于酚、萘生产工序的塔、槽操作活动中。

11）沥青

主要存在于焦油车间蒸馏、闪蒸、管式炉、热油泵房、油库和沥青机岗位。

2. 物理性有害因素

1）高温、强热辐射

焦炉本身就是一座大型加热炉，炉顶作业区域温度最高，其次为炉侧温度。焦炉作业活动既存在高温的危害，同时又接触强热辐射，尤其是出炉时的推、拦焦作业等。

2）噪声

噪声源主要有煤气鼓风机、空压机、各种工业泵及其他机械设备等，噪声分布较广。

3. 放射性物质类

焦化生产过程中常常利用核子秤等放射性密封源自动对物料质量进行检测。作业人员在岗位操作时应避免电离辐射危害。

（三）炼铁生产中的职业性有害因素

1. 化学性有害因素

1）粉尘

粉尘是炼铁生产过程中的主要危害，原料系统、上料系统、高炉出铁场生产现场都可产生粉尘危害。粉尘中游离二氧化硅含量多在10%以上，原料系统粉尘浓度高于其他岗位。煤尘源于高炉喷煤过程，主要存在于高炉原料系统喷煤工艺中各带式输送机、转载点；其他粉尘主要存在于高炉原料系统。

2）一氧化碳

高炉煤气中含有22%～30%一氧化碳。炼铁高炉是炼铁厂也是整个钢铁行业最容易发生一氧化碳急性中毒的场所。急性一氧化碳中毒的原因有设备泄漏、操作不当或意外接触一氧化碳，多数是在高炉周围，特别是进行修理时发生；其余则是在热风炉附近、在炉体周围巡查或靠近炉顶时发生。高炉出渣和出铁时，从炉内逸出的煤气也会引起出渣口和出铁口附近操作工人中毒。

3）硫化氢、二氧化硫

虽然矿石中硫的含量不同，但部分企业在冶炼及出炉渣过程中均产生微量的硫化氢和二氧化硫，对人体的长期慢性损害不容忽视。

2. 物理性有害因素

1）高温、强热辐射

来自于被加热空气的对流热和生产设备及其周围物体表面的二次热辐射。出铁、出渣时的热辐射危害比较大。炼铁生产过程中工人在炉顶巡检、炉前操作均会接触到高温、热辐射。出铁时红外线辐射，电焊辐射。冶炼物体温度达到1200℃以上，出现紫外线辐射。高炉出铁、冲渣时热辐射较强，当大量热量散发到空气中，环境温度高于体温时，使人感到不适。工人在这种环境下作业，只能靠排汗和汗水蒸发散热来调节体温，如果通风不良，人体蒸发散热困难，就可能发生蓄热和过热，继而产生中暑。

2）噪声与振动

主要来源于高炉鼓风、煤粉喷吹、煤气散热、风机、破碎机、振动筛、烧结机、环冷机冷却风机、主抽风机、点火炉助燃风机和除尘系统风机、循环水泵、卷扬机、钢带机以及机电设备等。煤粉喷吹系统的噪声主要来源于球磨机，钢球之间及钢球与衬板间相互撞击。炼铁系统使用了压缩机等配套设施，如基础不牢固、安装位置不好、未采取防振措施等，均会造成一定振动伤害。

3. 放射性物质类

炼铁生产过程中常常利用核子秤、中子水分仪等放射性密封源自动对物料质量进行检测或对物料水分进行监测。

（四）炼钢生产中的职业性有害因素

1. 化学性有害因素

1）烟（粉）尘

烟（粉）尘是炼钢生产过程中的主要职业危害因素，废钢切割、辅助料的准备与装卸、运送，炼钢过程中的一、二次烟尘和炉外精炼过程、修炉作业等均产生大量烟（粉）尘。

例如：混铁炉在兑、出铁水时产生烟尘；转炉（电炉）在加料、熔化、吹氧冶炼和出钢等过程中产生大量含氧化铁尘和少量氟化物的烟气；钢包精炼炉在生产过程中产生含尘烟气；电炉、钢包精炼炉散状料供料系统散发粉尘；连铸机结晶器加保护渣时产生少量粉尘；圆坯火焰切割时产生少量烟尘；钢包、中间罐等修砌内衬时产生粉尘。

2）一氧化碳

转炉煤气中含有68%～70%的一氧化碳。转炉炼钢吹氧时，可排出大量一氧化碳。平炉炼钢用煤气做燃料，其中含约30%的一氧化碳。煤气从炼钢厂水封阀或液封槽逸出；鼓风机、锅炉房或通风机突然关闭；漏气；清理静电除尘器或关闭管道阀门时，煤气未曾全部排除等均可导致急性一氧化碳中毒。

3）氟化氢、颗粒状氟化物

其他有害气体因废钢成分和加入炉内的辅料不同而各异，冶炼过程中添加萤石作为熔剂时，分解产生氟化氢或颗粒状氟化物。

2. 物理性有害因素

1）高温、热辐射

炼钢车间中炽热的钢渣、钢水和钢锭散发出大量热，每小时每立方米大约在200kcal（836.8kJ）。炉前操作区、LF炉炉前操作区、VD炉炉前操作区、连铸机操作区、炉盖修砌区、钢包修砌区、钢包烘烤区等作业区域温度较高。其特点一是温度高，二是高温热辐射源较分散。出钢、出渣时的热辐射强度为4~19J/（cm^2·min），修钢水罐时热辐射强度最高达54J/（cm^2·min）。

炼钢过程中，工人经常用眼睛根据炉壁的颜色判定炉温，长期受到红外线辐射作用可产生职业性白内障。

2）噪声

在炼钢生产中产生噪声的设备较多，且分布广，声级强度高。其中电炉冶炼、LF炉冶炼，以及风机及各类泵等设备运行是主要的噪声源。如电炉在熔化期噪声值高达110~120dB，氧化期噪声值达到100dB，除尘风机、炉衬耐火砖拆除机、液压泵、真空泵等产生的噪声值一般在90~105dB。

3）紫外线辐射

存在于炼钢、电焊、切割等岗位，电焊的紫外线波长为250~300nm。

3. 放射性物质类

由于连铸机结晶器钢水液位采用^{137}Cs放射源进行测定，因而可能产生放射线辐射。

（五）轧钢生产中的职业性有害因素

1. 化学性有害因素

1）粉尘

主要来自于热轧板卷的焊接、炉渣的处理、钢板的检查修磨。

2）一氧化碳

煤气从轧钢厂水封阀或液封槽逸出；鼓风机、锅炉房或通风机突然关闭；漏气；清理静电除尘器或关闭管道阀门时，煤气未曾全部排除等均可导致急性一氧化碳中毒。

3）铅烟（尘）

产生于热处理淬火、钢丝绳生产过程中的铅锅、锌烟、铝尘等。轧制铅合金钢或使用含铅的圆盘刀时，可能吸进有毒的微粒。

4）盐酸雾

酸洗作业时，工人可接触到盐酸雾。

5）油及其添加剂

用油雾润滑轧钢设备的工人，其健康可能受到油和油中所含添加剂的危害。

6）脱脂剂

精整工序用的大量脱脂剂会挥发，脱脂剂不仅能引起中毒，而且在溶剂处理不当时会使皮肤因脱脂而受到损害。

7）臭氧

对接焊会产生臭氧，吸入臭氧造成的刺激与氮氧化物的刺激相同。

8）氮氧化物等

工人使用火焰清理机和气割装置时，可暴露在氮氧化物及铬、镍和铁氧化物中。

2. 物理性有害因素

1）高温、热辐射

轧钢过程中可放出大量的对流热和辐射热,因此高温、热辐射是轧钢厂影响工人健康的主要有害因素,主要来自于各种均热炉、加热炉、退火炉等加热过程和热钢坯(材)传送过程。

2)噪声

来自轧机轧钢、钢坯剪切作业,声源多,分布广,强度一般为 90dB,峰值达 115dB。轧机、矫直机齿轮箱、高压水泵、剪切机、锯床、成品抛入坑内或金属挡板拦住正在移动的材料,都会发出噪声。

3)振动

用高速冲击工具清理成品,可导致肘、肩和锁骨关节及尺骨远侧骨和桡关节变形,或使舟骨和月骨受到损伤。

3. 放射性物质类

采用电子计算机进行生产的轧钢厂,使用放射性密封源进行钢坯、板材等厚度、分子物理性状的检测时可接触电离辐射。

(六)耐火材料生产中的职业性有害因素

1. 化学性有害因素

1)粉尘

耐火材料生产过程中,粉尘是最严重的有害因素。在原料加工、粉碎、过筛、混料、运输装卸、砖坯成型及干燥、装窑、出窑、外形检验等工序,都会产生大量含有较高游离二氧化硅(47%~96%)的粉尘,加之机械化程度不高,工人长期接触粉尘会发生尘肺。据统计,截至 20 世纪 80 年代中期,全国 44 个耐火材料生产企业接尘人员约占总职工人数 60%,硅肺病患者占接尘人员 12%。

2)一氧化碳

干燥、装出窑和烧成等岗位工人不同程度地受到一氧化碳的危害。

2. 物理因素

1)高温、热辐射

干燥和煅烧过程中,作业人员可受到高温、热辐射及粉尘的联合作用。

2)噪声

原料破碎、筛分过程中可产生强烈噪声。

3. 放射性物质类

耐火材料生产过程中常常利用料位计、核子秤等放射性密封源监测生产过程。

(七)炭素材料生产中的职业性有害因素

1. 化学性有害因素

1)粉尘

炭素材料生产基本是干燥原料混合加工过程。无烟煤、焦炭、沥青、蒽油等原料在破碎、筛分、烘干、混捏、压型过程中均产生大量粉尘和烟气,成型后的半成品在工艺过程中伴有辅料的填充同样会有大量粉尘的产生,而浸渍后的产品通过高温还会产生大量的挥发物,焙烧制品的石墨化过程以及炭素制品的机械加工过程产生的粉尘危害更是不容忽视的。

2)一氧化碳

炭素材料生产过程中，一氧化碳的产生来自两个途径。一是煅烧炉、焙烧炉等工业窑炉。国内炭素企业大多采用煤气作为燃料，企业自备的煤气发生和使用系统中，煤气中的一氧化碳含量都在35%左右。由于煤气管道和管道上的连通罩、水封阀等装置，经常因多种原因发生泄漏，造成人员中毒事故时有发生。二是目前石墨电极生产广泛使用的石墨化炉都是电热炉，由于生产石墨电极的主要原料是石油的副产品，含有一定量的有毒、有害物质。这些物质在一定条件和一定的温度下，发生一系列的化学反应，产生沥青烟气、硫化氢气体以及一氧化碳气体。

产品的石墨化过程也是热处理和烘干过程，挥发物质较多，而碳与氧气或蒸汽接触都能生成一氧化碳。也就是说，石墨化生产工艺的整个过程中，从生产原料的选择到水冷却降温，都为产生一氧化碳提供了条件。一氧化碳一般多停留在两石墨化炉的炉空之间，炉头、炉尾的冷却水井中，两侧的地沟内，以及水泥地面下方的空隙中。

3）沥青烟

主要见于沥青熔化、混捏、凉料、浸渍、焙烧、成型、石墨化等过程。

4）氯气、氟气

高纯石墨化工序可产生氯气、氟气泄漏。

5）铅（烟）尘

铅作业场所可产生铅（烟）尘。

2. 物理性有害因素

1）高温、热辐射

炭质原料在隔绝空气的条件下进行高温（1200~1500℃）热处理的煅烧过程产生高温、热辐射。压型后的生坯制品在加热炉内的保护介质中，在隔绝空气的条件下，按一定的升温速度进行加热的焙烧过程中产生高温、热辐射，焙烧温度最高可达1200℃以上。把焙烧制品置于石墨化炉内保护介质中加热的石墨化过程产生2300℃以上的高温，以针状焦为原料生产的超高功率石墨电极的石墨化温度应达到2800~3000℃。

2）噪声

破碎和磨粉设备生产过程中产生噪声。

3）振动

振动成型机产生振动。

第三节　职业健康检查

职业健康检查是指对即将接触、正在接触、即将脱离和已脱离接触职业病危害作业的劳动者进行的健康检查，是《中华人民共和国职业病防治法》规定必须要做的。

职业健康检查种类分上岗前、在岗期间、离岗时、应急情况和离岗后医学随访5种。

一、接触粉尘作业

1. 职业禁忌

（1）活动性肺结核病。

（2）慢性阻塞性肺病。

(3) 慢性间质性肺病。

(4) 伴肺功能损害的疾病。

2. 检查内容

(1) 体格检查：内科常规检查，重点是呼吸系统、心血管系统。

(2) 实验室和其他检查：血常规、尿常规、血清 ALT、心电图、X 射线胸片、肺功能等。

硅肺患者在离岗（包括退职）或退休后应每年进行一次医学检查。

二、接触化学性有害因素作业

（一）接触一氧化碳作业

1. 职业禁忌

(1) 中枢神经系统器质性疾病。

(2) 心肌病。

2. 检查内容

(1) 体格检查：内科常规检查，重点检查心血管系统；神经系统常规检查。

(2) 实验室和其他检查：血碳氧血红蛋白、血常规、血清 ALT、尿常规、心电图，必要时做脑电图、颅脑 CT 检查。

（二）接触苯（甲苯、二甲苯）作业

1. 职业禁忌

(1) 血常规检出有如下异常者：

①白细胞计数低于 $4.5 \times 10^9 / L$；

②血小板计数低于 $8 \times 10^{10} / L$；

③红细胞计数男性低于 $4 \times 10^{12} / L$，女性低于 $3.5 \times 10^{12} / L$；

④血红蛋白定量男性低于 120g/L，女性低于 110g/L。

(2) 造血系统疾病，如各种类型的贫血、白细胞减少症和粒细胞缺乏症、血红蛋白病、血液肿瘤，以及凝血障碍疾病等。

(3) 脾功能亢进。

2. 检查内容

(1) 体格检查：内科常规检查。

(2) 实验室和其他检查：血常规、尿常规、心电图、肝脾 B 超等。

（三）接触铅作业

1. 职业禁忌

(1) 贫血。

(2) 卟啉病。

(3) 多发性周围神经病。

2. 检查内容

(1) 体格检查：内科常规检查及神经系统常规检查。

(2) 实验室和其他检查：血常规、尿常规、心电图、血清 ALT（转氨酶），可选血铅、尿铅。

(四) 接触汞作业
1. 职业禁忌
(1) 慢性口腔炎。
(2) 慢性肾脏疾病。
(3) 中枢神经系统器质性疾病。
(4) 各类精神病。
2. 检查内容
(1) 体格检查：内科常规检查；口腔科常规检查，重点检查口腔黏膜、牙龈；神经系统常规检查。
(2) 实验室和其他检查：血常规、尿常规、心电图、血清 ALT、尿汞、尿浓缩试验及其他特殊检查。

(五) 接触锰作业
1. 职业禁忌
(1) 中枢神经系统器质性疾病。
(2) 各类精神病。
(3) 严重自主神经功能紊乱性疾病。
2. 检查内容
(1) 体格检查：内科常规检查；神经系统检查，常规检查及四肢肌力、肌张力。
(2) 实验室和其他检查：血常规、尿常规、心电图、血清 ALT 及其他特殊检查。

三、接触物理性有害因素作业

(一) 接触噪声作业
1. 职业禁忌
(1) 各种原因引起的永久性感音神经性听力损失。
(2) 中度以上传导性耳聋。
(3) Ⅱ期及以上高血压和器质性心脏病。
2. 检查内容
(1) 体格检查：内科常规检查，重点是心血管系统的检查；耳科检查，重点是粗听力、外耳和鼓膜的检查。
(2) 实验室和其他检查：纯音听阈测试、心电图、血常规、尿常规、血清 ALT、声导抗、耳声发射及其他特殊检查。

(二) 接触高温作业
1. 职业禁忌
(1) Ⅱ期及以上高血压。
(2) 活动性消化性溃疡。
(3) 慢性肾炎。
(4) 未控制的甲亢。
(5) 糖尿病。
(6) 大面积皮肤疤痕。

2. 检查内容

(1) 体格检查：内科常规检查，重点进行心血管系统检查。

(2) 实验室和其他检查：血常规、尿常规、血清 ALT、心电图、血糖及其他特殊检查。

四、从事特殊作业

(一) 电工作业

1. 职业禁忌

(1) 癫痫。

(2) 晕厥（近一年内有晕厥发作史）。

(3) Ⅱ期及以上高血压。

(4) 红绿色盲。

(5) 心脏病及心电图明显异常（心律失常）。

(6) 四肢关节运动功能障碍。

2. 检查内容

(1) 体格检查：内科常规检查，重点检查血压、心脏；眼科检查，常规检查及辨色力；外科检查，注意四肢关节的运动与灵活程度，特别是手部各关节的运动和灵活程度。

(2) 实验室和其他检查：血常规、尿常规、心电图、血清 ALT，必要时做脑电图检查。

(二) 高处作业

1. 职业禁忌

(1) 高血压。

(2) 恐高症。

(3) 癫痫、晕厥病、美尼尔症。

(4) 心脏病及心电图明显异常（心律失常）。

(5) 四肢骨关节及运动功能障碍。

2. 检查内容

(1) 体格检查：内科常规检查，重点检查血压、心脏、三颤；耳科检查，常规检查及前庭功能检查（有病史或临床表现者）；外科检查，主要检查四肢骨关节及运动功能。

(2) 实验室和其他检查：血常规、尿常规、心电图等，必要时做脑电图检查。

五、接触放射性物质作业

1. 职业禁忌

(1) 血象：血红蛋白低于 120g/L（男）；血红蛋白低于 110g/L（女）；白细胞低于 4.5×10^9；血小板低于 110×10^9。

(2) 严重的呼吸、循环、消化、血液、内分泌、泌尿、免疫系统疾病。

(3) 精神和神经系统疾病，严重的皮肤疾病。

(4) 严重的视听障碍、恶性肿瘤。

(5) 严重的残疾、先天性畸形，遗传性疾病。

(6) 其他器质性或功能性疾病。

(7) 未能控制的细菌性或病毒性感染等疾病。

2. 检查内容

(1) 体格检查：内科常规检查；眼（视力、眼底、色觉、眼晶体裂隙灯检查）、耳、鼻、喉及手部皮肤、指甲检查。

(2) 实验室及其他检查：血常规、尿常规、血小板、肝功能、肾功能、胸部X线摄片、淋巴细胞染色体畸变率、微核率等。

第四节 冶金行业常见职业病

冶金行业常见职业病有尘肺、一氧化碳中毒、铅及其化合物中毒、汞及其化合物中毒、锰及其化合物中毒、苯中毒、焦炉工肺癌、职业性皮肤病、职业性听力损伤、中暑等。

一、尘肺

《职业病目录》中的尘肺共13种，包括：硅肺、煤工尘肺、石墨尘肺、碳墨尘肺、石棉肺、滑石尘肺、水泥尘肺、云母尘肺、陶工尘肺、铝尘肺、电焊工尘肺、铸工尘肺以及根据《尘肺病诊断标准》和《尘肺病理诊断标准》可以诊断的其他尘肺。

1. 尘肺

尘肺是长期吸入生产性粉尘并在肺内滞留而引起的以肺组织弥漫性纤维化为主的全身性疾病。生产性粉尘通过呼吸道进入体内，大部分可被排出体外，少量滞留在肺组织内产生不同的病理变化。

2. 可能发生尘肺的工种

冶金工业生产中的粉碎、配料、搬运、包装，以及矿石烧结过程中接触粉尘的劳动者，都有可能发生尘肺。

3. 诊断

尘肺的诊断及分期除有粉尘接触史外，主要依据胸部X线改变。根据出现小阴影的数量、分布范围及大阴影形成及其大小进行诊断和分期。尘肺可分为Ⅰ、Ⅱ、Ⅲ期。

4. 临床表现

尘肺患者的主要临床表现有气短、胸闷、胸痛、咳嗽、咯痰等。早期可无明显临床症状，随着病情进展临床表现逐渐加重，晚期出现明显呼吸困难、发绀、不能平卧等。

5. 主要并发症

肺部炎症、肺气肿、自发性气胸、肺结核、肺源性心脏病等。

6. 治疗原则

尘肺病人应及时调离粉尘作业岗位，并根据病情需要进行综合治疗，积极预防和治疗肺结核及其他并发症，以减轻症状、延缓病情进展、提高病人寿命、提高病人生活质量。

二、职业中毒

《职业病目录》中的职业中毒共56种，其中冶金行业常见的有以下几种。

(一) 一氧化碳中毒

1. 理化性质

一氧化碳（CO）是无色、无味、无刺激性的气体，相对密度 0.96，有爆炸性，一氧化碳与空气混合达 12.5% 时可引起爆炸，是最常见的有害气体。冶金工业中的炼钢、炼铁、焦化等岗位作业人员如违反操作规程或发生事故、管道漏气，均可因作业环境中一氧化碳浓度过高而发生急性中毒。

一氧化碳时间加权平均容许浓度为 $20mg/m^3$。

2. 临床表现

主要表现为急性脑缺氧引起的损害症状；少数患者可有迟发性神经精神症状。

轻度中毒：可出现剧烈头痛、眩晕、耳鸣、恶心、呕吐、全身乏力、精神不振、嗜睡状态、意识模糊等。

中毒较重者：多汗、烦躁，面颊、前胸、大腿内侧出现樱桃红色，可出现昏迷、脑水肿、肺水肿、休克或心肌损害、呼吸衰竭、上消化道出血、局部脑组织损伤引起振颤等症状。

低浓度的长期接触或者反复发生轻度急性中毒，可引起神经机能的降低，如判断力障碍、记忆力减退。

3. 其他处理

轻度中毒：经治愈后仍可从事原工作。

中度中毒：经治疗恢复后，应暂时脱离一氧化碳作业并定期复查，观察 2 个月如无迟发脑病出现，仍可从事原工作。

重度中毒及出现迟发脑病：虽经治疗恢复，也应调离一氧化碳作业岗位；因重度中毒或迟发脑病治疗半年仍遗留恢复不全的器质性神经损害时，应永远调离接触一氧化碳作业岗位，并视病情安排治疗和休息。

4. 应急处理

救援者应佩戴防毒面具或空气呼吸器，在做好个人防护的基础上，将急性一氧化碳中毒者救离中毒区域，松开衣扣、裤带，保持呼吸道畅通。

呼吸已停止的，迅速进行复苏抢救，口对口人工呼吸，必要时作胸外心脏按压。给予吸氧，并尽快送至医院进行高压氧舱等治疗。

(二) 硫化氢中毒

1. 理化性质

硫化氢（H_2S）为无色气体，有特殊的臭鸡蛋气味，在空气中容易燃烧，火焰呈蓝色，易引起火灾，和空气混合达一定比例时，遇明火或受热即发生爆炸。

硫化氢最高容许浓度 $10mg/m^3$。

2. 临床表现

急性中毒出现意识不清，过度呼吸迅速转向呼吸麻痹，很快死亡；亚急性中毒出现头痛、胸部压迫感、乏力及眼、耳、鼻、咽黏膜的灼痛，以及呼吸困难、咳嗽、胸痛等症状；慢性中毒一般为眼结膜的损伤，如搔痒、疼痛、异物感及肿胀，或明显炎症。

3. 其他处理

急性轻、中度中毒：痊愈后可恢复原工作。

重度中毒：经治疗恢复后应调离原工作岗位。需要进行劳动能力鉴定者按 GB/T 16180 处理。

4. 应急处理

救援者必须佩戴防毒面具或空气呼吸器进入中毒环境抢救中毒者，尽快将中毒者移至空气新鲜处，保持呼吸道畅通，立即给氧。

呼吸已停止的，立即进行人工呼吸和心脏按压术，并迅速送至医院。

（三）苯中毒

1. 理化性质

苯由煤焦油提炼或石油裂解重整所得。苯为有特殊芳香气味的无色液体，难溶于水，挥发性强，易燃，蒸气有爆炸性。苯蒸气能与空气形成爆炸性混合物，并可把火沿气流相反方向引回。苯是一种良好的有机溶剂和化学原料，冶金工业常见于焦化生产中。吸入途径主要以蒸气形式由呼吸道吸入，消化道吸收完全，皮肤吸收很少。吸入高浓度苯可发生急性苯中毒，长期吸入低浓度苯蒸气可引起慢性苯中毒。

苯时间加权平均容许浓度 $6mg/m^3$。

2. 临床表现

急性苯中毒：即短期内吸入大量苯蒸气，引起以中枢神经系统抑制为主要表现的全身性疾病。轻度中毒表现为兴奋或醉酒状态，称为"苯醉"，有欣快感，面部潮红，随后出现嗜睡、头晕、头痛、恶心、呕吐、胸部紧束感、步态蹒跚等，可伴有轻度黏膜刺激症状。重度中毒表现为烦躁不安、视物模糊、抽搐、昏迷、呼吸及心率不规则、血压下降、肺水肿、失去知觉，甚至呼吸循环衰竭。

慢性苯中毒：较长时期暴露于苯蒸气，引起以造血系统损害为主要表现的全身性疾病。轻度表现可有神经衰弱症候群，如头痛、头晕、乏力、失眠、多梦、记忆力减退；白细胞计数持续降低。重度可出现全血细胞减少症、再生障碍性贫血、白血病或骨髓增生异常综合征。

3. 其他处理

急性中毒：病情恢复后，轻度中毒一般休息 3~7 天即可工作。重度中毒的休息时间，应按病情恢复程度而定。

慢性中毒：一经确定诊断，即应调离接触苯及其他有毒物质的工作岗位。在患病期间应按病情分别安排工作或休息。轻度中毒一般可从事轻工作，或半日工作；中度中毒根据病情，适当安排休息；重度中毒全休。

4. 应急处理

救援者必须佩戴防毒面具进入中毒环境抢救中毒者。对急性苯中毒者尽快将患者救离现场，移至新鲜空气处，迅速脱去污染衣服，清除皮肤污染。必要时进行人工呼吸，给予吸氧。心跳停止的进行心脏复苏，并尽快送往医院。

（四）氨中毒

1. 理化性质

氨（NH_3）为无色气体，有强烈的特异刺激性臭味，极易溶于水，遇热及明火时可燃烧。

氨时间加权平均容许浓度 $20mg/m^3$。

2. 临床表现

黏膜刺激及损伤、眼睑浮肿、咳嗽、呼吸困难、呕吐、角膜溃疡。

3. 其他处理

轻度中毒：治愈后可回原岗位工作。

中、重度中毒：视疾病恢复情况，一般应调离刺激性气体作业。需劳动能力鉴定者，可参照 GB/T 16180 处理。

4. 应急处理

救援者必须佩戴防毒面具进入中毒环境抢救中毒者。对中毒者尽快将患者救离现场，移至新鲜空气处，给予吸氧，并及时送往医院。

切断气源，如不能立即切断，不准熄灭正在燃烧的气体。喷水冷却容器，使用雾状水、泡沫、二氧化碳灭火。

眼、皮肤烧伤可用清水冲洗 15min 以上。

（五）二硫化碳中毒

1. 理化性质

二硫化碳（CS_2）为无色液体，稍有刺激性微甜的气味。工业品因含有杂质而呈微黄色，具有刺鼻的恶臭气味，蒸气极毒，可挥发，极易燃，在低温下蒸气也可着火，甚至接触亮着的普通灯泡即可燃烧，与空气混合可形成爆炸性混合物，不溶于水。

二硫化碳时间加权平均容许浓度 $5mg/m^3$。

2. 临床表现

急性中毒：吸入高浓度蒸气会出现麻醉效应，中毒者有头痛感及眩晕、恶心、动作不协调、强烈兴奋、失去知觉等症状，甚至死亡。皮肤、黏膜接触液体、蒸气，均能引起强烈刺激，出现剧痛、充血等症状，皮肤可能出现大泡。

慢性中毒：常表现为慢性神经损伤，如视力减退、眼球震颤、神志不安等，并可见恶心、呕吐、腹痛、腹泻、便秘及肝脏、肾脏病变。

3. 其他处理

观察对象：一般不调离二硫化碳作业，应半年复查一次，尽可能作神经—肌电图检查，进行动态观察。

轻度中毒：患者经治疗恢复后，可从事其他工作，并定期复查。

重度中毒：应调离二硫化碳和其他对神经系统有害的作业，经治疗后，根据检查结果安排休息或工作。需要进行劳动能力鉴定者，按 GB/T 16180 处理。

4. 应急处理

救援者必须佩戴防毒面具进入中毒环境抢救中毒者。对中毒者尽快将患者救离现场，移至新鲜空气处，给予吸氧，并及时送往医院。用肥皂温水清洗体表。

（六）萘中毒

1. 理化性质

萘为白色、光亮的片状结晶，具有特别的气味（卫生球气味），易挥发，蒸气有毒。萘蒸气遇热易燃，燃烧的光弱而多烟。萘蒸气和空气混合能形成爆炸性混合物。

萘时间加权平均容许浓度 $50mg/m^3$。

2. 临床表现

大量吸入萘蒸气或粉尘引起的急性中毒，症状为眼部强烈刺激、咳嗽、头痛、恶心、呕吐、神志不清等。大量的由消化道吸入萘所引起的中毒，症状为恶心、呕吐、头晕、头痛及肝脏、肾脏损伤，以及视神经炎、溶血贫血。萘本身对皮肤无明显刺激作用，但因为工业萘中混有酚等杂质，所以会引起皮肤发红、发热、麻木感等。

3. 应急处理

眼部受萘蒸气刺激后，应用大量清水冲洗，皮肤污染后用肥皂水冲洗。口服引起的中毒，应及时催吐（压舌根），并送医院治疗。

（七）沥青烟中毒

1. 理化性质

沥青为黑色液体、半固体或固体，主要成分是沥青质和树脂，此外还含有高沸点矿物油及少量的氧、硫、氮的化合物，具有黏结性、抗水性和防腐性。在一定温度时，沥青具有脆性，折裂后断面光洁、平整，有介壳状纹理，有光泽。

沥青时间加权平均容许浓度为 $5mg/m^3$。

2. 临床表现

急性中毒，皮肤接触大量的沥青蒸气、烟雾、粉尘并受日光照射后能引起如下症状：皮肤局部红肿痛痒，并出现水泡、眼结膜充血、眼内异物感、畏光、流泪，并能出现头晕、头痛、乏力、恶心、呕吐、腹痛、腹泻、心悸、呼吸困难等。

慢性中毒的症状为慢性皮炎、结膜炎、上呼吸道刺激现象。煤焦沥青可能引起皮癌。

3. 应急处理

用肥皂水清洗皮肤，并用大量清水冲洗眼部。采取有效措施防止日光继续暴晒，及时送医院治疗。

（八）铅中毒

1. 理化性质

铅（Pb）加热至 400~500℃ 时可有大量铅蒸气逸出，冶金工业钢丝绳制造过程中可接触铅尘。吸收途径主要是通过呼吸道，其次是消化道吸收。

铅尘时间加权平均容许浓度为 $0.05mg/m^3$，铅烟为 $0.03mg/m^3$。

2. 临床表现

急性中毒：工业生产中发生急性铅中毒的机会较少，但可引起亚急性铅中毒，临床表现与急性铅中毒相似，主要表现有剧烈的腹绞痛、中毒性肝病、贫血及中毒性脑病等。

慢性中毒：轻度表现为头痛、头晕、失眠、多梦、记忆力减退、肢体酸痛、腹痛、便秘等。中度表现是在轻度中毒基础上，出现腹部绞痛、贫血或轻度中毒性周围神经病。重度表现为铅麻痹或中毒性脑病。

3. 其他处理

观察对象：可继续原工作，3~6个月复查一次或进行驱铅试验，明确是否为轻度铅中毒。

轻度、中度中毒：治愈后可恢复原工作，不必调离铅作业岗位。

重度中毒：必须调离铅作业岗位，并根据病情给予治疗和休息。

（九）汞中毒

1. 理化性质

汞（Hg）俗称水银，为银白色液态金属，在常温下即能蒸发。冶金行业接触汞的职业主要有：电工器材，仪器仪表制造和维修等。

2. 临床表现

急性中毒：短时间吸入高浓度汞蒸气或摄入可溶性汞盐可致急性中毒，多由于在密闭空间内工作或意外事故造成。一般起病急，有咳嗽、呼吸困难、口腔炎和胃肠道症状，继之可发生化学性肺炎，伴有紫绀、气促、肺水肿等。肾损伤表现为开始时多尿，继之出现蛋白尿、少尿及肾衰。急性期恢复后可出现类似慢性中毒的神经系统症状。

慢性中毒：较常见，主要引起神经精神系统症状，最早表现为类神经症状，如易兴奋、激动、焦虑、记忆力减退和情绪波动。震颤是神经毒性的早期症状，开始时为微细震颤，多在休息时发生，进一步可发展成意向性粗大震颤，也可伴有头部震颤和运动失调、震颤、步态失调、动作迟缓等症候群，类似帕金森病，后期可出现幻觉和痴呆。

3. 其他处理

观察对象根据具体情况进行驱汞治疗，轻度中毒治愈后仍可从事原工作，中度及重度中毒治愈后，不宜再从事毒物作业。如需劳动能力鉴定，按 GB/T16180 处理。

（十）锰中毒

1. 理化性质

锰（Mg）及其化合物都有一定毒性，以二氯化锰毒性最大。冶金工业生产中接触锰的职业主要有：锰合金制造，生产和使用含锰焊条。吸收途径主要为呼吸道。

锰及其无机化合物时间加权平均容许浓度为 $0.15mg/m^3$。

2. 临床表现

急性中毒：吸入大量新生的氧化锰烟雾，可产生"金属烟雾热"，表现为头痛、恶心、高热、寒战、胸闷、气短等，数小时至 1 天后症状消失。

慢性中毒：轻度表现为头痛、头晕、疲乏、失眠、健忘、肢体疼痛、下肢沉重感、多汗、心悸、易兴奋、情绪不稳定、肌张力增高、手指震颤等。重度可出现明显的锥体外系损害，表现为情绪改变、言语障碍、肌张力增高、步态异常等。

3. 其他处理

观察对象：6 个月至 1 年复查一次，进行动态观察，并根据病情发展趋势，适当处理。

中毒患者：凡诊断为锰中毒者，包括已治愈的病人，不得继续从事锰作业。轻度中毒者治愈后可安排其他工作；重度中毒者需长期休息。

三、物理因素所致职业病

《职业病目录》中的物理因素所致职业病共 5 种，包括：中暑、减压病、高原病、航空病、手臂振动病。其中冶金行业常见的有中暑、噪声性耳聋。

1. 中暑

在高温作业环境中，职工由于温度、湿度、辐射等综合影响，造成人体体温调节功能紊乱，当周围环境温度超过皮肤温度时，引起热平衡和水盐代谢紊乱，造成以中枢神经系统和心血管系统的障碍为主要表现的急性疾病，即产生中暑。

2. 临床表现

1) 先兆中暑

在高温环境下,中暑者出现头晕、眼花、耳鸣、恶心、胸闷、心悸、无力、口渴、大汗、注意力不集中、四肢发麻,此时体温正常或稍高,一般不超过37.5℃,此为中暑的先兆表现。

2) 轻症中暑

除有先兆中暑表现外,还有面色潮红或苍白、恶心、呕吐、气短、大汗、皮肤热或湿冷、脉搏细弱、心率增快、血压下降等呼吸、循环衰竭的早期表现,此时体温超过38℃。

3) 重症中暑

除先兆中暑、轻症中暑的表现外,并伴有昏厥、昏迷、痉挛或高热,体温超过40℃。

3. 应急处理

(1) 迅速将中暑者转移至阴凉通风处休息,使其平卧,头部抬高,解开衣扣。

(2) 如果中暑者神志清醒,并无恶心、呕吐,可饮用含盐的清凉饮料、茶水、绿豆汤等,以起到既降温又补充血容量的作用。

(3) 可采取吹风等散热方法,但不能直接对着中暑者吹风。

(4) 可以采取冰敷,应在头部、腋下、腹股沟等大血管处放置冰袋。

(5) 服用人丹、十滴水、藿香正气水等中药,如果出现血压降低、虚脱时,应立即送医院治疗。

四、职业性皮肤病

《职业病目录》中的职业性皮肤病共8种,包括:接触性皮炎、光敏性皮炎、电光性皮炎、黑变病、痤疮、溃疡、化学性皮肤灼伤,以及根据《职业性皮肤病诊断标准(总则)》可以诊断的其他职业性皮肤病。其中冶金行业常见的有由煤焦油和煤焦沥青所引起的光毒性皮炎。

1. 理化性质

煤焦油成分非常复杂,是生产焦炭及煤气的副产品。煤焦油分馏后残渣为煤焦沥青,其成分十分复杂。煤焦沥青为黑色液体、半固体或固体,主要成分是沥青质和树脂,此外还含有高沸点矿物油及少量的氧、硫、氮的化合物,具有黏结性、抗水性和防腐性。在一定温度时,沥青具有脆性,折裂后断面光洁、平整,有介壳状纹理,有光泽。

煤焦油沥青挥发物时间加权平均容许浓度 $0.2mg/m^3$。

2. 临床表现

急性中毒,皮肤接触大量的沥青蒸气、烟雾、粉尘并受日光照射后能引起如下症状:皮肤局部红肿痛痒,并出现水泡、眼结膜充血、眼内异物感、畏光、流泪,并能出现头晕、头痛、乏力、恶心、呕吐、腹痛、腹泻、心悸、呼吸困难等。

慢性中毒的症状为慢性皮炎、结膜炎、上呼吸道刺激现象。煤焦沥青可能引起皮肤癌。

3. 其他处理

严重的光毒性皮炎,在治疗期间可根据病情需要给以适当休息。治愈后,改善劳动条件和加强个人防护或避免在日光下操作,可从事原工作。

五、职业性耳鼻喉口腔疾病

《职业病目录》中的职业性耳鼻喉口腔疾病共3种，包括：噪声聋、铬鼻病、牙酸蚀病。其中冶金行业常见的是噪声聋。

1. 噪声聋的临床表现

1）噪声对听觉的损伤

职业性耳聋是长时间接触噪声可感到听觉疲乏、耳鸣、头晕，如长期在高频率的噪声环境中，可发展成为不易恢复的噪声性耳聋。职业性耳聋一般不致造成全聋。

爆震性耳聋是在一次强烈爆炸中造成听觉器官的急性损伤，爆震时常伴有冲击波，可致内耳出血、鼓膜破裂和脑震荡。经过治疗可使听力恢复或部分恢复。

2）噪声对其他系统的损伤

噪声还能导致中枢和植物神经系统的机能紊乱，长期生活工作在噪声环境中可产生头痛、失眠、注意力不集中、记忆力减退、情绪抑郁、易疲倦、反应低下，有时可产生神经过敏、心烦不安，严重时有血压波动、心律失常、内分泌紊乱等变化。

2. 噪声聋的其他处理

观察对象：不需要调离噪声工作场所，但同时患有耳鸣者例外。

轻度、中度及重度噪声聋患者：均应调离噪声作业场所；需要进行劳动能力鉴定者，按 GB/T 16180 处理。重度噪声聋患者应佩戴助听器。

对噪声敏感者：即上岗前体检听力正常，在噪声环境下作业1年，高频段3000Hz、4000Hz、6000Hz任一频率，任一耳达65dB（HL）应调离噪声工作场所。

六、职业性肿瘤

《职业病目录》中的职业性肿瘤共8种，包括石棉所致肺癌、间皮瘤，联苯胺所致膀胱癌，苯所致白血病，氯甲醚所致肺癌，砷所致肺癌、皮肤癌，氯乙烯所致肝血管肉瘤，焦炉工人肺癌，铬酸盐制造业工人肺癌，其中冶金行业常见的有焦炉工人肺癌。

1. 诊断原则

原发性肺癌诊断明确。焦炉工累计接触工龄1年以上（含1年）。潜隐期10年以上（含10年）。

2. 处理原则

脱离致癌物的接触。按恶性肿瘤积极治疗，定期复查。需劳动能力鉴定者，按 GB/T 16180 处理。

七、急性中毒的急救处理

1. 将中毒者迅速移离现场

救护者要做好自身防护，佩戴有效防毒面具或供气式面具，系好安全带。切忌在毫无防护措施下进入现场救援，以免救护者中毒。

当空气中含有高浓度有毒气体，或任何原因致空气中氧浓度小于14%，如中毒者已昏迷，首要任务是将中毒者迅速移离现场，至上风向安全地带。此外，应根据现场条件采取紧急措施，如立即向管道、密闭罐、地沟等场所内送风等。

2. 现场紧急处理

采取口对口呼吸时，施救者应注意不可吸入患者含毒的呼出气，以防发生意外；保持患者呼吸道通畅，清除鼻腔、口腔内分泌物，除去义齿；检查有无头颅、胸部外伤、骨折等；皮肤被毒物污染、眼灼伤，应立即用大量流动水彻底冲洗。经现场初步处理后迅速转送至医院。

第五节 职业病危害防护措施

一、防尘防毒措施

（一）综合防尘防毒措施

钢铁企业所受尘毒危害是比较严重的。我国经过多年的实践，总结出采取水、密、风、护、革、管、教、查八字方针综合防尘（毒）措施。

水——即湿式作业。采用湿式作业来降低作业场所粉尘的产生和扩散，是一种经济有效的防尘措施。

密——即密闭尘源。对不能采取湿式作业的场所，应采取密闭抽风除尘的办法，如采用密闭尘源与局部抽风机结合，使密闭系统内保持一定负压，可有效防止粉尘逸出。

风——即通风除尘。通风除尘是通过合理通风来稀释和排出作业场所空气中粉尘的一种除尘方法。

护——即坚持个体防护。

革——即技术革新。改革工艺过程，革新生产设备，使生产过程中不产生或少产生粉尘，以低毒粉尘代替高毒粉尘，是防止粉尘危害的根本措施。具体的措施主要体现在各行业粉尘工作场所实行生产过程的机械化、管道化、密闭化、自动化及远距离操作等。

管——即加强管理。建立健全防尘的规章制度，定期监测工作场所空气中粉尘浓度。应积极采取措施，不仅要使本单位工作场所粉尘浓度达到国家卫生标准，而且要建立健全粉尘监测、安全检查、定期健康监护制度；加强尘肺病患者的治疗、疗养和职业卫生宣传教育等的管理工作。

教——即宣传教育。对企业的安全生产管理人员、接尘工人应进行职业病防治法律法规的培训和宣传教育，了解生产性粉尘及尘肺病防治的基本知识，使工人认识到尘肺病是百分之百可防的，只要做好防尘、降尘工作，尘肺病是可以消除的。

查——即加强对接尘工人的健康检查、对工作场所粉尘浓度进行监测和各级监管部门、安全监察机构对尘肺病防治工作进行监督检查。

（二）烧结生产中的防尘防毒措施

1. 粉尘控制措施

在设计时可考虑采用铺底料、厚料层烧结等先进生产工艺，并采用工业电视装置等先进技术装备和自动监控系统，可大幅度降低粉（烟）尘的产生量和员工的吸入量。

在产尘设备和排烟处，设置除尘系统进行消烟除尘，各扬尘点设置机械负压抽风罩，严格控制粉尘外逸，燃烧废气集中由烟囱高空排放。

对散发粉尘的工艺设施采取有效的尘源密闭措施，同时设置机械抽风，以控制粉尘外逸。

根据生产工艺流程布置及车间配置、生产作业制度和物料性质，设置除尘系统，并尽量采用对应的大集中除尘系统。

选用先进高效除尘设备对含尘废气进行净化处理，除尘设备捕集下的粉尘全部回收利用。

燃料、配料、成品整粒、机尾除尘设备下部输灰设备采用密封性好、耐磨损、故障率低、适合输送烧结粉尘的刮板输送机。机尾、配料除尘系统粉尘经刮板输送机等输送设备卸至粉尘仓由气力输送管道集中送至配料粉尘仓。

对成品整粒除尘系统粉尘经刮板输送机转运进行加湿处理后再予以回收，以减少二次污染。

配料室生石灰消化除尘设置湿式除尘器。

对除尘管道系统中容易磨损的部位采用耐磨技术。在系统中针对不同性质粉尘的除尘管道，采用不同的耐磨措施。对含尘浓度大及温度高的机尾除尘管道采用耐磨陶瓷，对含尘浓度大及温度较低的机尾除尘管道采用耐磨管壳，以延长除尘管道的使用寿命，减少除尘管道的维护工作量。

除尘管道系统设计中采用专有阻力平衡技术，以确保除尘系统各抽风点除尘效果运行可靠。

采取个体防护（如防尘口罩），可作为保障工人健康的辅助手段。

针对烧结球团过程和输送系统中存在的主要尘毒污染源，可考虑设置除尘排毒系统，包括烧结机机头、机尾除尘排毒系统以及燃料破碎、配料等除尘系统。废气治理达标后经高烟囱排入大气；粉尘则回收利用（注意应采取湿式作业以降低二次扬尘）。

2. 有毒气体控制措施

在煤气危险区域宜设置固定式一氧化碳报警装置；输送带修补过程中应加强作业区域的通风排毒。

3. 噪声控制措施

控制和消除声源是噪声治理的根本性措施，主要防护措施为装设消声器和密闭隔声，包括：选用低噪声的设备；主抽风机外壳设有隔声材料；在主抽风机、环（带）冷机冷却风机和点火炉助燃风机出口处安装消声器；露天布置的电除尘器风机出口也设计消声器；设置隔声操作室；对于个别噪声仍较大的岗位作业，应佩戴耳塞，以加强个体防护；厂区道路两侧和厂房周围空隙地段进行植树种草，提高绿化面积，减少噪声的交叉污染和叠加作用。

4. 防高温、热辐射

主要措施包括：将烧结球团室高温作业区的厂房建筑设计为敞开式，以利于自然通风散热；建筑尽可能减少西向开窗面积，以防西晒；在烧结冷却室内高温作业区设移动式喷雾风机进行通风降温，改善劳动条件；在电气楼中央控制室、主抽风机值班室等有值班人员滞留的岗位，设置柜式冷、暖空调设备；采用工业电视和自动控制系统，实现远程实时监控，使操作人员远离高温热源、避免太阳直接辐射；采取轮换作业，提供清凉饮料，等等。

5. 生产区的生活及卫生设施措施

根据生产、生活的需要和场地实际情况,设置车间综合楼、浴室和公共厕所。

6. 劳动安全卫生管理及监测措施

企业应设置劳动安全卫生管理及监测机构,有专人管理,定期检查;建立职业病危害因素检测、有害作业人员健康监护档案;职业病危害工作场所应在醒目地点设置标识,并有中文警示说明。

(三) 焦化生产中的防尘防毒措施

1. 烟(粉)尘控制措施

(1) 煤焦转运站、粉碎机室、筛焦楼等应设通风除尘设施,煤厂应采取抑尘措施。

(2) 焦炉炉门与门框、装煤孔盖与装煤孔座的接触面应采取有效的密封措施,上升管盖、桥管与水封承插部,都应采取可靠的密封措施,防止炉内荒煤气外逸。

(3) 装煤作业采取高压氨水无烟装置措施,大型焦炉采用带抽吸、点火燃烧洗涤装置的装煤车或设置地面站集尘系统。

(4) 推焦作业应采取烟尘治理措施,有条件的可采用地面站或热力罩除尘车。

(5) 湿法熄焦必须采用高塔排气,并在塔内设置捕集水滴、粉尘装置。

(6) 干法熄焦,各烟气排放点都应设置集尘净化系统。

(7) 焦油渣、酸焦油及生化污泥等固体废弃物应集中送往煤厂配煤。

2. 有毒气体控制措施

(1) 焦炉地下室煤气区域应设置机械通风设备。

(2) 苯类槽(器)放散的有害气体可采用压力平衡管或其他方式返回吸煤气管道或经苯捕捉器净化后排放。

(3) 苯类及吡啶产品装桶口应设吸风罩,废气送排气洗净塔,吡啶尾气经中和净化后排放。

(4) 进入有硫化氢的密闭容器、塔、罐等设备时,应先采取通风排毒检测措施,做好互保工作,佩戴好防护用品和面具,确认安全后方可操作。

(5) 工业萘结晶切片系统尾气应采取捕集降尘措施。生产设施必须是密闭设备,防止萘蒸气的泄漏,以免污染环境。

(6) 粗苯蒸馏、苯精制及焦油加工等分离水应分别收集送往机械化氨水澄清槽,经蒸氨后送污水处理站。

(7) 采取机械化操作,避免操作者和沥青直接接触。操作者做好个人防护,对暴露部分使用防护油膏。

(8) 鼓风作业区储槽放散的有害气体、油库区焦油洗油槽放散的有害气体,均应经排气洗净塔净化后排放。

(9) 散发有毒有害气体的设备、装置应密闭,避免直接操作。

(10) 焦油加工各生产工序中,根据工艺特点将设备的放散气体、生产尾气送管式加热炉焚烧,或集中导入排气洗净塔吸收净化后排放。

(11) 对可能有泄漏及滞留有害气体而造成危险的区域,在条件允许时应设置报警装置。

(12) 接触有毒气体作业人员佩戴便携式报警器,检修时佩戴防毒面具。

3. 噪声控制措施

（1）噪声控制应首先控制声源，选用低噪声的工艺与设备。

（2）当管道与强振设备连接时，应采用柔性连接，辐射强噪声管道宜布置在地下或采取阻尼、隔声和消声措施。

（3）鼓风机室、循环氨水泵房、苯洗涤泵房、湿法脱硫泵房等尽量与操作仪表室隔开或设隔声门。

（4）离心式鼓风机应设独立基础，以便与楼板及操作平台分开，使振动不致传到建筑物。

（5）硫氨离心机、蒽离心机等高转速设备布置在楼板上时，不能刚性连接，应有隔振措施。

（6）加强个体防护，佩戴耳塞等防护用品。

4. 防高温、热辐射

（1）炼焦车间下列场所应采用空调或其他降温措施：炉顶等高温场所的休息室，推焦机、装煤机、拦焦机和熄焦车司机室，其他高温场所的工人休息室。

（2）炉顶等高温工作地点可采取局部通风降温措施（如喷雾送风、隔热等）。

（3）应设置提供含盐清凉饮料的专用房间和设施。

（4）个体防护用品穿戴工作。

（四）炼铁生产中的防尘防毒措施

1. 粉尘控制措施

（1）带式输送机上料系统与转运站、出铁场、铁沟、渣沟、炉顶等产生粉尘的工作地点，尽可能采用密闭通风措施，防止粉尘外逸。如铁沟、渣沟及水冲渣沟，应设活动封盖和相应的除尘装置，渣沟和铁、渣罐上面应设排烟罩。

（2）凡产生粉尘的地方尽可能密闭，结合局部抽风除尘，使密闭系统内保持一定的负压，防止粉尘外逸。所采用的密闭系统，应便于观察、操作和检查，必须设置的操作口应尽可能小，通风吸尘口应接近粉尘发生部位，排尘方向应与粉尘运动方向一致。

（3）原料场和带式输送机转运站原料的装卸、破碎、筛分及沟下、出铁场、渣场采用喷雾洒水措施，可防止二次扬尘，是降低生产环境粉尘浓度的一种有效措施。

2. 有毒气体控制措施

（1）高炉主体采用半露天布置，热风炉系统采用露天布置，有利于有毒有害气体的扩散。

（2）在煤气危险区宜设固定式一氧化碳报警装置。

（3）热风炉、高炉本体煤气区域，各平台设防毒风管和风包，使用无油无水压缩空气，以保障事故状态下的作业安全。

（4）炉顶装料设备、煤气放散设备、风口、渣口、水套等应严格密封，不得泄漏煤气，并在炉顶放散管设点火装置，在高炉休风时点燃炉顶煤气。

（5）炉顶入孔、除尘器、洗涤塔等的入孔为相互对应，防止修检时空气不对流，造成人体中毒。

（6）炉顶放散煤气正常时经布袋除尘器后进入煤气管网，除尘器中粉尘经卸灰阀导入渣沟。除尘系统也设煤气防护措施，如重力除尘和布袋除尘各层平台设有防毒风包。

（7）高炉除尘系统、空压机和鼓风机工作场所采用轴流风机进行通风，有利于有毒有害气体的扩散。炉顶、炉体维修时应加强通风排毒。

（8）煤气清洗滤水室、煤气清洗值班室、仓下液压站、卷扬机室、料仓休息室、稀油润滑站、计器室、炉顶液压站、炉前脱硅操作室、工具室、喷煤间、喷煤系统风机房、喷煤空压站、煤气取样及堵渣机泵站、鼓风机站、煤气洗涤提升泵站、煤气洗涤浊环系统、冲渣泵房、炉皮喷水系统泵房、热风炉系统联合水泵房、高压配电室、净环水泵房均设轴流风机。

（9）高炉炉顶煤气导出管下部设伸缩管。外燃式热风炉主管、高炉进风弯管应安装膨胀器及拉杆，防止热胀冷缩造成炉体及连接管变形开裂。

3. 噪声控制措施

（1）选用低噪声的设备，除尘风机选用低转速风机。

（2）振动筛、炉顶均压阀、放散阀、放风阀以及除尘风机等噪声大的设备均应采取隔声措施或配置消声器。

（3）主抽风机设于室内，并在室内内墙设置吸声材料，并设置水泥隔振基础，同时为风机、电机设置隔声罩。

（4）在主抽风机出口、电除尘系统及袋式除尘系统风机出口设消声器，环冷机冷却风机、冷风吸入阀及点火助燃风机的进口处安装消声器。

（5）设置隔声间，高炉办公室、值班室、控制室、工人休息室应采取隔声措施。

4. 防高温、热辐射

（1）铁沟、渣沟加封盖板后，出铁、出渣时不但降低了环境粉尘浓度，也使作业人员避免接触高强度的热辐射。

（2）在作业现场设置隔热挡板，使炉前工人在出铁、出渣及生产巡视时能减少接触高温和热辐射的损害。

（3）各种高温管道，采取隔热材料进行包裹。

（4）加强作业现场的通风，有条件时配备喷雾风扇或水幕。

（五）炼钢生产中的防尘防毒措施

1. 烟（粉）尘控制措施

根据烟尘进入烟罩时的燃烧状况和对烟尘中所含能量利用方式的不同，治理方法可分为燃烧法、半燃烧法和未燃烧法3类。

燃烧法的特点：余热锅炉回收热能；除尘器种类为文氏管或其他湿式除尘器，干、湿式电除尘器；烟罩形式固定、风机抽气量大且恒定、控制仪表较复杂、设备规模庞大；安全；煤气不回收。

半燃烧法的特点：烟罩和烟道冷却器回收热能，剩余CO气体点燃放散；除尘器种类为文氏管或其他湿式除尘器，干、湿式电除尘器；烟罩形式固定、风机抽气量较小且恒定、控制仪表简单、设备规模较小；需采取防爆措施；煤气不回收，或预留煤气回收位置。

未燃烧法的特点：烟罩和烟道冷却器回收热能，CO气体回收利用；除尘器种类为文氏管或其他干、湿式除尘器；烟罩形式活动、风机抽气量小且变化、控制仪表较复杂、设备规模小；需采取防爆措施；煤气回收。

2. 有毒气体控制措施

(1) 在煤气危险区宜设固定式一氧化碳报警装置。
(2) 散发有毒有害气体的设备、装置应进行密闭，避免直接操作。
(3) 转炉炉子跨炉口以上的各层平台，宜设煤气检测与报警装置；上述各层平台，人员不应长时间停留，以防煤气中毒；确需长时间停留，应与有关方面协调，并采取可靠的安全措施。
(4) 转炉煤气回收系统风机后及风机房应设一氧化碳检测报警仪，并设煤气中毒救护设施；转炉煤气加压机房和泄漏一氧化碳可能积聚的作业场所应设机械通风和一氧化碳报警仪；煤气泄漏危险区设安全警示牌。
(5) VOD炉废气中含有大量一氧化碳，对VOD装置的真空泵水封池应采取可靠的密闭措施，并设放散管将一氧化碳引至厂房外。
(6) 电炉烟气除尘系统设置燃烧室，将烟气中大部分一氧化碳燃烧，以保证厂房内一氧化碳浓度低于《工业企业设计卫生标准》规定的限值。
(7) 钢包喷粉精炼过程中产生的含尘烟气有一定毒性，应设置通风除尘设施。

3. 噪声控制措施

(1) 控制声源，选用低噪声的工艺与设备。
(2) 对传播途径进行控制，如设置隔声墙、隔声罩，阻断产生噪声的设备对其他辅助工序的影响；车间墙上、屋顶进行适当的隔声和吸声处理，建立隔声操作室。
(3) 对各种风机、空压机、各种排气阀、放空阀和调压阀、转炉烟气净化和回收装置的排风机等产生气流噪声的设备安装隔声板，或进行隔声包扎，各种阀安装消声器。
(4) 管道与强振设备连接时，应采用柔性连接，对辐射强度噪声管道宜布置在地下或采取阻尼、隔声和消声措施。
(5) 离心式鼓风机应设独立基础，以便与楼板及操作平台分开，使振动不传到建筑物。

4. 防高温、热辐射

(1) 炉顶、炉前等高温场所的休息室应采用空调或其他降温措施。
(2) 大包、中间包浇钢等高温工作地点可采取局部通风降温措施（如喷雾送风、隔热等）。
(3) 应设置供应含盐清凉饮料的专用房间和设施。
(4) 防热辐射。

(六) 轧钢生产中的防尘防毒措施

1. 粉尘控制措施

在成品、半成品修磨，热钢坯火焰清理等处设除尘装置，在酸、碱洗和涂、镀处设抽风排气或排烟等装置。

2. 有毒气体控制措施

(1) 酸洗槽、漂洗槽及循环槽等逸出的大量的盐酸雾气，采用排气净化系统。
(2) 轧机轧制过程中喷淋乳化液润滑剂时产生的大量雾气，采用排气净化系统，经吸气口和排烟罩汇集后进行洗涤、分离、净化后排出室外。
(3) 连续退火机组清洗过程中产生的碱性雾气，采用空气净化系统进行净化。
(4) 电镀锌机组生产过程中产生的含碱、酸气体，在机组工艺段分别设备自的废气净化系统。

(5) 涂层机组的多处清洗槽及处理槽产生的碱性气体，采用焚烧炉烧掉烘烤炉排出的有害、易燃气体。

3. 噪声控制措施

轧钢机、各种设备的气动系统、鼓风机、空气压缩机等设备产生的噪声应采用消声器和隔声罩等噪声防护措施。

4. 防高温、热辐射

在有人操作的加热炉平台、修磨等处设局部送风降温装置；在受炽热金属直接辐射一侧的操作室等处安装隔热设施。

(七) 耐火材料生产中的防尘防毒措施

1. 粉尘控制措施

1) 物料加湿

即在耐火物料粉碎过程中加入一定量水分，使物料处于一定的润湿状态，可以显著地减少产尘量。耐火材料生产中，可以加湿的物料很多，如硅石、硬质黏土熟料、高铝矾土熟料和硅质、黏土质、高铝质废砖等。

物料加湿在很大程度上受到工艺限制，如镁砂、白云石、焦油白云石砖和石灰石车间，在矿石煅烧后加工过程中加湿会引起产品粉化；若物料加湿过度，会造成筒磨机"粘球"、筛分机"糊网"和干碾机碾底孔板堵塞等现象，降低产量，影响产品质量和筛分。各种砖成型时都要按要求控制水分，原料中水分过量将影响加乳浆结合剂。

2) 设备密闭

局部密闭——将设备扬尘部分密闭在罩内，适用于产尘比较集中，连续性发生并且瞬时增压不大的地点。如带式输送机受料点、转运点及粉碎机、筒磨机的进料口等均可采用。

半密闭——除传动部分外，将设备全部封闭在罩内，只留有观察孔和操作门。适用于全面扬尘的设备，如干碾机、湿碾机和运料带式输送机。其特点是产品加工在罩内进行，工人在罩外操作，停车后打开清扫门打扫，但设备大修必须拆卸密闭罩后才能进行。

整体密闭——将扬尘设备全部密闭在罩内，如振动筛、有卸矿车的带式输送机大密闭等。其特点是产品加工在罩内进行，清扫、检修也都在罩内进行，罩上设有供人出入的门。

其他，如球磨机等也可以采用小室密闭，即把球磨机筒体全部密闭在小室内。

3) 除尘系统

粗破碎，可以采用扩散式或 CLP 等效率较高的旋风除尘器，最好是用布袋除尘器；破碎及带式输送机要应用脉冲布袋除尘系统；筒磨、球磨机排气除尘，因生产过程中有水蒸气产生，使用布袋除尘器时要对整个系统采用短管路和保温加热的办法，防止水蒸气冷凝后与粉尘混合黏附在管道和布袋上，造成不良影响；干燥筒烟尘净化，最好采用旋风布袋两极除尘系统，第一级旋风除尘器既起除尘作用，又起烟气降温的作用，可为布袋除尘器进一步净化排气创造条件。

4) 洒水清扫和湿抹设备

在耐火材料生产工区，即使在防尘措施很完善的条件下，其设备和地面上还会有或多或少的粉尘沉积。在清除这些粉尘时,可采用洒水清扫和湿抹设备。另外,耐火材料生产机械化程度的提高和实现某些工序(特别是粉碎、混练工序)的遥控操作等,都对防止粉尘危害起重要作用。

2. 有毒气体控制措施

输送带修补过程中应加强作业区域的通风排毒。

3. 噪声控制措施

控制和消除声源是噪声治理的根本性措施,粉碎及混合工段的圆锥、锤式、辊式和反击式破碎机、振动筛、转动筛、固定斜筛,以及风机等噪声大的设备均应有隔声措施或配置消声器。办公室、值班室、控制室、工人休息室应采取隔声措施。

4. 防高温、热辐射

(1)烧成段两条隧道窑间的操作区及装砖台、卸砖台的工作地点,应设有喷雾风扇。

(2)厂房内和窑车修理处的上部空间,应设电动喷雾机组。

(3)竖窑工段布料层操作区,应设喷雾风扇。

(4)转窑工段窑头操作区,应设喷雾风扇。

(八)炭素材料生产中的防尘防毒措施

1. 一般要求

(1)凡产生有毒气体、气溶胶和粉尘的工艺设备均应密闭,并设排气装置,保持负压。不能密闭的尘毒逸散口应设吸风罩。

(2)生产车间和作业场所空气中有害物质的最高允许浓度,应符合表12-1中的规定。

表12-1 炭素材料生产作业场所空气中有害物质的最高允许浓度

物 质 名 称	最高允许浓度($mg \cdot m^{-3}$)
沥青烟尘	5
沥青挥发物(粒状多环芳烃中的苯可溶物)	1
一氧化碳	30
氯	1
二氧化硫	15
氰化氢	0.3
炭素粉尘(含游离二氧化硅10%以下)	10
炭黑粉尘	8
石墨粉尘(含游离二氧化硅10%以下)	6
含10%~50%游离二氧化硅粉尘	2

(3)生产过程中可能突然产生大量有毒气体、粉尘或有爆炸危险气体的车间,应设危险气体或粉尘检测装置,必要时设自动报警装置,并应设有事故排风装置。

(4)对毒性较大,有烟尘、粉尘积落的车间,其内部结构表面应光滑、不易积尘,便于清扫。应采用不吸收毒物的材料,必要时加设保护层,以便清洗。清扫应配备吸尘装置，避免二次扬尘。

（5）搬运有毒物品时，严禁饮食和吸烟，并穿戴防护用品。严禁有毒物品与无机氧化剂、强酸等混放。

2. 粉尘控制措施

（1）沥青熔化应密闭，沥青熔化槽、干燥器和破碎机必须设通风除尘设施，烟气应净化。

（2）罐式煅烧炉应尽量采取密闭加料和排料，并保证良好通风。

（3）中碎配料应采用自动连续配料或间断密闭配料。

（4）生产高纯石墨制品的石墨化炉必须加罩，烟气应进行处理符合标准后排放。

（5）加工车间应有良好的除尘和负压清扫设施。

（6）在沥青熔化等存在粉尘场所使用的起重机司机室，应设防尘设施。

3. 有毒气体控制措施

（1）混捏厂房必须设排烟系统并有良好的通风设施。

（2）混捏锅的沥青下料口和干料下料口均应密闭，糊料出口必须安装抽风罩。

（3）浸油系统的设备应密闭，并设局部排烟设施。

（4）高纯石墨化工序应密闭，防止氯气、氟气泄漏。

（5）产生氰化物等剧毒物质的作业场所，应设监测显示报警装置。

（6）焙烧炉高温沥青烟必须设净化回收装置，回收的焦油应妥善处理。

（7）铅作业场所应设吸尘式清扫装置，定期对设备、地面、侧墙和房顶进行清扫。

（8）在沥青熔化等存在有害气体场所使用的起重机司机室，应设有防毒设施。

4. 防沥青危害

（1）装卸、搬运使用沥青及含有沥青制品的作业人员，应穿戴全副防护用品。对外露皮肤和脸部、颈部，应遍涂防护药膏，工作完毕必须洗澡。

（2）经常进行沥青工作场所，必须设足够的温水淋浴，水质应符合卫生标准。

（3）装卸、搬运及使用沥青的单位，每次工作前应布置安全事项，随时检查防护品的佩戴。作业应在夜间或无阳光照射的情况下进行。

（4）沥青操作岗位必须位于上风侧；应采用人与沥青不直接接触的生产工艺；沥青的加工过程应密闭；产生粉尘、烟气的作业场所，应设通风或净化设施。

（5）焙烧炉高温沥青必须设净化回收装置，回收的焦油应妥善处理。沥青熔化、混捏、凉料、浸渍、焙烧、成型、石墨化等工艺散发沥青烟的作业场所，应采取自然通风、机械通风和局部排风，并尽量将沥青烟进行净化处理。皮肤病患者、结膜疾病患者，以及对沥青过敏人员，不得从事沥青工作。

5. 噪声、振动控制措施

（1）破碎和磨粉设备应采取消声、隔声等措施。

（2）振动成型机的基础应采用防振措施。振动成型机的振动台和操作台必须分开，严禁两者接触，外围1m处应安装栅栏，振动子应密封消声。

6. 防高温、热辐射

（1）回转窑窑体应采取防止热辐射的措施。

（2）石墨化、焙烧等高温车间应尽量利用自然通风。若自然通风达不到要求，应采取机械通风换气。操作岗位达不到要求时，应采取局部送风。

（3）高温车间应有专用休息室，夏季室内应设空调或采取其他有效的降温措施。

（4）焙烧、石墨化等车间的起重机司机室，应采取隔热、降温和防尘措施。

二、劳动者个人职业病危害防护措施

1. 个体防护装备

个体防护装备有很多种，如呼吸器、手套、围裙、头盔、防护靴、防护眼镜、安全绳等，这些用来保护自己、防止各种职业危害的穿着装置都属个体防护装备。

2. 必须使用个体防护装备的情况

控制措施不能完全消除工作场所的职业性有害因素或只能采用临时措施时；对于可能的危害没有控制方法的地点；在维护、清洗和维修时，控制措施不能有效实施的地点；在危急状况时，例如营救工作。

3. 正确选择个体防护装备

如果个体防护装备型号错误或穿戴不正确，将不能保护劳动者防止职业危害。我国相关法律规定，必须为接触有害因素（例如噪声、有毒物质和意外事件）的劳动者提供合适有效的个体防护装备。在选择个体防护装备前，应评价工作场所的工作状况和危害种类。所选择的个体防护装备，应能达到保护劳动者不受或少受职业危害的目的。个体防护装备的标准和需求，须按照保护准则的要求选择。

4. 正确使用个体防护装备

劳动者要想有效保护自己，必须正确穿戴个体防护装备。在有职业危害的场所，劳动者任何时间都应穿戴个体防护装备。

5. 清洗和保养个体防护装备

个体防护装备使用后，必须清洗并检查有无破损。污染的个体防护装备不仅不能起到保护作用，而且可能将穿戴者置于危险之中。例如，不能使用脏耳塞，以避免耳部感染；破损的个体防护装备需要修理或更换；防护装备使用后应存放在干净区域储藏，如将防止化学物蒸汽的呼吸器滤罐放置在工作地点，化学物将持续吸收到呼吸器滤罐中，从而缩短其使用寿命。

6. 常用个体防护装备

1）化学防护服

工作场所的一些化学物可以灼伤皮肤或引发皮炎，有毒化学物也可以经过皮肤吸收。穿戴防护手套、围裙、面罩、靴子、化学防护服和头罩等防护服装，可保护工作者免于皮肤直接接触化学品。防护服装必须用密闭的可阻止化学品进入的材料制成。选择的化学防护服应以穿戴后不妨碍工作为宜。在湿热的工作环境穿着厚重保暖的防护服，既不舒服也影响工作效率。

2）工业手套

工业手套是最常用的个体防护装备，可以保护劳动者在抓握等操作时免于灼伤、刺伤、震动伤和直接接触化学品。棉手套对化学品无用，只能吸收化学物和溶剂，反而增加皮肤接触化学物的机会。腈类、聚氯乙烯、橡胶和皮革制成的手套，对化学物的防护较好。橡胶手套长时间接触化学物溶剂可变薄，因此应选择合适的手套类型。

不同的工作场所应戴长度合适的手套。当化学物可能接触到手臂时，应戴全臂长的手套；对于灵活性工作，戴轻便、手腕长度的手套更合适；操纵活动的机器部件时，戴手套不安全，可以戴指套。手套使用后需彻底清洗，以去除污染物。破损的手套应当废弃。

3）听力保护器

听力保护器也是常用的个体防护装备，用于保护劳动者避免噪声损伤和因噪声导致的耳聋。听力保护器主要有两种类型：耳罩和耳塞。耳罩由两个能遮住耳朵的杯状罩和一个固定在头部的软衬垫组成；耳塞可塞入外耳道封闭耳道入口，它们均可重复使用和互相替换。

选择听力保护器需注意下列问题：声音衰减情况（例如噪声水平减少的等级）；佩戴者是否舒适；将进入哪种工作环境，工作性质是什么；是否妨碍佩戴其他个体防护装备和配件；听力保护器必须能将噪声降低到允许暴露水平以下。一般情况下，如果噪声水平小于100dB，耳塞提供的声音衰减是有效的；如果噪声水平在 100~110dB，应使用耳罩；如果噪声水平大于110dB（例如削磨、喷气发动机噪声），应同时使用耳塞和耳罩。

听力保护器必须达到可接受的舒适程度。在炎热、肮脏的工作环境，耳塞是较好的选择；而在间断、剧烈的噪声环境中，应使用耳罩。同时，必须考虑不妨碍穿戴其他个体防护装备和配件，例如头盔、眼罩、呼吸器和眼镜。现在也有将耳罩和其他配件一起穿戴。正确佩戴耳塞的方法：在插耳塞前应用对侧手将耳朵向上外方牵拉，以保证外耳道变直。耳塞佩戴合适的特征是，佩戴后感觉自己的声音变大并且更深沉。有时佩戴耳塞后会感到有轻微不适，长期佩戴这种不适感会消失。

听力保护器需定期保养和清洗，以避免皮肤刺激和其他耳部疾患。

4）呼吸器

根据供给气体方式不同，呼吸器分为空气净化式和供气式两种。

空气净化式呼吸器是最常使用的呼吸器，可通过呼吸器滤膜、滤盒滤过或吸附空气污染物。选择合适的呼吸器时，应重点考虑滤器介质的类型。滤膜用于颗粒，如尘埃、雾滴、烟；滤盒用于蒸汽和气体。

空气净化器滤盒通过吸附滤掉了气体中的污染物，针对特定的化学危害物选择合适的滤盒很重要。例如，二氧化硫滤盒能防护大气中二氧化硫的危害，但不适用于有机蒸汽的防护，吸附滤盒也不适用于防护空气中的颗粒。空气净化器滤罐比滤盒吸附容量更大，因此可以用于污染物水平更高或更长的工作周期。当颗粒和气体污染物均存在时，如在使用油漆时，必须联合使用滤膜和化学滤盒才能防止污染物的影响。

呼吸器使用寿命都是有限的，一旦滤膜和滤盒被浸满，就必须替换。一些滤盒或滤罐有指示器，当使用寿命到期时可提示。呼吸器必须按规定清洗，如果多人共同使用，应在不同使用者使用前清洗，以防止交叉感染。呼吸器必须储存在远离污染物、有害化学物、潮湿、阳光、温度过低或过高的区域。用于应急使用的呼吸器，应该保养和存放在方便拿到的地方。

使用者应选择大小和型号合适的呼吸器并确认有良好的面部密合性。长发、大鬓角、络腮胡和浓密胡须都会影响面部密合性，因此，佩戴呼吸器时应该修整，否则呼吸器就达不到全面的保护。测试检查应至少每两年进行一次，或者当使用者的面部特征出现改变时进行。

供气式呼吸器适用于一些气体或蒸汽不能被滤膜和滤盒滤掉的情况。在缺氧环境中，例如在储油罐或下水道的密闭空间，为避免窒息死亡，须使用供气式呼吸器。供气式呼吸器可提供单独的空气供应，因此在缺氧环境和污染物浓度水平很高时是必需的。

供气式呼吸器有两种类型：管道供气式呼吸器和自我供给呼吸装置（SCBA）。管道供气式呼吸器所呼吸的空气，通过连接在压缩机或压缩空气的气缸软管供应。自我供给呼吸装置使用者需负载呼吸空气源，这种类型的呼吸器不受管道的限制，使用者可自由移动。

参 考 文 献

[1] 李慧. 钢铁冶金概论 [M]. 北京：冶金工业出版社，1992.
[2] 何泽民. 钢铁冶金概论 [M]. 北京：冶金工业出版社，1989.
[3] 王海明. 冶金生产概论 [M]. 北京：冶金工业出版社，2008.
[4] 张东胜. 冶金企业新工人三级安全教育读本 [M]. 北京：中国劳动社会保障出版社，2009.
[5] 古松. 生产经营单位负责人安全教育读本 [M]. 北京：气象出版社，2004.
[6]《生产经营单位安全培训教材》编委会. 生产经营单位安全管理人员安全培训教材 [M]. 北京：中国气象出版社，2006.
[7] 中国安全生产协会注册安全工程师工作委员会. 安全生产管理知识 [M]. 北京：中国大百科全书出版社，2008.
[8] 中国安全生产协会注册安全工程师工作委员会. 安全生产法及相关法律知识 [M]. 北京：中国大百科全书出版社，2008.
[9] 金属非金属矿山安全编委会. 金属非金属矿山安全 [M]. 武汉：湖北科学技术出版社，2003.
[10] 中国金属学会. 冶金工程技术学科发展报告 [M]. 北京：中国科学技术出版社，2009.
[11] 白恩远. 安全人机工程学 [M]. 北京：兵器工业出版社，1996.
[12] 陆庆武. 机械安全技术 [M]. 北京：中国劳动出版社，1993.
[13] 轧钢新技术 3000 问编委会. 轧钢新技术 3000 问 [M]. 北京：中国科学技术出版社，2005.
[14] 周建男. 钢铁生产工艺装备新技术 [M]. 北京，冶金工业出版社，2004.
[15] 中国科学技术协会，中国金属学会. 冶金工程技术学科发展报告 [M]. 北京：中国科学技术出版社，2009.
[16] 中国科学技术协会，中国金属学会. 中国钢铁工业科学与技术发展指南 [M]. 北京：冶金工业出版社，2006.
[17] 崔政斌，聂幼平. 职业危害控制技术 [M]. 北京：化学工业出版社，2009.
[18] 周维富. 钢铁工业 60 年发展的成就和经验 [J]. 中冶科技，2009（6）.